Englische und amerikanische Dichtung

Band II

Englische Dichtung

Von Dryden bis Tennyson

Herausgegeben von
Werner von Koppenfels und Manfred Pfister

Verlag C.H. Beck München

Gefördert von der Robert Bosch Stiftung

Die Deutsche Bibliothek – CIP-Einheitsaufnahme

Englische und amerikanische Dichtung.
– München : Beck
ISBN 3-406-46464-5

Bd. 2. Englische Dichtung.
Von Dryden bis Tennyson / hrsg. von
Werner von Koppenfels und Manfred Pfister. – 2000
ISBN 3-406-46458-0

ISBN 3 406 46458 0 für diese Ausgabe
ISBN 3 406 46464 5 für die Gesamtausgabe

Satz: Fotosatz Otto Gutfreund GmbH, Darmstadt
Druck- und Bindearbeiten: Franz Spiegel Buch GmbH, Ulm-Jungingen
Gedruckt auf säurefreiem, alterungsbeständigem Papier
(hergestellt aus chlorfrei gebleichtem Zellstoff)
Printed in Germany

www.beck.de

Englische und amerikanische Dichtung

Zweisprachig

Erster Band
Von Chaucer bis Milton

Herausgegeben von
Friedhelm Kemp und Werner von Koppenfels

Zweiter Band
Von Dryden bis Tennyson

Herausgegeben von
Werner von Koppenfels und Manfred Pfister

Dritter Band
Von R. Browning bis Heaney

Herausgegeben von
Horst Meller und Klaus Reichert

Vierter Band
Amerikanische Dichtung von den Anfängen
bis zur Gegenwart

Herausgegeben von
Eva Hesse und Heinz Ickstadt

Inhalt

John Dryden

Katherine Philips

Sir John Denham

Edmund Waller

Charles Sedley

John Wilmot, Earl of Rochester

An Essay on Criticism · Versuch über die Kritik

BERNHARD MANDEVILLE

The Fable of the Bees ·
Die Bienenfabel

ANNE FINCH, COUNTESS OF WINCHILSEA

LADY MARY WORTLEY MONTAGU

OLIVER GOLDSMITH

SAMUEL JOHNSON

The Vanity of Human Wishes · Die Eitelkeit menschlicher Wünsche

JAMES THOMSON

WILLIAM WORDSWORTH

The Prelude · Das Präludium

Samuel Taylor Coleridge

Percy Bysshe Shelley

ALFRED LORD TENNYSON

EDWARD FITZGERALD

WALTER SAVAGE LANDOR

WILLIAM M. THACKERAY

EDWARD LEAR

LEWIS CARROLL

ANHANG

Von Dryden
bis Tennyson

John Dryden

From Annus Mirabilis: The Year of Wonders, MDCLXVI

To the Metropolis of Great Britain,
The most Renowned and Late Flourishing
City of London

Methinks already from this chymic flame
I see a city of more precious mould:
Rich as the town which gives the Indies name,
With silver paved, and all divine with gold.

Already, labouring with a mighty fate,
She shakes the rubbish from her mounting brow,
And seems to have renewed her charter's date,
Which heaven will to the death of time allow.

More great than human, now, and more August,
New deified she from her fires does rise:
Her widening streets on new foundations trust,
And opening, into larger parts she flies.

Before, she like some shepherdess did show,
Who sat to bathe her by a river's side;
Not answering to her fame, but rude and low,
Nor taught the beauteous arts of modern pride.

Now like a maiden queen she will behold
From her high turrets hourly suitors come:
The east with incense and the west with gold
Will stand like suppliants to receive her doom.

John Dryden

Aus Annus Mirabilis: Das Jahr der Wunder MDCLXVI

Der Metropole Großbritanniens,
der hochberühmten, blühenden
Stadt London gewidmet.

Londons Auferstehung aus dem Feuer

Mir ist, als seh ich schon aus Alchemistenflammen,
Kostbar verwandelt, eine Stadt erstehn,
So reich wie sie, die Indien gab den Namen:
Silbern gepflastert, göttlich goldgekrönt.

Und schon, in mächtiger Geschicke Wehen,
Hebt sie, den Schutt abschüttelnd, hoch die Stirn;
Hat neue Gründungsrechte sich verliehen,
Die bis zum Tod der Zeit der Himmel schirmt.

Erhabener als alles Erdgeschaffne,
Vergöttlicht steigt sie aus dem Feuer auf,
Und neugebettet weiten sich die Straßen:
Sie öffnet sich, wächst groß ins Land hinaus.

Wie eine Hirtin nur schien sie vorher,
Zum Bad am Rand des Flusses hingelehnt,
Rauh und gering, des eignen Ruhms nicht wert,
Da ihr die schöne Kunst moderner Hoheit fremd.

Nun sieht sie, jungfräuliche Herrscherin,
Von hoher Zinne stündlich Freier nahen,
Sieht wie der Osten Weihrauch, Gold der Westen bringt,
Wie sie in Demut ihres Spruches harren.

The silver Thames, her own domestic flood,
Shall bear her vessels like a sweeping train,
And often wind (as of his mistress proud)
With longing eyes to meet her face again.

The wealthy Tagus and the wealthier Rhine
The glory of their towns no more shall boast;
And Seine, that would with Belgian rivers join,
Shall find her lustre stained and traffic lost.

The venturous merchant who designed more far,
And touches on our hospitable shore,
Charmed with the splendour of this northern star,
Shall here unload him and depart no more.

Our powerful navy shall no longer meet
The wealth of France or Holland to invade;
The beauty of this town, without a fleet,
From all the world shall vindicate her trade.

And while this famed emporium we prepare,
The British ocean shall such triumphs boast
That those who now disdain our trade to share
Shall rob like pirates on our wealthy coast.

Already we have conquered half the war,
And the less dangerous part is left behind:
Our trouble now is but to make them dare,
And not so great to vanquish as to find.

Thus to the eastern wealth through storms we go,
But now, the Cape once doubled, fear no more:
A constant trade-wind will securely blow,
And gently lay us on the Spicy Shore.

Die Silber-Themse, ihre eigne Flut,
Trägt, einer Schleppe gleich, den Schmuck der Schiffe,
Und windet sich (der Herrin zum Tribut)
Sehnsüchtig, um ins Antlitz ihr zu blicken.

Der reiche Tajo, der noch reichere Rhein –
Mit ihrer Städte Ruhm solln sie nicht länger prahlen;
Die Seine, mit Belgiens Strömen im Verein,
Sieht ihren Glanz getrübt, und ihren Handel fallen.

Der Kaufmann kühn, der weitere Fahrt geplant,
Vom Leuchten unseres Nordsterns hergeführt,
Er landet gern am gastfreundlichen Strand,
Entlädt die Schätze, bleibt für immer hier.

Nicht mehr fährt unsere mächtige Flotte ab,
Frankreichs und Hollands Reichtum sich zu rauben:
Auch ohne Flotte wird die Schönheit dieser Stadt
Vor aller Welt ihr Privileg behaupten.

Und während dieses Handelsreich entsteht,
Wird unsere See soviel Triumphe künden,
Daß sie, die unseren Handel jetzt verschmähn,
Einst wie Piraten Englands goldne Küsten plündern.

Schon haben wir den halben Krieg gewonnen;
Es schreckt nicht mehr, was nun noch vor uns liegt:
Die Not ist jetzt, den Feind zum Kampf zu spornen –
Ihn aufzuspürn ist schwer, und nicht der Sieg.

So führn uns Stürme zu des Orients Reichtum:
Nun, da das Kap umschifft, sind wir nicht bang;
Ein stetiger Passat wird uns geleiten,
Und bringt uns freundlich an den Würzigen Strand.

From Mac Flecknoe

All human things are subject to decay,
And, when Fate summons, monarchs must obey:
This Flecknoe found, who like Augustus young
Was called to empire, and had governed long;
In prose and verse was owned without dispute
Through all the realms of nonsense absolute.
This agèd prince, now flourishing in peace,
And blessed with issue of a large increase,
Worn out with business, did at length debate
To settle the succession of the state;
And pondering which of all his sons was fit
To reign, and wage immortal war with wit,
Cried, «'Tis resolved; for Nature pleads that he
Should only rule who most resembles me:
Shadwell alone my perfect image bears,
Mature in dullness from his tender years;
Shadwell alone, of all my sons, is he
Who stands confirmed in full stupidity.
The rest to some faint meaning make pretence,
But Shadwell never deviates into sense.
Some beams of wit on other souls may fall,
Strike through and make a lucid interval,
But Shadwell's genuine night admits no ray,
His rising fogs prevail upon the day.
Besides, his goodly fabric fills the eye,
And seems designed for thoughtless majesty:
Thoughtless as monarch oaks that shade the plain,
And, spread in solemn state, supinely reign.
Heywood and Shirley were but types of thee,
Thou last great prophet of tautology:
Even I, a dunce of more renown than they,
Was sent before but to prepare thy way,
And coarsely clad in rustic drugget came
To teach the nations in thy greater name.»

Aus Mac Flecknoe

Daß alle Menschheit dem Ruin verfällt,
Könige sich beugen, wenn die Stunde schlägt,
Erfuhr selbst Flecknoe: wie Augustus, jung
Kam er zur Herrschaft und regierte lang;
In Vers und Prosa galt (ohne Disput)
Sein Wort im Reich des Unsinns absolut.
Der greise Fürst, auf seinem Thron in Frieden,
Dem überreich Nachkommenschaft beschieden,
Ging, endlich der Geschäfte müd, zu Rat,
Wem zu vertrauen sei der Dummheit Staat;
Wer von den Söhnen wert sei, zu regieren,
Mit Geist und Witz unsterblich Krieg zu führen.
«Ich hab's!» rief er, «ja, die Natur erheischt:
Herrschen soll er, der mir am meisten gleicht!
Shadwell allein ist ganz mein Ebenbild,
Von Stumpfsinn schon als zartes Kind erfüllt;
Shadwell, allein von meinen Söhnen, steht
Verklärt in himmlischer Stupidität;
Der Rest schielt zur Vernunft bisweilen hin –
Shadwell allein verirrt sich nie in Sinn.
Auf andere mag von Witz ein Abglanz fallen,
Dringt ein, und schafft luzide Intervalle –
Doch Shadwells Nacht kennt keinen lichten Schein:
Nie läßt sein Nebelhirn die Sonne ein;
Und seine Leibesfülle freut das Auge,
Scheint recht für träge Majestät zu taugen,
Wie Königseichen, die das Land beschatten,
Und, festlich hingebreitet, herrschend schlafen.
Vorläufer nur warn Shirley, Heywood dir,
Du größter Künder der Tautologie.
Selbst ich, ein Narr von glorreicherem Namen,
Ward nur vorausgesandt, um dir den Weg zu bahnen,
Und kam, in Bauern-Drillich grob gekleidet,
In deinem heiligen Namen sie zu weisen.»

From Absalom and Achitophel

Of these the false Achitophel was first:
A name to all succeeding ages cursed.
For close designs, and crooked counsels fit;
Sagacious, bold, and turbulent of wit;
Restless, unfixed in principles and place:
In power unpleased, impatient of disgrace;
A fiery soul, which working out its way,
Fretted the pygmy body to decay,
And o'er-informed the tenement of clay.
A daring pilot in extremity;
Pleased with the danger, when the waves went high,
He sought the storms; but for a calm unfit,
Would steer too nigh the sands to boast his wit.
Great wits are sure to madness near allied,
And thin partitions do their bounds divide;
Else why should he, with wealth and honour blest,
Refuse his age the needful hours of rest?
Punish a body which he could not please;
Bankrupt of life, yet prodigal of ease?
And all to leave, what with his toil he won,
To that unfeathered, two-legged thing, a son;
Got while his soul did huddled notions try,
And born a shapeless lump, like anarchy.
In friendship false, implacable in hate;
Resolved to ruin or to rule the state:
To compass this the triple bond he broke,
The pillars of the public safety shook,
And fitted Israel for a foreign yoke.
Then, seized with fear, yet still affecting fame,
Usurped a patriot's all-atoning name.
  Oh, had he been content to serve the crown
With virtues only proper to the gown!
Or had the rankness of the soil been freed
From cockle that oppressed the noble seed:
David for him his tuneful harp had strung,

Aus Absalom und Achitophel

Achitophel der Falsche kam zuerst,
Ein Name, aller künftigen Zeit verhaßt:
Zu schlimmer Ränke, schiefem Rat geschickt,
Scharfsinnig, kühn, von ungestümem Witz;
Rastlos, unstet nach Stellung und Prinzip,
Unfroh der Macht, in Ohnmacht außer sich.
Gewaltsam Bahn brach sich sein Feuergeist,
Zerfraß bis zum Ruin den Zwergenleib,
Und sprengte so sein irdenes Gefäß;
Verwegener Lotse in der höchsten Not –
Gefahr genießend, wenn die Woge schwoll,
Sucht' er den Sturm, doch fuhr, wenn Winde schwiegen,
Zu dicht am Riff, um seinen Witz zu zeigen.
Genie und Wahn sind wahrlich eng verwandt:
Die Schicht ist dünn, die eins vom andern trennt.
Warum sonst sollte er, an Ehre und Vermögen
So reich, dem Alter nötige Rast mißgönnen?
Den Leib befehden, der nicht zu erfreuen,
Bankrott am Leben, seine Ruh vergeuden?
Und alles, was er mühselig gewann,
An ein unflügges Ding verlieren – seinen Sohn,
Gezeugt, als Aberwitz den Geist befiel,
Geborn als formloses Geklump, wie Anarchie?
In Freundschaft falsch, und unversöhnt im Haß,
Herrschaft oder Verheerung sein Entschluß:
Dafür hat er dreifachen Bund zerschlagen,
Brachte des Staates Pfeiler dreist zum Wanken,
Um Israel in ein fremdes Joch zu spannen;
Nahm dann, als Ruhmgier sich mit Furcht verband,
Des Patrioten Titel zur Beschönigung an.
  Hätt er zum Dienst der Krone sich begnügt
Mit Tugend, die dem Ratsgewande ziemt!
Wär nur vom Unkraut jene reiche Erde
Gesäubert worden, edler Saat Verderben:
Für ihn erschallte Davids Harfenspiel,

And heaven had wanted one immortal song.
But wild ambition loves to slide, not stand;
And fortune's ice prefers to virtue's land.
Achitophel, grown weary to possess
A lawful fame and lazy happiness,
Disdained the golden fruit to gather free,
And lent the crowd his arm to shake the tree.
Now, manifest of crimes, contrived long since,
He stood at bold defiance with his prince;
Held up the buckler of the people's cause
Against the Crown, and skulked behind the laws.

A Song for St. Cecilia's Day, 1687

From harmony, from heavenly harmony
This universal frame began.
When Nature underneath a heap
Of jarring atoms lay,
And could not heave her head,
The tuneful voice was heard from high,
«Arise, ye more than dead!»
Then cold, and hot, and moist, and dry,
In order to their stations leap,
And Music's power obey.
From harmony, from heavenly harmony
This universal frame began:
From harmony to harmony
Through all the compass of the notes it ran,
The diapason closing full in man.

What passion cannot Music raise and quell!
When Jubal struck the corded shell,
His listening brethren stood around
And, wondering, on their faces fell
To worship that celestial sound.

Und ärmer wär der Himmel um ein hohes Lied.
Doch wilder Ehrgeiz steht nicht – er will gleiten,
Fortunas Eis statt fester Tugend Grund beschreiten.
Achitophel, rechtmäßigen Ruhmes müd
Und voller Überdruß im trägen Glück,
Verschmäht, die goldenen Früchte frei zu pflücken,
Und leiht der Meute seinen Arm, den Baum zu schütteln.
Jetzt, langgeheckten Frevels überführt,
Bietet er seinem Fürsten frech die Stirn;
Hält Volkes Groll wie einen Schild gereckt
Wider die Krone – duckt sich ins Gesetz.

Ode auf den Tag der Heiligen Cäcilie 1687

Aus Harmonie, aus Himmelsharmonie entsprang
Die ganze Welt von Anfang an.
Als die Natur verschüttet lag,
Schwer atmend in dem ewigen Krieg
Chaotisch ungeformter Noten,
Da klang vom Himmel her Gesang:
«Auf jetzt, Ihr mehr als Toten!»
Und Kalt und Heiß, Feucht, Trocken sprang
An seinen Platz mit einem Schlag
Und folgte der Musik.
Aus Harmonie, aus Himmelsharmonie entsprang
Die ganze Welt von Anfang an.
Von Harmonie zu Harmonie
Ward jede Tonart durchgespielt,
Bis sie im Menschen höchste Form erhielt.

Gibts Leidenschaft, die bei Musik nicht kam und wich?
Als Jubal seine Muschelgeige strich,
Stand staunend seiner Brüder Schar,
Und alle warfen nieder sich,
Anbetend, was geschehen war.

Less than a God they thought there could not dwell
Within the hollow of that shell
That spoke so sweetly and so well.
What passion cannot Music raise and quell!

The trumpet's loud clangour
Excites us to arms
With shrill notes of anger
And mortal alarms.
The double double beat
Of the thundering drum
Cries, «Hark, the foes come;
Charge, charge, 'tis too late to retreat.»
The soft complaining flute
In dying notes discovers
The woes of hopeless lovers,
Whose dirge is whispered by the warbling lute.

Sharp violins proclaim
Their jealous pangs, and desperation,
Fury, frantic indignation,
Depth of pains, and height of passion,
For the fair, disdainful dame.

But oh! what art can teach,
What human voice can reach
The sacred organ's praise?
Notes inspiring holy love,
Notes that wing their heavenly ways
To mend the choirs above.

Orpheus could lead the savage race,
And trees unrooted left their place,
Sequacious of the lyre:
But bright Cecilia raised the wonder higher:
When to her organ vocal breath was given
An angel heard, and straight appeared,
Mistaking earth for heaven.

Ein Gott, so schien es ihnen, zeigte sich
Dort in dem Ding, das Jubal strich,
Das so betörend sang, so inniglich.
Gibts Leidenschaft, die bei Musik nicht kam und wich?

Der Trompete Geschmetter
Reizt uns zum Kampf
In Kanonengewitter
Und Pulverdampf.
Der Doppel-Doppel-Doppelschlag
Von der Trommel schreit:
«Jetzt ist es soweit,
Der Feind kommt, greift an!»
Die sanfte Flöte klagt
Und singt mit Sterbetönen
Das Leid um stolze Schönen,
Die Laute flüstert trauervoll verzagt.

Violinen sind wie Degen,
Treffen schneidend in die Brust:
Wahnsinn, Angst vor dem Verlust,
Tiefster Schmerz und höchste Lust
Einer stolzen Dame wegen.

Doch, oh, ist eine Kunst, die's schafft,
Hat eine Stimme wohl die Kraft,
Der Orgel Ruhm zu singen?
Töne, die das Höchste loben,
Töne, die zum Himmel dringen,
Schöner als Musik dort oben.

Als Orpheus in der Wildnis sang,
Ein Baum, entwurzelt, zu ihm drang,
Ein von Musik betörter.
Cäciliens Wunder war noch unerhörter:
Als ihrer Orgel Stimme ward verliehn,
Kam stracks ein Engel an,
Dem's wie der Himmel schien.

Grand Chorus

As from the power of sacred lays
  The spheres began to move,
And sung the great Creator's praise
  To all the blessed above,
So when the last and dreadful hour
This crumbling pageant shall devour,
The trumpet shall be heard on high,
The dead shall live, the living die,
And Music shall untune the sky.

Lines on Milton

Three poets, in three distant ages born,
Greece, Italy, and England did adorn.
The first in loftiness of thought surpassed;
The next in majesty; in both the last.
The force of nature could not farther go:
To make a third, she joined the former two.

ALL, ALL of a piece throughout:
Thy chase had a beast in view;
Thy wars brought nothing about;
Thy lovers were all untrue.
'Tis well an Old Age is out,
And time to begin a New.

Großer Chor

Wie von der Kraft der heiligen Weisen
  Die Sphären sich zu drehn anfingen,
Um ihren Schöpfer GOTT zu preisen
  Und ihm sein himmlisch Lob zu singen;
So läßt, wenn diese Welt vergeht
Und vor dem Herrn und Richter steht,
Trompetenton die Welt erbeben:
Das Leben stirbt, die Toten leben,
Auf wird Musik den Himmel heben.

Verse auf Milton

Drei Dichter dreier weit entlegener Zeiten
Zierten Hellas', Roms und Englands Breiten.
Mit erhabnen Gedanken der erste den Lorbeer errang,
Mit Hohheit der zweite – dem dritten beides gelang.
Größeres zu schaffen stand der Naturkraft nicht frei,
So verband sie, den dritten zu machen, die ersten zwei.

Nachruf auf das 17. Jahrhundert

Warst aus einem Stück ganz und gar:
Deiner Jagd lag ein Untier im Sinn;
Dein Kriegen blieb ohne Ertrag;
All dein Lieben war treulos und blind.
Gut, daß das Alte Jahrhundert starb,
Und Zeit, daß ein Neues beginnt.

Katherine Philips

On the Fair Weather just at the Coronation, It Having Rained Immediately Before and After

So clear a season, and so snatched from storms,
Shows Heaven delights to see what man performs.
Well knew the Sun, if such a day were dim,
It would have been an injury to him:
For then a cloud had from his eye concealed
The noblest sight that ever he beheld.
He therefore checked th' invading rains we feared,
And in a bright Parenthesis appeared,
So that we knew not which looked most content,
The King, the people, or the firmament.
But the solemnity once fully past,
The storm returned with an impetuous haste,
And Heaven and Earth each other to out-do,
Vied both in cannons and in fireworks too.
So Israel passed through the divided flood,
While in obedient heaps the Ocean stood:
But the same sea (the Hebrews once on shore)
Returned in torrents where it was before.

Katherine Philips

Über das schöne Wetter, das just zur Krönung die Regenschauer unterbrach

So klares Blau, dem Sturm entrissen, zeigt,
Daß sich entzückt der Himmel unsern Taten neigt.
Die Sonne wüßte schmachvoll sich gekränkt,
Blieb solch ein Tag von Wolken trüb verhängt,
Denn Wolken hätten ihrem Blick entzogen,
Das hehrste Schauspiel, das ihr je geboten.
So hemmte sie die Güsse, die uns dräuten,
Und schenkte (parenthetisch) uns ihr Leuchten.
Wer sagt, wen man den Glücklichsten hier nennt:
Den König selbst, das Volk, das Firmament?
Doch kaum war der erhabene Akt vollbracht,
Kam ungestüm zurück des Sturmes Nacht,
Und Erd und Himmel brausten um die Wette,
Wer an Kanonen mehr und Feuerwerken hätte.
So schritten die Hebräer einst durchs Meer:
Geteilte Flut stand fügsam um sie her,
Bis sie das Land erreichten, und die See
Tosend sich stürzte auf Judäas Weg.

Sir John Denham

From Cooper's Hill

My eye, descending from the hill, surveys
Where Thames among the wanton valleys strays.
Thames, the most loved of all the ocean's sons
By his old sire, to his embraces runs,
Hasting to pay his tribute to the sea
Like mortal life to meet eternity.
Though with those streams he no resemblance hold
Whose foam is amber and their gravel gold,
His genuine and less guilty wealth t' explore,
Search not his bottom, but survey his shore.
No unexpected inundations spoil
The mower's hopes, nor mock the ploughman's toil;
But God-like his unwearied bounty flows;
First loves to do, then loves the good he does.
Nor are his blessings to his banks confined,
But free and common as the world or wind,
When he to boast or to disperse his stores,
Full of the tributes of his grateful shores,
Visits the world, and in his flying towers
Brings home to us, and makes the Indies ours;
Finds wealth where 'tis, bestows it where it wants,
Cities in deserts, woods in cities plants;
So that to us no thing, no place is strange,
While his fair bosom is the world's exchange.
Oh could I flow like thee, and make thy stream
My great example, as it is my theme!
Though deep, yet clear, though gentle, yet not dull,
Strong without rage, without o'erflowing full.

Sir John Denham

Aus Cooper's Hill: Die Themse

Mein Blick betrachtet, hügelabwärts schweifend,
Die Themse, die durch üppige Täler streift.
Die Themse – unter allen Ozeanstöchtern
Die Erstgeliebte – eilt, den Vater zu umarmen,
Drängt, den Tribut dem Meer zu übergeben,
Wie Menschenleben drängt zur Ewigkeit.
Gleicht sie auch nicht den Strömen, deren Lauf
Von Bernsteinschaum und goldnen Kieseln glänzt, –
Wer ihren wahren, unbefleckteren Reichtum sucht,
Darf nicht im Flußbett, muß am Ufer forschen.
Nie schlägt mit jäher Überschwemmung sie
Des Schnitters Hoffnung, höhnt des Pflügers Mühen;
Nein, gottgleich unerschöpflich strömt ihr Segen:
Tätigsein liebt sie, liebt die gute Tat.
Nicht einzig gilt die Wohltat eigenen Ufern:
Frei ist sie, öffentlich wie Welt und Wind,
Da sie stolz ihre Fülle zeigt und austeilt,
Mit ihrer Strände dankbarem Tribut beladen
Die Welt aufsucht, auf ihren Flügelburgen
Ganz Indien heimführt und uns eigen macht;
Reichtum nimmt, wo er ist, ihn hinbringt, wo er fehlt,
Städte in Wüstenei, Wälder in Städte pflanzt;
So daß kein Ding, kein Ort uns fremd verbleibt,
Solang ihr schöner Schoß der Erde Tauschplatz ist.
Könnt ich strömen wie du, und deinen Fluß,
Mein großes Thema, mir zum Vorbild nehmen!
Tief und doch klar, ruhig fließend, doch nicht träg,
Stark ohne Wildheit, ohne Unmaß voll.

Edmund Waller

Go, lovely Rose!
Tell her that wastes her time and me,
That now she knows,
When I resemble her to thee,
How sweet and fair she seems to be.

Tell her that's young,
And shuns to have her graces spied,
That hadst thou sprung
In deserts where no men abide,
Thou must have uncommended died.

Small is the worth
Of beauty from the light retired;
Bid her come forth,
Suffer herself to be desired,
And not blush so to be admired.

Then die! that she
The common fate of all things rare
May read in thee:
How small a part of time they share,
That are so wondrous sweet and fair!

On a Girdle

That which her slender waist confined,
Shall now my joyful temples bind;
No monarch but would give his crown,
His arms might do what this has done.

It was my heaven's extremest sphere,
The pale which held that lovely deer;

Edmund Waller

Liebliche Rose, geh!
Sag ihr, die ihre Zeit verspielt, und mich,
Jetzt wisse sie,
Nachdem ich dich mit ihr verglich,
Wie süß sie scheint, wie schön und licht.

Sag ihr, der Jungen,
Die ihren Reiz der Welt mißgönnt:
Wärst du entsprungen,
In Wildnis, aller Menschheit fremd,
Gingst ungepriesen du zu Grund.

Schönheit verlor,
Wenn sie vom Licht sich abgekehrt;
Sie trete vor,
Und dulde, daß man sie begehrt,
Erröte nicht, wenn man sie ehrt.

Dann stirb! daß sie
Das Los, das alles Seltene trifft,
In deinem seh:
Wie kurze Zeit die Spanne mißt,
Die dem vergönnt, was schön und kostbar ist.

Auf einen Gürtel

Was ihren schlanken Leib umwand,
Krönt meine Stirn als Freudenband.
Welcher Monarch gäb nicht sein Reich,
Würde sein Arm dem meinen gleich!

Des höchsten Himmels Sphärenbild,
Geheg, das meine Hindin hielt;

My joy, my grief, my hope, my love,
Did all within this circle move!

A narrow compass! And yet there
Dwelt all that's good, and all that's fair;
Give me but what this ribband bound:
Take all the rest the sun goes round!

THE SEAS are quiet when the winds give o'er;
So calm are we when passions are no more;
For then we know how vain it was to boast
Of fleeting things, so certain to be lost.
Clouds of affection from our younger eyes
Conceal that emptiness which age descries.

The soul's dark cottage, battered and decayed,
Lets in new light through chinks that time hath made:
Stronger by weakness, wiser men become
As they draw near to their eternal home.
Leaving the old, both worlds at once they view
That stand upon the threshold of the new.

Was Lust, Leid, Hoffnung mir erregt,
Hat sich in diesem Kreis bewegt.

Ein enger Zirkel! In ihm ruht
Was hier auf Erden schön und gut;
Ist, was dies Band umschlang, nur mein,
Geb ich den Rest der Welt gern drein!

Still Liegen Meere, wenn die Winde schlafen;
So ruhn wir, deren Leidenschaft verging,
Und wissen: Eitelkeit war unser Prahlen
Mit flüchtigem Gut, dem Untergang bestimmt.
Reizende Schleier vor dem jungen Blick
Verhülln die Leere, die das Alter sieht.

Das dunkle Haus der Seele, mürb, verfallen,
Läßt durch den Riß, den Zeit trieb, neues Licht:
In Schwachheit stärker, weiser werden alle,
Nahn sie dem Ort, wo ewig Heimat ist.
Die alte lassend, beide Welten sieht,
Wer auf der Schwelle schon zur neuen steht.

Charles Sedley

Song

Phillis, let's shun the common fate,
And let our love ne'er turn to hate;
I'll dote no longer than I can,
Without being called a faithless man.
When we begin to want discourse,
And kindness seems to taste of force,
As freely as we met, we'll part,
Each one possessed of their own heart.
Thus whilst rash fools themselves undo,
We'll game, and give off savers too;
So equally the match we'll make,
Both shall be glad to draw the stake.
A smile of thine shall make my bliss,
I will enjoy thee in a kiss;
If from this height our kindness fall,
We'll bravely scorn to love at all.
If thy affection first decay,
I will the blame on nature lay.
Alas, what cordial can remove
The hasty fate of dying love?
Thus we will all the world excell
In loving, and in parting well.

Charles Sedley

Lied

Laß, Phyllis, um dem Los der Welt zu wehren,
Sich unsre Liebe nie in Haß verkehren;
Und sei da niemand, der mich treulos nenne,
Weil ich nicht schwärme, wo ich nicht mehr brenne!
Wenn uns allmählich das Gespräch versiegt,
Und Zwang uns unsere Liebe trübt,
Dann laß uns scheiden, wie wir uns gefunden,
Ein jeder frei, die Herzen ungebunden.
Wo Narren alles setzen auf ihr Glück,
Da spielen wir und legen noch zurück;
Unsre Partie gestaltet sich so ausgewogen,
Daß keiner auch nur um den Einsatz wird betrogen.
Schenk mir ein Lächeln, und ich bin beglückt;
Genieß ich Deinen Kuß, bin ich entzückt:
Stürzt unser Fühlen je von solchen Höhen,
Dann werden wir die Liebe ganz verschmähen,
Ist, was zuerst erkaltet, Deine Huld,
Dann geb ich gerne der Natur die Schuld.
Wo wäre denn ein Tonikum, das heilt,
Wenn Liebeslust ihr rascher Tod ereilt?
So wird uns staunend alle Welt beneiden,
Wie gut wir lieben, und wie gut dann scheiden.

John Wilmot, Earl of Rochester

To a Lady in a Letter

Such perfect bliss, fair Chloris, we
  In our enjoyments prove,
'Tis pity restless jealousy
  Should mingle with our love.

Let us, since wit has taught us how,
  Raise pleasure to the top:
You rival bottle must allow,
  I'll suffer rival fop.

Think not in this that I design
  A treason 'gainst love's charms,
When, following the god of wine,
  I leave my Chloris' arms,

Since you have that, for all your haste
  (At which I'll ne'er repine),
Will take its liquor off as fast
  As I can take off mine.

There's not a brisk, insipid spark
  That flutters in the town,
But with your wanton eyes you mark
  Him out to be your own;

Nor do you think it worth your care
  How empty and how dull
The heads of your admirers are,
  So that their cods be full.

All this you freely may confess,
  Yet we ne'er disagree,

John Wilmot, Earl of Rochester

An eine Dame, in einem Brief

Wir, Cloris, finden solches Glück
  In unserm Liebesspiel,
Wie schad, wenn bittre Eifersucht
  In der Freuden Becher fiel!

Laß, wie es uns der Geist gelehrt,
  Der Wonne freie Bahn;
Mir sei von Dir der Wein gewährt,
  Ich dulde den Galan.

Denk nicht, es sei ein Hochverrat
  An unserm Liebesglück,
Wenn ich, umwerbend Bacchus' Gnad,
  Dich, Cloris, laß zurück.

Die Jagd nach flüchtigem Plaisir,
  Die ich Dir gern vergebe,
Schenkt wiederholte Freuden Dir,
  Wie mir die Lust der Rebe.

Sei der Galan der fadste auch,
  Der flattert im Revier,
Spießt lockend ihn Dein Blick doch auf,
  Und schon gehört er Dir.

So ist es Dir ganz einerlei,
  Wie hohl oder wie schal
Das Hirn Deiner Verehrer sei,
  Sind nur die Hoden prall.

Gesteh das nur mit freier Brust,
  Es wird entzwein uns nicht:

For did you love your pleasure less,
You were no match for me.

Whilst I, my pleasure to pursue,
Whole nights am taking in
The lusty juice of grapes, take you
The juice of lusty men.

A SATYR AGAINST REASON AND MANKIND

Were I (who to my cost already am
One of those strange, prodigious creatures, man)
A spirit free to choose, for my own share,
What case of flesh and blood I pleased to wear,
I'd be a dog, a monkey, or a bear,
Or anything but that vain animal
Who is so proud of being rational.
The senses are too gross, and he'll contrive
A sixth, to contradict the other five,
And before certain instinct, will prefer
Reason, which fifty times for one does err;
Reason, an *ignis fatuus* in the mind,
Which, leaving light of nature, sense, behind,
Pathless and dangerous wandering ways it takes
Through error's fenny bogs and thorny brakes;
Whilst the misguided follower climbs with pain
Mountains of whimseys, heaped in his own brain;
Stumbling from thought to thought, falls headlong down
Into doubt's boundless sea, where, like to drown,
Books bear him up awhile, and make him try
To swim with bladders of philosophy;
In hopes still to o'ertake th' escaping light,
The vapour dances in his dazzling sight
Till, spent, it leaves him to eternal night.

Denn liebtest weniger Du die Lust,
   Dann wärst Du nichts für mich.

Wie ich, den Freuden auf der Spur
   Lustvoll mit Rebensaft
Die Nacht durchzech, sei Lust Dir nur
   Der Männer Saft und Kraft!

Eine Satire wider die Vernunft und die Menschheit

Vernunft als Irrlicht

Wär ich (zu meinem Leid zwar leider nur
Ein Mensch, jene groteske Kreatur)
Ein Geist, der frei sich seine Hülle wählt
Aus Fleisch und Blut, so wie es ihm gefällt,
Ich wär ein Hund, ein Aff' oder ein Bär –
Was immer, bloß nicht dieses eitle Tier,
So stolz darauf, daß es vernünftig wär.
   Die Sinne sind zu grob, und er erfind't
Als Widerspruch den sechsten zu den fünf,
Zieht dem Instinkt, der immer sicher führt,
Vernunft vor, die sich fünfzig Male irrt.
Vernunft, ein *ignis fatuus* dem Geist,
Verschmäht, was ihm das Licht der Sinne weist,
Irrt fern den sicheren Wegen der Natur
Durch Irrtums Sumpf und Dickicht ohne Spur,
Indes, verführt von ihr, der Mensch bestürmt
Der Hirngespinste Berg, selbst aufgetürmt,
Über eigene Gedanken stolpernd fällt
Ins Meer der Zweifel, wo ihn nichts mehr hält
Als Bücher, und sucht schwimmend eine Weil
Auf Blasen der Philosophie sein letztes Heil,
Voll Hoffnung, daß das Licht ihm nicht entflieht,
Das er als trüben Dunst noch tanzen sieht –
Bis es erlischt, ihm ewige Nacht aufzieht.

Then old age and experience, hand in hand,
Lead him to death, and make him understand,
After a search so painful and so long,
That all his life he has been in the wrong.
Huddled in dirt the reasoning engine lies,
Who was so proud, so witty, and so wise.

BUT THOUGHTS are given for action's government;
Where action ceases, thought's impertinent.
Our sphere of action is life's happiness,
And he who thinks beyond, thinks like an ass.
Thus, whilst against false reasoning I inveigh,
I own right reason, which I would obey:
That reason which distinguishes by sense
And gives us rules of good and ill from thence,
That bounds desires with a reforming will
To keep 'em more in vigour, not to kill.
Your reason hinders, mine helps to enjoy,
Renewing appetites yours would destroy;
My reason is my friend, yours is a cheat;
Hunger calls out, my reason bids me eat;
Perversely, yours your appetite does mock:
This asks for food, that answers, «What's o'clock?»
This plain distinction, sir, your doubt secures:
'Tis not true reason I despise, but yours.

YOU SEE how far man's wisdom here extends;
Look next if human nature makes amends:
Whose principles most generous are, and just,
And to whose morals you would sooner trust.
Be judge yourself, I'll bring it to the test:
Which is the basest creature, man or beast?
Birds feed on birds, beasts on each other prey,

Dann führen Alter und Erfahrung ihn
Zum Tode und eröffnen seinem Sinn
Nach langer Suche, schmerzlich und verwirrt,
Daß er sich lebenslänglich hat geirrt.
Verdreckt liegt nun die Denkmaschine da,
Die einst so stolz, so geistreich und so weise war.

Denken und Handeln

Gedanken taugen nur, das Tun zu lenken:
Jenseits des Tuns wird müßig alles Denken.
Des Lebens Glück besteht allein im Tun,
Wer weiter denkt, denkt wie ein Huhn.
So hab ich viel auf falsches Denken zwar geschimpft,
Doch unterwerf ich mich der richtigen Vernunft –
Vernunft, die auf die Sinneskräfte baut,
Ihnen, was gut und bös sei, anvertraut;
Vernunft, die Lust nicht zügelt und erzieht,
Auf daß sie stirbt, sondern noch kräftiger blüht.
Meine Vernunft genießt, wo Ihre hemmt,
Und weckt Begierden, die der Ihren fremd;
Meine Vernunft ist Freund mir, Ihre trügt.
Wenn hungrig, bittet meine mich vergnügt
Zu Tisch, wo Ihre höhnt den Hunger nur:
Nach Nahrung fragt die meine, Ihre, «wieviel Uhr?»
Der Unterschied, mein Herr, dies demonstriere:
Wahre Vernunft nicht haß ich, sondern Ihre!

Mensch und Tier

So weit reicht also Menschenklugheit nur –
Macht wett dies seine menschliche Natur?
Seine Prinzipien, ja, die sind höchst hehr,
Und die Moral – wer hätte davon mehr?
Urteiln Sie selbst, wie den Beweis ich führ,
Wer niederträchtiger sei, Mensch oder Tier!
Vogel jagt Vogel, Tier vom Tiere frißt,

But savage man alone does man betray.
Pressed by necessity, they kill for food;
Man undoes man to do himself no good.
With teeth and claws by nature armed, they hunt
Nature's allowance, to supply their want.
But man, with smiles, embraces, friendship, praise,
Inhumanly his fellow's life betrays;
With voluntary pains works his distress,
Not through necessity, but wantonness.
  For hunger or for love they fight and tear,
Whilst wretched man is still in arms for fear.
For fear he arms, and is of arms afraid,
By fear to fear successively betrayed;
Base fear, the source whence his best passions came:
His boasted honour, and his dear-bought fame;
That lust of power, to which he's such a slave,
And for the which alone he dares be brave;
To which his various projects are designed;
Which makes him generous, affable, and kind;
For which he takes such pains to be thought wise,
And screws his actions in a forced disguise,
Leading a tedious life in misery
Under laborious, mean hypocrisy.
Look to the bottom of his vast design,
Wherein man's wisdom, power, and glory join:
The good he acts, the ill he does endure,
'Tis all from fear, to make himself secure.
Merely for safety after fame we thirst,
For all men would be cowards if they durst.
  And honesty's against all common sense:
Men must be knaves, 'tis in their own defence.
Mankind's dishonest; if you think it fair
Amongst known cheats to play upon the square,
You'll be undone.
Nor can weak truth your reputation save:
The knaves will all agree to call you knave.
Wronged shall he live, insulted o'er, oppressed,
Who dares be less a villain than the rest.

Der rohe Mensch allein braucht Tücke, List.
Wo jene töten, Hungersnot zu stillen,
Tut es der Mensch umsonst, aus freiem Willen.
Mit Zahn und Kralle von Natur bewehrt,
Gilt ihre Jagd nur dem, was die Natur gewährt;
Der Mensch jedoch bringt lächelnd und ergeben
Mit Lob und Kuß den Nachbarn um sein Leben,
Quält liebend gern ihn bis aufs Blut,
Ganz ohne Not, aus schierem Übermut.
  Wo sie aus Hunger, Liebe sich zerfleischen,
Läßt Furcht den Elenden zur Waffe greifen;
Aus Furcht bewaffnet und in Furcht vor Waffen,
Wird er von einer Furcht an andere verraten –
Furcht, trüber Quell, aus dem sein Bestes quillt:
Der Drang nach Ehr und Ruhm, so teuer gestillt,
Die Gier nach Macht, die ihn so ganz versklavt,
Daß er nur ihretwegen Kühnsein wagt;
Furcht, der sein ganzes Planen gilt,
Und die ihn liebenswürdig macht und mild,
Für die er rackert, daß man weis ihn hält,
Und angestrengt sein wahres Tun verstellt,
Ein ödes, elendiges Leben führt,
Wie Heuchelei es schnöde ihm diktiert.
Blickt auf den Grund nur seinem großen Plan,
Zu dem er Weisheit, Macht und Ruhm verband:
Ob gute Tat, ob ausgehaltnes Leid,
Er tuts aus Angst um seine Sicherheit;
Lechzt nach dem Ruhm allein zu sichrer Hut,
Denn feig wär jeder, hätt er nur den Mut.
  Die Redlichkeit ist wider die Vernunft,
Aus Selbstschutz schon ist jedermann ein Lump.
Unredlich ist der Mensch, und wenn Du meinst,
Daß Du mit Gaunern ehrlich spielen kannst,
Bist Du verratzt.
Die Wahrheit wird den Ruf nicht retten können,
Wenn Dich im Chor die Schurken Schurke nennen.
Er bleibt verkannt, beleidigt, unterdrückt,
Ders wagt und weniger als der Rest betrügt.

Thus, sir, you see what human nature craves:
Most men are cowards, all men should be knaves.
The difference lies, as far as I can see,
Not in the thing itself, but the degree,
And all the subject matter of debate
Is only: Who's a knave of the first rate?

Impromptu on Charles II

God bless our good and gracious King,
Whose promise none relies on;
Who never said a foolish thing,
Nor ever did a wise one.

So will, mein Herr, die menschliche Natur,
Daß feig die meisten, alle Schurken nur.
Der Unterschied liegt, denk ich in der Tat,
Nicht in der Sache selbst, sondern im Grad,
Und diese ganze Diskussion verpufft
Zur schlichten Frag: Wer ist der größte Schuft?

Impromptu auf Charles II

Gott schütz den König, unsern Herrn.
Sein Ehrenwort ist nichtig;
Sprach Worte nie, die närrisch wär'n,
Noch tat er je, was richtig.

Samuel Butler

Hudibras

When civil dudgeon first grew high
And men fell out they knew not why,
When hard words, jealousies, and fears
Set folks together by the ears,
And made them fight, like mad or drunk,
For Dame Religion as for punk,
Whose honesty they all durst swear for,
Though not a man of them knew wherefore,
When gospel-trumpeter, surrounded
With long-eared rout, to battle sounded,
And pulpit, drum ecclesiastic,
Was beat with fist instead of a stick,
Then did Sir Knight abandon dwelling
And out he rode a-colonelling.
  A wight he was whose very sight would
Entitle him Mirror of Knighthood,
That never bent his stubborn knee
To anything but chivalry,
Nor put up blow but that which laid
Right worshipful on shoulder-blade:
Chief of domestic knights and errant
Either for chartel or for warrant,
Great on the bench, great in the saddle,
That could as well bind o'er as swaddle;
Mighty he was at both of these
And styled of war as well as peace
(So some rats of amphibious nature
Are either for the land or water).
  But here our authors make a doubt
Whether he were more wise or stout.
Some hold the one and some the other,
But, howsoe'er they make a pother:
The difference was so small, his brain

Samuel Butler

Hudibras

Als vormals Groll und Bürgerkrieg
(Man weiß nicht wie) aufs höchste stieg;
Als Wortschwall, Eifersucht, Verdacht
Und Furcht die Leute aufgebracht,
Und man, wie toll, mit Schwert und Spruch
Für Frau Religion sich schlug,
Auf deren Keuschheit jeder schwur,
(Warum? das wußte keiner nur);
Als jeder Pfaff sein Kanzeltuch,
An Trommel Statt, mit Fäusten schlug,
Und Evangelien-Trompeter
Die Langohrschar mit lautem Zeter
Zum Treffen bliesen, zog Sir Held
Aufs Schwadronieren mit ins Feld.
  Sein Ansehn war voll Drang und Kraft,
Ein wahrer Spiegel der Ritterschaft,
Ein Wicht, der nie sein steifes Knie
Vor etwas bog, als Chevalerie,
Auch keinen andern Schlag vertrug,
Als den, der ihn zum Ritter schlug;
Ein König aller Lanzenritter
Und Friedensrichter, kurz ein Zwitter
Vom Roland im Turnier und Streit
Und Salomon im Rechtsbescheid;
Gleich groß auf seiner Richterbank,
Und wenn er sich aufs Streitroß schwang.
Krieg oder Frieden galt ihm gleich,
Wie Wassermäusen Feld und Teich.
  Viel unsrer Autorn zweifeln zwar,
Ob er mehr klug als tapfer war.
Einer glaubt dies, der andre das;
Doch all ihr Zank ist wohl nur Spaß:
Denn höchstens überwog sein Hirn

Outweighed his rage but half a grain,
Which made some take him for a tool
That knaves do work with, called a fool.
For his religion, it was fit
To match his learning and his wit:
'Twas Presbyterian true blue,
For he was of that stubborn crew
Of errant saints whom all men grant
To be the true church militant;
Such as do build their faith upon
The holy text of pike and gun,
Decide all controversies by
Infallible artillery,
And prove their doctrine orthodox
By apostolic blows and knocks;
Call fire and sword and desolation
A ‹godly thorough reformation›
Which always must be carried on,
And still be doing, never done,
As if religion were intended
For nothing else but to be mended.
A sect whose chief devotion lies
In odd, perverse antipathies;
In falling out with that or this,
And finding somewhat still amiss;
More peevish, cross and splenetic
Than dog distract or monkey sick;
That with more care keep holy day
The wrong, than others the right way;
Compound for sins they are inclined to
By damning those they have no mind to;
Still so perverse and opposite,
As if they worshipped God for spite.

Die Wut ein halbes Gerstenkorn.
Manchen schien er ein Werkzeug gar
Für Schelme, *scilicet* – ein Narr.
  Sein Glaube paßte meisterhaft
Zu seinem Witz und Wissenschaft,
Als echter Presbyterianer
Erzheiliger, der alle -Aner
Und -Isten herzlich haßt' und neckte.
Stets baute diese grelle Sekte,
Als wahre *ecclesia militans*
Auf ihren Grundtext Schwert und Lanz';
Mit unfehlbaren Feuerröhren
Entschied sie alle Glaubenslehren;
Gab jedem Kanon erst ihr Siegel
Mit apostolschem Hieb und Prügel;
Nannt' Schwert und Feuer und Zerstörung
Vollkommne heilige Bekehrung,
Die man nie ganz vollenden kann,
Sondern fängt stets von neuem an;
Als ob uns unsre Glaubenslehren
Zum Flicken nur gegeben wären.
Dies Völklein sucht nur Heiligkeit
In Widerwillen, Haß und Streit;
Zankt bald um dies und bald um das,
Und findet Fehl ohn' Unterlaß.
Sie sind voll schwarzer Gall', und blaffen,
Wie tolle Hund' und kranke Affen.
Sie halten Sabbat mit mehr Fleiße
Verkehrt, als wir nach rechter Weise;
Verdammen Laster, die sie hassen,
Um ihrer Lust den Zaum zu lassen;
Sind stets so grämlich und verdrossen,
Als dienten sie Gott nur zum Possen.

«WHAT MAKES a knave, a child of God,
And one of us?» – «A Livelihood.»
«What renders beating-out of brains,
And murder Godliness?» – «Great gains.»
«What's tender conscience?» – «‹Tis a botch
That will not bear the gentlest touch,
But breaking out dispatches more
Then th'epidemical'st plague-sore.»
«What makes y' encroach upon our trade,
And damn all others?» – «To be paid.»
«What's orthodox, and true believing
Against a Conscience?» – «A good living.»
«What makes Rebelling against Kings
A Good Old Cause?» – «Administrings.»
«What makes all doctrines plain and clear?»
«About two hundred pounds a Year.»
«And that which was proved true before,
Prove false again?» – «Two hundred more.»
«What makes the breaking of all oaths
A holy duty?» – «Food, and clothes.»
«What laws, and freedom, persecution?»
«Being out of power and contribution.»
«What makes a Church a den of thieves?»
«A dean, a chapter, and white sleeves.»
«And what would serve if those were gone,
To make it orthodox?» – «Our own.»

Der puritanische Katechismus

«Was macht den Schelm zum Gotteskinde
Und unser einem?» «Eine Pfründe.»
«Wie wird der Mord zum Gottesdienst,
Und Blut zum Opfer?» «Durch Gewinst.»
«Was ist ein gar zu zart Gewissen?»
«Es ist, wie alle bösen Drüsen,
Ein Ding, das sich nicht rühren läßt;
Wenns platzt, ists ärger als die Pest.»
«Warum verdammt Ihr alle Welt,
Und greift in unser Amt?» «Für Geld.»
«Wo kann man sein Gewissen sparen,
Und heißt doch fromm?» «Bei fetten Pfarren.»
«Was macht Rebellion und Spaltung
Zur guten Sache?» «Staatsverwaltung.»
«Was macht die Glaubenslehren klar?»
«Ein Tausend Tälerchen das Jahr.»
«Und was macht eben diese Lehr,
Die rein war, falsch?» «Noch Tausend mehr.»
«Wie bricht der Fromme seinen Eid
Aus heiliger Pflicht?» «Für Brot und Kleid.»
«Wann klagt man, daß die Freiheit drückt?»
«Wenn uns die Hand nach Herrschaft jückt.»
«Was macht die Kirch' zur Räuberbande?»
«Dechant, Kapitel, Chorgewande.»
«Wenn kein Dechant und Bischof wär,
Wer macht sie orthodox dann?» «Wir.»

Anonymous

The Vicar of Bray

In good King Charles's golden days,
      When loyalty no harm meant,
A furious High-Church man I was,
      And so I gained preferment.
Unto my flock I daily preached:
      Kings are by God appointed,
And damned are those who dare resist,
      Or touch the Lord's Anointed.

And this is law, I will maintain
      Unto my dying day, Sir,
That whatsoever king shall reign,
      I will be Vicar of Bray, Sir!

When Royal James possessed the crown,
      And popery grew in fashion,
The Penal Law I hooted down,
      And read the Declaration:
The Church of Rome I found would fit
      Full well my constitution,
And I had been a Jesuit
      But for the Revolution.

When William our Deliverer came,
      To heal the nation's grievance,
I turned the cat in pan again,
      And swore to him allegiance:
Old principles I did revoke,
      Set conscience at a distance,
Passive obedience is a joke,
      A jest is non-resistance.

Anonym

Der Pfarrer von Bray

Zur goldenen Zeit von König Karl,
Als Treusein keine Bürde,
War streng hochkirchlich meine Art:
Kam so zu Amt und Würde.
Predigte täglich meiner Schar:
Könige sind von Gott gesetzt;
Zur Hölle fährt ganz unrettbar,
Wer ihr heiliges Recht verletzt.

Und diesem Grundsatz bleib ich treu,
Bis ich von hinnen geh, Sir:
Wer immer unser König sei,
Ich bin Pfarrer von Bray, Sir.

Als Jakob dann den Thron bestieg,
Papisterei im Schwang war,
Pries ich das Duldsamkeitsedikt,
Weil ich so tolerant war.
Die römische Kirche war so lieb
Meiner Konstitution –
Fast war ich schon ein Jesuit,
Da gabs Revolution.

Als Wilhelm der Befreier kam
Zu stilln des Volkes Leiden,
Schwur ich ihm Treue bis zum Grab,
Und wechselte die Seiten.
Alte Prinzipien warf ich fort,
Nahms leicht mit dem Gewissen:
Passiv gehorchen ist kein Tort,
Und Widerstand vermessen.

When glorious Anne became our Queen,
    The Church of England's glory,
Another face of things was seen,
    And I became a Tory:
Occasional conformists base
    I damned, and moderation,
And thought the Church in danger was
    From such prevarication.

When George in pudding time came o'er,
    And moderate men looked big, Sir,
My principles I changed once more,
    And so became a Whig, Sir:
And thus preferment I procured,
    From our Faith's Great Defender,
And almost every day abjured
    The Pope, and the Pretender.

The Illustrious House of Hanover
    And Protestant succession,
To these I lustily will swear,
    Whilst they can keep possession:
For in my faith and loyalty
    I never once will falter,
But George my lawful King shall be –
    Except the times should alter.

And this is law, I will maintain
    Unto my dying day, Sir,
That whatsoever king shall reign,
    I will be Vicar of Bray, Sir.

Als Anna unsere Herrin war,
Der Heimatkirche Glorie,
Stellt' sich die Lage anders dar:
Flugs wurde ich zum Tory.
Fand Kompromiß nicht annehmbar,
Hielt Mäßigung für Lüge,
Und sah die Kirche in Gefahr
Durch solche Winkelzüge.

Als König Georg zu uns fand,
Im günstigen Augenblick, Sir,
Moderation in Ehren stand,
Wurde ich schnell ein Whig, Sir.
Kam so zu neuen Ehren bald
Beim gläubigen Regenten,
Und schwor von früh bis abends ab
Dem Papst und Prätendenten.

Daß nur Hannover unser Herr,
Den Thron ein Protestant hat,
Will ich von Herzen gerne schwörn
Solang die Macht Bestand hat;
Es sei meine Loyalität
Unteilbar und vollkommen:
Hoch Georg und Legalität!
— Bis andere Zeiten kommen.

Und diesem Grundsatz bleib ich treu,
Bis ich von hinnen geh, Sir,
Wer immer unser König sei,
Ich bin Pfarrer von Bray, Sir.

Matthew Prior

The Secretary
Written at The Hague, in the Year 1696

While with labour assiduous due pleasure I mix,
And in one day atone for the business of six,
In a little Dutch-chaise on a Saturday night,
On my left hand my Horace, a nymph on my right.
No memoire to compose, and no post-boy to move,
That on Sunday may hinder the softness of love;
For her, neither visits, nor parties of tea,
Nor the long-winded cant of a dull refugee.
This night and the next shall be hers, shall be mine,.
To good or ill fortune the third we resign:
Thus scorning the world, and superior to fate,
I drive on my car, in processional state:
So with Phia through Athens Pysistratus rode,
Men thought her Minerva, and him a new God.
But why should I stories of Athens rehearse,
Where people knew love, and were partial to verse,
Since none can with justice my pleasures oppose,
In Holland half drownèd in interest and prose:
By Greece and past ages, what need I be tried,
When the Hague and the present are both at my side;
And is it enough, for the joys of the day,
To think what Anacreon, or Sappho would say,
When good *Vandergoes* and his provident *Vrow*,
As they gaze on my triumph, do freely allow,
That search all the province, you'd find no man there is
So blessed as the *Englischen Heer Secretaris*?

An Ode

The merchant, to secure his treasure,
Conveys it in a borrowed name:

Matthew Prior

Der Sekretär
Geschrieben in Den Haag, im Jahre 1696

Wenn mit emsiger Arbeit Vergnügen ich paare,
Nach sechs geschäftigen Tagen mir einen erspare,
Fahr ich einspännig aus an Sonnabendnächten,
Zur Linken Horaz, eine Nymphe zur Rechten:
Kein Memoire zu schreiben, kein Brief zu verschicken,
Daß nichts hindert am Sonntag der Liebe Entzücken.
Ihr opfere ich gerne die Tees, die Visiten,
Des Flüchtlings langatmiges Jammern und Bitten:
Diese Nacht und die nächste sei ihre, sei mein;
Was der dritten bestimmt, soll uns gleichgültig sein.
So verachtend die Welt und des Schicksals Rad,
Lenk ich meine Chaise in festlichem Staat:
Wie durch Athen einst mit Phia Peisistratos ritt –
Sie als Minerva und er als der neueste Gott.
Doch genug von der alten Athener Geschichte,
Als man Eros noch liebte und liebte Gedichte,
Da doch niemand mit Fug meine Freuden mir nimmt,
Hier in Holland, halb ertrunken in Prosa und Zins.
Warum mich denn messen an klassischen Zeiten,
Wenn Den Haag und das Heute mir beide zuseiten?
Und warum zu den Freuden des Heute beschwören,
Was Sappho, Anakreon hätten zu lehren,
Wenn Herr *Vandergoes* nebst sorgsamer *Vrow*
Zu meinem Triumphzug bestätigen: «Schau,
Durchforsch die Provinzen und du findest, wahr is',
Keinen so selig wie den *Englischen Heer Secretaris*».

Versteckspiel der Liebe

Der Schwindler, um seine Kleinodien zu retten,
  Trägt auf gefälschten Namen sie ein,

Euphelia serves to grace my measure;
  But Chloe is my real flame.

My softest verse, my darling lyre
  Upon Euphelia's toilet lay;
When Chloe noted her desire,
  That I should sing, that I should play.

My lyre I tune, my voice I raise,
  But with my numbers mix my sighs:
And whilst I sing Euphelia's praise,
  I fix my soul on Chloe's eyes.

Fair Chloe blushed, Euphelia frowned;
  I sung and gazed, I played and trembled:
And Venus to the loves around
  Remarked, how ill we all dissembled.

To Phillis

Phillis since we have both been kind,
  And of each other had our fill,
Tell me, what pleasure you can find
  In forcing nature 'gainst her will?

'Tis true, you may with art and pain,
  Keep in some glowings of desire;
But still, those glowings which remain
  Are only ashes of the fire.

Then let us free each other's soul,
  And laugh at the dull constant fool,
Who would love's liberty control,
  And teach us how to whine by rule.

Let us no impositions set,
  Or clogs upon each other's heart;

Euphelia hilft meine Verse mir glätten,
  Doch einzig Chloe ists, die ich mein.

Die zartesten Lieder der eigensten Leier
  Umflattern Euphelias Putztisch schon lang –
Doch heut, wo uns Chloe ladet zur Feier,
  Verlangt sie mein Spiel und fordert Gesang.

Ich stimme die Leier und sing meine Weisen,
  Wo jeder Akkord mir im Seufzer stirbt;
Und immer schein ich Euphelia zu preisen,
  Derweil mein Auge um Chloe wirbt.

Chloe errötet, Euphelia grollt:
  Ich singe, ich schmachte, bis Tränen mir schwellen:
Und Venus, die jedem das Seine gewollt,
  Bestaunt, wie schlecht wir alle uns verstellen.

An Phyllis

Da, Phyllis, wir so gern und lang
  Einander schon genossen haben,
Wie könnte da nun stumpfer Zwang
  Dich noch mit Liebeslüsten laben?

Natürlich kann mit Kunst bemüht
  Die Liebesglut man warm sich halten,
Doch dieser Rest, der da noch glüht,
  Wird unter Asche schnell erkalten.

Drum: Geben wir einander frei,
  Verlachen wir der Spießer Treiben,
Die dem Lieben treues Einerlei,
  Und ewiges Schmachten uns vorschreiben!

Keine Fessel binde unsre Hand,
  Kein Blei beschwer das Herz uns beiden!

But as for pleasure first we met;
So now for pleasure let us part.

We both have spent our stock of love,
So consequently should be free:
Thirsis expects you in yon grove,
And pretty Chloris stays for me.

From For His Own Epitaph

As Doctors give physic by way of prevention,
MATT alive and in health of his tomb-stone took care;
For delays are unsafe, and his pious intention
May haply be never fulfilled by his heir.

Yet counting as far as to fifty his years,
His virtues and vices were as other men's are:
High hopes he conceived, and he smothered great fears,
In a life particoloured, half pleasure, half care.

Nor to business a drudge, nor to faction a slave,
He strove to make interest and freedom agree.
In public employments industrious and grave,
And alone with his friends, Lord, how merry was he.

Now in equipage stately, now humbly on foot,
Both fortunes he tried but neither would trust,
And whirled in the round, as the wheel turned about,
He found riches had wings, and knew man was but dust.

This verse little polished though mighty sincere
Sets neither his titles nor merit to view,
It says that his relics collected lie here,
And no mortal yet knows too if this may be true.

Wie uns die Lust zuerst verband,
  So laß zur Lust uns nun auch scheiden!

Verpraßt ist unsrer Liebe Wein;
  So sei uns Freiheit nun verstattet:
Thyrsis harrt Deiner schon im Hain,
  Auf mich die hübsche Chloris wartet.

Aus Für sein eigenes Grabmal

Wie der Arzt präventiv uns Arzneien verschreibt,
  Ordert Matt seinen Grabstein schon lange vorm Sterben,
Denn Gefahr liegt im Aufschub, und allzuleicht bleibt
  Sein Denkmal nur frommer Vorsatz der Erben.

Fünfzig Jahre hat er zurück schon gelegt,
  An Lastern und Tugenden anderen gleich,
Hat die Ängste erstickt, große Hoffnung gehegt,
  In buntscheckigem Leben aus Freude und Leid.

Von Geschäft noch Parteien versklavt und gehetzt,
  Strebt' er, Vorteil und Freiheit in Einklang zu bringen,
In staatlichen Ämtern voll Fleiß und gesetzt –
  Doch allein mit den Freunden: welch fröhliches Singen!

Mal in nobler Karosse, mal zu Fuß und bescheiden,
  Hat er beiden Gesichtern Fortunas mißtraut;
Ihr wirbelndes Rad mußt er wirbelnd erleiden,
  Fand, Reichtum verfliegt, und der Mensch ist nur Staub.

Dieser Vers, kaum geschliffen doch ehrlich fürwahr,
  Stellt weder Verdienst noch Titel zur Schau,
Sagt nur, daß sein Leichnam hier ruht immerdar –
  Und nicht einmal dieses weiß man genau.

Daniel Defoe

The True-Born Englishman

Wherever God erects a House of Prayer,
The Devil always builds a Chapel there:
And 'twill be found upon examination,
The latter has the largest congregation;
For ever since he first debauched the mind,
He made a perfect conquest of mankind.
With uniformity of service, he
Reigns with a general aristocracy.
No nonconforming sects disturb his reign,
For of his yoke there's very few complain.
He knows the genius and the inclination,
And matches proper sins for every nation.
He needs no standing-army government;
He always rules us by our own consent;
His laws are easy, and his gentle sway
Makes it exceeding pleasant to obey.
The list of his Vicegerents and Commanders
Outdoes your Caesars, or your Alexanders.
They never fail of his infernal aid,
And he's as certain ne'er to be betrayed.
Through all the world they spread his vast command,
And Death's Eternal Empire's maintained.
They rule so politicly and so well,
As if they were Lord Justices of Hell,
Duly divided to debauch mankind,
And plant infernal dictates in his mind.

Daniel Defoe

Der rassereine Engländer

Des Teufels Herrschaft

Wo immer Gott ein Haus erbaut zum Beten,
Setzt Belzebub seine Kapell' daneben;
Und wer da nachprüft, findet ohne Zweifel,
Die größere Gemeinde hat der Teufel.
Denn seit er erstmals unsern Geist verdorben,
Hat er die ganze Menschheit sich erworben;
Uniformiert im Dienst sie allesamt
Und bindet jeden an ein hohes Amt.
Keine Dissenter-Sekte stört sein Reich,
Dem milden Joch beugt sich fast jeder gleich.
Im Wissen um der Völker Wesensgründe
Verpaßt er jedem seine eigene Sünde;
Braucht auf kein stehendes Heer zu bauen,
Kann er doch stets unserm Konsens vertrauen;
Da mild die Herrschaft, sein Gesetz bequem,
Ist das Gehorchen äußerst angenehm.
Die Liste seiner Unterpotentaten
Stellt die aller Cäsaren in den Schatten.
Sie können stets auf seinen Beistand zählen,
Und ihn auch braucht kein Argwohn je zu quälen.
Ihm unterwerfen sie die ganze Welt,
Auf daß dem Tod sie ewiglich verfällt.
So diplomatisch klug herrscht das Gelichter,
Als wären sie der Hölle Höchste Richter,
Bestellt, ein jeder für sein Teil des Ganzen,
Der Menschheit höllische Maximen einzupflanzen.

THE ROMANS first with Julius Caesar came,
Including all the nations of that name,
Gauls, Greeks, and Lombards, and by computation,
Auxiliaries of slaves of every nation.
With Hengist Saxons, Danes with Sueno came,
In search of plunder, not in search of fame.
Scots, Picts, and Irish from th' Hibernian shore;
And Conquering William brought the Normans o'er.
All these their barbarous offspring left behind,
The dregs of armies, they of all mankind;
Blended with Britons, who before were here,
Of whom the Welsh have blessed the character.
From this amphibious ill-born mob began
That vain ill-natured thing, an Englishman.
The customs, surnames, languages, and manners
Of all these nations are their own explainers,
Whose relics are so lasting and so strong,
They have left a Shibboleth upon our tongue,
By which with easy search you may distinguish
Your Roman-Saxon-Danish-Norman English.
The wonder which remains is at our pride
To value that which all wise men deride.
For Englishmen to boast of generation,
Cancels their knowledge, and lampoons the nation.
A True-Born Englishman's a contradiction,
In speech an irony, in fact a fiction;
A banter made to be a test of fools,
Which those that use it justly ridicules;
A metaphor invented to express
A man akin to all the universe.

Zur Genealogie der Engländer

Zuerst die Römer unter Caesar kamen,
Und alle Völker unter diesem Namen —
Lombarden, Gallier, Griechen, kurz gesagt,
Hilfstruppen aller Welt, die Rom versklavt.
Auf Hengists Sachsen folgten Suenos Dänen,
Auf Plündrung aus und nicht zur Ehr der Ahnen,
Pikt, Schotte, Ire aus Hibernia,
Und zum Erobern war auch Wilhelm da.
  Sie alle ließen ihre Brut zurück,
Der Heere Abschaum und der Menschheit Schurkenstück,
Verschnitten mit den angestammten Briten,
Die die Waliser segneten mit ihren Sitten.
  Von diesem Bastard-Mob leitet sich her
Dies eitle, böse Ding, der Engländer.
Die Sitten, Namen, Zungen, Wesenszüge
All dieser Völker zeugen zur Genüge,
Daß wir von ihnen dauerhaft geprägt,
Ja unsre Sprache selbst ihr Kainsmal trägt,
Denn zeigt dies Englisch sich nicht immer neu
Als saxo-römisch-nordisches Gebräu?
  Wie kann man nur sich dessen brüsten – preisen,
Was nichts als Hohn verdient von allen Weisen!
Ein Engländer, der rasserein sich rühmt,
Betrügt und schmäht das Volk ganz unverblümt.
‹Rein Englisch›: welche Kontradiktion! —
Ironie als Wort, tatsächlich nur Fiktion,
Ein Witz, mit dem man Narren karikiert,
Da nur ein Narr ihn ernst im Munde führt;
Metapher, deren Sinn uns längst bekannt ist:
Ein Mensch, der mit der ganzen Welt verwandt ist.

Alexander Pope

Ode on Solitude

Happy the man, whose wish and care
A few paternal acres bound,
Content to breathe his native air,
In his own ground.

Whose herds with milk, whose fields with bread,
Whose flocks supply him with attire,
Whose trees in summer yield him shade,
In winter fire.

Blest! who can unconcernedly find
Hours, days, and years slide soft away,
In health of body, peace of mind,
Quiet by day,

Sound sleep by night; study and ease
Together mixed; sweet recreation,
And innocence, which most does please,
With meditation.

Thus let me live, unseen, unknown;
Thus unlamented let me die;
Steal from the world, and not a stone
Tell where I lie.

An Essay on Criticism

Thus critics of less judgement than caprice,
Curious, not knowing, not exact but nice,

Alexander Pope

Ode auf die Einsamkeit

Glücklich der Mann, des Wunsch und Ziel
Der Väter Acker nur umspannt,
Der Heimatluft nur atmen will
Auf eignem Land.

Dem Milch der Stall, dem Brot das Feld
Und Kleidung seine Herde leiht:
Der Baum im Sommer Schatten, Holz
Zur Winterszeit.

Wohl ihm, dem unbekümmert Stund
Und Tag und Jahr vergleiten mag,
Fried im Gemüt, der Leib gesund,
Ruhig am Tag,

Tief schlafend nachts: Arbeit und Rast
Stets zur Erquickung hold gesellt,
Und Unschuld, die als lieben Gast
Betrachtung wählt.

So laßt mich leben, fremd, allein,
So unbeweint mich sterben nur;
Der Welt entfliehn, und nicht ein Stein
Künd meine Spur.

Versuch über die Kritik

So gibt es Kritiker, weit mehr mit Störrigkeit
Als echtem Kunstgeschmack versehen:
Da gilt der Hang zur Seltsamkeit
Für Wissenschaft, der Kleinsinn für Genauigkeit,
Und so erfüllen sie mit ihren Kunstideen

Form short ideas; and offend in arts
(As most in manners) by a love to parts.

Some to conceit alone their taste confine,
And glittering thoughts struck out at every line,
Pleased with a work where nothing's just or fit,
One glaring chaos and wild heap of wit.
Poets, like painters, thus, unskilled to trace
The naked Nature and the living grace,
With gold and jewels cover every part,
And hide with ornaments their want of art.
True wit is Nature to advantage dressed:
What oft was thought, but ne'er so well expressed;
Something, whose truth convinced at sight we find,
That gives us back the image of our mind.

NAY, FLY to altars; there they'll talk you dead,
For fools rush in where angels fear to tread;
Distrustful sense with modest caution speaks,
It still looks home, and short excursions makes;
But rattling nonsense in full volleys breaks,
And never shocked, and never turned aside,
Bursts out, resistless, with a thundering tide.

Ein schmales, engumschriebenes Feld,
Und wie die meisten noch im Ton der Welt,
Verstoßen sie im Reich der Wissenschaften,
Weil sie zu sehr an Teilen haften.
  So mancher andre lobt sich nur
Den Flitterglanz der Unnatur.
Mit schimmernder Gedanken Blitze
Wirft jede Zeil umher. Was höchlich ihn vergnügt
Sind Werke, drin sich nichts nach Maß und Ordnung fügt,
Ein blendendes Gewühl von buntgehäuftem Witze.
Der Dichter von gemeinem Schlag,
Der die Natur nicht sonder Hülle,
Der ihre Anmut, ihre Lebensfülle,
Dem Alltagsmaler gleich, zu schildern nicht vermag,
Schmückt jeden Teil mit Goldstoff und Juwelen,
Und sucht sein dürftig Kunstgenie
Durch eine reiche Draperie
Vor unsern Blicken zu verhehlen.
Der echte Witz ist immer noch — Natur,
Bekleidet zwar, jedoch zu ihrem Vorteil nur:
Ein Etwas, oft gedacht im Leben,
Doch nie so gut durch Bild und Ton gegeben;
Ein Etwas, das im Nu uns überzeugt,
Das, ausgezeichnet durch der Wahrheit Siegel,
Uns, wie in einem Zauberspiegel,
Das Bild des eignen Geistes zeigt.

Ja, fliehet selbst zu den Altären,
Der Tor schwatzt euch zu Tod; gewaltsam bricht er ein,
Wohin selbst Engel sich zu treten scheun.
Vernunft, sich selbst mißtrauend, spricht bescheiden,
Sieht immer auf die Sache bloß,
Weiß jeden längeren Umweg zu vermeiden:
Der Unsinn bricht mit vollem Knalle los,
Durch nichts bewegt zur kleinsten Pause,
Nie seitwärts abgelenkt in seiner Wut;
Unwiderstehlich wie die Meeresflut
Stürmt er dahin mit donnerndem Gebrause.

But where's the man who counsel can bestow,
Still pleased to teach, and yet not proud to know?
Unbiassed, or by favour, or by spite,
Not dully prepossessed, nor blindly right;
Though learned, well-bred, and though well-bred, sincere;
Modestly bold, and humanly severe:
Who to a friend his faults can freely show,
And gladly praise the merit of a foe?
Blessed with a taste exact, yet unconfined,
A knowledge both of books and human kind;
Generous converse, a soul exempt from pride,
And love to praise, with reason on his side?

THE RAPE OF THE LOCK

And now, unveiled, the toilet stands displayed,
Each silver vase in mystic order laid.
First, robed in white, the nymph intent adores,
With head uncovered, the cosmetic powers.
A heavenly image in the glass appears,
To that she bends, to that her eye she rears;
Th'inferior priestess, at her altar's side,
Trembling, begins the sacred rites of pride.
Unnumbered treasures ope at once, and here
The various offerings of the world appear;
From each she nicely culls with curious toil,
And decks the goddess with the glittering spoil.
This casket India's glowing gems unlocks,

Wo aber lebt der Mann, der, so geschickt
Als willig, uns mit seinem Rat zu dienen,
Trotz seines Wissens reichen Minen
Durch keine Spur von Hochmut drückt?
Der, unbeherrscht von Gunst, von Ungunst nie mißleitet,
Von Vorurteilen unbestrickt,
Nie für sein Recht mit blindem Eifer streitet;
Gelehrt und doch des Anstands treuer Freund,
Mit diesem Anstand selbst Aufrichtigkeit vereint?
Der, weislich-kühn und menschlich-strenge,
Dem Freund mit Freimut seine Fehler zeigt,
Und selbst dem Feinde gern verdiente Primen reicht?
Den ein Geschmack beglückt, zwar fein, doch nicht zu enge;
Der eine treue Kenntnis von der Welt
Der Bücherkunde zugesellt;
Im Umgang edel ist von Sitte,
Vom kleinsten Dünkel bar, den Ruhm zwar eifrig liebt,
Doch also, daß bei jedem Schritte
Vernunft ihm das Geleite gibt?

Der Lockenraub

Die Toilette

Entschleiert nun die Toilette steht,
Geordnet glänzt das silberne Gerät.
In Weiß verhüllt seht ihr die Schöne nahn,
Um der Kosmetik Weihen zu empfahn.
Der Spiegel zeigt ein himmlisches Gesicht,
Sie neigt sich zu ihm und betrachtets dicht.
Die niedre Priestrin seitlich vom Altar
Nimmt ihres Diensts mit Furcht und Zittern wahr.
Unzählige Schätze öffnen sich zugleich,
Die Spenden, dargebracht von jedem Reich;
Die weiß sie für die Göttin auszuspähn
Und schmückt sie mit den glitzernden Trophän.
Hier schimmert Hindostans Juwelenschein;

And all Arabia breathes from yonder box.
The tortoise here and elephant unite,
Transformed to combs, the speckled and the white.
Here files of pins extend their shining rows,
Puffs, powders, patches, Bibles, billet-doux.
Now awful beauty puts on all its arms;
The fair each moment rises in her charms,
Repairs her smiles, awakens every grace,
And calls forth all the wonders of her face:
Sees by degrees a purer blush arise,
And keener lightnings quicken in her eyes.
The busy sylphs surround their darling care,
These set the head, and those divide the hair,
Some fold the sleeve, while others plait the gown;
And Betty's praised for labours not her own.

NOT WITH more glories, in th'ethereal plain,
The sun first rises o'er the purpled main,
Than, issuing forth, the rival of his beams
Launched on the bosom of the silver Thames.
Fair nymphs and well-dressed youths around her shone,
But every eye was fixed on her alone.
On her white breast a sparkling cross she wore,
Which Jews might kiss, and infidels adore.
Her lively looks a sprightly mind disclose,
Quick as her eyes, and as unfixed as those:
Favours to none, to all she smiles extends;
Oft she rejects, but never once offends.
Bright as the sun, her eyes the gazers strike,
And, like the sun, they shine on all alike.
Yet graceful ease, and sweetness void of pride,
Might hide her faults, if belles had faults to hide;
If to her share some female errors fall,
Look on her face, and you'll forget them all.
This nymph, to the destruction of mankind,
Nourished two locks, which graceful hung behind

Und ganz Arabien haucht aus jenem Schrein.
Schildkröte hier und Elefant erscheint
Als Kamm, das Bunte mit dem Weiß vereint.
Dort Nadeln reihweis und, vereint in Ruh,
Puffs, Puder, Pflaster, Bibeln, Billetdoux.
Nun tritt die Schönheit furchtbar auf den Plan,
Legt, immer wachsend, alle Waffen an,
Erweckt ihr Lächeln neu im Strahl des Lichts,
Ruft alle Wunder ihres Angesichts,
Daß Grad um Grad ein frischeres Rot erblüht
Und immer heller ihre Wimper sprüht.
Die Sylphen, eifrig, nehmen ihrer wahr:
Der glättet ihr die Stirne, der das Haar,
Den Ärmel der, den Rock, der sich verschob,
Und Betty erntet unverdientes Lob.

Die Ausfahrt

Glorreicher fährt nicht durch das Purpurzelt
Die Sonne morgens in der obern Welt,
Als die Rivalin ihrer Strahlenspur
Die Silberbrust des Themse-Stroms befuhr.
Ein schöngeschmückter Schwarm umgab sie dicht:
Sie sah man an, die andern sah man nicht.
Sie trug ein Kreuz auf ihrer weißen Brust,
Dort küßt' es wohl ein Jude selbst mit Lust.
Die klaren Augen künden heitern Sinn,
Unstet wie sie und immer her und hin.
Oft wird ein Lächeln, niemals *mehr* verschenkt,
Versagt wird jedem, keiner wird gekränkt.
Ihr Auge blendet wie der Sonne Strahl
Und scheint wie jene allen auf einmal.
Ja, wenn sie wirklich einen Fehler hätt,
Sie macht ihn durch bescheidene Anmut wett.
Und eine Schöne, fehlt sie dann und wann,
Man sieht sie kaum — und denkt nicht mehr daran.
Die Nymphe, zu der Menschheit Untergang,
Trug hinterwärts zwei Locken schön und lang.

In equal curls, and well conspired to deck
With shining ringlets the smooth ivory neck.
Love in these labyrinths his slaves detains,
And mighty hearts are held in slender chains.
With hairy springes we the birds betray,
Slight lines of hair surprise the finny prey,
Fair tresses man's imperial race ensnare,
And beauty draws us with a single hair.

SWIFT ON his sooty pinions flits the gnome,
And in a vapour reached the dismal dome.
No cheerful breeze this sullen region knows,
The dreaded east is all the wind that blows.
Here in a grotto, sheltered close from air,
And screened in shades from day's detested glare,
She sighs for ever on her pensive bed,
Pain at her side, and Megrim at her head.
 A constant vapour o'er the palace flies;
Strange phantoms rising as the mists arise;
Dreadful, as hermits' dreams in haunted shades,
Or bright, as visions of expiring maids.
Now glaring fiends, and snakes on rolling spires,
Pale spectres, gaping tombs, and purple fires:
Now lakes of liquid gold, Elysian scenes,
And crystal domes, and angels in machines.
 Unnumbered throngs on every side are seen
Of bodies changed to various forms by Spleen.
Here living tea-pots stand, one arm held out,
One bent; the handle this, and that the spout;
A pipkin there, like Homer's tripod, walks;
Here sighs a jar, and there a goose-pie talks:
Men prove with child, as powerful fancy works,
And maids turned bottles call aloud for corks.

Mit gleichen Ringeln, strebsam im Verein,
Verhüllten sie des Nackens Elfenbein.
Irrgärten warens, drin sich Liebe fängt,
Und schwache Kette, die den Stärksten zwängt.
Man fängt der Fische und der Vögel Schar
Mit Angeln wohl und Sprenkeln, die aus Haar;
In schönen Locken fängt sich mancher Mann,
Daß ihn ein Haar der Liebsten gängeln kann.

Die Grotte der Göttin Spleen

Auf schwarzen Flügeln schwebt der Gnome fort,
In Dunst verhüllt, und ist gar bald am Ort.
Kein sanfter Wind erquickt dies tote Land,
Der rauhe Ost ist hier allein bekannt.
In einer Grotte, vor der Luft geschützt,
In die kein Strahl verhaßten Tages blitzt,
Liegt seufzend sie auf grüblerischem Bett;
Migräne wacht an ihrer Lagerstätt.
Ein ewiger Vapeur schwebt in der Luft;
Und Mißgestalten weben in dem Duft,
Schrecklich wie frommer Eremiten Traum,
Wie Mädchenphantasien, ein rosa Schaum:
Bald wälzen Teufel, Schlangen sich zuhauf,
Gespenster stöhnen, Gräber springen auf;
Bald sieht man hold Elysiums grünes Tal,
Engel mit Flügeln, Schlösser aus Kristall.
Unzählige Dinge nimmst du staunend wahr,
Durch Göttin Spleen verwandelt, wunderbar.
Ein Teetopf streckt dort einen Arm zum Gruß
Und beugt den andern (Henkel sinds und Guß).
Dreibeinig läuft ein Pöttchen kreuz und quer,
Pasteten seufzen laut, weil sie zu schwer.
Dort steht ein schwangerer Greis. Und Jungfern schaut
Als Flaschen man: nach Korken schrein sie laut.

From Essay on Man

All are but parts of one stupendous whole,
Whose body Nature is, and God the soul;
That, changed through all, and yet in all the same,
Great in the earth, as in th'ethereal frame,
Warms in the sun, refreshes in the breeze,
Glows in the stars, and blossoms in the trees,
Lives through all life, extends through all extent,
Spreads undivided, operates unspent,
Breathes in our soul, informs our mortal part,
As full, as perfect, in a hair as heart;
As full, as perfect, in vile Man that mourns,
As the rapt seraph that adores and burns;
To him no high, no low, no great, no small;
He fills, he bounds, connects, and equals all.
Cease then, nor Order Imperfection name:
Our proper bliss depends on what we blame.
Know thy own point: This kind, this due degree
Of blindness, weakness, Heaven bestows on thee.
Submit — In this, or any other sphere,
Secure to be as blest as thou canst bear;
Safe in the hand of one disposing Power,
Or in the natal, or the mortal hour.
All Nature is but Art, unknown to thee;
All Chance, Direction, which thou canst not see;
All Discord, Harmony, not understood;
All partial Evil, universal Good:
And, spite of Pride, in erring Reason's spite,
One truth is clear, ‹Whatever is, is right›.

KNOW THEN thyself, presume not God to scan;
The proper study of mankind is Man.
Placed on this isthmus of a middle state,
A being darkly wise, and rudely great:
With too much knowledge for the Sceptic side,
With too much weakness for the Stoic's pride,

Aus Versuch am Menschen

Was ist, kann nur ein Teil des weiten Ganzen sein,
Des Körper die Natur, die Seele Gott allein;
Verändert überall, und doch dieselbe Seele,
Groß in der Ätherwelt, groß in der Erden Höhle;
Sie ist der Samen Feuer, erfrischt der Lüfte Raum,
Sie glühet in dem Stern, und blühet in dem Baum;
Lebt, wo was lebt und ist, wo sich nur Wesen finden,
Streut unzerstreut sich aus, wirkt, ohne zu verschwinden;
Haucht in der Seele, formt den Teil, der sterblich war,
Und ist im Herzen nicht vollkommner als im Haar;
Ist so vollständig ganz im Elenden, der stöhnet,
Als in dem Seraph dort, der, Ihn anbetend, brennet;
Vor ihm ist niedrig nichts, nicht hoch, nicht groß, nicht klein:
Er füllt, begrenzt, verknüpft und fasset alles ein.
So nenne nun nicht mehr die Ordnung ein Gebrechen,
Denn es ist unser Glück, von dem wir übel sprechen.
Erkenne dich: es ist dein Stand die Dunkelheit,
Und Ohnmacht ein Geschenk der höchsten Gütigkeit.
Sei still — Hier oder dort, auf einer beßren Erden,
Sollst du so selig sein, als Menschen können werden.
Du siehest dich beschützt von einer weisen Macht
Zur Stunde der Geburt und in der Todesnacht.
Sieh, die Natur ist Kunst, die du noch nicht gelernet,
Der Zufall ein Entwurf, dem Auge zu entfernet;
Der Mißklang Harmonie, die man nicht hören soll,
Und jedes einz'le Weh ein allgemeines Wohl;
Und, was der Stolz auch wähnt, bleibt eine Wahrheit wichtig,
Trotz irrender Vernunft: Was auch nur ist, ist richtig.

ERKENNE DICH nun selbst, laß ab, Gott auszuspüren:
Des Menschen Wissenschaft ist, Menschen zu studieren.
Gesetzt auf diesen Strich des Mittel-Standes bloß,
Ein Ding, undeutlich klug und unvollendet groß,
Mit zuviel Wissenschaft, sich Zweiflern zu ergeben,
Mit zuviel Schwächlichkeit, als Stoiker zu leben,

He hangs between; in doubt to act, or rest,
In doubt to deem himself a God, or Beast;
In doubt his Mind or Body to prefer,
Born but to die, and reasoning but to err;
Alike in ignorance, his reason such,
Whether he thinks too little, or too much:
Chaos of Thought and Passion, all confused;
Still by himself abused, or disabused;
Created half to rise, and half to fall;
Great lord of all things, yet a prey to all;
Sole judge of Truth, in endless Error hurled:
The glory, jest, and riddle of the world!

ISAACUS NEWTONUS:
QUEM IMMORTALEM
TESTANTUR TEMPUS, NATURA, COELUM;
MORTALEM
HOC MARMOR FATETUR.

Nature and Nature's laws lay hid in night:
God said, Let Newton be! and all was light.

The Universal Prayer
Deo Opt. Max.

Father of All! in every age,
   In every clime adored,
By Saint, by Savage, and by Sage,
   Jehovah, Jove, or Lord!

Thou Great First Cause, least understood!
   Who all my Sense confined
To know but this, — that Thou art good,
   And that myself am blind:

So hängt er; zweifelhaft zur Muße oder Müh,
Im Zweifel, was er sei — ob Gottheit oder Vieh;
Im Zweifel, soll ihn hier Leib oder Seele führen;
Geboren für das Grab, vernünftig, um zu irren,
Hat in ihm der Verstand ein unbestimmtes Ziel,
Denn bald denkt er nicht g'nug, bald wiederum zuviel;
Gedanke, Leidenschaft — welch Ding? Nicht zu ergründen!
Stets irrt er, und stets weiß er sich zurecht zu finden;
Halb ein Geschöpf zum Stehn, halb ein Geschöpf zum Fall,
Der Dinge großer Herr, und aller Dinge Ball;
Der Wahrheit Richter — ja, der Wahrheit zur Gefährde,
Der Ruhm, das Kinderspiel und Rätsel dieser Erde!

Isaac Newton
dessen Unsterblichkeit
Zeit, Natur und Himmel bezeugen,
wird durch diesen Marmor
als sterblich erwiesen.

Natur lag, und Naturgesetz, in Finsternis;
Gott sprach: «Es werde Newton!» und das All ward licht.

Das universale Gebet
Dem Höchsten Besten Gott

Allvater Du! zu allen Zeiten
An jedem Ort verehrt,
Von Wilden, Heiligen und Weisen,
Jupiter, Jahwe, Herr!

Du unbegreiflich Erster Grund
Hast meinen Sinn gestimmt,
Dies zu begreifen: Du bist gut,
Ich selbst jedoch bin blind.

Yet gave me, in this dark estate,
To see the good from ill;
And binding Nature fast in Fate,
Left free the human will.

What conscience dictates to be done,
Or warns me not to do,
This, teach me more than hell to shun,
That, more than heaven pursue.

What blessings thy free bounty gives,
Let me not cast away;
For God is payed when Man receives:
To enjoy is to obey.

Yet not to earth's contracted span
Thy goodness let me bound;
Or think Thee Lord alone of Man,
When thousand Worlds are round.

Let not this weak, unknowing hand
Presume Thy bolts to throw,
And deal damnation round the land,
On each I judge Thy foe.

If I am right, oh teach my heart
Still in the right to stay;
If I am wrong, Thy grace impart
To find that better way.

Save me alike from foolish pride,
Or impious discontent,
At ought Thy wisdom has denied,
Or ought Thy goodness lent.

Teach me to feel another's woe;
To hide the fault I see;

Ließest, in diesem dunklen Stand,
  Mich Gut und Böse scheiden:
Der fest Natur ans Schicksal band,
  Gab Menschen Willensfreiheit.

Was mein Gewissen mir befiehlt,
  Oder zu tun verbietet,
Heiß mich dies mehr als Höllen fliehn,
  Das mehr begehrn als Himmel.

Was Deine freie Wohltat gibt,
  Laß mich nie von mir stoßen:
Der Mensch dankt Gott, wenn er annimmt –
  Genießen ist Gehorchen;

Doch soll die enge Erde nicht
  Deiner Güte Maß begrenzen:
Wärst Du, wo tausend Welten sind,
  Allein der Gott der Menschen?

Daß sich diese eitle, schwache Hand
  Zu Deinem Blitz nie dränge,
Mit Bannflüchen reihum verdammt,
  Wen ich Dir feindlich wähne!

Bin ich im Recht, so gnade mir,
  Weiter im Recht zu bleiben;
Und tu ich Unrecht, lehr mein Herz,
  Den falschen Pfad zu meiden.

Laß mich nicht stolz sein wie ein Narr,
  Noch pflichtlos mißvergnügt,
Hast du, weislich, etwas versagt,
  Gütig etwas geliehn.

Empfinden lehr mich fremdes Leid,
  Und fremde Schuld verschweigen:

That mercy I to others show,
   That mercy show to me.

Mean though I am, not wholly so,
   Since quickened by Thy breath,
O lead me wheresoe'er I go,
   Through this day's life, or death:

This day, be bread and peace my lot;
   All else beneath the sun,
Thou know'st if best bestowed, or not;
   And let Thy will be done.

To Thee, whose temple is all space,
   Whose altar earth, sea, skies,
One chorus let all being raise!
   All nature's incence rise!

Epistle to Doctor Arbuthnot

Shut, shut the door, good John! fatigued I said;
Tie up the knocker, say I'm sick, I'm dead.
The dog-star rages! nay 'tis past a doubt,
All Bedlam, or Parnassus, is let out:
Fire in each eye, and papers in each hand,
They rave, recite, and madden round the land.
   What walls can guard me, or what shades can hide?
They pierce my thickets, through my grot they glide,
By land, by water, they renew the charge,
They stop the chariot, and they board the barge.
No place is sacred, not the church is free,
Ev'n Sunday shines no Sabbath-day to me:
Then from the Mint walks forth the man of rhyme,
Happy! to catch me, just at dinner-time.

Das Mitleid, das ich anderen zeig,
  Du magst es mir erzeigen.

Gering bin ich, und bin doch mehr,
  Denn mich belebt Dein Atem:
O führe mich, wo ich auch geh,
  Durch Tod, durchs Leben heute.

Sei Brot und Frieden heut mein Los:
  Was sonst der Tag enthülle,
Du weißt, obs schadet, ob es frommt,
  Und es gescheh Dein Wille.

Dir, dem der Weltraum Tempel ist,
  Luft, Erde, Meer, Altar,
Huldige aller Schöpfung Preis,
  Aller Weihrauch der Natur.

Epistel an Doktor Arbuthnot

Der bedrängte Dichter

Schließ, schließ die Tür, rief ich erschöpft, mein guter John!
Den Klopfer binde fest, sag, ich sei krank, gestorben schon.
Der Hundsstern wütet! Himmel, welche Massen!
Ganz Bedlam (oder der Parnaß) ist losgelassen:
Im Auge Feuer, Blätter in der Hand,
Rasen und rezitiern sie rings im Land.
  Kein Wall schützt mich, kein Schatten kann mich decken,
In meine Grotte dringts, schlüpft durch die Hecken,
Zu Land, zu Wasser führen sie den Kampf,
Besteigen Boote, halten Kutschen an;
Kein Ort ist heilig, keine Kirchenstufe,
Selbst Sonntag gönnt mir nicht die Sabbatruhe:
Da flieht aus dem Asyl der Mann des Reims
Und freut sich, mich zu sehn — zur Essenszeit.

Is there a parson, much bemused in beer,
A maudlin poetess, a rhyming peer,
A clerk, foredoomed his father's soul to cross,
Who pens a stanza, when he should engross?
Is there, who, locked from ink and paper, scrawls
With desperate charcoal round his darkened walls?
All fly to Twit'nam, and in humble strain
Apply to me, to keep them mad or vain.

THERE ARE, who to my person pay their court:
I cough like Horace, and, though lean, am short.
Ammon's great son one shoulder had too high –
Such Ovid's nose, – and, «Sir! you have an eye.»
Go on, obliging creatures, make me see
All that disgraced my betters met in me.
Say, for my comfort, languishing in bed,
«Just so immortal Maro held his head»;
And, when I die, be sure you let me know
Great Homer died three thousand years ago.
Why did I write? what sin to me unknown
Dipped me in ink, my parents', or my own?
As yet a child, nor yet a fool to fame,
I lisped in numbers, for the numbers came.
I left no calling for this idle trade,
No duty broke, no father disobeyed:
The Muse but served to ease some friend, not wife,
To help me through this long disease, my life;
To second, Arbuthnot! thy art and care,
And teach the being you preserved to bear.

LET SPORUS tremble – – – What? that thing of silk,
Sporus, that mere white curd of ass's milk?
Satire or sense, alas! can Sporus feel?
Who breaks a butterfly upon a wheel?
Yet let me flap this bug with gilded wings,
This painted child of dirt, that stinks and stings;
Whose buzz the witty and the fair annoys,

Ist da ein Pastor, ganz vom Bier beseligt,
Ein Lord, der reimt, ein Dichterweib, rührselig,
Ein Schreiber, ausersehn, sein Haus zu ruinieren,
Der Stanzen schreibt statt Akten zu kopieren?
Schmiert einer, dem man Feder nahm und Tinte,
Im Wahn mit Kohle voll die finsteren Wände?
Nach Twickenham ziehn sie, und flehn hoffnungsvoll
Zu mir, sie eitel zu erhalten, oder toll.

Man macht mir Komplimente klug und kühn:
Ich huste wie Horaz, bin kurz, doch dünn;
Auch Ammons großer Sohn schritt leicht gebückt –
Die Nase – wie Ovid! – und «welch ein Blick!»
Nur weiter so, ihr Lieben – seht nur peinlich,
Was Bessere entstellt, in mir vereinigt.
Sagt mir zum Trost auf meinem Krankenlager:
«So hat Vergil sein göttlich Haupt getragen!»
Und wenn ich sterb, daß ihr mich ja belehrt:
«Genauso starb vor langer Zeit Homer.»
Ach, warum schrieb ich? Welche Vätersünde,
Welch eigene Schuld nur tauchte mich in Tinte?
Als Kind schon, unberührt vom Ruhmeswahne,
Lispelt ich Verse, die von selber kamen;
Ließ für dies eitle Tun kein Amt im Stich,
Brach keines Vaters Herz und keine Pflicht:
Freunde hat mir die Muse, doch kein Weib gegeben,
Sie half mir durch dies lange Siechtum: Leben;
Sie stützt, Arbuthnot, deine Müh und Plage,
Lehrt ihn, den du erhieltst, das Sein zu tragen.

Sporus

Sporus soll zittern ——— Was? Das Glattgesicht?
Der bloße blasse Quark aus Eselsmilch?
Wie? Sporus, der Verstand und Spott nicht spürt?
Wer scheucht denn Schmetterlinge mit dem Schwert?
Ich klatsch es doch, das schillernde Insekt,
Das sticht und stinkt, den buntbemalten Dreck,
Dessen Gesurre Schönheit stört und Witz,

Yet wit ne'er tastes, and beauty ne'er enjoys:
So well-bred spaniels civilly delight
In mumbling of the game they dare not bite.
  Eternal smiles his emptiness betray,
As shallow streams run dimpling all the way.
Whether in florid impotence he speaks,
And, as the prompter breathes, the puppet squeaks;
Or at the ear of Eve, familiar toad!
Half froth, half venom, spits himself abroad,
In puns, or politics, or tales, or lies,
Or spite, or smut, or rhymes, or blasphemies:
His wit all see-saw, between that and this,
Now high, now low, now master up, now miss,
And he himself one vile antithesis.
Amphibious thing! that acting either part,
The trifling head, or the corrupted heart,
Fop at the toilet, flatterer at the board,
Now trips a lady, and now struts a lord.
Eve's tempter thus the Rabbins have expressed,
A cherub's face, a reptile all the rest;
Beauty that shocks you, parts that none will trust,
Wit that can creep, and pride that licks the dust.

From The Dunciad: Finale

In vain, in vain — the all-composing hour
Resistless falls: the Muse obeys the power.
She comes! she comes! the sable throne behold
Of Night primeval and of Chaos old!
Before her, fancy's gilded clouds decay,
And all its varying rainbows die away.
Wit shoots in vain its momentary fires,
The meteor drops, and in a flash expires.
As one by one, at dread Medea's strain,
The sickening stars fade off th'ethereal plain;
As Argus' eyes, by Hermes' wand opprest,
Closed one by one to everlasting rest;

Der Witz nie kostet, Schönheit nie genießt:
So leckt ein Spaniel, feig und wohldressiert,
Am Wild, in das zu beißen ihm verwehrt.
Sein ewiges Lächeln ist der Plattheit Spiegel,
Wie seichte Bäche stets gekräuselt rieseln;
Ob er in kraftloser Geziertheit spricht,
Oder, wie der Souffleur einsagt, die Puppe piepst,
Ob sich an Evas Ohr die traute Kröte schleicht
Und dort ihr Inneres, Schaum und Gift, verspeit,
Klatsch und Komplott, Märchen und Infamien,
Schmutz, Trotz, Gereimtes, Lügen, Blasphemien –
Witz auf der Wippe zwischen hier und dort,
Bald hoch, bald tief, mal Hose hoch, mal Rock,
Ein einziger wüster Widerspruch der Lord!
Amphibium, dem jede Rolle recht,
Läppisch und schal im Hirn, im Herzen schlecht,
Geck vor dem Spiegel, Schmeichler beim Gelage,
Stolziert als Herr, und trippelt fein als Dame:
Evas Versucher zeigt sich so auf altem Bild –
Ein Engelsantlitz, doch der Rest Reptil!
Fragwürdiges Wesen, Schönheit, die erschreckt,
Kriechender Witz und Stolz, der Staub aufleckt.

Aus Die Duncias: Finale

Umsonst, umsonst – die allnächtige Stunde
Naht im Triumph – ihr neigt sich selbst die Muse.
Sie kommt! sie kommt! den Thron seht, rabenschwarz,
Des Ersten Chaos und uralter Nacht!
Vor ihr vergehn die golddurchwirkten Wolken
Der Phantasie, schimmernd wie Regenbogen.
Sein Feuerwerk verpufft umsonst der Witz:
Es stürzt der Meteor, flammt auf, verzischt.
Wie nach und nach Medeas grauser Sang
Die blassen Sterne aus dem Äther zwang;
Wie Argus' Augen vor dem Hermesstab
Zur ewigen Ruh sich schlossen nach und nach:

Thus at her felt approach, and secret might,
Art after art goes out, and all is night.
See skulking truth to her old cavern fled,
Mountains of casuistry heaped o'er her head!
Philosophy, that leaned on heaven before,
Shrinks to her second cause, and is no more.
Physic of metaphysic begs defence,
And metaphysic calls for aid on sense!
See mystery to mathematics fly!
In vain! they gaze, turn giddy, rave, and die.
Religion blushing veils her sacred fires,
And unawares morality expires.
Nor public flame, nor private, dares to shine,
Nor human spark is left, nor glimpse divine!
Lo! thy dread empire, Chaos! is restored;
Light dies before thy uncreating word;
Thy hand, great Anarch! lets the curtain fall,
And universal darkness buries all.

Epitaph for One who would not be Buried in Westminster Abbey

Heroes and Kings! your distance keep:
In peace let one poor poet sleep,
Who never flattered folks like you –
Let Horace blush, and Virgil too.

Vor der geheimen Macht des leisen Tritts
Verlischt so Kunst um Kunst, zergeht in Nichts.
Seht Wahrheit mutlos sich im Loch verkriechen,
Darüber Berge von Kasuistik liegen!
Philosophie, die einst am Himmel lehnte,
Schrumpft auf den Sekundärgrund — und verendet.
Physik ruft ängstlich nach Metaphysik,
Die aber sucht bei der Vernunft ihr Glück!
Mathematik soll das Mysterium retten, seht!
Umsonst — es stiert, rast, schwindelt und entschläft.
Schamvoll birgt Religion die heiligen Gluten,
Und unversehns geht die Moral zu Grunde!
Offen zu zeigen wagt sich keine Flamme,
Kein Menschenfunken, keine Götterahnung!
Dein Schreckensreich sieh, Chaos, neugeborn!
Licht stirbt, kaum sprichst Du Dein Unschöpfungswort;
Du hebst, großer Anarch, die Hand — der Vorhang fällt,
Und unumschränktes Dunkel deckt die Welt.

Grabspruch auf einen, der nicht in Westminster Abbey begraben sein wollte

Haltet euch fern, Helden und Potentaten!
Den armen Dichter laßt in Frieden schlafen,
Der nie geschmeichelt euch und euresgleichen –
Erröten mag Horaz, Vergil erbleichen.

John Gay

Trivia, or The Art of Walking the Streets of London

Where the mob gathers, swiftly shoot along,
Nor idly mingle in the noisy throng.
Lured by the silver hilt, amid the swarm,
The subtle artist will thy side disarm.
Nor is thy flaxen wig with safety worn;
High on the shoulder in a basket borne
Lurks the sly boy; whose hand to rapine bred,
Plucks off the curling honours of thy head.
Here dives the skulking thief, with practised sleight,
And unfelt fingers make thy pocket light.
Where's now thy watch, with all its trinkets, flown?
And thy late snuff-box is no more thy own.
But lo! his bolder thefts some tradesman spies,
Swift from his prey the scudding lurcher flies;
Dexterous he 'scapes the coach with nimble bounds,
Whilst every honest tongue «stop thief» resounds.
So speeds the wily fox, alarmed by fear,
Who lately filched the turkey's callow care;
Hounds following hounds, grow louder as he flies,
And injured tenants join the hunter's cries.
Breathless he stumbling falls: Ill-fated boy!
Why did not honest work thy youth employ?
Seized by rough hands, he's dragged amid the rout,
And stretched beneath the pump's incessant spout;
Or plunged in miry ponds, he gasping lies,
Mud chokes his mouth, and plasters o'er his eyes.

An Admonition to Virtue

O! may thy virtue guard thee through the roads
Of Drury's mazy courts, and dark abodes,

John Gay

Trivia, oder die Kunst des Spazieren-Gehens in den Straßen Londons

Wo sich die Menge staut, geh rasch vorbei,
Daß nicht des Volks Gedränge um dich sei;
Sonst zieht man deinen Degen dir mit List,
Dieweil sein Griff von Silber glänzend ist,
Und auch die Flachsperücke auf dem Haupt
Wird dir im Handumdrehn vom Kopf geraubt:
Im Schulterkorbe sitzt der flinke Knab
Und klaubt dir deines Hauptes Zierde ab!
Schon ist der Taschen-Marder auch zur Stell,
Daß zur Perücke sich die Börs gesell.
Du greifst nach deiner Uhr? O glaub mir bloß,
Sie ist dahin, samt deiner Tabaksdos!
Doch sieh – ein Handelsmann bemerkt den Raub:
Schon macht der Dieb sich eilig aus dem Staub,
Kreuzt vor der Kutsche, rasch und fluchtgeübt,
Indes ein jeder ruft: *Haltet den Dieb!*
Genauso rennt der Fuchs, von Angst verstört,
Der kürzlich erst des Truthahns Weib verzehrt;
So hetzt die Hundemeute hinterher,
Mit Jägern, Pächtern, Messern, Schießgewehr!
Dann stürzt der Bursche. Armer Teufel auch:
War ehrenhafte Arbeit nie dein Brauch?
Gepackt von groben Fäusten nach dem Fall
Zappelt er hilflos unterm Pumpenstrahl;
Oder er ächzt, in trüben Teich getunkt,
Die Augen schmutzverschmiert, und Schlamm im Mund.

Ermahnung zur Tugend

Oh! möge stets die Tugend mit dir sein,
Dringst du in Drury's finstere Winkel ein,

The harlots' guileful paths, who nightly stand,
Where Catherine Street descends into the Strand.
Say, vagrant Muse, their wiles and subtle arts,
To lure the strangers' unsuspecting hearts;
So shall our youth on healthful sinews tread,
And city cheeks grow warm with rural red.

How to Know a Whore

'Tis she who nightly strolls with sauntering pace:
No stubborn stays her yielding shape embrace;
Beneath the lamp her tawdry ribbons glare,
The new-scowered manteau, and the slattern air;
High-draggled petticoats her travels show,
And hollow cheeks with artful blushes glow;
With flattering sounds she soothes the credulous ear,
«My noble captain! charmer! love! my dear!»
In riding hood near tavern-doors she plies,
Or muffled pinners hide her livid eyes.
With empty bandbox she delights to range,
And feigns a distant errand from the Change;
Nay, she will oft the Quaker's hood profane,
And trudge demure the rounds of Drury Lane.
She darts from sarsnet ambush wily leers,
Twitches thy sleeve, or with familiar airs
Her fan will pat thy cheek; these snares disdain,
Nor gaze behind thee, when she turns again.

SONGS FROM THE BEGGAR'S OPERA

Through all the employments of life,
Each neighbour abuses his brother;
Whore and rogue, they call husband and wife:

Den Unterschlupf der Huren, stets zur Hand,
Wo Catherine Street mündet in den Strand:
Sprich, Muse, uns von der subtilen Kunst,
Die unser Herz umgarnt mit falscher Gunst,
Auf daß der Jugend Herze sei gefeit
Vor Stadt-Verderbnis, und dem Heil bereit!

Wie man eine Hure erkennt

Sie ists, die nächtlich streunt mit leisem Schritt,
Und ohne Hemmung kommt sie mit dir mit.
Im Lampen-Schein wirkt sie herausgeputzt,
Doch ihre Unterröcke sind beschmutzt
Vom Straßenkot. Die Wangen sind gemalt,
Willfährig-biegsam ist sie von Gestalt;
Mit Schmeichelein betört sie uns das Ohr:
«Mein süßer Liebling», sagt sie, «je t'adore!»
An Wirtshaus-Türen suchet sie ihr Glück,
Verhüllt auch gern den dunklen Lasterblick.
Mit leerer Schachtel kommt sie gern einher,
Als ob auf einem Botengang sie wär.
Auch profaniert sie oft die Quäker-Haub,
Stelzt durch die Drury Lane in Schmutz und Staub,
Und wirft uns Blicke zu nach Huren-Brauch,
Zupft uns verführerisch am Ärmel auch,
Ja, tätschelt mit dem Fächer uns die Wang!
Vermeide dies auf deinem Straßen-Gang!
Vermeide auch, nach ihr dich umzudrehn:
Sonst *kehrst* du um – und 's ist um dich geschehn!

Lieder aus der Bettleroper

Ja, verdien dir ein ehrliches Brötchen nur:
Dein Nachbar fällt brüderlich über dich her,
Er heißt dich einen Schuft und dein Weib eine Hur.

All professions be-rogue one another.
The priest calls the lawyer a cheat;
The lawyer be-knaves the divine;
And the statesman, because he's so great,
Thinks *his* trade as honest as mine.

IF ANY WENCH Venus's girdle wear,
Though she be never so ugly,
Lilies and roses will quickly appear,
And her face look wondrous smugly.
Beneath the left ear so fit but a cord
(A rope so charming a zone is!),
The youth in his cart hath the air of a lord,
And we cry, There dies an Adonis!

VIRGINS are like the fair flower in its lustre,
Which in the garden enamels the ground;
Near it the bees in play flutter and cluster,
And gaudy butterflies frolic around.
But when once plucked 'tis no longer alluring,
To Covent Garden 'tis sent (as yet sweet),
There fades, and shrinks, and grows past all enduring,
Rots, stinks, and dies, and is trod under feet.

A FOX may steal your hens, sir,
A whore your health and pence, sir,
Your daughter rob your chest, sir,
Your wife may steal your rest, sir,
A thief your goods and plate.

But this is all for picking,
With rest, pence, chest and chicken;
It ever was decreed, sir,
If lawyer's hand is fee'd, sir,
He steels your whole estate.

So macht einer dem andern das Leben schwer.
Der bessere Herr, der wird fertiggemacht
Vom besseren Herrn. Das ist ärgerlich:
Kaum hat so ein Kerl es zum Kanzler gebracht,
Schon meint er, er wäre so ehrbar wie ich.

Der Gürtel der Venus steht jedem Gör gut:
Und mag sie auch noch so stockhäßlich sein,
Gleich sieht sie aus wie Milch und Blut
Und bildet sich weiß der Himmel was ein.
Steht'n junger Gauner auf dem Schafott,
Und gürten sie ihn unterm linken Ohr
Mit dem Strick, schon kommt er uns überaus flott,
Wie ein Lord, wie Adonis persönlich vor.

So ne Jungfrau ist ne ziemlich zarte Pflanze:
Wilde Hummeln fummeln gern an ihrer Blüte;
Selbst ein alter Falter geht oft aufs Ganze,
Führt sich auch mal so was Duftes zu Gemüte.
Auf dem Obstmarkt findet man die Rose wieder,
Leicht gerupft, noch halbwegs proper, im Gewimmel.
Aber bald verwelkt sie, sinkt verhutzelt nieder,
Schrumpft und fault und stirbt, und stinkt zum Himmel.

O Mensch, wie oft wirst du geprellt!
Die Hure nimmt dir Kraft und Geld,
Der Wolf raubt dir dein letztes Schaf,
Dein Weib bringt dich um deinen Schlaf,
Der Dieb um Silber und Brokat.

O Mensch, dies ist das Schlimmste nicht!
Beklag dich nur nicht vor Gericht,
Sonst nimmt dir nämlich stracks und keck
Und ohne Wimpernzucken weg
Das letzte Hemd dein Advokat.

LET US take the road:
Hark! I hear the sound of coaches,
The hour of attack approaches,
To your arms, brave boys, and load.
See the ball I hold!
Let the chemists toil like asses,
Our fire their fire surpasses,
And turns all our lead to gold.

BEFORE the barn-door crowing,
The Cock by hens attended,
His eyes around him throwing,
Stands for a while suspended;
Then one he singles from the crew,
And cheers the happy hen:
With how do you do, and how do you do,
And how do you do again.

THE CHARGE is prepared, the lawyers are met,
The judges all ranged (a terrible show!);
I go undismayed, for death is a debt –
A debt on demand, so take what I owe.
Then farewell, my love – dear charmers, adieu!
Contented I die – 'tis the better for you.
Here ends all dispute for the rest of our lives,
For this way, at once, I please all my wives.

My Own Epitaph

Life is a jest, and all things show it –
I thought so once, but now I know it.

Brüder, auf zur Räuberei!
Im Gebüsch laßt uns geduldig harren.
Hört ihr, wie die Kutschen ächzend knarren?
Ladet durch! Wir sind so frei!
Feuer! Zielt wohin ihr wollt!
Paracelsus mag vor Neid erbleichen:
Unser Pulver hat nicht seinesgleichen.
Es verwandelt Blei zu Gold.

Na, ist das ein Krawall vor dem Hühnerstall!
Dem Gockel gefällt das sehr.
Acht Hennen auf einmal, das ist sein Fall.
Nur die Wahl fällt ziemlich schwer.
Na, dann nimmt er eben die Hübscheste dran
Und beglückt das entzückte Huhn:
Na, was wird er ihr dann, na was wird er ihr dann,
Na, was wird er ihr dann denn wohl tun?

Es ist soweit! Der Zirkus kann beginnen.
Sie warten schon. Sie wollen mir ans Leder.
Ich geh getrost und ohne Groll von hinnen.
Ich fürcht mich nicht. Denn sterben muß ein jeder.
Lebt wohl, ihr beiden Hübschen. Keine Tränen!
Das lohnt sich nicht! Bald bin ich abgeschieden.
Dann endet euer Streit und alles Sehnen.
So stelle ich euch alle zwei zufrieden.

Mein eigener Grabspruch

Leben – ein Witz: in allem zeigt sichs;
Ich habs geahnt, doch nunmehr weiß ichs.

Jonathan Swift

A Description of the Morning

Now hardly here and there a hackney coach
Appearing, showed the ruddy morn's approach.
Now Betty from her master's bed has flown,
And softly stole to discompose her own.
The slipshod prentice from his master's door
Had pared the dirt, and sprinkled round the floor.
Now Moll had whirled her mop with dexterous airs,
Prepared to scrub the entry and the stairs.
The youth with broomy stumps began to trace
The kennel-edge, where wheels had worn the place.
The smallcoal man was heard with cadence deep,
Till drowned in shriller notes of chimney-sweep.
Duns at his Lordship's gate began to meet;
And Brickdust Moll had screamed through half the street.
The turnkey now his flock returning sees,
Duly let out a-nights to steal for fees.
The watchful bailiffs take their silent stands;
And schoolboys lag with satchels in their hands.

A Satirical Elegy on the Death of a Late Famous General

His Grace! impossible! what, dead!
Of old age too, and in his bed!
And could that Mighty Warrior fall?
And so inglorious, after all!
Well, since he's gone, no matter how,
The last loud trump must wake him now:
And, trust me, as the noise grows stronger,
He'd wish to sleep a little longer.
And could he be indeed so old
As by the newspapers we're told?

Jonathan Swift

Beschreibung des Morgens

Vereinzelt eine Droschke dann und wann
Zeigt Rotbäckchen Auroras Ankunft an.
Betty entfleucht schon aus des Hausherrn Pfühlen,
Und schleicht, das eigne Bett noch zu zerwühlen.
Der schlampige Stift hat von des Meisters Tor
Den Dreck geschrubbt und sprengt den Platz davor.
Moll wirbelt ihren Mop mit viel Gefühl
Und scheuert Treppenhaus und Vestibül.
Der Bursch mit seinem Stummelbesen putzt
Den Rinnstein, wo von Rädern er verschmutzt.
Der tiefe Baß des Kohlenmanns erdröhnt,
Bis schrill der Schlotfeger ihn übertönt.
Gläubiger sammeln sich vor Mylords Haus;
Moll schreit ihr Ziegelmehl schon lauthals aus.
Dem Schließer kehrn die Schäflein heim beizeiten,
Die er nachts ausließ, Trinkgeld zu erbeuten.
Büttel ziehn auf und wachen unerkannt;
Und Schüler trödeln, Ranzen in der Hand.

Satirische Elegie auf einen jüngst verstorbenen berühmten General

Durchlaucht! Wie? Tot! Daß ich nicht lach!
Im eignen Bett! Schlicht altersschwach!
Der große Krieger weggerafft?
Und ganz und gar nicht heldenhaft!
Nun, tot ist tot; jetzt weckt ihn nichts
Als die Posaune des Gerichts.
Doch glaub mir, wenn die einst ertönt,
Wünscht er, daß er noch schlafen könnt.
War er denn wirklich schon so alt,
Wie man heut liest im Blätterwald?

Threescore, I think, is pretty high;
'Twas time in conscience he should die.
This world he cumbered long enough;
He burnt his candle to the snuff;
And that's the reason, some folks think,
He left behind *so great a stink.*
Behold his funeral appears,
Nor widow's sighs, nor orphan's tears,
Wont at such times each heart to pierce,
Attend the progress of his hearse.
But what of that, his friends may say,
He had those honours in his day:
True to his profit and his pride,
He made them weep before he died.
  Come hither, all ye empty things,
Ye bubbles raised by breath of kings,
Who float upon the tide of state,
Come hither, and behold your fate.
Let pride be taught by this rebuke,
How very mean a thing's a Duke;
From all his ill-got honours flung,
Turned to that dirt from whence he sprung.

ON POETRY: A RHAPSODY

Hobbes clearly proves that every creature
Lives in a state of war by nature:
The greater for the smaller watch,
But meddle seldom with their match.
A whale of moderate size will draw
A shoal of herrings down his maw;
A fox with geese his belly crams;
A wolf destroys a thousand lambs.
But search among the rhyming race,
The *brave* are worried by the *base.*
If, on Parnassus' top you sit,
You rarely bite, are always bit:

Ganz schön betagt, fast siebzig Jahr;
War Zeit jetzt, daß er starb, fürwahr.
Längst hat ihn keiner mehr gemocht;
Er brannte sein Licht bis zum Docht;
Was, wie man munkelt, mit sich bringt,
Daß es jetzt schrecklich nach ihm *stinkt*.
Seht, der Kondukt ist aufgetaucht.
Kein Witwenseufzer, wie's der Brauch,
Noch Waisenträn zerreißt das Herz,
Und gibt deinem Sarg Geleit voll Schmerz.
Ja und?, werden die Freunde sagen,
Solch Ehr ward ihm schon zu Lebtagen,
Wie er nach Ruhm und Reichtum strebte,
Ließ sie schon weinen, als er lebte.
  Herbei, ihr eitlen Seifenblasen,
Die Königsgunst hat steigen lassen!
Ihr, die mit Pomp ganz oben schwimmt,
Herbei, seht, was auch euch bestimmt!
Daß euer Hochmut nie vergißt,
Welch elend Ding ein Herzog ist:
All seiner Mogel-Ehren bloß,
Ward er zum Dreck, aus dem er sproß.

Über Dichtung: Eine Rhapsodie

Hobbes zeigt, daß jede Kreatur
Im Krieg lebt — so wills die Natur.
Die Größern nach den Kleinern greifen,
Doch selten je nach ihresgleichen:
Dem Wal bescheidner Größe auch
Mästet ein Heringsschwarm den Bauch;
Mit Gänsen stopft der Fuchs sich voll,
Und tausend Lämmer reißt der Wolf.
Doch anders bei der Dichterrasse:
Da droht die niedrige der höheren Klasse.
Sitzt du auf des Parnassus Spitzen,
Beißt selten Du, wirst viel gebissen;

Each poet of inferior size
On you shall rail and criticize;
And strive to tear you limb from limb,
While others do as much for him.
The vermin only tease and pinch
Their foes superior by an inch.
So, naturalists observe, a flea
Hath smaller fleas that on him prey,
And these have smaller yet to bite 'em,
And so proceed *ad infinitum:*
Thus every poet in his kind,
Is bit by him that comes behind;
Who, though too little to be seen,
Can tease, and gall, and give the spleen;
Call dunces, fools, and sons of whores,
Lay Grub Street at each other's doors:
Extol the Greek and Roman masters,
And curse our modern poetasters.
Complain, as many an ancient bard did,
How genius is no more rewarded;
How wrong a taste prevails among us;
How much our ancestors outsung us;
Can personate an awkward scorn
For those who are not poets born:
And all their brother dunces lash,
Who crowd the press with hourly trash.

IN BULK there are not more degrees,
From elephants to mites in cheese,
Than what a curious eye may trace
In creatures of the rhyming race.
From bad to worse, and worse they fall,
But, who can reach to worst of all?
For, though in nature depth and height
Are equally held infinite,
In poetry the height we know;
'Tis only infinite below.

Ein jeder Dichter mindrer Größe
Wird kritisieren, schmähn Dich böse,
Wird Dich zu fleddern sich bemühn,
Wie andre über ihn herziehn.
Dieses Geschmeiß zwickt ränkevoll
Nur Feinde größer um ein Zoll.
Denn jeder Floh, sagt der Zoolog,
Dient kleinern Flöhn als Futtertrog,
Und wieder kleinern dienen diese –
Ad infinitum, die Devise.
Genauso wird der Dichter dann
Gebissen auch vom Hintermann,
Der, ist er auch fürs Aug zu klein,
Doch peinigen kann und giftig sein:
Schreit: Dummkopf, Tölpel, Hurensohn,
Der Schmierfink schreibt um Gossenlohn!
Verherrlicht Roms und Hellas' Meister,
Und schimpft die Neuern Reimekleister;
Wird, alten Barden gleich, beklagen,
Wie am Hungertuch Genies heut nagen:
Wie Ungeschmack bei uns regiert,
Der Ahnen Sang uns schwer blamiert;
Und schneidet plumpe Spottgesichter
Denen, die nicht geboren zum Dichter;
Will dreist die Brudernarrn verklopfen,
Da sie mit Dreck stündlich die Druckerei verstopfen.

Der poetische Abgrund

Nicht mehr und feinere Größengrade
Gibts zwischen Elefant und Made,
Als sich dem Forscher offenbart
Bei Kreaturn der Reimer-Art:
Von schlecht zu schlechter gehts hinunter –
Doch wo erreicht des Schlechten Grund er?
Wo Hoch wie Tief in allen Welten
Natürlich als unendlich gelten,
Kennt man der Poesie Zenith –
Nach unten nur gehts infinit.

A Beautiful Young Nymph Going to Bed. Written for the Honour of the Fair Sex

Corinna, pride of Drury Lane,
For whom no shepherd sighs in vain:
Never did Covent Garden boast
So bright a battered, strolling toast.
No drunken rake to pick her up,
No cellar where on tick to sup;
Returning at the midnight hour,
Four storeys climbing to her bower.
Then, seated on a three-legged chair,
Takes off her artificial hair;
Now picking out a crystal eye,
She wipes it clean, and lays it by;
Her eyebrows from a mouse's hide,
Stuck on with art on either side,
Pulls off with care, and first displays 'em,
Then in a play-book smoothly lays 'em;
Now dexterously her plumpers draws,
That serve to fill her hollow jaws;
Untwists a wire, and from her gums
A set of teeth completely comes;
Pulls out the rags contrived to prop
Her flabby dugs, and down they drop.
Proceeding on, the lovely goddess
Unlaces next her steel-ribbed bodice;
Which by the operator's skill,
Press down the lumps, the hollows fill.
Up goes her hand, and off she slips
The bolsters that supply her hips.
With gentlest touch, she next explores
Her shankers, issues, running sores;
Effects of many a sad disaster,
And then to each applies a plaster.
But must, before she goes to bed,
Rub off the daubs of white and red.

Eine zierliche junge Nymphe geht zu Bett.
Geschrieben zur Ehre des schönen Geschlechts

Corinna, Stolz der Drury Lane,
Kein Schäfer muß vergeblich frein;
Ein Pflasterhürlein, so lädiert,
Hat Covent Garden nie geziert.
Kein Kerl im Suff, der sie begehrte,
Keine Kneipe, die auf Pump sie nährte –
So steigt sie nun zur Mitternacht
Vier Stufen hoch ins Lustgemach.
Dort nimmt sie, dreibeinig bestuhlt,
Die Haare ab, von Kunst gespult;
Fingert heraus das Aug aus Glas,
Poliert es fein und legt es ab;
Zieht dann die feine Mäusehaut,
Die beidseitig sie schön bebraut,
Sorgfältig ab, bewundert sie zunächst,
Und preßt sie dann in einem Lustspieltext.
Nun greift sie nach den Bäuschchen tiefer,
Die ihr die Leere fülln im Kiefer;
Löst einen Draht, und, sieh da, prompt
Ihr Beißwerkzeug vom Gaumen kommt;
Reißt raus den Fetzenwust, die Stütze
Der schlaffen Zitzen, die nun stürzen.
Als nächstes löst die Göttliche adrett
Ihr stahlgepanzertes Korsett,
Das dank des Ingenieurs Geschick
Hohlräume füllt und Schwellung drückt.
Ein Griff genügt, und ihr entgleitet
Das Polster, das die Hüfte weitet;
Betastet dann gefühlvoll ihre
Ausflüsse, Schanker und Geschwüre,
Die Frucht von Mißgeschick und Laster,
Und setzt auf jedes noch ein Pflaster;
Muß nun, mag auch das Bett schon winken,
Die Kleckse, rot und weiß, abschminken,

And smooth the furrows in her front,
With greasy paper stuck upon't.
She takes a bolus ere she sleeps,
And then between two blankets creeps.
With pains of love tormented lies;
Or if she chance to close her eyes,
Of Bridewell and the compter dreams,
And feels the lash, and faintly screams;
Or, by a faithless bully drawn,
At some hedge-tavern lies in pawn;
Or to Jamaica seems transported,
Alone, and by no planter courted;
Or, near Fleet Ditch's oozy brinks,
Surrounded with a hundred stinks,
Belasted, seems on watch to lie,
And snap some cully passing by;
Or, struck with fear, her fancy runs
On watchmen, constables and duns,
From whom she meets with frequent rubs;
But, never from religious clubs;
Whose favour she is sure to find,
Because she pays them all in kind.
  Corinna wakes. A dreadful sight!
Behold the ruins of the night!
A wicked rat her plaster stole,
Half ate, and dragged it to his hole,
The crystal eye, alas, was missed;
And Puss had on her plumpers pissed.
A pigeon picked her issue-peas,
And Shock her tresses filled with fleas.
  The nymph, though in this mangled plight,
Must every morn her limbs unite.
But how shall I describe her arts
To recollect the scattered parts?
Or show the anguish, toil, and pain,
Of gathering up herself again?
The bashful muse will never bear
In such a scene to interfere.

Die Runzeln auf der Stirne glätten
Mit Haftpapier, getränkt von Fetten;
Nimmt schließlich eine Schlaftablette,
Und schlüpft dann unter ihre Decke.
Gequält von Liebesschmerz sie liegt,
Und wenn sie dann ein Aug' zukriegt,
Träumt sie von Bridewell und vom Knast,
Spürt Peitschenhiebe, schreit, erblaßt,
Sieht sich als Kneipenpfand versetzt
Vom Kuppler, der sie nicht mehr schätzt;
Sich nach Jamaika einsam deportiert,
Wo nicht ein Pflanzer sie hofiert;
Im Sumpf des Fleet Ditch sich versinken,
Wo Hunderte von Rüchen stinken,
Während verspätet sie noch lauert,
Ob sie nicht einen Burschen dauert.
Die Angst ruft Träume ihr herbei
Von Bütteln, Gläubigern, Polizei,
Die allzu oft sie schon erschreckten –
Ganz anders als die frommen Sekten,
Deren Gunst sie nie entraten mußte,
Da *in natura* sie zu zahlen wußte.
  Doch seht, oh Graus: Corinn' erwacht!
Schaut, die Zerstörungen der Nacht!
Ein Ratz hat ihr den Putz geklaut,
Ins Loch gezogen, halbzerkaut;
Das Glasaug, ach, wird auch vermißt,
Aufs Bäuschchen hat die Katz gepißt;
Die Küglein hat ein Spatz gepickt,
Die Locken Strolch mit seinen Flöhn gespickt.
  Die Nymphe, derartig in Fetzen,
Muß sich täglich neu zusammensetzen.
Doch wie schreib ich die Kunst nur nieder,
Mit der sie sammelt die zerstreuten Glieder?
Wie zeig die Angst, die Müh, die Pein ich,
Mit der sie sich mit sich vereinigt?
Die scheue Muse wirds nie wagen,
Dazu auch nur ein Wort zu sagen.

Corinna in the morning dizened,
Who sees, will spew; who smells, be poisoned.

Stella's Birthday

All travellers at first incline
Where'er they see the fairest sign;
And if they find the chamber neat,
And like the liquor, and the meat,
Will call again, and recommend
The Angel Inn to every friend:
What though the painting grows decayed,
The house will never lose its trade;
Nay, though the treacherous tapster Thomas
Hangs a new angel two doors from us,
As fine as dauber's hands can make it,
In hopes that strangers may mistake it;
We think it both a shame and sin
To quit the true old Angel Inn.
Now, this is Stella's case in fact,
An angel's face, a little cracked;
(Could poets, or could painters fix
How angels look at thirty-six!).
This drew us in at first, to find
In such a form an angel's mind:
And every virtue now supplies
The fainting rays of Stella's eyes.
See, at her levee crowding swains,
Whom Stella freely entertains
With breeding, humour, wit, and sense,
And puts them to so small expense;
Their mind so plentifully fills,
And makes such reasonable bills;
So little gets for what she gives,
We really wonder how she lives!
And, had her stock been less, no doubt,
She must have long ago run out.

Corinna, morgens aufgemotzt:
Wers sieht, der würgt; wers riecht, der kotzt.

Stellas Geburtstag

Den Reisenden zieht ganz spontan
Das schönste Wirtshausschild stets an,
Und schmecken ihm dort Speis und Trank,
Und sind die Zimmer auch blitzblank,
Kehrt er zum ‹Engel› bald zurück
Und spricht auch Freunden von dem Glück.
Und sollte auch das Schild erblinden,
Wird sich doch immer Kundschaft finden.
Selbst wenn dann Thomas, dieser Schlingel,
Zwei Häuser weiter neu den ‹Engel›
In feinster Malart präsentiert,
Auf daß der Fremde sich verirrt,
Wird doch dem ‹Engel›-Wirt, dem wahren, alten,
Der Reisende die Treue halten.
Genauso ich auch Stella seh:
Ein Engelsantlitz, leicht *craquelé*
(Kein Maler, Dichter noch so fleißig
Zeigt Engel uns mit sechsunddreißig),
Dies zog mich an, bis ich entdeckte,
Daß in der Form ein Engel steckte,
Und jede Tugend macht nun wett,
Was an Glanz ihr Aug verloren hätt.
Schaut, wie die Schäferschar sich drängt,
Die Stella beim Levée beschenkt
Mit Sinn, Humor, Witz wohlgeartet
Und dafür kaum etwas erwartet!
So üppig tischt dem Geist sie auf
Und schreibt dafür so wenig auf,
Für Weniges so viel sie gibt –
Man fragt sich, wie sie davon lebt.
Und wär ihr Vorrat minder reich,
Sie wäre ausverkauft sogleich.

Then who can think we'll quit the place
When Doll hangs out her newer face;
Nailed to her window full in sight
All Christian people to invite;
Or stop and light at Chloe's head
With scraps and leavings to be fed?
Then Chloe, still go on to prate
Of thirty-six, and thirty-eight;
Pursue your trade of scandal-picking,
Your hints that Stella is no chicken;
Your innuendos, when you tell us
That Stella loves to talk with fellows:
But let me warn you to believe
A truth, for which your soul should grieve;
That, should you live to see the day
When Stella's locks must all be grey;
When age must print a furrowed trace
On every feature of her face;
Though you and all your senseless tribe,
Could art, or time, or nature bribe,
To make you look like beauty's queen,
And hold forever at fifteen:
No bloom of youth can ever blind
The cracks and wrinkles of your mind.
All men of sense will pass your door,
And crowd to Stella's at fourscore.

From Verses on the Death of Dr Swift, D.S.P.D.

Suppose me dead; and them suppose
A club assembled at the Rose;
Where from discourse of this and that,
I grow the subject of their chat;
And, while they toss my name about,
With favour some, and some without,
One quite indifferent in the cause,

Mit solcher Wirtin bricht man nicht,
Bloß weil ein neueres Gesicht
Doll weithin sichtbar nun ausstellt,
Um anzulocken alle Welt,
Noch kehrt man ein in ‹Chloes Haupt›
Und speist von Resten, aufgeklaubt.
Drum, Chloe, plappere nur heiter
Von sechsunddreißig und so weiter;
Fahr fort nur mit der Lästerei,
Daß Stella auch kein Lämmchen sei,
Daß sie, wie man geflüstert hörte,
Nur allzugern mit Kerlen flirte!
Doch sei gewarnt und glaube mir
Die Wahrheit, die Dich reuen wird,
Solltest Du je den Tag erschauen,
Wenn Stellas Locken ganz ergrauen,
Und jeder Zug die Furche trägt,
Die Alter ihr ins Antlitz gräbt:
Geläng es Dir und Deinesgleichen
Zeit, Kunst, Natur selbst, zu erweichen,
Und ewiglich so auszusehn
Wie junge Schönheit von fünfzehn,
Könnt diese Blüte nicht verdecken
Des Geistes Risse, Runzeln, Flecken.
‹Die falsche Tür›, sagt man, und macht sich
Gern auf zu Stella, die schon achtzig.

Aus Verse auf den Tod von Dr. Swift, Dekan von Sankt Patrick, Dublin

Setzt, ich sei tot; die Klubmitglieder
Der «Rose» seien versammelt wieder.
Nachdem man dies und das erzählt,
Werd ich zum Thema dann gewählt.
Man kommentiert mich hin und her,
Mal günstig und mal nicht so sehr,
Bis ein vorurteilsfreier Gast

My character impartial draws:
  «The Dean, if we believe report,
Was never ill received at court;
As for his works in verse and prose,
I own myself no judge of those:
Nor, can I tell what critics thought 'em;
But, this I know, all people bought 'em,
As with a moral view designed
To cure the vices of mankind.
His vein, ironically grave,
Exposed the fool, and lashed the knave;
To steal a hint was never known,
But what he writ was all his own.
  He followed David's lesson just,
‹In princes never put thy trust.›
And, would you make him truly sour,
Provoke him with a slave in power:
The Irish senate, if you named,
With what impatience he declaimed!
Fair LIBERTY was all his cry,
For her he stood prepared to die;
For her he boldly stood alone,
For her he oft exposed his own.
  Perhaps I may allow the Dean
Had too much satire in his vein,
And seemed determined not to starve it,
Because no age could more deserve it.
Yet, malice never was his aim;
He lashed the vice but spared the name.
No individual could resent,
Where thousands equally were meant.
His satire points at no defect,
But what all mortals may correct,
For he abhorred that senseless tribe,
Who call it humour when they jibe;
He spared a hump or crooked nose,
Whose owners set not up for beaux.
True genuine dullness moved his pity,

Sein Votum so zusammenfaßt:
«Swift war (so hören wir von dritten)
Bei Hofe immer wohlgelitten.
All seine Werke einzustufen,
Dazu fühl ich mich nicht berufen;
Die Kritiker gehn mich nichts an:
Allein es las ihn jedermann.
Wollt er die Menschen doch bekehren,
Sie eines Besseren belehren.
Mit Ironie höhnt' er die Toren,
Ließ keinen Schurken ungeschoren,
Stets hatt er eigene Ideen,
Braucht' anderen nichts abzusehn.
Er folgte Davids Rat genau:
‹Den Fürsten besser nie vertrau!›
Am meisten hat es ihn erbittert,
Zu sehn, wie man vor Knechten zittert.
Vom irischen Senat zu sprechen
Reizt' ihn vor Abscheu zum Erbrechen.
Der FREIHEIT galt sein ganzes Trachten:
Für sie konnt er den Tod verachten;
Für sie stritt kühn er ganz allein;
Für sie trat rückhaltlos er ein.
Eins geb ich offen zu: Swifts Stil
Hat des Satirischen zuviel;
Er trug so dick auf, weil er fand,
Die Schlechtigkeit nahm überhand.
Doch geißelte er böse Taten,
Nannt nie aus Bosheit Adressaten.
Wer konnte das persönlich nehmen,
Was Tausende doch sollt beschämen?
Er griff nur solche Fehler an,
Die jeder selbst kurieren kann.
Verhaßt war ihm das rohe Korps,
Das Hohn bezeichnet als Humor.
Nie pflegt er Bucklige zu necken
Und Hakennasen – nur bei Gecken.
Der ehrlich Dumme rührt' ihn bloß,

Unless it offered to be witty.
Those, who their ignorance confessed,
He ne'er offended with a jest,
But laughed to hear an idiot quote
A verse from Horace, learnt by rote.
He knew an hundred pleasant stories,
With all the turns of Whigs and Tories;
Was cheerful to his dying day,
And friends would let him have his way.
He gave the little wealth he had,
To build a house for fools and mad;
And showed by one satiric touch,
No nation wanted it so much;
That kingdom he hath left his debtor,
I wish it soon may have a better.»

Swift's Epitaph

HIC DEPOSITUM EST CORPUS JONATHAN SWIFT,
HUIUS ECCLESIAE CATHEDRALIS DECANI,
UBI SAEVA INDIGNATIO
COR ULTERIUS LACERARE NEQUIT.
ABI, VIATOR, ET IMITARE, SI POTERIS,
STRENUUM PRO VIRILI LIBERTATIS VENDICEM.

English Version by W. B. Yeats

Swift has sailed into his rest;
Savage indignation there
Cannot lacerate his breast.
Imitate him if you dare,
World-besotted traveller; he
Served human liberty.

Doch nicht der eitle Gernegroß.
Wer zugab, er sei halt beschränkt,
Ward nie durch Spott von ihm gekränkt;
Den Schwachkopf aber, der mit Fleiß
Horaz zitierte, gab er preis.
  Er kannte hundert nette Storys
Mit Kabbelein von Whigs und Torys,
War heiter bis ins letzte Jahr;
Als Freund nahm man ihn, wie er war.
  Er stiftete sein Kapital
Zu baun ein Irrenhospital;
Und zeigt' in bissiger Manier,
's tät nirgends so not wie grad hier.
Für Beistand danken ihm die Iren –
Mög sie bald ein noch beßrer führen!»

Swifts Grabspruch, von ihm selbst verfaßt

Hier ruht der Leib von Jonathan Swift
Dekan dieser Kathedrale,
Wo grimmige Empörung
Ihm nicht länger das eigene Herz zerfleischt.
Geh hin, Wanderer, und wenn du kannst, so tu es
Ihm gleich, der nach Kräften mannhaft die Freiheit schützte.

In der Fassung von W. B. Yeats

Swift hält hier die letzte Rast;
Sein empörter Grimm zerfleischt
Ihm nicht mehr die eigene Brust.
Wagst du es, so tu's ihm gleich,
Weltvernarrter Wanderer: er
Hat uns frei zu sein gelehrt.

Bernard Mandeville

The Fable of the Bees,
Or: Private Vices, Public Benefits

A spacious hive well stocked with bees,
That lived in luxury and ease,
And yet as famed for laws and arms
As yielding large and early swarms,
Was counted the great nursery
Of sciences and industry.
No bees had better government,
More fickleness, or less content:
They were not slaves to tyranny,
Nor ruled by wild democracy,
But Kings, that could not wrong, because
Their power was circumscribed by laws.

Thus every part was full of vice,
Yet the whole mass a paradise;
Flattered in peace, and feared in wars,
They were the esteem of foreigners,
And lavish of their wealth and lives,
The balance of all other hives.
Such were the blessings of that state,
Their crimes conspired to make them great:
And virtue, who from politics
Had learned a thousand cunning tricks,
Was, by their happy influence,
Made friends with vice; and ever since
The worst of all the multitude
Did something for the common good.
This was the statecraft, that maintained
The whole, of which each part complained:
This, as in music harmony,
Made jarrings in the main agree;

Bernard Mandeville

Die Bienenfabel oder Private Laster als gesellschaftliche Vorteile

Ein großer Stock, an Bienen reich,
Die üppig lebten, doch zugleich
Gesetzestreu und wehrhaft waren,
Auch schwärmten früh in allen Jahren,
Galt als der Hort unzweifelhaft
Von Industrie und Wissenschaft.
Mehr Freiheit gabs in keinem Staat
Und weniger Zwänge und Diktat;
Nicht Sklaven einer Tyrannei
Noch wilder Demokraterei
Warn sie; von Königen wohl gelenkt,
Da das Gesetz die Macht beschränkt'.

Die Teile und das Ganze

In jedem Teile sündig zwar,
Ein Paradies das Ganze war;
Im Krieg gefürchtet, sonst begehrt,
Von aller Welt gerühmt, geehrt,
Verschwenderisch mit Gut und Leben:
Der Bienenvölker Zierde eben.
Das Heil des Staats war zweifellos:
Geballter Frevel macht' ihn groß.
Die Tugend sah der Politik
Bald ab manch ausgepichten Trick,
Schloß Freundschaft mit dem Laster gar,
Was dann bewirkte, daß fürwahr
Der größte Schurke selbst zum Schluß
Doch dem Gemeinwohl dienen muß.
  Staatskunst hielt den Komplex in Gang,
Warn auch die Teile sämtlich krank:
Wie Harmonie in der Musik
Die Patzer zudeckt mit Geschick,

Parties directly opposite
Assist each other, as 'twere for spite;
And temperance with sobriety
Serve drunkenness and gluttony.
 The root of evil, avarice,
That damned ill-natured baneful vice,
Was slave to prodigality,
That noble sin; whilst luxury
Employed a million of the poor,
And odious pride a million more.

The Moral

Then leave complaints: fools only strive
To make a great an honest hive.
To enjoy the world's conveniencies,
Be famed in war, yet live in ease
Without great vices, is a vain
Eutopia seated in the brain.
Fraud, luxury and pride must live,
Whilst we the benefits receive:
Hunger's a dreadful plague, no doubt,
Yet who digests or thrives without?
Do we not owe the growth of wine
To the dry, shabby, crooked vine?
Which, whilst its shoot neglected stood,
Choked other plants, and ran to wood;
But blessed us with its noble fruit,
As soon as it was tied and cut:
So vice is beneficial found,
When it's by Justice lopped and bound;
Nay, where the people would be great,
As necessary to the State,
As hunger is to make them eat.
Bare virtue can't make nations live
In splendour; they that would revive
A Golden Age, must be as free
For acorns, as for honesty.

So stritten, wie zum Trotz, vereint
Parteien, die sich spinnefeind.
Es diente selbst die Mäßigung
Der Völlerei noch und dem Trunk.
  Das Laster Geiz, die Schmach, die Pein,
Des Bösen Quell, mußt Sklave sein
Der noblen Sünde, der Verschwendung,
Indem des Luxus Prachtaufwendung
Millionen Armen Arbeit schuf,
Desgleichen Stolz, trotz üblem Ruf.

Die Moral

Klagt nicht, denn daß ein Staat, der groß,
Auch redlich wird, wünscht Torheit bloß.
Daß man die Wonnen dieser Welt
Genießt und erntet Ruhm im Feld
Und lebt in Wohlstand sündenfrei,
Ist Eutopie und Träumerei.
Falsch, Dünkel, Pomp muß existieren,
Da wir von ihnen profitieren:
Der Hunger ist ein Fluch, ein Grauen,
Doch wer will ohne ihn verdauen?
Stammt nicht der Wein, der unser Leben
Erfrischt, aus dürren, krummen Reben?
Stutzt man den Wuchs nicht rigoros,
Verholzt der Weinstock, wuchert bloß,
Der edle Früchte uns bereitet,
Wenn man ihn bindet und beschneidet.
So kann auch Laster nützlich sein,
Schränkt das Gesetz es weise ein.
Ja, will das Volk nach Größe streben,
Muß es im Staat auch Sünde geben,
Wie's Hunger braucht zum Überleben.
Allein von Tugend kann auf Erden
Kein Staat groß, reich und mächtig werden.
Wollt ihr die Goldnen Zeiten wieder?
Da aß man Eicheln und war bieder.

Anne Finch, Countess of Winchilsea

From The Introduction

How are we fallen, fallen by mistaken rules,
And Education's, more than Nature's fools!
Debarred from all improvements of the mind,
And to be dull, expected and designed;
And if some one would soar above the rest,
With warmer fancy, and ambition pressed,
So strong th' opposing faction still appears:
The hopes to thrive can ne'er outweigh the fears.
Be cautioned then, my Muse, and still retired;
Nor be despised, aiming to be admired;
Conscious of wants, still with contracted wing,
To some few friends, and to thy sorrows sing;
For groves of laurel thou wert never meant:
Be dark enough thy shades, and be thou there content.

A Nocturnal Reverie

In such a night, when every louder wind
Is to its distant cavern safe confined,
And only gentle Zephyr fans his wings,
And lonely Philomel, still waking, sings;
Or from some tree, famed for the owl's delight,
She, hollowing clear, directs the wanderer right:
In such a night, when passing clouds give place,
Or thinly veil the heaven's mysterious face;
When in some river, overhung with green,
The waving moon and trembling leaves are seen;
When freshened grass now bears itself upright,
And makes cool banks to pleasing rest invite,
Whence springs the woodbine, and the bramble-rose,
And where the sleepy cowslip sheltered grows;
Whilst now a paler hue the foxglove takes,

Anne Finch, Countess of Winchilsea

Aus Zur Einleitung

Wie tief sind wir gefallen! – Bildung nur
Hat Narrn aus uns gemacht, nicht die Natur.
Den Geist zu schulen, hat man uns verwehrt,
Und öde Anstandsregeln uns gelehrt;
Und wenn dann doch sich eine höher schwingt,
Von kühnerem Geist und Phantasie beschwingt,
Wird sie so sehr von Gegnerschaft bekriegt,
Daß ihre Furcht die Hoffnung überwiegt.
Drum, meine Muse, bleib zurückgezogen, still,
Dem Spott entgeht, wer nicht Bewundrung will;
Bescheiden und mit eingezognen Schwingen
Sollst Du Dein Leid allein den engsten Freunden singen.
Dir waren Lorbeerhaine nie beschieden,
Drum such die dunklen Schatten und sei dort zufrieden!

Eine nächtliche Träumerei

In solcher Nacht, wenn Sturm und lauter Wind
In fernen Höhlen gut verschlossen sind,
Wenn Zephyr nur sanft fächelt seine Schwingen,
Und einsam Philomela wacht, zu singen,
Oder aus hohlem Baum, wo gern sie haust,
Der Eule schriller Ruf den Wandrer weist;
In solcher Nacht, wenn sich die Wolken heben,
Zart schleiernd rätselhaftes Himmelsweben;
Wenn auf dem Fluß, gesäumt von Bäumen, Büschen,
Wogend der Mond und Blätter zitternd grüßen;
Wenn erquickt das Gras nun aufrecht wieder steht,
Und uns zu kühler Rast am Ufer lädt,
Von Heckenrosen, Geißblattbusch gesäumt,
In deren Schutz die Primel schläfrig träumt,
Während der Fingerhut nun blasser loht,

Yet checkers still with red the dusky brakes;
When scattered glow-worms, but in twilight fine,
Show trivial beauties watch their hour to shine,
Whilst Salisbury stands the test of every light,
In perfect charms, and perfect virtue bright;
When odours, which declined repelling day,
Through temperate air uninterrupted stray;
When darkened groves their softest shadows wear,
And falling waters we distinctly hear;
When through the gloom more venerable shows
Some ancient fabric, awful in repose,
While sunburnt hills their swarthy looks conceal,
And swelling haycocks thicken up the vale;
When the loosed horse now, as his pasture leads,
Comes slowly grazing through th' adjoining meads,
Whose stealing pace, and lengthened shade we fear,
Till torn up forage in his teeth we hear;
When nibbling sheep at large pursue their food,
And unmolested kine rechew the cud;
When curlews cry beneath the village-walls,
And to her straggling brood the partridge calls;
Their shortlived jubilee the creatures keep,
Which but endures, whilst tyrant-man does sleep;
When a sedate content the spirit feels,
And no fierce light disturbs, whilst it reveals;
But silent musings urge the mind to seek
Something, too high for syllables to speak;
Till the free soul to a composedness charmed,
Finding the elements of rage disarmed,
O'er all below a solemn quiet grown,
Joys in th' inferior world, and thinks it like her own:
In such a night let me abroad remain,
Till morning breaks, and all's confused again;
Our cares, our toils, our clamours are renewed,
Or pleasures, seldom reached, again pursued.

Doch dämmriges Gesträuch noch sprenkelt rot;
Wenn Glühwürmchen, allein im Zwielicht schön,
Kokette lehren, wann sie schön aussehen,
Während Salisburys Tugendreiz bei jedem Licht
In makelloser Schönheit uns bestricht;
Wenn Düfte, die dem Tag sich nicht bequemen,
In linden Lüften nun sich frei verströmen;
Wenn dunkle Haine sich in zarte Schatten hüllen,
Die Stromschnellen das Flußbett lauter füllen;
Wenn aus dem Dämmer ehrwürdiger steigen
Alte Gemäuer in erhabnem Schweigen;
Wenn Hügel dunklen Sonnenbrand verstecken,
Und Heuhaufen im Tal sich dichter recken;
Wenn frei das Pferd, wie's weidend ihm gefällt,
Gemächlich grasend streift durchs Nachbarfeld
Und uns erschreckt, wenn Tritt und Schatten naht,
Bis wir bemerken, daß es Futter mahlt;
Wenn Schafe Gräser nibbeln auf den Auen
Und ungestört die Rinder wiederkauen;
Wenn laut der Brachvogel am Dorfwall ruft,
Das Rebhuhn sammelt die verstreute Brut;
Wenn Kreatur die kurze Festesnacht
Feiert, bis ihr Tyrann, der Mensch, erwacht;
Wenn ruhiges Glück die Seele ganz erfüllt,
Kein grelles Licht das stört, was es enthüllt,
Und stilles Sinnen unsern Geist bewegt
Zu suchen, was jenseits der Worte liegt,
Bis in verzückter Ruh die Seele frei –
Gewahr, daß nun, fern aller Raserei,
Zu ernster Ruh das Leben eingekehrt –
Sich freudig eins mit Wald und Flur erfährt:
In solcher Nacht laß mich im Freien schwärmen,
Bis dann der Tag anbricht mit wüstem Lärmen,
Und Sorge, Müh, Getöse neu uns tagen,
Wir neu Vergnügen, meist vergebens, jagen.

Lady Mary Wortley Montagu

From Epistle from Mrs. Y. – to her Husband

Think not this paper comes with vain pretence
To move your pity, or to mourn th'offence.
Too well I know that hard obdurate heart;
No softening mercy there will take my part,
Nor can a woman's arguments prevail,
When even your patron's wise example fails:
But this last privilege I still retain,
Th'oppressed and injured always may complain.
  Too, too severely laws of honour bind
The weak submissive sex of womankind.
If sighs have gained or force compelled our hand,
Deceived by art, or urged by stern command,
Whatever motive binds the fatal tie,
The judging world expects our constancy.
  Just Heaven! (for sure in Heaven does Justice reign
Though tricks below that sacred name profane)
To you appealing I submit my cause
Nor fear a judgment from impartial laws.
All bargains but conditional are made,
The purchase void, the creditor unpaid;
Defrauded servants are from service free,
A wounded slave regains his liberty:
For wives ill used no remedy remains,
To daily racks condemned, and to eternal chains.
  From whence is this unjust distinction grown?
Are we not formed with passions like your own?
Nature with equal fire our souls endued,
Our minds as haughty, and as warm our blood,
O'er the wide world your pleasures you pursue,
The change is justified by something new;
But we must sigh in silence – and be true.
Our sex's weakness you expose and blame
(Of every prattling fop the common theme),

Lady Mary Wortley Montagu

Aus Mrs. Y.–s Epistel an ihren Gatten

Glaub nicht, mein Brief entspräng dem eitlen Plan,
Rührend zu klagen, was Du mir angetan.
Zu gut kenn ich Dein hart verstocktes Herz,
In dem kein Mitleid spricht für meinen Schmerz.
Wie soll der Einspruch einer Frau Dich rühren,
Kann Deines Herren Vorbild Dich nicht führen?
Doch werd ich mir dies Vorrecht nicht versagen
Der unrecht Unterdrückten: laut zu klagen.
In allzu strenge Fesseln legt der Ehre Recht
Das unterwürfig schwache weibliche Geschlecht.
Ob Seufzer, ob Gewalt uns übermannt,
Ob Liebeslist oder die strenge Hand –
Was immer den fatalen Knoten bindet,
Die Welt erwartet, daß sie treu uns findet.
Gerechter Himmel! (wo allein das Recht regiert,
Des heiligen Namen hier die Arglist profaniert)
Dich ruf ich an in meiner Sache, ohne Furcht
Vor unparteilicher Gesetze Spruch.
An Klauseln ist der Handel stets gebunden,
Bleibt unbezahlt, wenn nichtig er befunden;
Vom Dienst befreit ist der betrogne Diener,
Versehrt gewinnt der Sklave Freiheit wieder:
Nur maltraitierte Frauen sind verdammt
Zu ewgen Ketten, stets aufs Rad gespannt.
Woher der Unterschied, der dieses Unrecht schafft?
Bewegt uns denn nicht gleiche Leidenschaft?
Mit gleichem Feuer uns Natur entflammt,
Gleich kühn ist unser Geist, das Blut gleich warm.
Ihr jagt nach Freuden durch die weite Welt,
Nennt vornehm Neugier, was sonst treulos gilt –
Uns Armen bleibt nur Seufzen – treu und still.
Der Frauen Schwäche legt ihr unbarmherzig bloß
(Und jeder Geck dünkt sich bei diesem Thema groß),

Yet from this weakness you suppose is due
Sublimer virtue than your Cato knew.
Had Heaven designed us trials so severe,
It would have formed our tempers then to bear.
And I have borne (o what have I not borne!)
The pang of jealousy, th'insults of scorn.
Wearied at length, I from your sight remove,
And place my future hopes in secret love.
In the gay bloom of glowing youth retired,
I quit the woman's joy to be admired;
With that small pension your hard heart allows,
Renounce your fortune, and release your vows.
To custom (though unjust) so much is due,
I hide my frailty from the public view.
My conscience clear, yet sensible of shame,
My life I hazard, to preserve my fame.
And I prefer this low inglorious state
To vile dependence on the thing I hate –
But you pursue me to this last retreat:
Dragged into light, my tender crime is shown
And every circumstance of fondness known.
Beneath the shelter of the law you stand,
And urge my ruin with a cruel hand;
While to my fault thus rigidly severe,
Tamely submissive to the man you fear.
This wretched out-cast, this abandoned wife,
Has yet this joy to sweeten shameful life:
By your mean conduct, infamously loose,
You are at once my accuser, and excuse.
Let me be damned by the censorious prude
(Stupidly dull, or spiritually lewd),
My hapless case will surely pity find
From every just and reasonable mind:
When to the final sentence I submit,
The lips condemn me, but their souls acquit.

Und doch erwartet ihr von unsrer Schwäche
Die höchste Tugend, der ein Cato nur entspräche.
Hätt uns der Himmel solche Prüfung zugedacht,
Hätt er uns stärker von Natur gemacht.
Ich trug (und was hab ich nicht stumm ertragen!)
Deiner Verachtung Schmach, die eifersüchtigen Plagen;
Zieh mich zuletzt erschöpft von Dir zurück,
Und hoffe auf verstohlenes Liebesglück;
Geh in die Einsamkeit, noch blühend jung,
Sag ab dem Glück der Frau – Bewunderung;
Verzichte mit der Rente, die Du karg bemißt,
Auf Deinen Schwur und das, was Du besitzt.
Die Sitte wills, die harte, ungerechte,
Daß ich der Welt verberge meine Schwäche.
Rein mein Gewissen, doch voll Schamgefühl,
Setz ich, den Ruf zu retten, mich aufs Spiel.
Ich ziehe diesen ruhmlos niedren Stand
Dem vor, der mich in schnöde Fesseln band –
Doch Du verfolgst mich, wo ich Einkehr fand.
Mein zärtliches Vergehn wird vor der Welt
In allen Einzelheiten bloßgestellt;
Dein roher Arm, geschützt von den Gesetzen,
Darf grausam mich in mein Verderben hetzen;
Anmaßend streng nur gegen meine Schuld.
Buhlst ängstlich Du um Deines Herren Huld.
Der Frau, verstoßen, elend aufgegeben,
Süßt eine Freude noch ihr schmählich Leben:
Dein loses und erbärmliches Betragen
Entschuldigt mich, wo Du mich willst verklagen.
Verdammt mich auch die prüde Tadlerin
(Ihr Wesen stumpf und liederlich ihr Sinn),
So wird sein Mitleid doch mir jeder schenken,
Den nur Vernunft und rechtes Fühlen lenken.
Wenn ihrem Urteilsspruch ich mich empfehle,
Spricht schuldig mich ihr Mund, doch frei die Seele.

Oliver Goldsmith

An Elegy on the Death of a Mad Dog

Good people all, of every sort,
  Give ear unto my song;
And if you find it wondrous short,
  It cannot hold you long.

In Islington there was a man,
  Of whom the world might say
That still a godly race he ran,
  Whene'er he went to pray.

A kind and gentle heart he had,
  To comfort friends and foes;
The naked every day he clad,
  When he put on his clothes.

And in that town a dog was found,
  As many dogs there be,
Both mongrel, puppy, whelp, and hound,
  And curs of low degree.

This dog and man at first were friends;
  But when a pique began,
The dog, to gain some private ends,
  Went mad and bit the man.

Around from all the neighbouring streets
  The wondering neighbours ran,
And swore the dog had lost his wits,
  To bite so good a man.

The wound it seemed both sore and sad
  To every Christian eye;
And while they swore the dog was mad,
  They swore the man would die.

Oliver Goldsmith

Elegie auf den Biß eines tollen Hundes

Ihr guten Leute, neigt das Ohr
  Zu meines Liedes Sang,
Und wem es etwas kurz kommt vor,
  Der denk – es ist nicht lang.

In einem Dorf da war ein Mann,
  Und dem wars richtig Ding:
Denn er ging stets die rechte Bahn,
  Wenn er – zur Kirche ging.

Er hatt' ein gut und redlich Herz,
  Half Freund und Feind aus Not,
Und stillte täglich Hungersschmerz,
  Denn täglich – aß er Brot.

Und in dem Dorf da war ein Hund,
  So wie's denn überall
In Dörfern Hunde, weiß und bunt,
  Wohl gibt in großer Zahl.

Die waren erst nun, Hund und Mann,
  Sich herzlich zugetan:
Da kam den Hund ein Staatsgroll an,
  Ward toll, und biß den Mann.

Die Nachbarschaft kam weit und breit
  Und sahs erstaunend an:
«Fürwahr, der Hund ist nicht gescheit!
  Zu beißen solchen Mann!»

Und jeder Christenmensch sah wohl
  Das Loch nun recht mit Graus,
Und jeder schwur: «Der Hund ist toll,
  Drum – mit dem Mann ists aus.»

But soon a wonder came to light,
  That showed the rogues they lied!
The man recovered of the bite,
  The dog it was that died.

From The Deserted Village

Sweet Auburn, loveliest village of the plain,
Where health and plenty cheered the labouring swain,
Where smiling spring its earliest visit paid,
And parting summer's lingering blooms delayed;
Dear lovely bowers of innocence and ease,
Seats of my youth, when every sport could please,
How often have I loitered o'er thy green,
Where humble happiness endeared each scene;
How often have I paused on every charm,
The sheltered cot, the cultivated farm,
The never failing brook, the busy mill,
The decent church that topped the neighbouring hill,
The hawthorn bush, with seats beneath the shade,
For talking age and whispering lovers made.
  Sweet smiling village, loveliest of the lawn,
Thy sports are fled, and all thy charms withdrawn;
Amidst thy bowers the tyrant's hand is seen,
And desolation saddens all thy green:
One only master grasps the whole domain,
And half a tillage stints thy smiling plain;
No more thy glassy brook reflects the day,
But choked with sedges, works its weedy way.
Along thy glades, a solitary guest,
The hollow sounding bittern guards its nest;
Amidst thy desert walks the lapwing flies,
And tires their echoes with unvaried cries.
Sunk are thy bowers in shapeless ruin all,
And the long grass o'ertops the mouldering wall,
And trembling, shrinking from the spoiler's hand,
Far, far away thy children leave the land.

Doch bald kam was ans Tageslicht,
  Das macht' ihr Lügen kund!
Der gute Mann krepierte nicht –
  Nur starb der tolle Hund.

Aus Das verödete Dorf

Mein sanftes Auburn, schönstes Dorf der Flur,
Wo reich und rasch der frohe Landmann fuhr,
Wo lächelnd einst der Lenz am frühsten kam,
Des Sommers Pracht am spätsten Abschied nahm,
Der Ruh und Unschuld heiliger Altar,
Mein Wiegensitz, wo Freude Freude war:
Wie oft schlich ich im Feld hier auf und ab,
Wo jeder Tritt ein stilles Glück mir gab!
Wie oft hing ich hier an der Feerei
Des Schattendachs, der schönen Meierei,
Des Kieselbachs, der Mühl' an dessen Rand,
Der heilgen Kirche, die am Hügel stand,
Des Hagedorns, zum Schattensitz geweiht
Für Plauderei und Liebesheimlichkeit!
  Du sanftes Dörfchen, lieblichstes der Flur,
Von deiner Schönheit seh ich kaum die Spur.
In deinen Lauben wühlt die Tyrannei,
Macht deinen Rasenplatz zur Wüstenei.
Ein einziger Herr besitzt den ganzen Gau;
Dein Gartenland verdirbt durch halben Bau;
Und faules Riedgras sitzt im kleinen Bach,
In dem sich sonst des Tages Silber brach:
In deinem Hage, jetzt nur Wüstenei,
Hält dumpf der Wiedehopf jetzt Klausnerei;
Der Kiebitz fliegt durch deinen öden Gang
Und schreit dem Echo seinen Grabgesang.
Die Lauben sanken; alles ist Verfall,
Und Unkraut überwächst den alten Wall,
Und zitternd, schauernd vor des Räubers Hand,
Fliehn deine Kinder fern ihr Vaterland.

Ill fares the land, to hastening ills a prey,
Where wealth accumulates, and men decay;
Princes and lords may flourish, or may fade;
A breath can make them, as a breath has made;
But a bold peasantry, their country's pride,
When once destroyed, can never be supplied.
A time there was, ere England's griefs began,
When every rood of ground maintained its man;
For him light labour spread her wholesome store,
Just gave what life required, but gave no more:
His best companions, innocence and health;
And his best riches, ignorance of wealth.
But times are altered; trade's unfeeling train
Usurp the land and dispossess the swain;
Along the lawn, where scattered hamlets rose,
Unwieldy wealth, and cumbrous pomp repose;
And every want to opulence allied,
And every pang that folly pays to pride.
Those gentle hours that plenty bade to bloom,
Those calm desires that asked but little room,
Those healthful sports that graced the peaceful scene,
Lived in each look, and brightened all the green,
These far departing seek a kinder shore,
And rural mirth and manners are no more.
Even now the devastation is begun,
And half the business of destruction done;
Even now, methinks, as pondering here I stand,
I see the rural virtues leave the land.
Down where yon anchoring vessel spreads the sail,
That idly waiting flaps with every gale,
Downward they move, a melancholy band,
Pass from the shore, and darken all the strand.
Contented toil, and hospitable care,
And kind connubial tenderness, are there;
And piety with wishes placed above,
And steady loyalty, and faithful love.

Weh, weh dem Land, das sich zum Unglück neigt,
Wo Menschen sinken und wo Reichtum steigt!
Der Fürst, der Lord mag fallen oder blühn;
Ein Hauch kann schaffen, und ein Hauch schafft ihn;
Der Stolz des Reichs, die kühne Bauerschaft,
Ist unersetzlich, einmal hingerafft.
Einst lebte hier, eh unser Weh begann,
Auf jeder Rute Grund ein braver Mann.
Die Arbeit war beim leichten Mahl nicht schwer;
Sie gab zur Notdurft, aber gab nicht mehr.
Gesundheit, Unschuld gingen Hand in Hand,
Und reich war man, mit Reichtum unbekannt.
Die Zeit verschwand, und herzlos kam der Zug
Des Kaufmanns und vertrieb den Mann vom Pflug.
Die Flur, einst voll von Dörfchen rund umher,
Seufzt unter Last und Pomp der Schätze schwer,
Seufzt unter Mangel, den der Reichtum bringt,
Und jedem Schmerz, zu dem der Stolz die Torheit zwingt.
Die heitern Stunden der Genügsamkeit,
Die kleinen stillen Wünsche jener Zeit,
Die schönen Freuden, die dem Rasengrün
Erhöhten Glanz, dem Glück mehr Feuer liehn,
Die irren fern verbannt um Schutz umher,
Und Landlust ist, und Sitten sind nicht mehr.
Schon jetzt, schon jetzt fing die Zerstörung an,
Schon ist zum Sturz das halbe Werk getan;
Schon jetzt, deucht' mich, als ich hier sinnend stand,
Verließen Heimatstugenden das Land;
Hinab zum Schiff, das dort vor Anker liegt
Und sich zur Abfahrt auf der Welle wiegt,
Hinab gehn sie mit Trauern zu dem Meer,
Und dunkel wird das Ufer um sie her.
Fort zieht die Freundschaft, die Zufriedenheit,
Der stille Fleiß, die Ehezärtlichkeit,
Die Himmelsandacht ohne Heuchelei,
Und treue Liebe und die feste Treu.

Samuel Johnson

From London

Prepare for death, if here at night you roam,
And sign your will before you sup from home.
Some fiery fop, with new commission vain,
Who sleeps on brambles till he kills his man;
Some frolic drunkard, reeling from a feast,
Provokes a broil, and stabs you for a jest.
Yet even these heroes, mischievously gay,
Lords of the street, and terrors of the way,
Flushed as they are with folly, youth and wine,
Their prudent insults to the poor confine;
Afar they mark the flambeau's bright approach,
And shun the shining train, and golden coach.

In vain, these dangers past, your doors you close,
And hope the balmy blessings of repose:
Cruel with guilt, and daring with despair,
The midnight murderer bursts the faithless bar;
Invades the sacred hour of silent rest,
And leaves, unseen, a dagger in your breast.

Scarce can our fields, such crowds at Tyburn die,
With hemp the gallows and the fleet supply.
Propose your schemes, ye Senatorian band,
Whose Ways and Means support the sinking land;
Lest ropes be wanting in the tempting spring,
To rig another convoy for the k-g.

A single jail, in Alfred's golden reign,
Could half the nation's criminals contain;

Samuel Johnson

Aus London

Willst du hier schwärmen, so bereite dich
Zuvor zum Tode, zeichne ja vorher
Dein Testament, bevor du außer Hause
Dein Abendessen einnimmst. Irgend ein
Kaum flügger Fähnrich, der auf Dornen schläft,
Bevor er seinen Mann geliefert; irgend
Ein trunkner Wüstling, der noch dampft und faselt
Vom nächtlichen Gelage, dürfte leicht
Dir Händel angewinnen, und zum Scherz
Dich niederstoßen. Doch selbst diese Helden,
Der Straße Herren, und des Markts Tyrannen,
Von Jugend zwar und Wein und Narrheit feuernd,
Beschränken klüglich gleichwohl ihren Trotz
Auf den geringen Mann. Von ferne schon
Gewahren sie des Fackelzugs und weichen
Der goldnen Equipage klüglich aus.
  Vergebens hoffst du, dieser Fahr entschlüpft,
Auf süßen Schlummer bei verschloßnen Türen.
Aus Angst blutdürstig, aus Verzweiflung kühn,
Sprengt dreist der mitternächtliche Bandit
Den falschen Riegel, stürmt ins Heiligtum
Des Schweigens und der Ruhe frevelnd ein,
Und stößt dir, ungesehn, den Dolch ins Herz.
  Zu Tyburn gibts so viel zu tun, daß kaum
Genug des Hanfs gewonnen wird, um beides,
Die Galgen und die Flotten, zu versorgen.
Ihr weisen Häupter, deren kluge Pläne
Den Sturz des Landes hemmen, sorget ja,
Daß es an Tauen nicht gebreche, wenn
Der Frühling nun, und wenn Hannover lockt,
Den König nach Gebühr zu convoyieren.
  Beglückte Zeit, wo Alfred herrschte, wo
Ein einziges Gefängnis die Verbrecher

Fair justice then, without constraint adored,
Held high the steady scale, but dropped the sword;
No spies were paid, no special juries known:
Blest age! But ah! how different from our own!

THE VANITY OF HUMAN WISHES. THE TENTH SATIRE OF JUVENAL IMITATED

Let observation, with extensive view,
Survey mankind, from China to Peru;
Remark each anxious toil, each eager strife,
And watch the busy scenes of crowded life;
Then say how hope and fear, desire and hate,
O'erspread with snares the clouded maze of fate,
Where wavering man, betrayed by venturous pride,
To tread the dreary paths without a guide,
As treacherous phantoms in the mist delude,
Shuns fancied ills, or chases airy good;
How rarely reason guides the stubborn choice,
Rules the bold hand, or prompts the suppliant voice;
How nations sink, by darling schemes oppressed,
When vengeance listens to the fool's request.
Fate wings with every wish the afflictive dart,
Each gift of nature, and each grace of art,
With fatal heat impetuous courage glows,
With fatal sweetness elocution flows;
Impeachment stops the speaker's powerful breath,
And restless fire precipitates on death.

Des halben Reiches faßte; hoch und fest
Hielt die Gerechtigkeit die Waage, während
Ihr eingescheidet Schwert in Frieden ruhte.
Beglückte Zeit, wo weder Lauscher horchten
Noch Jurien richteten, wo sonder Zwang
Ein jeder willig dem Gesetz gehorchte –
Zeit Alfreds, güldne Zeit, wo flohst du hin!

Die Eitelkeit menschlicher Wünsche. Eine Nachahmung der zehnten Satire Juvenals

Laß weit im Bogen Deine Sinne schweifen,
Von China bis Peru die Menschheit zu begreifen;
Vermerke jedes bange Mühn, erpichte Streben,
Das laute Treiben auch, das pralle Leben:
Dann sag, wie Liebe, Haß, Hoffen, Entsetzen
Ins Labyrinth des Schicksals tückisch Fallen setzen,
Wo taumelnd dann der Mensch, von Übermut verführt,
Sich führerlos auf dunklem Pfad verliert,
Scheingutes jagt, vermeintlich Böses meidet –
Chimären, die der Nebel trügerisch kleidet;
Wie selten nur Vernunft, nicht Eigensinn regiert,
Die Hand des Kühnen lenkt, dem Bittenden souffliert;
Wie Reiche sinken, von heißgehegtem Plan zerstört,
Wenn Rache Narren ihren Wunsch gewährt.
Des Schicksals Pfeil befiedert jeder Wunsch,
Jedwede Gabe der Natur und Kunst:
Tödlich die Hitze heftigen Mutes glüht,
Tödlich die Süße der Beredtheit blüht;
Des Redners Wortgewalt führt zum Schafott,
Und ruheloses Feuer drängt zum Tod.

WHERE THEN shall Hope and Fear their objects find?
Must dull Suspense corrupt the stagnant mind?
Must helpless man, in ignorance sedate,
Roll darkling down the torrent of his fate?
Must no dislike alarm, no wishes rise,
No cries attempt the mercies of the skies?
Enquirer, cease: petitions yet remain,
Which heaven may hear, nor deem religion vain.
Still raise for good the supplicating voice,
But leave to heaven the measure and the choice,
Safe in his power, whose eyes discern afar
The secret ambush of a specious prayer.
Implore his aid, in his decisions rest,
Secure whatever he gives, he gives the best.
Yet when the sense of sacred presence fires,
And strong devotion to the skies aspires,
Pour forth thy fervours for a healthful mind,
Obedient passions, and a will resigned;
For love, which scarce collective man can fill;
For patience sovereign o'er transmuted ill;
For faith that, panting for a happier seat,
Counts death kind Nature's signal of retreat:
These goods for man the laws of heaven ordain,
These goods he grants, who grants the power to gain;
With these celestial wisdom calms the mind,
And makes the happiness she does not find.

Der Glaube als Rettung

Wohin soll Hoffen dann und Furcht sich kehren?
Muß träg der Geist in trübem Zweifel gären?
Muß man, gelassen nur, weil ahnungslos,
Hilflos wirbeln auf dunklem Schicksalsfloß?
Darf man nicht Abscheu fühlen, Wünsche hegen,
Die Himmel anrufen um Gnade, Segen?
Halt ein, du Fragender! – Dem Glauben glaub,
Nicht allem Bitten bleibt der Himmel taub!
Erheb um Gutes flehend Deine Stimme,
Doch überlaß nur Maß und Wahl dem Himmel!
Vertrau der Macht, dem Aug, das fernher schon
Gefahren schaut, die in erfüllten Bitten drohn!
Bitte, doch füg dem Ratschluß Dich, gewiß
Daß, was er immer schickt, das Beste ist!
Doch wenn Dich heilige Gegenwart durchglüht
Und fromme Inbrunst hebt Dir das Gemüt,
Dann flehe inständig um Geisteskraft,
Ergebnen Mut, beherrschte Leidenschaft,
Um Liebe, die das Maß des Menschen übersteigt,
Geduld, die Böses wandelt und besiegt,
Um Glauben, lechzend so nach seligem Tal,
Daß ihm der Tod ein gütiges Schlußsignal:
Dies sind die Gaben, die der Himmel uns bestimmt,
Die er gewährt, gewährend, daß man sie erringt;
Durch sie stillt Himmelsweisheit unsern Mut
Und wirkt dies Glück, das in ihr selber ruht.

James Thomson

From The Seasons: Summer

'Tis raging noon, and vertical the sun
Shoots through the expanding air a torrid gleam.
O'er heaven and earth, far as the darted eye
Can pierce, a dazzling deluge reigns, and all
From pole to pole is undistinguished blaze.
Down to the dusty earth the sight, o'erpowered,
Stoops for relief; but thence ascending streams
And keen reflection pain. Burnt to the heart
Are the refreshless fields; their arid hue
Adds a new fever to the sickening soul:
And o'er their slippery surface wary treads
The foot of thirsty pilgrim, often dipped
In a cross rill, presenting to his wish
A living draught: he feels before he drinks!
Echo no more returns the sandy sound
Of sharpening scythe; the mower sinking heaps
O'er him the humid hay, with flowers perfumed;
And scarce a chirping grasshopper is heard
Through the dumb mead. Distressful nature pants.
The desert reddens; and the stubborn rock,
Split to the centre, sweats at every pore.
The very streams look languid from afar,
Or, through the fervid glade, impetuous hurl
Into the shelter of the crackling grove.

All-conquering heat, oh intermit thy wrath
And on my throbbing temples potent thus
Beam not so hard! Incessant still you flow,

James Thomson

Aus Die Jahreszeiten: Der Sommer

Der Mittag raset jetzt. Die Sonne, die über unserm Wirbel steht,
Schießt, durch die ausgedehnte Luft, beständig einen dürren Strahl
Auf Erd' und Himmel; und, so fern ein Blick der schärfsten Augen geht,
Regieret eine heiße Sintflut. Was man erblickt, ist allzumal
Ein Feur, von einem Pol zum andern, das man nicht unterscheiden kann.
Ein dadurch überwältigt Aug', um etwas nur gestärkt zu werden,
Senkt sich zu der bestaubten Erden:
Doch dann ficht eine Flut, die steigt, ein scharfer Widerschein es an.
Die Felder, leer von aller Kühlung, sind bis ins Innerste verbrannt.
Es macht derselben dürre Farbe der kranken Seele neue Hitze,
Und die versengte, glatte Fläche gibt einen ungewissen Stand
Dem Fuß des durstgen Wanderers: Oft glitschet er in eine Pfütze,
Die einen frischen Trunk ihm bietet: Er fühlt ihn eh noch, als er trinkt.
Der von dem Wetz-Holz, voller Sand, vorhin erregte scharfe Schall
Reizt jetzo keinen Widerhall:
Der Mäher, welcher niedersinkt,
Häuft über sich das feuchte Heu, von süßen Blumen balsamieret.
Es wird jetzt auf der stummen Wiese der Heuschreck Zirpen kaum verspüret.
Es keucht die lechzende Natur. Die dürre Wüste rötet sich.
Den steilen, ganz zerspaltnen Fels sieht man, aus allen kleinen Ritzen,
Gekochte Feuchtigkeiten schwitzen.
Die rechten Ströme fließen langsam, und strömen gleichsam kümmerlich,
Wie oder sie ergießen sich, und schießen, durch erhitzte Felder,
Zum kühlen Schirm-Dach krachender und dunkler schattenreicher Wälder.

Allüberwältigende Hitze! ach mildre deinen Grimm, und schein'
An meine Schläfen, welche klopfen, durch deinen Drang doch nicht so sehr!

And still another fervent flood succeeds,
Poured on the head profuse. In vain I sigh,
And restless turn, and look around for night:
Night is far off, and hotter hours approach.
Who can endure! The too resplendent scene
Already darkens on the dizzy sight,
And double objects dance; unreal sounds
Sing deep around; a weight of sultry dew
Hangs deathful on the limbs; shiver the nerves;
The supple sinews sink, and on the heart,
Misgiving, horror lays his heavy hand.
Thrice happy he! that on the sunless side
Of a romantic mountain, forest-crowned,
Beneath the whole collected shade reclines:
Or in the gelid caverns, woodbine-wrought,
And fresh bedewed with ever spouting streams,
Sits cooly calm, while all the world without,
Unsatisfied and sick, tosses in noon.
Emblem instructive of the virtuous man,
Who keeps his tempered mind serene and pure,
And all his passions aptly harmonized,
Amid a jarring world, with vice inflamed.

Du fließest unaufhörlich still, als eine strenge Flut, daher,
Und dieser folgt, erfüllt von Glut, ein' andre, welche, voller Pein,
Mein Haupt verschwendrisch überschüttet. Ich seufz' umsonst, und drehe mich,
Und sehne mich nach Nacht und Schatten. Die Nacht ist fern. Es nähern sich
Die Stunden, die noch heißer sind. Wer kann dieselben doch ertragen!
Das gar zu glänzende Spektakel der Vorwürf', in so heftgem Funkeln,
Fängt vor das schwindliche Gesicht gemählig an sich zu verdunkeln.
Die Gegenwürfe tanzen doppelt, unwesentliche Töne schlagen,
Rings in der Tiefe, sich ans Ohr. Vom heißen Tau ein schwer Gewicht
Hängt, tödlich fast, an unsern Gliedern, zerspaltet gleichsam unsre Sehnen,
Daß sich die weichen Nerven dehnen,
Und an das bange Herze legt der Schrecken seine schwere Hand.
O dreimal glücklich ist denn der, der auf ein unbestrahltes Land
Von einem dichtrischen Gebirge, mit einem dicken Wald gekrönt,
In einem dichten, dunklen Schatten sich dann gemächlich streckt und dehnt!
Wie oder in gekühlten Höhlen, von Geißblatt rings umher umschränkt,
Auch, von beschäumter Flut erfrischt, ins kühle Gras und Kraut sich senkt,
Inzwischen alle Welt im Mittag, verdrießlich, krank, nicht ruhen kann.
So ein erbaulich, lehrreich Sinn-Bild von einem tugendhaften Mann,
Der sein gesetztes Herz erheitert, die Leidenschaft harmonisch stimmt
In einer ungestimmten Welt, die in der Brunst der Laster glimmt.

Edward Young

From Night Thoughts: Night I

How poor, how rich, how abject, how august,
How complicate, how wonderful is man!
How passing wonder He who made him such!
Who centred in our make such strange extremes!
From different natures marvellously mixed,
Connection exquisite of distant worlds!
Distinguished link in being's endless chain!
Midway from nothing to the Deity!
A beam ethereal, sullied and absorbed!
Though sullied and dishonoured, still divine!
Dim miniature of greatness absolute!
An heir of glory! a frail child of dust!
Helpless immortal! insect *infinite!*
A worm! a god! – I tremble at myself,
And in myself am lost! At home a stranger,
Thought wanders up and down, surprised, aghast,
And wondering at her own. How reason reels!
O what a miracle to man is man,
Triumphantly distressed! What joy! what dread!
Alternately transported and alarmed!
What can preserve my life? or what destroy?
An angel's arm can't snatch me from the grave;
Legions of angels can't confine me there.

Edward Young

Aus Nachtgedanken: Die erste Nacht

Wie arm, wie reich! wie niedrig und wie hoch,
Verflochten, wundervoll, so ist der Mensch!
Und über Wunder der, der so ihn schuf!
Der lauter Äußerstes in uns verband,
Verschiedenster Naturen Wundermischung,
Entfernter Welten auserwählte Bindung,
In aller Wesen Kette herrlich Glied,
Der Mittelpunkt vom Nichts zur Gottheit – Strahl,
Ätherisch und verschlungen und befleckt,
Und wie verschlungen und befleckt noch Göttlich.
Ein Schattenbild von Grenzenloser Größe!
Der Herrlichkeit ein Erbe und des Staubes!
Ein schwaches Kind – Unsterblich und ohn' Hülfe,
Unendlich und Insekt! Ein Wurm! ein Gott!
Ich zittre vor mir selbst – bin in mich selbst
Verloren! Seiner Heimat fremde,
Steigt auf und nieder der Gedanke, wundernd,
Erstaunt ob dem, was sein ist! wie Vernunft
Hier taumelt! welch ein Wunder ist der Mensch
Dem Menschen! Traurig im Triumphe! freudig
Und bangend! jetzt entzücket, jetzt entsetzt!
Mein Leben, was kann's retten? was zerstören?
Kein Engelsarm hält mich vom Grab ab – Engel
Zu Legionen halten mich nicht drin!

William Collins

Ode to Evening

If ought of oaten stop, or pastoral song,
May hope, chaste Eve, to soothe thy modest ear,
    Like thy own solemn springs,
    Thy springs, and dying gales,

O Nymph reserved, while now the bright-haired sun
Sits in yon western tent, whose cloudy skirts,
    With brede ethereal wove,
    O'erhang his wavy bed:

Now air is hushed, save where the weak-eyed bat
With short shrill shriek flits by on leathern wing,
    Or where the beetle winds
    His small but sullen horn,

As oft he rises 'midst the twilight path,
Against the pilgrim borne in heedless hum:
    Now teach me, Maid composed,
    To breathe some softened strain,

Whose numbers stealing through thy darkening vale,
May not unseemly with its stillness suit,
    As musing slow, I hail
    Thy genial loved return!

For when thy folding star arising shows
His paly circlet, at his warning lamp
    The fragrant Hours, and Elves
    Who slept in flowers the day,

And many a Nymph who wreathes her brows with sedge,
And sheds the freshening dew, and lovelier still,
    The Pensive Pleasures sweet
    Prepare thy shadowy car.

William Collins

Ode an den Abend

Wenn irgend Hirtenrohr und Schäferlied
Dein keusches Ohr, oh Abend-Eva, stillt
    Wie Deiner ernsten Quellen,
    Erstorbnen Stürme Klang,

Da, Nymphe scheu, die Sonne glanzgesträhnt
Nun in ihr Zelt einkehrt, wo Wolkenbahn
    Gewebt aus Himmelstuch
    Ihr Bett von Wogen deckt,

Nun da sich Ruhe senkt, so nicht der Schrei
Der Fledermaus aufschrillt im blinden Sturz
    Oder des Käfers Horn
    Dumpf, doch vernehmlich tönt,

Wie er in selbstversunknem Brummen oft
Den Dämmerpfad des späten Wandrers kreuzt –
    Dann lehr mich, sanfte Maid,
    Den Hauch gedämpften Lieds,

Das sacht im Talesdunkeln sich verliert
Und sich dem stillen Grund geziemend fügt,
    Da ich ruhig sinnend grüß
    Dein trautes Wiederkehrn.

Denn wenn Dein erster Stern mit blassem Glanz
Die Herden pferchwärts führt, dann rüsten Dir
    Die Horen, Elfen auch,
    Vom Blütenschlafe duftend,

Und schilfbekränzte Nymphen, die der Tau
Erfrischend tränkt, und, Holdeste der Schar,
    Die stillen Wonnen süß
    Dein schattiges Gefährt.

Then lead, calm Votaress, where some sheety lake
Cheers the lone heath, or some time-hallowed pile,
    Or up-land fallows grey
    Reflect its last cool gleam.

But when chill blustering winds, or driving rain,
Forbid my willing feet, be mine the hut,
    That from the mountain's side
    Views wilds, and swelling floods,

And hamlets brown, and dim-discovered spires,
And hears their simple bell, and marks o'er all
    Thy dewy fingers draw
    The gradual dusky veil.

While Spring shall pour his showers, as oft he wont,
And bathe thy breathing tresses, meekest Eve!
    While Summer loves to sport,
    Beneath thy lingering light:

While sallow Autumn fills thy lap with leaves,
Or Winter, yelling through the troublous air,
    Affrights thy shrinking train,
    And rudely rends thy robes:

So long, sure-found beneath the sylvan shed,
Shall Fancy, Friendship, Science, rose-lipped Health,
    Thy gentlest influence own,
    And hymn thy favourite name!

Dann führ, der Ruhe Braut, wo still der Teich
Die leere Heide schmückt und heilig alter Bau
    Oder das Brachfeld fahl
    Im kühlen Schimmer glänzt.

Doch wenn der Eiswind braust und Regen peitscht
Und mir den Fuß hemmt, sei die Kate mein,
    Die über wüstes Land
    Und wilde Fluten blickt,

Auf braune Weiler, Kirchturmspitzen fern,
Und ihrem schlichten Läuten lauscht und spürt,
    Wie alles Deine Hand
    Mit Tau und Dunkel deckt.

Solang noch Frühling seine Schauer gießt,
Und, Mildeste, Dir Deine Locken netzt;
    Solang noch Sommer tollt
    Im späten Abendlicht;

Solang der fahle Herbst Dir Blätter streut
Und Winter Deine klein gewordene Schar
    Mit schrillen Stürmen schreckt
    Und Dir das Kleid zerfetzt –

So lange wird in trauter Hütte sich
Gesundheit, Freundschaft, Phantasie und Geist
    Dir beugen, sanfte Macht,
    Und preisen Deine Huld.

Thomas Gray

Elegy
Written in a Country Churchyard

The curfew tolls the knell of parting day,
The lowing herd wind slowly o'er the lea,
The ploughman homeward plods his weary way,
And leaves the world to darkness and to me.

Now fades the glimmering landscape on the sight,
And all the air a solemn stillness holds,
Save where the beetle wheels his droning flight,
And drowsy tinklings lull the distant folds;

Save that from yonder ivy-mantled tower
The moping owl does to the moon complain
Of such, as wandering near her secret bower,
Molest her ancient solitary reign.

Beneath those rugged elms, that yew-tree's shade,
Where heaves the turf in many a mouldering heap,
Each in his narrow cell for ever laid,
The rude forefathers of the hamlet sleep.

The breezy call of incense-breathing morn,
The swallow twittering from the straw-built shed,
The cock's shrill clarion, or the echoing horn,
No more shall rouse them from their lowly bed.

For them no more the blazing hearth shall burn,
Or busy housewife ply her evening care:
No children run to lisp their sire's return,
And climb his knees the envied kiss to share.

Oft did the harvest to their sickle yield,
Their furrow oft the stubborn glebe has broke;

Thomas Gray

Elegie
Geschrieben auf einem Dorfkirchhofe

Die Abendglocke tönt den Tag zur Ruh,
Die Herde schleichet blökend vom Revier;
Der Pflüger rudert schwer der Hütte zu,
Und läßt die Welt der Dunkelheit und mir.

Nun schmelzt der Glanz der Gegend Zug für Zug,
Und tiefe Feierstille hält die Luft;
Nur dort dröhnt noch der Käfer seinen Flug,
Wo Schlummerklang zum fernen Pferche ruft.

Nur dort noch tönts durch alte Rudera,
Wo es der Eule Murrsinn Lunen klagt,
Daß noch ein Wandrer, ihrer Grotte nah,
Ihr ödes Heiligtum zu stören wagt.

An dieser Ulme, diesem Eschenbaum,
Wo sich der Grund in Moderhügeln hebt,
Ruhn rohe Ahnen hier im engen Raum,
Die in dem kleinen Dörfchen einst gelebt.

Des Morgens Balsamduft am Lindengang,
Vom Strohdach ihrer Schwalbe Wirbellauf,
Des Hahnes Krähn, des Hornes Widerklang,
Weckt sie nicht mehr vom kleinen Lager auf.

Für Dich brennt nun der gute Herd nicht mehr,
Kein Hausweib sorgt für Deinen Abendgruß;
Kein Knabe lauscht des Vaters Wiederkehr,
Und klimmt mit Neid am Knie um Deinen Kuß.

Oft sank das Korn in ihre Eisenhand,
Oft riß das Brachfeld unter ihrem Pflug:

How jocund did they drive their team afield!
How bowed the woods beneath their sturdy stroke!

Let not Ambition mock their useful toil,
Their homely joys, and destiny obscure;
Nor Grandeur hear with a disdainful smile
The short and simple annals of the poor.

The boast of heraldry, the pomp of power,
And all that beauty, all that wealth e'er gave,
Awaits alike th' inevitable hour:
The paths of glory lead but to the grave.

Nor you, ye Proud, impute to These the fault,
If Memory o'er their tomb no trophies raise,
Where through the long-drawn aisle and fretted vault
The pealing anthem swells the note of praise.

Can storied urn or animated bust
Back to its mansion call the fleeting breath?
Can Honour's voice provoke the silent dust,
Or Flattery soothe the dull cold ear of Death?

Perhaps in this neglected spot is laid
Some heart once pregnant with celestial fire,
Hands that the rod of empire might have swayed,
Or waked to ecstasy the living lyre.

But Knowledge to their eyes her ample page
Rich with the spoils of time did ne'er unroll;
Chill Penury repressed their noble rage,
And froze the genial current of the soul.

Full many a gem of purest ray serene
The dark unfathomed caves of ocean bear:
Full many a flower is born to blush unseen,
And waste its sweetness on the desert air.

Wie fröhlich trieb ihr Fuhrwerk über Land;
Wie sank der Wald, wenn ihre Sehne schlug!

Verspotte nie der Ehrgeiz ihre Müh,
Ihr unbekanntes Glück, ihr kleines Fest;
Hohnlächle nie die Größe über sie,
Wenn sie das Buch der Armut lesen läßt.

Der Wappen Prahlerei, der Pomp der Macht,
Was je der Reichtum und was Schönheit gab,
Sinkt unerlöslich hin in eine Nacht;
Der Pfad der Ehre führet nur ins Grab.

Ihr Stolzen, rechnet es nicht ihnen an,
Wenn auf ihr Grab nicht Fama Marmor hebt,
Wo durch das Chorgewölbe himmelan
Des Lobes Note schwellend widerbebt!

Ruft je die Urne, ruft der Büste Laub
Mit Künstlergeist den fliehnden Hauch empor?
Belebt des Ruhmes Stimme je den Staub,
Rührt Schmeichelei des Todes kaltes Ohr?

Vielleicht in diesem dunklen Winkel ruht
Ein Herz, auch einst von Götterfeuer warm;
Und Hände für der Laute Freudenglut,
Und für des Szepters Schwung ein Heldenarm.

Doch Wissenschaft entrollt ihr großes Buch,
Reich von der Zeiten Raub, nicht ihrem Blick:
Der starre Mangel hemmt den Kraftversuch,
Und drängt der Seele Schöpferstrom zurück.

Des Meeres fadenloser Boden hält
So manche Perle, deren Farbe glüht;
So manches Lenzes schönste Blume fällt,
Die ungenossen in der Wildnis blüht.

Some village-Hampden, that with dauntless breast
The little Tyrant of his fields withstood,
Some mute inglorious Milton here may rest,
Some Cromwell guiltless of his country's blood.

Th' applause of listening senates to command,
The threats of pain and ruin to despise,
To scatter plenty o'er a smiling land,
And read their history in a nation's eyes

Their lot forbade: nor circumscribed alone
Their growing virtues, but their crimes confined;
Forbade to wade through slaughter to a throne,
And shut the gates of mercy on mankind,

The struggling pangs of conscious truth to hide,
To quench the blushes of ingenuous shame,
Or heap the shrine of Luxury and Pride
With incense kindled at the Muse's flame.

Far from the madding crowd's ignoble strife,
Their sober wishes never learned to stray;
Along the cool sequestered vale of life
They kept the noiseless tenor of their way.

Yet even these bones from insult to protect
Some frail memorial still erected nigh,
With uncouth rhymes and shapeless sculpture decked,
Implores the passing tribute of a sigh.

Their name, their years, spelt by th' unlettered muse,
The place of fame and elegy supply:
And many a holy text around she strews,
That teach the rustic moralist to die.

For who to dumb Forgetfulness a prey,
This pleasing anxious being e'er resigned,
Left the warm precincts of the cheerful day,
Nor cast one longing lingering look behind?

Hier schläft vielleicht ein Hampden, dessen Mut
Dem kleinen Dorftyrannen widerstand;
Ein stummer Milton unbekannter Glut,
Ein Cromwell, schuldlos an dem Vaterland.

Ihr Los war nicht des Beifalls Jubelton,
Nicht in den Schmerzen stolze Apathie;
Sie sahn sich nicht im Blicke der Nation,
Der ihre Wohltat Überfluß verlieh.

Ihr Tugendflug, ihr Lasterlauf begrenzt,
Verbot ihr Los den Weg zu einem Thron,
Der von dem Blute der Erschlagnen glänzt,
Oft allem wahren Menschensinne Hohn.

Gewissensangst war ihnen Strahlenlicht,
Erstickt war nie die Röte holder Scham;
Sie opferten dem Stolz der Schwelger nicht
Mit Weihrauch, den man frech der Muse nahm.

Fern von des Torenhaufens niedern Zank,
Verirrte nie sich ihre Nüchternheit;
Geräuschlos wandelten sie ihren Gang
Durchs kühle stille Tal der Lebenszeit.

Ein kleines Denkmal, das als Ehrenschild
Vor Schmach auch diese Reste decken soll,
Ein harter Reim und ein unförmlich Bild
Verlangen eines Seufzers leichten Zoll.

Ihr Nam, ihr Jahr von ungelehrter Hand,
Ist ihnen mehr als Ruhm der Dichtung wert;
Und ländlich zieht die Muse rund am Rand
Den Spruch der Bibel, welcher sterben lehrt.

Denn wer gab je, der stummen Schatten Raub,
Das süße bange Dasein sorglos auf?
Sank je vom schönen warmen Licht zum Staub,
Und sah nicht schmachtend noch einmal herauf?

On some fond breast the parting soul relies,
Some pious drops the closing eye requires;
Even from the tomb the voice of Nature cries,
Even in our ashes live their wonted fires.

For thee, who mindful of th' unhonoured Dead
Dost in these lines their artless tale relate;
If chance, by lonely contemplation led,
Some kindred Spirit shall inquire thy fate,

Haply some hoary-headed swain may say,
«Oft have we seen him at the peep of dawn
Brushing with hasty steps the dews away
To meet the sun upon the upland lawn.

There at the foot of yonder nodding beech
That wreathes its old fantastic roots so high,
His listless length at noontide would he stretch,
And pore upon the brook that babbles by.

Hard by yon wood, now smiling as in scorn,
Muttering his wayward fancies he would rove,
Now drooping, woeful wan, like one forlorn,
Or crazed with care, or crossed in hopeless love.

One morn I missed him on the customed hill,
Along the heath and near his favourite tree;
Another came; nor yet beside the rill,
Nor up the lawn, nor at the wood was he,

The next with dirges due in sad array
Slow through the church-way path we saw him borne.
Approach and read (for thou can'st read) the lay,
Graved on the stone beneath yon aged thorn.»

Am Freunde hängt der Geist noch wenn er flieht,
Die Zähre tut noch dunklen Augen gut;
Auch aus dem Grabe ruft Natur ihr Lied,
Und in der Asche lebt die alte Glut.

Für mich, der sorglich hier der Brüder denkt,
Und kunstlos ihre kleine Märe sagt,
Wenn einsam in Betrachtungen versenkt
Ein reinverwandter Geist einst nach mir fragt,

Für mich spricht dann vielleicht ein greiser Mann:
«Oft wenn das Morgenrot am Osten hing
Sahn wir ihn, wie er schnell den Berg hinan
Im Tau der Morgensonn entgegen ging.

Dort wo die Buche, deren Wurzel weit
Und hoch sich windet, an dem Ufer nickt,
Lag er am Mittag mit Behaglichkeit
Lang über jenen Kieselbach gebückt.

Verächtlich lächelnd schlich er dort herum,
Am Walde, Grillen murmelnd; dann betrübt,
Wehmütig, wie verloren, bleich und stumm,
Wie einer, welcher ohne Hoffnung liebt.

Einst sah ich morgens ihn am Hügel nicht,
Nicht auf der Heide, nicht am Lieblingsbaum;
Noch mißt ich ihn am zweiten Morgenlicht
An seinem Bach, und an des Waldes Saum.

Den dritten Tag erschien ein Leichenzug,
Der langsam ihn den Kirchengang herab
Mit Totenmelodie zur Ruhe trug:
Komm, lies; dort deckt ein kleiner Stein sein Grab:»

The Epitaph

Here rests his head upon the lap of earth
A Youth to Fortune and to Fame unknown,
Fair Science frowned not on his humble birth,
And Melancholy marked him for her own.

Large was his bounty, and his soul sincere,
Heaven did a recompense as largely send:
He gave to Misery all he had, a tear,
He gained from Heaven ('twas all he wished) a friend.

No farther seek his merits to disclose,
Or draw his frailties from their dread abode,
(There they alike in trembling hope repose)
The bosom of his Father and his God.

Ode on the Death of a Favourite Cat, Drowned in a Tub of Gold Fishes

'Twas on a lofty vase's side,
Where China's gayest art had dyed
  The azure flowers, that blow;
Demurest of the tabby kind,
The pensive Selima reclined,
  Gazed on the lake below.

Her conscious tail her joy declared;
The fair round face, the snowy beard,
  The velvet of her paws,
Her coat, that with the tortoise vies,
Her ears of jet, and emerald eyes,
  She saw; and purred applause.

Grabschrift

Sanft legt sein Haupt hier in der Erde Schoß
Ein Jüngling, der nie Glück und Ruhm gekannt:
Die Muse lächelte zu seinem Los,
Und Schwermut hat zum Liebling ihn ernannt.

Groß war sein Herz, und seine Seele schlicht;
Des lohnt' ihm auch des Himmels Güte sehr.
Mit Armen weint er, und mehr konnt' er nicht;
Es ward ein Freund ihm, und er bat nicht mehr.

Sucht sein Verdienst nicht weiter darzutun,
Gebt seine Schwachheit nicht dem Tadler bloß;
Laßt beide sie in banger Hoffnung ruhn,
In seines Vaters, seines Gottes Schoß.

Ode auf den Tod einer Lieblingskatze, ertrunken in einem Goldfischglas

Bei einer Schale nobel von Statur
Die Chinas Kunst in heiterstem Azur
   Mit Blumen blühend hat bemalt,
Lag, sittsamste aller gefleckten Katzen,
Selima, leckte sich gedankenvoll die Tatzen
   Und blickte auf den See hinab.

Wissend ihr Schwanz von ihrer Freude spricht:
Der Bart schneeweiß, das schöne Rundgesicht,
   Die Ohren schwarz wie Pech und kraus,
Die grünen Augen, Pfoten sammetweich,
Gefleckt das Fell, der schönsten Schildkröt' gleich –
   Sie sahs und schnurrte sich Applaus.

Still had she gazed; but 'midst the tide
Two angel forms were seen to glide,
  The Genii of the stream:
Their scaly armour's Tyrian hue
Through richest purple to the view
  Betrayed a golden gleam.

The hapless Nymph with wonder saw:
A whisker first and then a claw,
  With many an ardent wish,
She stretched in vain to reach the prize.
What female heart can gold despise?
  What Cat's averse to fish?

Presumptuous Maid! with looks intent
Again she stretched, again she bent,
  Nor knew the gulf between.
(Malignant Fate sat by, and smiled)
The slippery verge her feet beguiled,
  She tumbled headlong in.

Eight times emerging from the flood
She mewed to every watery God,
  Some speedy aid to send.
No Dolphin came, no Nereid stirred:
Nor cruel Tom, nor Susan heard –
  A favourite has no friend!

From hence, ye beauties, undeceived,
Know, one false step is ne'er retrieved,
  And be with caution bold.
Not all that tempts your wandering eyes
And heedless hearts, is lawful prize;
  Nor all, that glisters, gold.

Sie blickt' entzückt, bis plötzlich sie ganz nah
Zwei engelsgleiche Formen gleiten sah,
   Die Genien der klaren Flut;
Im reinsten Tyrisch ihrer Schuppen Kleid
Bot purpurrot sich dar dem Blick der Maid
   Und schimmerte in goldner Glut.

Mit Staunen sahs die arme Nymphe an;
Streckt' einen Schnurrbart erst, die Klaue dann
   Mit heißem Wunsch und stummem Flehn
Vergeblich nach dem Ziele ihres Trachtens.
Welch weiblich Herz kann denn schon Gold verachten?
   Welch Katze Fischen widerstehn?

Vermeßne Maid: Mit allzu gierigem Blick,
Streckt sie sich vor, krümmt wieder sich zurück,
   Uneingedenk, wie tief der Grund.
(Das Fatum sitzt dabei und lächelt bös.)
Der glatte Rand trügt schlüpfrig ihren Fuß,
   Kopfüber stürzt sie in den Schlund.

Acht Male tauchte auf sie aus der Flut,
Miaute flehend jedem Wassergott,
   Daß er ihr schnelle Hilfe send'.
Kein Neptun kam, noch rührt' sich ein Delphin,
Nichts hörten – Grausame! – Hans und Kathrin –:
   Ein Favorit hat keinen Freund.

Davon, Ihr Holden, nehmt die Lehre mit,
Daß unumkehrbar jeder falsche Tritt,
   Und man der Kühnheit Vorsicht zollt.
Nicht alles, was unstete Augen freute,
Und leichte Herzen, ist erlaubte Beute,
   Noch alles, was da glänzt, auch Gold.

Christopher Smart

From Jubilate Agno

Let Elon rejoice with Attelabus, who is the locust without wings.
For I bless the thirteenth of August, in which I had the grace
to obey the voice of Christ in my conscience.
Let Jahleel rejoice with the woodcock, who liveth upon suction
and is pure from his diet.
For I bless the thirteenth of August, in which I was willing to
run all hazards for the sake of the name of the Lord.
Let Shuni rejoice with the gull, who is happy in not being
good for food.
For I bless the thirteenth of August, in which I was willing to
be called a fool for the sake of Christ.
Let Shephatiah rejoice with the little owl, which is the winged
cat.
For I am possessed of a cat, surpassing in beauty, from whom I
take occasion to bless Almighty God.
Let Ithream rejoice with the great owl, who understandeth that
which he professes.
For I pray God for the professors of the University of Cambridge
to attend and to amend.

For I will consider my Cat Jeoffry.
For he is the servant of the Living God duly and daily
serving him.
For at the first glance of the glory of God in the East he
worships in his way.
For this is done by wreathing his body seven times round with
elegant quickness.
For then he leaps up to catch the musk, which is the blessing
of God upon his prayer.
For having done duty and received blessing he begins to
consider himself.
For having considered God and himself he will consider his
neighbour.

Christopher Smart

Aus Jubilate Agno

Laßt Elon jubeln und lobsingen mit Attelabus, der kleinen
  Heuschrecke ohne Flügel.
Denn ich segne den dreizehnten August, an dem ich die Gnade fand,
  der Stimme Christi zu gehorchen in meinem Gewissen.
Laßt Jahlil lobsingen mit der Waldschnepfe, die sich saugend und
  reinlich ernährt.
Denn ich segne den dreizehnten August, an dem ich willig war,
Alle Gefahr auf mich zu nehmen um Gottes Namens willen.
Laßt Schuni lobsingen mit der Möwe, die glücklich ist, weil sie
  niemand zur Nahrung dient.
Denn ich segne den dreizehnten August, an dem ich willig war,
  ein Narr genannt zu werden um Christi willen.
Laßt den Schephatia lobsingen mit der kleinen Eule, die die
  geflügelte Katze ist.
Denn ich besitze eine Katze von unübertrefflicher Schönheit,
  die ich zum Anlaß nehme, den Allmächtigen Gott zu preisen.
Laßt Ithream lobsingen mit der großen Eule, die versteht, was
  sie lehrt.
Denn ich bitte Gott für die Lehrenden der Universität Cambridge,
  daß sie aufmerken und sich bessern.

Denn ich will meinen Kater Gottfried betrachten.
Denn er ist der Diener des Lebendigen Gottes, und dienet
  ihm täglich und pflichtgemäß.
Denn bei dem ersten Strahl der Herrlichkeit Gottes im Osten
  betet er ihn an auf seine Weise.
Denn dies geschieht, indem er seinen Leib siebenmal windet
  mit anmutiger Geschwindigkeit.
Denn dann springt er auf, die Fliege zu fangen, die Gottes
  Segen auf sein Gebet ist.
Denn wenn er seine Pflicht getan und Segen empfangen hat,
  beginnt er sich selbst zu betrachten.
Denn wenn er Gott betrachtet hat und sich selbst, wird er seinen
  Nachbarn betrachten.

For if he meets another cat he will kiss her in kindness.
For when he takes his prey he plays with it to give it a chance.
For one mouse in seven escapes by his dallying.
For when his day's work is done his business more properly begins.
For he keeps the Lord's watch in the night against the adversary.
For he counteracts the powers of darkness by his electrical skin & glaring eyes.
For in his morning orisons he loves the sun and the sun loves him.
For he is of the tribe of Tiger.
For the Cherub Cat is a term of the Angel tiger.
For he has the subtlety and hissing of a serpent which in goodness he suppresses.
For he will not do destruction if he is well-fed, neither will he spit without provocation.
For he purrs in thankfulness, when God tells him he's a good Cat.
For he is an instrument for the children to learn benevolence upon.
For every house is incomplete without him & a blessing is lacking in the spirit.
For the English Cats are the best in Europe.
For he is the cleanest in the use of his fore-paws of any quadrupede.
For by stroking him I have found out electricity.
For I perceived God's light about him both wax and fire.
For the Electrical fire is the spiritual substance, which God sends from heaven to sustain the bodies both of man and beast.
For God has blessed him in the variety of his movements.
For, though he cannot fly, he is an excellent clamberer.
For his motions upon the face of the earth are more than any other quadrupede's.
For he can tread to all the measures upon the music.
For he can swim for life.
For he can creep.

Denn wenn er einer anderen Katze begegnet, wird er sie
freundlich küssen.
Denn wenn er seine Beute erhascht, spielt er mit ihr, um ihr
eine Chance zu geben.
Denn eine Maus von sieben entwischt durch sein Tändeln.
Denn wenn sein Tagwerk getan ist, beginnt erst sein wahres Werk.
Denn er hält die Wacht des Herrn in der Nacht wider den Feind.
Denn er widersteht den Mächten der Finsternis durch
sein elektrisches Fell & seine funkelnden Augen.
Denn in seinen Morgengebeten liebt er die Sonne und die
Sonne liebt ihn.
Denn er ist vom Stamme des Tigers.
Denn der Cherubinische Kater ist eine Form des Tigers Engel.
Denn er besitzt die Schläue und das Zischen der Schlange, die
er unterdrückt in seiner Güte.
Denn er unterläßt das Werk der Zerstörung, wenn er wohlgenährt
ist, noch spuckt er, wenn er nicht gereizt wird.
Denn er schnurrt vor Dankbarkeit, wenn Gott ihm versichert,
daß er ein braver Kater ist.
Denn er ist Kindern ein Werkzeug, um Wohltätigkeit zu lernen.
Denn jedes Haus ist unvollständig ohne ihn & im Geist
fehlt da ein Segen.
Denn die englischen Katzen sind in ganz Europa die besten.
Denn er ist unter den Vierfüßlern der reinlichste durch
den Gebrauch seiner Pfoten.
Denn als ich ihm übers Fell strich, entdeckte ich die Elektrizität.
Denn ich sah Gottes Licht um ihn wachsen und funkeln.
Denn das Elektrische Feuer ist die geistige Substanz, die Gott vom
Himmel schickt, die Körper von Mensch und Tier zu erhalten.
Denn Gott hat ihn gesegnet in der Vielfalt seiner Bewegungen.
Denn obwohl er nicht fliegen kann, ist er doch ein
vorzüglicher Kletterer.
Denn seine Bewegungen auf der Erdoberfläche sind
abwechslungsreicher als die jedes anderen Vierfüßlers.
Denn er kann zu jeder Musik den Takt tanzen.
Denn er kann um sein Leben schwimmen.
Denn er kann kriechen.

Thomas Chatterton

The Minstrel's Song

Oh, sing unto my roundelay;
  Oh, drop the briny tear with me;
Dance no more at holiday;
  Like a running river be!

    My love is dead,
    Gone to his death-bed,
    All under the willow tree!

Black his crine as the winter night,
  White his rode as the summer snow,
Red his face as the morning light,
  Cale he lies in the grave below.

Sweet his tongue as the throstle's note;
  Quick in dance as thought can be;
Deft his tabor, cudgel stout,
  Oh, he lies by the willow tree.

Hark! the raven flaps his wing
  In the briared dell below;
Hark! the death-owl loud doth sing,
  To the night-mares as they go.

See! the white moon shines on high;
  Whiter is my true love's shroud;
Whiter than the morning sky,
  Whiter than the evening cloud.

Here, upon my true love's grave,
  Shall the barren flowers be laid;
Not one holy saint to save
  All the coolness of a maid.

Thomas Chatterton

Lied des Minstrels

Ach stimmt in meine Trauer ein!
Weint helle Tränen, weint mit mir!
Laßt Abendtanz, laßt alles sein,
Das Bächlein rinnt. So rinnt auch ihr!

Mein Lieb entschlief,
Schläft fest und tief
Wohl unter dem Weidenbaum.

Schwarz war sein Haar, wie die Winternacht;
Weiß sein Gesicht, wie der Frühlingsschnee;
Rötlich sein Mund wie des Morgens Pracht;
Bleich liegt er nun, der Liebliche!

Lieblicher klang nicht der Drossel Lied;
Flüchtiger sprang nicht das schnelle Reh.
Verstummt ist, ach, der Drossel Lied!
Gelähmt ist, ach, das schnelle Reh!

Horch, des Raben Flügel schweift
Drunten durch die wilde Schlucht.
Horch, der Totenvogel schleift,
Larven spuken durch die Luft.

Schau, der Mond scheint hell und kalt –
Trauter, ach, wo weilst du jetzt?
Drüben, wo das Frührot wallt?
Oder, wo das Spätrot blitzt?

Blümchen, die ich frisch gepflückt,
Meines Liebsten Rasen schmückt!
Keinem Heiligen, ihm allein
Soll meine Magdheit heilig sein.

With my hands I'll dent the briers
  Round his holy corse to gre;
Elfin fairy, light your fires,
  Here my body still shall be.

Come, with acorn-cup and thorn,
  Drain my heartè's blood away;
Life and all its good I scorn,
  Dance by night, or feast by day.

My love is dead,
Gone to his death-bed,
All under the willow tree!

Water-witches, crowned with reeds,
  Bear me to your lethal tide.
I die! I come! my true love waits! –
  Thus the damsel spoke, and died.

Last Verses

Farewell, Bristolia's dingy piles of brick,
Lovers of Mammon, worshippers of Trick!
Ye spurned the boy who gave you antique lays,
And paid for learning with your empty praise.
Farewell, ye guzzling aldermanic fools,
By nature fitted for Corruption's tools!
I go to where celestial anthems swell;
But you, when you depart, will sink to Hell.
Farewell, my Mother! – cease, my anguished soul,
Nor let Distraction's billows o'er me roll! –
Have mercy, Heaven! when here I cease to live,
And this last act of wretchedness forgive.

Jedes Hälmchen jät ich aus
Um meines Liebsten enges Haus.
Elfen, schürt euer grünes Licht!
Euer Gaukel schreckt mich nicht.

Kommt mit Mistel und Alraun,
Saugt mein Herzblut, schlürft es aus!
Verhaßt ist mirs, das Licht zu schaun!
Verhaßt sind Tanz mir, Scherz und Schmaus.

Mein Lieb entschlief,
Schläft fest und tief
Wohl unter dem Weidenbaum.

Nixen mit dem Schilfkranz, eilt!
In euer Flutbett bettet mich!
Ich komm, ich komm. Mein Trauter weilt –
So sang das Mägdlein und verblich.

Letzte Verse

Lebt wohl, Bristolias trister Ziegelwust,
Jünger von List und Tücke, Mammonsbrut!
Verstießt den jungen Bringer alter Lieder,
Habt reichen Fund mit leerem Lob vergütet.
Lebt wohl, bezechte ratsherrliche Narren,
Zum Werkzeug aller Gauner auserkoren!
Zum Chorgesang des Himmels zieh ich hin,
Indes Euch, wenn ihr sterbt, die Hölle winkt.
Mutter, lebwohl! – laß deine Ängste, Seele,
Und du, verschling mich nicht, des Wahnsinns Welle! –
Gnade dem Leben, Himmel!, das hier schließt,
Und diese letzte Elendstat vergib.

William Cowper

Alone

Verses Supposed to be Written by Alexander Selkirk,
During His Solitary Abode in the Island of Juan Fernandez

I am monarch of all I survey,
My right there is none to dispute;
From the centre all round to the sea,
I am lord of the fowl and the brute.
O Solitude! where are the charms
That sages have seen in thy face?
Better dwell in the midst of alarms
Than reign in this horrible place.

I am out of humanity's reach,
I must finish my journey alone;
Never hear the sweet music of speech –
I start at the sound of my own.
The beasts that roam over the plain
My form with indifference see;
They are so unacquainted with man,
Their tameness is shocking to me.

Society, friendship and love,
Divinely bestowed upon man,
O, had I the wings of a dove,
How soon would I taste you again!
My sorrows I then might assuage
In the ways of religion and truth,
Might learn from the wisdom of age,
And be cheered by the sallies of youth.

Religion! what treasure untold
Lies hid in that heavenly word!
More precious than silver or gold,

William Cowper

Allein

Vorgebliche Verse des Alexander Selkirk,
Verfaßt in seiner Einsamkeit auf der Insel Juan Fernandez

Ich bin Herrscher, soweit das Auge späht,
Denn wer bestritte mein Recht?
Von der Inselmitte rings an die See
Dient mir alles, was fliegt und kriecht.
O Einsamkeit – wo ist er, der Reiz,
Den die Weisen an dir entdeckten?
Besser leben inmitten von Feldgeschrei
Als herrschen am Ort solcher Schrecken.

Der Arm der Menschheit erreicht mich nicht:
Muß allein meine Reise beenden;
Höre nie mehr der Rede süße Musik,
Und es schreckt mich der Klang meiner Stimme.
Was an Tieren streicht durch Lichtung und Wald
Starrt nach mir unberührt –
So wenig kennen sie Menschengestalt,
Daß ihre Zahmheit verstört.

Geselligkeit, Freundschaft und Liebe,
Der Menschheit göttlich verliehen –
O trügen mich Taubenschwingen,
Bald wollt ich euch wieder genießen!
Wie wär mir mein Kummer gestillt
Durch Wahrheit, durch Religion,
Wenn mich Weisheit des Alters erfüllt,
Wenn mich Jugendmut überkommt.

Religion! welch ein Reichtum rollt
In dir, du himmlisches Wort!
Reicher als Silber und Gold,

Or all that this earth can afford.
But the sound of the church-going bell
These valleys and rocks never heard,
Never sighed at the sound of a knell,
Or smiled when a sabbath appeared.

Ye winds that have made me your sport,
Convey to this desolate shore
Some cordial, endearing report
Of a land I shall visit no more.
My friends, do they now and then send
A wish or a thought after me?
O, tell me I yet have a friend,
Though a friend I am never to see.

How fleet is a glance of the mind!
Compared with the speed of its flight,
The tempest himself lags behind,
And the swift-wingèd arrows of light.
When I think of my own native land,
In a moment I seem to be there;
But, alas! recollection at hand
Soon hurries me back to despair.

But the sea-fowl is gone to her nest,
The beast is laid down in his lair;
Even here is a season of rest,
And I to my cabin repair.
There's mercy in every place,
And mercy, encouraging thought,
Gives even affliction a grace,
And reconciles man to his lot.

THE TASK: *The Winter Evening*

Just when our drawing rooms begin to blaze
With lights by clear reflection multiplied

Als alle Genüsse der Welt.
Doch hier diese Felseinsamkeit
Kennt nicht Glocken zum Kirchengang,
Seufzte nie unterm Totengeläut,
Strahlte nie, wenn der Sabbat kam.

Winde, die ihr mich verstießt,
Bringt an diesen verlorenen Strand
Einen warmen, belebenden Gruß
Aus nimmer betretenem Land.
Meine Freunde, senden sie denn
Einen Wunsch, ein Gedenken mir nach?
O verkündet: es gibt noch den Freund,
Bleibt mir auch sein Anblick versagt.

Wie schnell fliegt ein Geistesblick!
Wenn er die Lüfte durchmißt,
Dann bleibt selbst die Windsbraut zurück,
Und es zögert der Pfeilflug des Lichts.
Meine Heimat – kaum ist sie gedacht,
So ist mir, als nähm sie mich auf –
Doch ach! in verzweifelte Nacht
Stürzt mich die Besinnung gleich drauf.

Jetzt schmiegt sich die Möwe ins Nest,
In der Kuhle lagert das Wild:
Selbst hier kommt die Stunde der Rast –
Und zur Hütte heim lenk ich den Schritt.
Es ist Gnade an jeglichem Ort;
Wenn uns Gnade den Geist erst erschloß,
Dann geschiehts, daß sie Trübsal verklärt,
Versöhnt den Mann und sein Los.

Die Aufgabe: *Der Winterabend*

Wenn froh das Feuer lodert im Kamin
Und sich vervielfacht hell im Widerschein

From many a mirror, in which he of Gath,
Goliah, might have seen his giant bulk
Whole without stooping, towering crest and all,
My pleasures too begin.
  Me oft has fancy ludicrous and wild
Soothed with a waking dream of houses, towers,
Trees, churches, and strange visages expressed
In the red cinders, while with poring eye
I gazed, myself creating what I saw.
Nor less amused have I quiescent watched
The sooty films that play upon the bars,
Pendulous and foreboding, in the view
Of superstition prophesying still,
Though still deceived, some stranger's near approach.
'Tis thus the understanding takes repose
In indolent vacuity of thought,
And sleeps and is refreshed. Meanwhile the face
Conceals the mood lethargic with a mask
Of deep deliberation, as the man
Were tasked to his full strength, absorbed and lost.
Thus oft reclined at ease, I lose an hour
At evening, till at length the freezing blast
That sweeps the bolted shutter summons home
The recollected powers, and snapping short
The glassy threads with which the fancy weaves
Her brittle toys, restores me to myself.
  How calm is my recess, and how the frost,
Raging abroad, and the rough wind, endear
The silence and the warmth enjoyed within.
I saw the woods and fields at close of day,
A variegated show; the meadows green,
Though faded; and the lands where lately waved
The golden harvest, of a mellow brown,
Upturned so lately by the forceful share.
I saw far off the weedy fallows smile
With verdure not unprofitable, grazed
By flocks fast feeding and selecting each
His favorite herb; while all the leafless groves

Aus hohen Spiegeln, wo der Mann von Gath,
Goliath, seine Mordsgestalt beschauen könnte
Bis hin zum Helmbusch, ohne sich zu bücken,
Fängt meine eigene Freude an.
Oft hat mich Phantasie, in tollem Überschwang,
Mit Träumerei erquickt von Bäumen, Türmen,
Von Kirchen und fremdartigen Gesichtern,
Geschaut in roter Glut, während ich unverwandt
Hinstarrte, mir erschaffend, was ich sah.
Sah still und frohen Herzens auch am Gitter
Das feine Aschenhäutchen zitternd spielen,
Voll Vorahnung in seinem Flattern, denn
Dem Aberglauben – gläubig stets, und stets betrogen –
Verkündet es die Ankunft eines Fremden.
So ruht unser Verstand sich einmal aus
Im trägen Nichts, in der Gedankenleere,
Und schläft, und ist erfrischt. Derweil deckt unser Antlitz
Die Lethargie der Stimmung mit der Maske
Der größten Sammlung, ganz als sei der Mensch
Völlig beansprucht und im tiefen Denken.
Behaglich so zurückgelehnt, verbring ich oft
Ein Stündchen abends, bis der kalte Windstoß,
Der am versperrten Fensterladen rüttelt,
Gestärkt die Geister heimruft, denn er bricht
Die Glasfäden, aus denen Phantasie
Ihr brüchiges Spielzeug spinnt, und gibt mich mir zurück.
Wie still mein Winkel ist – und wie der Frost,
Der draußen wütet, und der rauhe Wind
Ruhe und Wärme drinnen kostbar machen!
Noch in der Dämmerung sah ich Wald und Felder,
Ein buntes Schauspiel: grün die Wiesen,
Doch blaßgrün; und die Ländereien, wo jüngst
Die goldene Ernte wogte, sanftgetönt von Braun,
Das erst die starke Pflugschar noch durchwühlte;
Sah überwachsenes Brachland fernher lächeln
Mit Grün, das unnütz nicht zu schelten ist:
Hungriger Herden Weide, deren jedes Tier
Sein Lieblingskräutlein sucht; indes am Horizont

That skirt the horizon wore a sable hue,
Scarce noticed in the kindred dusk of eve.
  Tomorrow brings a change, a total change!
Which even now, though silently performed
And slowly, and by most unfelt, the face
Of universal nature undergoes.
Fast falls a fleecy shower. The downy flakes,
Descending and with never-ceasing lapse
Softly alighting upon all below
Assimilate all objects. Earth receives
Gladly the thickening mantle, and the green
And tender blade that feared the chilling blast
Escapes unhurt beneath so warm a veil.

The Stricken Deer

I was a stricken deer, that left the herd
Long since; with many an arrow deep infixed
My panting side was charged, when I withdrew
To seek a tranquil death in distant shades.
There was I found by one who had himself
Been hurt by the archers. In his side he bore,
And in his hands and feet, the cruel scars.
With gentle force soliciting the darts,
He drew them forth, and healed, and bade me live.
Since then, with few associates, in remote
And silent woods I wander, far from those
My former partners of the peopled scene;
With few associates, and not wishing more.
Here much I ruminate, as much I may,
With other views of men and manners now
Than once, and others of a life to come.
I see that all are wanderers, gone astray
Each in his own delusions; they are lost
In chase of fancied happiness, still wooed
And never won. Dream after dream ensues;
And still they dream that they shall still succeed.

Schwarz aufragt das entblätterte Gehölz,
Und kaum sich abhebt vom verwandten Dunkel.
Morgen wird alles anders, gänzlich anders!
Und schon erfährt, wenngleich ganz still vollzogen,
Langsam und weithin unbemerkt, das Antlitz
Der allgemeinen Schöpfung diesen Wandel.
Dicht fällt ein Flockenschauer. Flaumiges Weiß
Mit ewig sanftem Gleiten sinkt herab,
Legt sich leis über alle irdischen Dinge
Und macht sie gleich. Erde empfängt voll Freude
Den immer dichteren Mantel, und der grüne,
Der zarte Halm, den eisiger Wind so quälte,
Liegt unterm warmen Schleier wohlgeborgen.

Das wunde Reh

Ein wundes Reh war ich, und lang schon ließ ich
Die Herde; schleppte mich, verletzt von Pfeilen,
Die mir tief ins gehetzte Fleisch gedrungen,
Zum stummen Tod unter entlegenen Schatten.
Dort fand mich einer, dem die Bogenschützen
Selbst Wunden schlugen, denn an seiner Seite,
An Hand und Fuß trug er die Schmerzensmale;
Löste die Pfeile mir mit sanfter Macht,
Zog sie heraus, heilte, und hieß mich leben.
Seither streif ich, mit wenigen Gefährten,
Fernhin durch stille Wälder, einstigen Gesellen
Des alten munteren Treibens weit entrückt –
Wenig Gefährten, und kein Wunsch nach mehr.
Hier find ich Grund und Zeit genug zum Grübeln,
Mit anderem Blick auf Menschen und auf Sitten
Als einst, und anderem auf ein künftiges Leben.
Ich seh, daß alle Wanderer sind, verirrt
Jeder in seinem Wahn, weglos verloren
Auf ihrer Jagd nach Glück – umworben immer,
Gewonnen nie. Traum folgt auf Traum, und immer
Noch träumen sie von baldigem Gewinn,

And still are disappointed. Rings the world
With the vain stir. I sum up half mankind
And add two-thirds of the remaining half,
And find the total of their hopes and fears
Dreams, empty dreams.

Light Shining out of Darkness

God moves in a mysterious way
His wonders to perform;
He plants His footsteps in the sea,
And rides upon the storm.

Deep in unfathomable mines
Of never-failing skill
He treasures up His bright designs,
And works His sovereign will.

Ye fearful saints, fresh courage take,
The clouds ye so much dread
Are big with mercy, and shall break
In blessings on your head.

Judge not the Lord by feeble sense,
But trust Him for His grace;
Behind a frowning providence
He hides a smiling face.

His purposes will ripen fast,
Unfolding every hour;
The bud may have a bitter taste,
But sweet will be the flower.

Blind unbelief is sure to err,
And scan His work in vain:
God is His own interpreter,
And He will make it plain.

Immer enttäuscht. Von eitlem Umtrieb hallt
Die Welt. Wenn ich die halbe Menschheit
Zusammenzähle, von der anderen Hälfte
Zwei Drittel noch aufrechnend, finde ich
Als Summe ihres Hoffens, ihres Bangens
Nur Träume, leere Träume.

Das Licht scheint in der Finsternis

Gott kommt zu uns auf dunkler Bahn
Und läßt uns viel geschehn.
Er braust im Sturmeswehn heran
Und schreitet durch die See.

Er schaut auf uns mit tiefem Blick
Und sieht, was uns gebricht.
Er sendet jedem sein Geschick
Und jedem sein Gericht.

Ihr Frommen all, habt frischen Mut,
Gewölk zerreißt der Wind,
Da falln auf euch die Gaben gut,
Die euch verheißen sind.

Auf Gnade baut, denn euer Sinn
Begreift sein Wesen nicht:
Hinter Vorsehungs-Blick so grimm
Birgt Lächeln sein Gesicht.

Was er will tun, er tut es bald,
Bezeigt sich Stund um Stund.
Die Knosp ist fahl und ungestalt,
Die Blum soll werden bunt.

Der ihn bemißt, muß irregehn,
Sein Vorwitz dient ihm schlecht.
Nur Gott allein kann Gott verstehn:
Er wird es machen recht.

Ossian (James Macpherson)

«Daughter of Colla! thou art low!»
said Cairbar's hundred bards.
«Silence is at the blue streams of Selâma.
Truthil's race have failed.

When wilt thou rise in thy beauty,
first of Erin's maids?
Thy sleep is long in the tomb,
The morning distant far.

The sun shall not come to thy bed
and say ‹Awake, Dar-thula!
awake thou first of women!
The wind of spring is abroad.
The flowers shake
their heads on the green hills.
The woods wave their growing leaves.›

Retire, O sun!
The daughter of Colla is asleep.
She will not come forth in her beauty.
She will not move in the steps of her loveliness.»

From The Songs of Selma

Star of descending night! fair is thy light in the west! thou liftest thy unshorn head from thy cloud: thy steps are stately on thy hill. What dost thou behold in the plain? The stormy winds are laid. The murmur of the torrent comes from afar. Roaring waves climb the distant rock. The flies of evening are on their feeble wings; the hum of their course is on the field. What dost thou behold, fair light? But thou dost smile and depart. The waves come with joy

OSSIAN (JAMES MACPHERSON)

Darthulas Grabgesang

Mädchen von Kolla, du schläfst!
Um dich schweigen die blauen Ströme Selmas
Sie trauren um dich, den letzten Zweig
Von Truthils Stamm!

Wann erstehst du wieder in deiner Schöne?
Schönste der Mädchen in Erin!
Du schläfst im Grabe langen Schlaf,
Dein Morgenrot ist ferne!

Nimmer, o nimmer kommet mehr die Sonne,
Weckend an deine Ruhestätte: «Wach auf!
Wach auf Darthula!
Frühling ist draußen,
Die Lüfte säuseln,
Auf grünen Hügeln, holdseliges Mädchen,
Weben die Blumen! im Hain wallt sprießendes Laub!»

Auf immer, auf immer, so weiche denn, Sonne,
Dem Mädchen von Kolla: sie schläft;
Nie ersteht sie wieder in ihrer Schöne!
Nie siehst du sie lieblich wandeln mehr.

Aus Die Lieder Selmas

Stern der dämmernden Nacht, schön funkelst du im Westen. Hebst dein strahlend Haupt aus deiner Wolke. Wandelst stattlich deinen Hügel hin. Wonach blickst du auf die Heide? Die stürmenden Winde haben sich gelegt. Von ferne kommt des Gießbachs Murmeln. Rauschende Wellen spielen am Felsen ferne. Das Gesumme der Abendfliegen schwärmet übers Feld. Wonach siehst du, schönes Licht? Aber du lächelst und gehst, freudig umgeben dich die Wellen

around thee: they bathe thy lovely hair. Farewell, thou silent beam! Let the light of Ossian's soul arise!

And it does arise in its strength! I behold my departed friends. Their gathering is on Lora, as in the days of other years. Fingal comes like a watery column of mist; his heroes are around: And see the bards of song, grey-haired Ullin! stately Ryno! Alpin, with the tuneful voice! the soft complaint of Minona! How are ye changed, my friends, since the days of Selma's feast? When we contended, like gales of spring, as they fly along the hill, and bend by turns the feebly-whistling grass.

Minona came forth in her beauty; with down-cast look and tearful eye. Her hair flew slowly on the blast, that rushed unfrequent from the hill. The souls of the heroes were sad when she raised the tuneful voice. Often had they seen the grave of Salgar, the dark dwelling of white-bosomed Colma. Colma left alone on the hill, with all her voice of song! Salgar promised to come: but the night descended around. Hear the voice of Colma, when she sat alone on the hill!

Colma

It is night; I am alone, forlorn on the hill of storms. The wind is heard in the mountain. The torrent pours down the rock. No hut receives me from the rain; forlorn on the hill of winds!

Rise, moon! from behind thy clouds. Stars of the night, arise! Lead me, some light, to the place, where my love rests from the chase alone! his bow near him, unstrung: his dogs panting around him. But here I must sit alone, by the rock of the mossy stream. The stream and the wind roar around. I hear not the voice of my love!

Why delays my Salgar, why the chief of the hill, his promise? Here is the rock, and here the tree! here is the roaring stream! Thou didst promise with night to be here. Ah! whither is my Salgar gone? With thee I would fly, from my father; with thee, from my brother of pride. Our race have long been foes; we are not foes, O Salgar!

und baden dein liebliches Haar. Lebe wohl, ruhiger Strahl. Erscheine du herrliches Licht von Ossians Seele.

Und es erscheint in seiner Kraft. Ich sehe meine geschiedenen Freunde, sie sammeln sich auf Lora, wie in den Tagen, die vorüber sind. – Fingal kommt wie eine feuchte Nebelsäule; um ihn sind seine Helden. Und sieh die Barden des Gesangs! grauer Allin! stattlicher Ryno! Alpin lieblicher Sänger! Und du sanft klagende Minona! – Wie verändert seid ihr, meine Freunde, seit den festlichen Tagen auf Selma! da wir buhlten um die Ehre des Gesangs, wie Frühlingslüfte den Hügel hin wechselnd beugen das schwach lispelnde Gras.

Da trat Minona hervor in ihrer Schönheit, mit niedergeschlagenem Blick und tränenvollem Auge. Ihr Haar floß schwer im unsteten Winde, der von dem Hügel herstieß. – Düster wards in der Seele der Helden, als sie die liebliche Stimme erhub; denn oft hatten sie das Grab Salgars gesehen, oft die finstere Wohnung der weißen Colma. Colma verlassen auf dem Hügel, mit all der harmonischen Stimme. Salgar versprach zu kommen; aber rings um zog sich die Nacht. Höret Colmas Stimme, da sie auf dem Hügel allein saß.

Colma

Es ist Nacht; – ich bin allein, verloren auf dem stürmischen Hügel. Der Wind saust im Gebirg, der Strom heult den Felsen hinab. Keine Hütte schützt mich vor dem Regen, verlassen auf dem stürmischen Hügel.

Tritt, o Mond, aus deinen Wolken; erscheinet, Sterne der Nacht! Leite mich irgend ein Strahl zu dem Orte, wo meine Liebe ruht von den Beschwerden der Jagd, sein Bogen neben ihm abgespannt, seine Hunde schnobend um ihn! Aber hier muß ich sitzen allein auf dem Felsen des verwachsenen Stroms. Der Strom und der Sturm saust, ich höre nicht die Stimme meines Geliebten.

Warum zaudert mein Salgar! Hat er sein Wort vergessen? – Da ist der Fels und der Baum und hier der rauschende Strom. Mit der Nacht versprachst du hier zu sein. Ach! wohin hat sich mein Salgar verirrt? Mit dir wollt ich fliehen, verlassen Vater und Bruder! die Stolzen! Lange sind unsere Geschlechter Feinde, aber wir sind keine Feinde, o Salgar.

Cease a little while, O wind! stream, be thou silent a while! let my voice be heard around. Let my wanderer hear me! Salgar! it is Colma who calls. Here is the tree, and the rock. Salgar, my love! I am here. Why delayest thou thy coming?

Lo! the calm moon comes forth. The flood is bright in the vale. The rocks are grey on the steep. I see him not on the brow. His dogs come not before him, with tidings of his near approach. Here I must sit alone!

Who lie on the heath beside me? Are they my love and my brother? Speak to me, O my friends! To Colma they give no reply. Speak to me: I am alone! My soul is tormented with fears! Ah! they are dead! Their swords are red from the fight. O my brother! my brother! why hast thou slain my Salgar? why, O Salgar! hast thou slain my brother? Dear were ye both to me! what shall I say in your praise? Thou wert fair on the hill among thousands! he was terrible in fight. Speak to me; hear my voice; hear me, sons of my love! they are silent; silent for ever! Cold, cold are their breasts of clay!

Oh! from the rock on the hill; from the top of the windy steep, speak, ye ghosts of the dead! speak, I will not be afraid! Whither are ye gone to rest? In what cave of the hill shall I find the departed? No feeble voice is on the gale: no answer half-drowned in the storm!

I sit in my grief! I wait for morning in my tears! Rear the tomb, ye friends of the dead. Close it not till Colma come. My life flies away like a dream: why should I stay behind? Here shall I rest with my friends, by the stream of the sounding rock. When night comes on the hill; when the loud winds arise, my ghost shall stand in the blast, and mourn the death of my friends. The hunter shall hear from his booth. He shall fear but love my voice! For sweet shall my voice be for my friends: pleasant were her friends to Colma!

Schweig eine Weile o Wind, still eine kleine Weile o Strom, daß meine Stimme klinge durchs Tal, daß mein Wandrer mich höre. Salgar! Ich bins, die ruft. Hier ist der Baum und der Fels. Salgar, mein Lieber, hier bin ich. Warum zauderst du zu kommen?

Sieh, der Mond erscheint. Die Flut glänzt im Tale. Die Felsen stehn grau den Hügel hinauf. Aber ich seh ihn nicht auf der Höhe. Seine Hunde vor ihm her verkündigen nicht seine Ankunft. Hier muß ich sitzen allein.

Aber wer sind die dort unten liegen auf der Heide – Mein Geliebter? Mein Bruder? – Redet o meine Freunde! Sie antworten nicht. Wie geängstigt ist meine Seele – Ach sie sind tot! – Ihre Schwerter rot vom Gefecht. O mein Bruder, mein Bruder, warum meinen Bruder erschlagen? – Ihr wart mir beide so lieb! O du warst schön an dem Hügel unter Tausenden; er war schrecklich in der Schlacht. Antwortet mir! Hört meine Stimme, meine Geliebten. Aber ach sie sind stumm. Stumm für ewig. Kalt wie die Erde ist ihr Busen.

O von dem Felsen des Hügels, von dem Gipfel des stürmenden Berges redet, Geister der Toten! Redet! mir soll es nicht grausen! – Wohin seid ihr zur Ruhe gegangen? In welcher Gruft des Gebirges soll ich euch finden! – Keine schwache Stimme vernehm ich im Wind, keine wehende Antwort im Sturme des Hügels.

Ich sitze in meinem Jammer, ich harre auf den Morgen in meinen Tränen. Wühlet das Grab, ihr Freunde der Toten, aber schließt es nicht bis ich komme. Mein Leben schwindet wie ein Traum, wie sollt ich zurückbleiben. Hier will ich wohnen mit meinen Freunden an dem Strome des klingenden Felsen. – Wenns Nacht wird auf dem Hügel, und der Wind kommt über die Heide, soll mein Geist im Winde stehn und trauren den Tod meiner Freunde. Der Jäger hört mich aus seinem Laube, fürchtet meine Stimme und liebt sie, denn süß soll meine Stimme sein um meine Freunde, sie waren mir beide so lieb.

George Crabbe

From The Village

I grant indeed that fields and flocks have charms,
For him that gazes or for him that farms;
But when amid such pleasing scenes I trace
The poor laborious natives of the place,
And see the mid-day sun, with fervid ray,
On their bare heads and dewy temples play;
While some, with feebler hands and fainter hearts,
Deplore their fortune, yet sustain their parts,
Then shall I dare these real ills to hide,
In tinsel trappings of poetic pride?
   No, cast by Fortune on a frowning coast,
Which neither groves nor happy vallies boast;
Where other cares than those the Muse relates,
And other shepherds dwell with other mates;
By such examples taught, I paint the cot,
As truth will paint it, and as bards will not:
Nor you, ye poor, of lettered scorn complain,
To you the smoothest song is smooth in vain;
O'ercome by labour and bowed down by time,
Feel you the barren flattery of a rhyme?
Can poets sooth you, when you pine for bread,
By winding myrtles round your ruined shed?
Can their light tales your weighty griefs o'erpower,
Or glad with airy mirth the toilsome hour?
   Lo! where the heath, with withering brake grown o'er,
Lends the light turf that warms the neighbouring poor;
From thence a length of burning sand appears,
Where the thin harvest waves its withered ears;
Rank weeds, that every art and care defy,
Reign o'er the land and rob the blighted rye:
There thistles stretch their prickly arms afar,
And to the ragged infant threaten war;
There poppies nodding, mock the hope of toil,

George Crabbe

Aus Das Dorf

Gewiß, daß Feld und Herden reizend sind
Für den, der schaut oder sich ‹Landmann› nennt.
Doch wenn inmitten solch bezaubernder Idyllen
Sich arm und abgerackert Dörfler mir enthüllen,
Und ich seh, wie die Mittagssonne heiß
Auf ihre Köpfe brennt, die Stirn in Schweiß,
Wo andere, mit schwächerem Verstand und Fühlen,
Ihr Los beklagend, stets die Herren spielen:
Wie könnt ichs wagen dann, solch wahres Leiden
Mit stolzer Dichtkunst Flitter zu verkleiden?
   Nein! – Mich warf mein Geschick an düstre Küsten,
Die keines Hains noch holden Tals sich brüsten;
Wo andre Sorgen wohnen, als die Musen künden,
Und andre Schäfer andre Liebste finden.
Belehrt von solchen Mustern, mal die Kate ich,
Wie sie die Wahrheit malt, der Barde nicht.
Ihr Armen werdet nicht den Hohn der Kunst beklagen,
Wo doch der Verse Fluß und Glätte Euch nichts sagen.
Erschöpft von Arbeit, von der Zeit gebückt,
Was soll Euch leeres Schmeicheln, reimgeschmückt?
Kann der Poet, der um verfallne Hütten Myrten windet,
Das Los Euch lindern, wenn kein Brot ihr findet?
Kann leichte Mär den schweren Gram Euch heben,
Und Tändelei die Mühsal Eures Lebens?
   Schau, wo die Heide, starr von dürrem Farn,
Den magern Torf gibt, der die Armen wärmt,
Dort, dieses Feld, in heißem Sand versiegt,
Wo karge Ernte dürre Ähren wiegt!
Ein geiles Kraut, das jeder Sorgfalt trotzt,
Frißt Roggen auf, der schon von Mehltau strotzt.
Weit streckt die Distel Stachelarme aus,
Dem streunenden, zerlumpten Kind ein Graus.
Der Mohn neigt, aller Müh zum Spott, die Blume,

There the blue bugloss paints the sterile soil;
Hardy and high, above the slender sheaf,
The slimy mallow waves her silky leaf;
O'er the young shoot the charlock throws a shade,
And clasping tares cling round the sickly blade;
With mingled tints the rocky coasts abound,
And a sad splendour vainly shines around.
So looks the nymph whom wretched arts adorn,
Betrayed by man, then left for man to scorn;
Whose cheek in vain assumes the mimic rose,
While her sad eyes the troubled breast disclose;
Whose outward splendor is but Folly's dress,
Exposing most, when most it gilds distress.
Here joyless roam a wild amphibious race,
With sullen woe displayed in every face;
Who, far from civil arts and social fly,
And scowl at strangers with suspicious eye.

From The Poor of the Borough: *Peter Grimes*

Alone he was, the same dull scenes in view,
And still more gloomy in his sight they grew:
Though man he hated, yet employed alone
At bootless labour, he would swear and groan,
Cursing the shoals that glided by the spot,
And gulls that caught them when his arts could not.
Cold nervous tremblings shook his sturdy frame,
And strange disease – he couldn't say the name;
Wild were his dreams, and oft he rose in fright,
Waked by his view of horrors in the night, –
Horrors that would the sternest minds amaze,
Horrors that demons might be proud to raise:
And though he felt forsaken, grieved at heart,
To think he lived from all mankind apart;
Yet, if a man approached, in terrors he would start.

Und Ochsenzung malt blau die karge Krume.
Auf schlanker Garbe, hoch und wetterhart,
Schwenkt die klebrige Malve ihr seidnes Blatt.
Der Ackersenf raubt Schößlingen das Licht,
Um krankes Blatt schlingt sich die Wicke dicht.
Die Klippe glüht im Spiel vermengter Farben,
Und düstre Pracht prunkt eitel allenthalben.
So sieht die Nymphe aus, von Künstelei geschönt,
Vom Mann betrogen, dann von ihm verhöhnt:
Vergeblich prahlt mit Rosenrot die Wange –
Ihr düstres Aug verrät, wie ihr so herzensbange;
Der äußre Glanz ist nur ein Narrenkleid,
Verrät am meisten, wo er schönt das Leid.
Hier haust amphibisch Volk, freudlos und wild,
Ein jedes Antlitz dumpfer Schmerzen Bild,
Ein Volk, das Bürgersinn und Sitte flieht,
Mit finstrem Argwohn nur den Fremden sieht.

Aus Die Armen der Gemeinde: *Peter Grimes*

Allein war Peter, finstern Blicks er starrt'
Auf Ödnis nur, die immer öder ward.
Ein Menschenhasser zwar, doch grämt' es ihn,
Daß er allein sich mühte ohne Sinn,
Verflucht' die Schwärme, die ins Netz nicht gingen,
Die Möwen, die – was ihm nicht glückt' – sie fingen.
Oft kam es, daß er plötzlich zittern mußte –
Ein Leiden, dessen Namen er nicht wußte;
Aus wüsten Träumen ist er aufgewacht,
Von Schreckensbildern, mitten in der Nacht,
Die selbst den stärksten Geist erschüttern müßten
(Manch böser Geist würd gern sich ihrer brüsten).
Fern von den Menschen, einsam, lebte er –
Die Einsamkeit machte das Herz ihm schwer –,
Und bebt' doch vor Entsetzen, naht' sich wer.

A Winter passed since Peter saw the town,
And summer lodgers were again come down;
These, idly-curious, with their glasses spied
The ships in bay as anchored for the tide, –
The river's craft, – the bustle of the quay, –
And sea-port views, which landmen love to see.
One, up the river, had a man and boat
Seen day by day, now anchored, now afloat;
Fisher he seemed, yet used no net nor hook,
Of sea-fowl swimming by no heed he took,
But on the gliding waves still fixed his lazy look:
At certain stations he would view the stream,
As if he stood bewildered in a dream,
Or that some power had chained him for a time,
To feel a curse or meditate on crime.
This known, some curious, some in pity went,
And others questioned – «Wretch, dost thou repent?»
He heard, he trembled, and in fear resigned
His boat: new terror filled his restless mind:
Furious he grew and up the country ran,
And there they seized him – a distempered man: –
Him we received, and to a parish-bed,
Followed and cursed, the groaning man was led.
Here when they saw him, whom they used to shun,
A lost, lone man, so harassed and undone,
Our gentle females, ever prompt to feel,
Perceived compassion on their anger steal;
His crimes they could not from their memories blot,
But they were grieved and trembled at his lot.
A priest too came, to whom his words are told,
And all the signs they shuddered to behold.
«Look! look!» they cried, «his limbs with horror shake,
And as he grinds his teeth, what noise they make!
How glare his angry eyes, and yet he's not awake:
See! what cold drops upon his forehead stand,
And how he clenches that broad bony hand.»
The Priest attending found he spoke at times
As one alluding to his fears and crimes:

Ein Winter ging, seit in der Stadt er war,
Schon kehrt' zurück der Sommergäste Schar;
Die Müßiggänger, die am Ufer stehn
Und durch ihr Glas die Schiffe ankern sehn,
Den Dampfer, der vom Fluß kommt Tag für Tag,
Und Hafenszenen, die das Landvolk mag.
Und einer sah ein Boot, das jeden Tag
Den Strom entlangfuhr oder stille lag
Und ohne Netze, ohne Haken zwar,
Doch wohl bemannt von einem Fischer war,
Der, blicklos für die Wasservögel, starr
Nur auf die Wellen schaute. Dann und wann
Stand er versteinert wie im Traum, der Mann,
Stand wie gebannt, als hielt ein Fluch umfangen
Ob eines Frevels ihn, den er begangen.
Bald drängten sich die Gaffer dicht an dicht,
Und mancher fragte ihn: «Bereust du, Wicht?»
Zitternd vor Angst, ließ er sein Boot im Stich,
Gequält von neuem Grauen fürchterlich:
Er wurde rasend, rannte fort an Land,
Wo man ihn, den Verwirrten, endlich fand: –
Er tobte noch, als man ihn zu uns brachte
Und im Spital ein Bett dem Armen machte.
Als sie ihn sahen, den sie einst gemieden,
Gehetzt, verloren, ohne Seelenfrieden,
Da wurden unsre lieben Frauen weich,
Und Mitleid stahl sich in ihr Herz sogleich;
Sie bangten um sein Los und hatten doch
All seine Frevel wohl vor Augen noch.
Ein Priester kam, dem sie berichtet dann,
Was er gesagt und was sie schaudernd sahn.
«Schaut, wie er schlottert» riefen sie, «oh schaut!
Und mit den Zähnen knirscht er – welch ein Laut!
Die Augen glühn, obwohl er dämmert, schaut:
Auf seiner Stirn von kaltem Schweiß das Band,
Und wie er ballt die breite Knochenhand!»
Dem Priester wars, als hörte er ihn sprechen
Von seiner Furcht und all seinen Verbrechen:

«It was the fall,» he muttered, «I can show
The manner how – I never struck a blow:» –
And then aloud – «Unhand me, free my chain;
On oath, he fell – it struck him to the brain: –
Why ask my father? – that old man will swear
Against my life; besides, he wasn't there: –
What, all agreed? – Am I to die to-day? –
My Lord, in mercy, give me time to pray.»
  Then as they watched him, calmer he became,
And grew so weak he couldn't move his frame,
But murmuring spake, – while they could see and hear
The start of terror and the groan of fear,
See the large dew-beads on his forehead rise,
And the cold death-drop glaze his sunken eyes;
Nor yet he died, but with unwonted force,
Seemed with some fancied being to discourse:
He knew not us, or with accustomed art
He hid the knowledge, yet exposed his heart;
'Twas part confession and the rest defence,
A madman's tale, with gleams of waking sense.
  «I'll tell you all», he said, «the very day
When the old man first placed them in my way:
My father's spirit – he who always tried
To give me trouble, when he lived and died –
When he was gone, he could not be content
To see my days in painful labour spent,
But would appoint his meetings, and he made
Me watch at these, and so neglect my trade.
  'Twas one hot noon, all silent, still, serene,
No living being had I lately seen;
I paddled up and down and dipt my net,
But (such his pleasure) I could nothing get, –
A father's pleasure! when his toil was done,
To plague and torture thus an only son;
And so I sat and looked upon the stream,
How it ran on; and felt as in a dream:
But dream it was not; No! – I fixed my eyes
On the mid stream and saw the spirits rise;

«Ein Sturz» so sprach er leis, «laßt euch doch sagen,
Wie es geschah, ich hab ihn nicht geschlagen» – Dann laut:
«Nehmt mir die Ketten ab, ich schwör,
Am Kopf trafs ihn, gestürzt, gestürzt ist er.
Mein Vater? Ach, der wünscht zum Teufel mich!
Er war ja nicht dabei – nein, fragt ihn nicht.
Wie, alle einig? – Sterben soll ich heut?
Erbarmen, Gott, gebt mir zum Beten Zeit.»
Doch nach und nach sich seine Unrast legte,
Er war so schwach, daß er sich nicht mehr regte,
Nur murmelnd sprach – und wer ihn sah, erschaute
Wohl seine Furcht und hörte, wie's ihm graute;
Sah Perlentau, der auf der Stirn ihm gleißte,
Und Todesdunst, der ihm den Blick vereiste,
Doch starb er nicht, schien vielmehr zu genesen
Und sprach mit einem unsichtbaren Wesen,
Erkannt uns nicht. Oder ob er berechnend
Nur so getan hat, um sich auszusprechen?
Ein Wahngespinst, manchmal von Sinn durchdrungen –
Teils warn es Beichten, teils Verteidigungen.
«Just an dem Tag, ich sags der ganzen Welt,
Da sie der Alte in den Weg mir stellt':
Des Vaters Geist – der nur Verdruß und Not
Gebracht mir hat im Leben wie im Tod –
Und als er hin war, war ers nicht zufrieden,
Daß ich mich täglich schinden mußt' hienieden,
Nein, jeden Tag erschien er mir fortan,
So blieb darum mein Tagwerk ungetan.
Es war zur heißen, stillen Mittagszeit
Und keine Menschenseele weit und breit;
Ich warf mein Netz den ganzen Fluß entlang
Und tat doch (was ihn freute) keinen Fang, –
Des Vaters Glück! selbst heimgegangen schon,
Zu plagen weiter noch den einzigen Sohn;
So saß ich da, sah Fluß und Ufersaum
Und plötzlich wars mir wie in einem Traum:
Es war kein Traum! Ich starrte wie benommen
Aufs Wasser und sah dort die Geister kommen,

I saw my father on the water stand,
And hold a thin pale boy in either hand;
And there they glided ghastly on the top
Of the salt flood and never touched a drop:
I would have struck them, but they knew th'intent,
And smiled upon the oar, and down they went.
  Now, from that day, whenever I began
To dip my net, there stood the hard old man –
He and those boys: I humbled me and prayed
They would be gone; – they heeded not, but stayed:
Nor could I turn, nor would the boat go by,
But gazing on the spirits, there was I;
They bade me leap to death, but I was loath to die:
And every day, as sure as day arose,
Would these three spirits meet me ere the close;
To hear and mark them daily was my doom,
And ‹Come›, they said, with weak, sad voices, ‹come›.
To row away with all my strength I tried,
But there were they, hard by me in the tide,
The three unbodied forms – and ‹Come›, still ‹come›, they cried.
  Fathers should pity – but this old man shook
His hoary locks and froze me by a look:
Thrice, when I struck them, through the water came
An hollow groan, that weakened all my frame:
‹Father!› said I, ‹have mercy›: – He replied,
I know not what – the angry spirit lied, –
‹Didst thou not draw thy knife?› said he: – 'Twas true,
But I had pity and my arm withdrew:
He cried for mercy, which I kindly gave,
But he has no compassion in his grave.
  There were three places, where they ever rose, –
The whole long river has not such as those, –
Places accursed, where, if a man remain,
He'll see the things which strike him to the brain;
And there they made me on my paddle lean,
And look at them for hours; – accursèd scene!
When they would glide to that smooth eddy-space,
Then bid me leap and join them in the place;

Den Vater, wie er auf dem Wasser stand
Und hielt ein bleiches Kind an jeder Hand;
Sie glitten auf den Wellen ohne Laut,
Und nicht ein Tropfen netzte ihre Haut:
Ich holte aus, sie tauchten unter gleich,
Des Ruders spottend, ahnten wohl den Streich.
Sooft ich nun von jenem Tage an,
Mein Netz auswarf, stand da der alte Mann
Mit seinen Knaben. Oh, ich flehte, schrie,
Hab mich erniedrigt, doch sie gingen nie.
Ich konnt nicht umdrehn, stille stand das Boot,
Ich starrt die Geister an in meiner Not,
Sie riefen: ‹Spring!› Ich wollt nicht in den Tod.
Und jeden Tag, so sicher, wie es tagte,
Die Geisterschar vor meinem Boot aufragte,
Mein Los war, täglich sie zu sehen dort.
‹Komm›, riefen leise sie – nur dieses Wort.
Ich ruderte mit Macht dagegen an,
Sie waren nah, hielten mein Boot im Bann,
‹Komm›, riefen sie, die Knaben und der Mann.
Erbarmen sollt ein Vater sich, doch nein,
Sein wilder Blick ging mir durch Mark und Bein.
Dreimal, als ich sie schlug, von unten kam
Ein hohles Stöhnen, das den Mut mir nahm:
‹Vater!› rief ich, ‹Erbarm dich!› Drauf er sprach,
Ich weiß nicht, was. Nur lauter Lügen, ach.
‹Du zogst dein Messer!› rief er – das war nicht gelogen,
Doch hatt aus Mitleid ich den Arm zurückgezogen:
Er fleht' um Gnade, die ich freundlich gab,
Doch er erbarmt sich nicht in seinem Grab.
Drei Orte warns, dort zeigten stets sie sich, –
Flußauf, flußab kein Ort, der jenen glich –
Verfluchte Orte, wo, wer sie nicht flieht,
Dinge sieht, die ihm schlagen aufs Gemüt;
Dort mußt ich viele Stunden stehenbleiben,
Gestützt aufs Ruder zusehn ihrem Treiben!
Zum glatten Strudel glitten sie und riefen:
‹Gesell dich zu uns! Spring! Komm in die Tiefen!›

And at my groans each little villain sprite
Enjoyed my pains and vanished in delight.
  In one fierce summer-day, when my poor brain
Was burning-hot and cruel was my pain,
Then came this father-foe, and there he stood
With his two boys again upon the flood;
There was more mischief in their eyes, more glee
In their pale faces when they glared at me:
Still did they force me on the oar to rest,
And when they saw me fainting and oppressed,
He, with his hand, the old man, scooped the flood,
And there came flame about him mixed with blood;
He bade me stoop and look upon the place,
Then flung the hot-red liquor in my face;
Burning it blazed, and then I roared for pain,
I thought the demons would have turned my brain.
  Still there they stood, and forced me to behold
A place of horrors – they cannot be told –
Where the flood opened, there I heard the shriek
Of tortured guilt – no earthly tongue can speak:
‹All days alike! for ever!› did they say,
‹And unremitted torments every day.› –
Yes, so they said.» – But here he ceased and gazed
On all around, affrightened and amazed;
And still he tried to speak and looked in dread
Of frightened females gathering round his bed;
Then dropt exhausted and appeared at rest,
Till the strong foe the vital powers possessed;
Then with an inward, broken voice he cried,
«Again they come», and muttered as he died.

Wie sie sich freuten, stöhnt ich vor Entsetzen,
Fort warn sie, meines Grams sich zu ergötzen.
  Ein heißer Sommertag – mein Hirn, mein Herz
Wollt schier verbrennen, grausam war mein Schmerz,
Da kam der Vater-Feind aufs neu – an jeder Hand
Mit einem Knaben auf der Flut er stand;
Das Grinsen fahl, der Blick von Bosheit hart
Noch mehr als sonst, so ward ich angestarrt:
Gestützt aufs Ruder stand, als sie mich bannten,
Ich, starr, bis schließlich mir die Sinne schwanden.
Da hob der alte Mann die Hand, und Glut,
Mit Blut vermischt, die schöpft' er aus der Flut;
Mich beugen und gradaus schaun hieß er mich,
Und goß mir rote Glut in mein Gesicht;
Wie Feuer brannt es hinter meiner Stirn,
Als ob Dämonen marterten mein Hirn.
  Sie wichen nicht; sie zwangen mich zu schauen
Auf einen Ort von namenlosem Grauen –
Die Flut, sie teilte sich und ich vernahm
Den Schrei, der nicht aus Menschenmunde kam:
‹Auf ewig! Jeden Tag!› hört ich sie sagen,
‹Und ungekürzte Qual an allen Tagen.› –
So sprachen sie» – Er schwieg, sah alle an:
Entsetzt und staunend lauschte jedermann;
Er rang um Worte, sah verzagt die Frauen,
Die um sein Bett sich drängten voller Grauen,
Und nieder sank er, scheinbar still, indessen
Ward er erneut vom mächtigen Feind besessen;
Und mit gebrochner Stimme rief benommen
Er sterbend: «Wieder sehe ich euch kommen!»

Robert Burns

Comin thro' the Rye

Comin thro' the rye, poor body
  Comin thro' the rye,
She draigl't a' her petticoatie,
  Comin thro' the rye!

Oh, Jenny's a'weet, poor body,
  Jenny's seldom dry;
She draigl't a' her petticoatie,
  Comin thro' the rye!

Gin a body meet a body
  Comin thro' the rye,
Gin a body kiss a body,
  Need a body cry?

Gin a body meet a body
  Comin thro' the glen,
Gin a body kiss a body,
  Need the warld ken?

Oh, Jenny's a'weet, poor body,
  Jenny's seldom dry;
She draigl't a' her petticoatie,
  Comin thro' the rye!

Green Grow the Rashes

There's nought but care on ev'ry han',
  In ev'ry hour that passes, O:
What signifies the life o'man,
  An' 'twere na for the lasses, O.

Robert Burns

Jenny war im Roggen

Jenny war im Korn, die Gute,
Jenny war im Roggen
Zerfetzte sich die Unterröcke,
Jenny war im Roggen.

Oh, Jenny ist ganz naß, die Gute,
Jenny ist selten trocken;
Beschmuddelt ihre Unterröcke,
Jenny war im Roggen.

Wenn sich zweie treffen müssen,
So im grünen Roggen;
Wenn sich zweie müssen küssen
Weint man da im Roggen?

Wenn sich zweie treffen müssen,
Nachts, im Ungewissen;
Wenn sich zweie müssen küssen,
Muß die Welt es wissen?

Oh, Jenny ist ganz naß, die Gute,
Jenny ist selten trocken;
Beschmuddelt ihre Unterröcke,
Jenny war im Roggen.

Grün grünts im Schilfe

Rings ist uns Sorge nur beschert,
Wie lang der Mensch auch lebe, O.
Was wär des Mannes Leben wert,
Wenns nicht die Mädchen gäbe, O.

Green grow the rashes, O;
Green grow the rashes, O;
The sweetest hours that e'er I spend,
Are spent amang the lasses, O.

The warly race may riches chase,
An' riches still may fly them, O;
An' tho' at last they catch them fast,
Their hearts can ne'er enjoy them, O.

But gie me a canny hour at e'en,
My arms about my Dearie, O;
An' warly cares, an' warly men,
May a' gae tapsalteerie, O!

For you sae douse, ye sneer at this,
Ye're nought but senseless asses, O:
The wisest Man the warl' saw,
He dearly loved the lasses, O.

Auld Nature swears, the lovely Dears
Her noblest work she classes, O:
Her prentice han' she tried on man,
An' then she made the lasses, O.

A Fragment

In sober hours I am a priest;
A hero when I'm tipsey, O;
But I'm a king and ev'ry thing,
When wi' a wanton Gipsey, O.

Green grow the rashes O,
Green grow the rashes O,
The lasses they hae wimble bores,
The widows they hae gashes O.

Grün grünts im Schilfe, O;
Grün grünts im Schilfe, O;
Die schönsten Stunden, die ich seh,
Verbring ich mit den Mädchen, O.

Ob einer hetzt und reich sich schätzt,
Das Geld verfliegt ihm immer, O;
Und wenn er denkt, daß ers noch fängt:
Genießen wird ers nimmer, O.

Gebt mir ein Stündchen Abendzeit,
Im Arm mein Liebchen munter, O;
Dann, weltlich Leid und weltlich Leut,
Geht drüber und geht drunter, O.

Ihr Klugen, die ihr drüber lacht,
Seid nichts als dumme Toren, O;
Der klügste Mann, der je gelebt,
Hat Mädchen sich erkoren, O.

So schwört Natur: Als Krone nur
Gelangen ihr die Mädchen, O;
Der Mann war das Gesellenstück,
Erst dann schuf sie die Mädchen, O.

Ein Fragment

Ein Priester bin ich ohne Trunk,
Im Suff bin ich ein Held dann, O;
Doch bin ich beim Zigeunerweib,
Bin König aller Welt dann, O.

Grün grünts im Schilfe O,
Grün grünts im Schilfe O,
Die Mädchen, die sind handgebohrt,
Die Witwen tiefgedrillt O.

'Twas late yestreen I met wi' ane,
An' wow, but she was gentle, O!
Ae han' she pat roun' my cravat,
The tither to my pentle O.

I dought na speak – yet was na fleyed –
My heart played duntie, duntie, O;
An' ceremony laid aside,
I fairly fun' her cuntie, O. –

Multa desunt

Lines Written in the Kirk of Lamington

As cauld a wind as ever blew;
A caulder kirk, and in 't but few;
As cauld a minister's ever spak;
Ye 'se a' be het or I come back.

Holy Willie's Prayer

And send the Godly in a pet to pray
Pope

O thou that in the heavens does dwell!
Wha, as it pleases best thysel,
Sends ane to heaven and ten to hell,
A' for thy glory!
And no for ony gude or ill
They've done before thee –

I bless and praise thy matchless might,
When thousands thou has left in night,
That I am here before thy sight,
For gifts and grace,
A burning and a shining light
To a' this place. –

Die eine, die ich traf heut nacht,
  War zärtlich wie der Himmel, O!
Die eine Hand mein Halstuch fand,
  Die andre meinen Pimmel, O.

Da war ich stumm, doch furchtlos auch,
  Mein Herz begann zu hüpfen, O;
Verzichtend dann auf Form und Brauch,
  Befühlte ich ihr Töpfchen, O.

Multa desunt

Zeilen geschrieben in der Kirche von Lamington

Der Wind bläst kalt von Norden her;
Die Kirche frostig und fast leer;
Ein eiskalter Pfarrer spricht zumal;
Werdet erst warm, dann komm ich nochmal.

Gebet des heiligen Willie

Und schick die Frömmler grummelnd zum Gebet
Pope

O Du, der in den Himmeln wohnt,
Erhaben wie ein König thront,
Der zehn verdammt und einen schont,
    Wie's im gefällt,
Der nicht nach gut und böse lohnt
    In jener Welt!

Ich lob und preise Deine Macht,
Daß ich, wenn Tausende in Nacht,
Hier leb und steh vor Deiner Pracht –
    Oh, Gnade mir –
Als leuchtend Beispiel wohl gedacht
    Für alle hier.

What was I, or my generation,
That I should get such exaltation?
I, wha deserved most just damnation,
    For broken laws
Sax thousand years ere my creation,
    Thro' Adam's cause!

When from my mother's womb I fell,
Thou might hae plunged me deep in hell,
To gnash my gooms, and weep, and wail,
    In burning lakes,
Where damnèd devils roar and yell
    Chained to their stakes. –

Yet I am here, a chosen sample,
To shew thy grace is great and ample:
I'm here, a pillar o' thy temple
    Strong as a rock,
A guide, a ruler and example
    To a' thy flock. –

But yet – O Lord – confess I must –
At times I'm fashed wi' fleshly lust;
And sometimes too, in warldly trust
    Vile Self gets in;
But thou remembers we are dust,
    Defiled wi' sin. –

O Lord – yestreen – thou kens – wi' Meg –
Thy pardon I sincerely beg!
O may't ne'er be a living plague,
    To my dishonor!
And I'll ne'er lift a lawless leg
    Again upon her. –

Besides, I farther maun avow,
Wi' Leezie's lass, three times – I trow –
But Lord, that Friday I was fou

Was bin ich schon, was mein Geschlecht,
Daß Du erhöht mich armen Knecht,
Mich, den Verdammnis träf zurecht;
    Denn Sünder all
Wir Menschen sind, ob gut, ob schlecht,
    Seit Adams Fall.

Als aus dem Mutterleib ich kroch,
Ein Wink von Dir, der Hölle Loch
Hätt mich geschluckt, ein Kindlein noch;
    Es hätt voll Qual
Geröstet mich der Höllenkoch
    An Kett und Pfahl.

Und dennoch leb ich, ein Beweis,
Wie groß ist Deiner Gnade Preis,
Bin Fels und Säule, Herr, ich weiß,
    In Deinem Tempel;
Als Hirt ich Deine Herd umkreis,
    Ihr ein Exempel.

Bin eines Fehls mir doch bewußt:
Herr, oft plagt mich die Fleischeslust,
Gar oft das Böse in der Brust
    Den Kampf gewinnt;
Du weißt, Herr, wir sind Erdenkrust,
    Voll Fehl und Sünd.

Erst gestern, Herr, Du weißt, mit Meg –
Nimm, Herr, die Sünde von mir weg,
Daß wenigstens der Schande Fleck
    Nicht bleibt auf mir;
Will nie ein Glied erheben, keck
    Mich nähernd ihr.

Mit Lizzies Tochter, ich bekenn,
Wohl dreimal ich mich schuldig nenn;
Doch, Herr, nicht gleich in Zorn entbrenn,

When I cam near her;
Or else, thou kens, thy servant true
Wad never steer her. –

Maybe thou lets this fleshy thorn
Buffet thy servant e'en and morn,
Lest he o'er proud and high should turn,
That he's sae gifted;
If sae, thy hand maun e'en be borne
Untill thou lift it. –

Lord bless thy Chosen in this place,
For here thou has a chosen race:
But God, confound their stubborn face,
And blast their name,
Wha bring thy rulers to disgrace
And open shame. –

Lord mind Gaun Hamilton's deserts!
He drinks, and swears, and plays at cartes,
Yet has sae mony taking arts
Wi' Great and Sma',
Frae God's ain priest the people's hearts
He steals awa. –

And when we chastened him therefore,
Thou kens how he bred sic a splore,
And set the warld in a roar
O' laughin at us:
Curse thou his basket and his store,
Kail and potatoes. –

Lord hear my earnest cry and prayer
Against that Presbytry of Ayr!
Thy strong right hand, Lord, make it bare
Upon their heads!
Lord visit them, and dinna spare,
For their misdeeds!

Ich hob die Tassen,
Mein' Seel, kein' andern Grund ich kenn,
Mich einzulassen.

Vielleicht, daß diesen Fleischesdorn
Du mir, der ich an Stolz ein Born,
Gesendet hast in Deinem Zorn
Als Prüfung schwer;
Wenn dieses Schicksal mir erkorn,
So trag ichs, Herr.

Herr, gnad Deinem Erwählten hier,
Denn solchen Knecht hast Du an mir;
Und, Herr, verdirb, die wie ein Tier
In Sünde springen,
Sie, die die Kirchenältsten hier
In Schande bringen.

An Gavins Straf bitt ich zu denken:
Er flucht, spielt Karten, läuft in Schenken,
Und ist so reich an Schlichen, Ränken;
Der Leute Herz
Er auf sich lenkt mit seinen Schwänken
Statt himmelwärts.

Und als wir ihn gestraft dafür,
Da schlug er um sich wie ein Stier,
Bracht alle Welt zum Lachen schier,
Macht' uns zum Spott;
Verfluch Du ihn, mit Hof und Tier,
Ich bitt Dich, Gott!

Und, Herr, noch eine Bitt da wär:
Den Kirchenältstenrat von Ayr,
Mit Deiner Rechten straf ihn sehr,
Herr, halt Gericht;
Straf ihn um seiner Missetat schwer,
Schon seiner nicht.

O Lord my God, that glib-tongued Aiken!
My very heart and flesh are quaking
To think how I sat, sweating, shaking,
    And pissed wi' dread,
While he wi' hingin lip and snaking
    Held up his head!

Lord, in thy day o' vengeance try him!
Lord visit him that did employ him!
And pass not in thy mercy by them,
    Nor hear their prayer;
But for thy people's sake destroy them,
    And dinna spare!

But Lord, remember me and mine
Wi' mercies temporal and divine!
That I for grace and gear may shine,
    Excelled by nane!
And a' the glory shall be thine!
    AMEN! AMEN!

For a' that and a' that

Is there, for honest Poverty
    That hings his head, and a' that;
The coward-slave, we pass him by,
    We dare be poor for a' that!
For a' that, and a' that,
    Our toils obscure, and a' that,
The rank is but the guinea's stamp,
    The Man's the gowd for a' that. –

What though on hamely fare we dine,
    Wear hoddin grey, and a' that:
Gie fools their silks, and knaves their wine,
    A Man's a Man for a' that.

Wenn ich an Schwätzer Aiken denk,
So zittern Hand mir und Gelenk,
Da stehn wir schlotternd in der Meng,
    Vor Angst die Hos naß,
Und er verspottet uns, tut streng
    Und stolz, na so was!

Knüpf ihn Dir vor am Jüngsten Tag!
Herr, zahls ihm heim mit Not und Plag!
Und denke nicht in Deiner Gnad,
    Ihm zu verzeihn,
Um Deines Volkes Willen schlag
    Nur heftig drein!

Doch, Herr, erinnre meiner Dich,
Bedenk mit Deinem Segen mich,
Daß reich an Gnad und Gütern ich
    Durch Deinen Namen;
Und ewig rühmen will ich Dich,
    Herr, AMEN, AMEN!

Trotz alledem!

Ob Armut euer Los auch sei,
Hebt hoch die Stirn, trotz alledem!
Geht kühn am feigen Knecht vorbei;
Wagts, arm zu sein trotz alledem!
Trotz alledem und alledem,
Trotz niederm Plack und alledem!
Der Rang ist das Gepräge nur,
Der Mann das Gold trotz alledem!

Und sitzt ihr auch beim kargen Mahl
In Zwilch und Lein und alledem,
Gönnt Schurken Samt und Goldpokal –
Ein Mann ist Mann trotz alledem!

For a' that, and a' that,
    Their tinsel show, and a' that;
The honest man, though e'er sae poor,
    Is king o' men for a' that. –

Ye see yon birkie, ca'd a lord,
    Wha struts, and stares, and a' that,
Though hundreds worship at his word,
    He's but a coof for a' that.
For a' that, and a' that,
    His ribband, star and a' that,
The man of independant mind,
    He looks and laughs at a' that. –

A prince can mak a belted knight,
    A marquis, duke, and a' that;
But an honest man's aboon his might,
    Gude faith he mauna fa' that!
For a' that, and a' that,
    Their dignities, and a' that,
The pith o' Sense, and pride o' Worth,
    Are higher rank than a' that. –

Then let us pray that come it may,
    As come it will for a' that,
That Sense and Worth, o'er a' the earth
    Shall bear the gree, and a' that.
For a' that, and a' that,
    It's comin yet for a' that,
That Man to Man the warld o'er
    Shall brothers be for a' that. –

Trotz alledem und alledem,
Trotz Prunk und Pracht und alledem!
Der brave Mann, wie dürftig auch,
Ist König doch trotz alledem!

Heißt gnädiger Herr das Bürschchen dort,
Man siehts am Stolz und alledem;
Doch lenkt auch Hunderte sein Wort,
's ist nur ein Tropf trotz alledem!
Trotz alledem und alledem,
Trotz Band und Stern und alledem!
Der Mann von unabhängigem Sinn
Sieht zu, und lacht zu alledem!

Ein Fürst macht Ritter, wenn er spricht,
Mit Sporn und Schild und alledem:
Den braven Mann kreiert er nicht,
Der steht zu hoch trotz alledem!
Trotz alledem und alledem!
Trotz Würdenschnack und alledem –
Des innern Wertes stolz Gefühl
Läuft doch den Rang ab alledem!

Drum jeder fleh, daß es gescheh,
Wie es geschieht trotz alledem,
Daß Wert und Kern, so nah wie fern,
Den Sieg erringt trotz alledem!
Trotz alledem und alledem,
Es kommt dazu trotz alledem,
Daß rings der Mensch die Bruderhand
Dem Menschen reicht trotz alledem!

William Blake

Songs of Innocence

Introduction

Piping down the valleys wild,
Piping songs of pleasant glee,
On a cloud I saw a child,
And he laughing said to me:

«Pipe a song about a lamb!»
So I piped with merry cheer.
«Piper, pipe that song again.»
So I piped: he wept to hear.

«Drop thy pipe, thy happy pipe;
Sing thy songs of happy cheer.»
So I sung the same again,
While he wept with joy to hear.

«Piper, sit thee down and write
In a book, that all may read.»
So he vanished from my sight,
And I plucked a hollow reed,

And I made a rural pen,
And I stained the water clear,
And I wrote my happy songs
Every child may joy to hear.

The Lamb

Little lamb, who made thee?
Dost thou know who made thee?
Gave thee life and bid thee feed
By the stream and o'er the mead?

William Blake

Lieder der Unschuld

Eingang

Lieder pfeifend mit dem Wind
Frohgemut durchs wilde Tal
Sah auf Wolken ich ein Kind
Lachend sprachs mit einemmal:

Pfeif ein Lied von einem Lamm –
Pfiff ich eines frisch vergnügt
Pfeifer pfeif das Lied nochmal –
Pfiffs: da weinte es beglückt.

Laß dein heitres Pfeifenspiel
Sing die Lieder heitren Glücks –
Sang ich denn, weils ihm gefiel
Und es weinte ganz verzückt.

Pfeifer setz dich und schreib schön
In ein Buch zu aller Wohl –
Darauf wars nicht mehr zu sehn
Und ich brach ein Schilfrohr hohl

Und ich schnitts zum schlichten Stift,
Und ich fleckt' das Wasser rein,
Und ich schrieb die Lieder auf,
Alle Kinder zu erfreuen.

Das Lamm

  Kleines Lamm, wer schuf dich?
  Weißt du, wer erschuf dich?
Gab dir Leben, gab dir Weide
An den Bächen, auf der Heide;

Gave thee clothing of delight,
Softest clothing, woolly, bright?
Gave thee such a tender voice,
Making all the vales rejoice?
   Little lamb, who made thee?
   Dost thou know who made thee?

   Little lamb, I'll tell thee!
   Little lamb, I'll tell thee!
He is callèd by thy name,
For he calls himself a Lamb:
He is meek and he is mild;
He became a little child.
I a child and thou a lamb,
We are callèd by his name.
   Little lamb, God bless thee!
   Little lamb, God bless thee!

Infant Joy

«I have no name:
I am but two days old.»
What shall I call thee?
«I happy am,
Joy is my name.»
Sweet joy befall thee!

Pretty joy!
Sweet joy, but two days old!
Sweet joy I call thee.
Thou dost smile,
I sing the while;
Sweet joy befall thee!

Gab die Kleidung dir zum Preis,
Weich und wollig, dicht und weiß;
Hat mit Stimme dich bedacht,
Die die Täler glücklich macht.
  Kleines Lamm, wer schuf dich?
  Weißt du, wer erschuf dich?

  Kleines Lamm, ich sags dir,
  Lämmchen, ich verrats dir:
Er nennt sich mit deinem Nam',
Denn er selber ist ein Lamm.
Er ist fromm und mild gesinnt;
Er war selbst ein kleines Kind.
Ich, ein Kind, und du, ein Lamm,
Sind genannt mit seinem Nam'.
  Kleines Lamm, Gott schütz dich!
  Kleines Lamm, Gott schütz dich!

Kindchen Freude

«Ich hab keinen Namen:
Ich bin erst zwei Tag alt.»
Wie ruf ich dich bloß?
«Ich bin froh,
Nenn mich so.»
Freude sei dein Los!

Hübsche Freude!
Freude zwei Tag alt,
Freude ruf ich dich bloß.
Lächle du,
Ich sing dazu,
Freude sei dein Los!

Songs of Experience

Introduction

Hear the voice of the Bard!
Who present, past and future sees,
Whose ears have heard
The Holy Word
That walked among the ancient trees,

Calling the lapsed soul
And weeping in the evening dew,
That might control
The starry pole,
And fallen, fallen light renew!

«O Earth, O Earth, return!
Arise from out the dewy grass;
Night is worn,
And the morn
Rises from the slumberous mass.

Turn away no more;
Why wilt thou turn away?
The starry floor,
The watery shore,
Is given thee till the break of day.»

The Sick Rose

O rose, thou art sick!
The invisible worm
That flies in the night,
In the howling storm,

Has found out thy bed
Of crimson joy,

Lieder der Erfahrung

Eingang

Hört die Stimme des Sängers!
Er kennt, was war, was ist, was wird sein;
Sein Ohr hat behorcht
Das Heilige Wort,
Wie's rauscht unter uralten Bäumen im Hain,

Wie's ruft die erlöschende Seel,
Weinend, weinend im Abendtau;
Wie's Sterne lenkt
Und will und gedenkt,
Daß all, was gefallen, von neuem vertrau.

«O Erd, o Erde, faß Mut!
Ersteh und vom Tau deiner Tränen dich kehr;
Die Nacht ist vertan,
Frühlicht hebt an
Und wächst herauf aus dem Schlummermeer.

Nie wieder wende dich ab;
Dein Sträuben frommt dir nicht.
Die Sternensaat,
Land und Gestad
Sind dir verliehn, bis der Tag anbricht.»

Die sieche Rose

O Rose, bist siech!
Unsichtbar der Wurm
Die Nächte durch hin
In heulendem Sturm,

Er fand dein Bett
Der purpurnen Lust;

And his dark secret love
Does thy life destroy.

The Garden of Love

I went to the Garden of Love,
And saw what I never had seen:
A Chapel was built in the midst,
Where I used to play on the green.

And the gates of this Chapel were shut,
And «Thou shalt not» writ over the door;
So I turned to the Garden of Love
That so many sweet flowers bore;

And I saw it was filled with graves,
And tomb-stones where flowers should be;
And Priests in black gowns were walking their rounds,
And binding with briars my joys & desires.

The Tyger

Tyger Tyger, burning bright,
In the forests of the night:
What immortal hand or eye
Could frame thy fearful symmetry?

In what distant deeps or skies
Burnt the fire of thine eyes?
On what wings dare he aspire?
What the hand dare seize the fire?

And what shoulder, & what art,
Could twist the sinews of thy heart?
And when thy heart began to beat,
What dread hand? & what dread feet?

What the hammer? what the chain,
In what furnace was thy brain?

Dunkel heimlich sein Lieben
Zernagt deine Brust.

Der Garten der Liebe

Ich ging in den Garten der Liebe
Und sah, was ich nie noch geschaut,
Wo ich pflegte im Grünen zu spielen,
Ein Bethaus inmitten erbaut.

Und die Pforten waren geschlossen,
Und «Du sollst nicht» stand über dem Tor;
Da kehrt ich zum Garten der Liebe,
Der prangte in blühendem Flor.

Und ich sah ihn erfüllt von Gräbern
Und statt Blumen Grabsteine nur;
Und Priester rings waren in schwarzen Talaren,
Die mit Dornen bezwangen mein Glück und Verlangen.

Der Tiger

Tiger, Tiger, grelle Pracht
In den Dickichten der Nacht,
Wes unsterblich Aug und Hand
Wohl dein furchtbar Gleichmaß band?

Welcher Abgrund, welche Ferne
Barg die Glut der Augensterne?
Welche Flügel mag er schwingen?
Welche Hand das Feuer zwingen?

Welche Armkraft konnte dehnen,
Knüpfen deines Herzens Sehnen,
Und als endlich schlug dein Herz,
Welche Hand der Füße Erz?

Welcher Amboß, welcher Hammer
Schmiedete des Hirnes Kammer?

What the anvil? what dread grasp
Dare its deadly terrors clasp?

When the stars threw down their spears
And watered heaven with their tears:
Did he smile his work to see?
Did he who made the Lamb make thee?

Tyger Tyger, burning bright,
In the forests of the night:
What immortal hand or eye
Dare frame thy fearful symmetry?

London

I wander through each chartered street,
Near where the chartered Thames does flow,
And mark in every face I meet
Marks of weakness, marks of woe.

In every cry of every man,
In every infant's cry of fear,
In every voice, in every ban,
The mind-forged manacles I hear.

How the chimney-sweeper's cry
Every blackening church appals,
And the hapless soldier's sigh
Runs in blood down palace walls.

But most through midnight streets I hear
How the youthful harlot's curse
Blasts the new-born infant's tear,
And blights with plagues the marriage-hearse.

Welcher Griff und Zwang genügte,
Daß er solche Schrecken fügte?

Als die Sterne sich erschreckten,
Weinend ihre Waffen streckten,
Freute da des Werks er sich?
Schuf, der das Lamm erschuf, auch dich?

Tiger, Tiger, grelle Pracht
In den Dickichten der Nacht,
Wes unsterblich Aug und Hand
Furchtlos dieses Gleichmaß band?

London

Ich wandere durch verbriefte Straßen,
Dort wo verbrieft die Themse treibt,
Und spür auf jeder Stirne lasten
Spur von Schwachheit, Spur von Leid.

In jedem Schrei von jedem Mann,
In jedes Kindes Angstschrei klirrt,
In jeder Stimme, jedem Bann,
Die Kette, geistgeschmiedet, mir.

Des Schornsteinfegers Schrei der Not
Läßt Kirchgemäuer schwarz erschauern,
Des Söldners Seufzer rinnt blutrot
Herab von der Paläste Mauern.

Doch wenn die Straßen dunkel gähnen,
Gellt mir der jungen Hure Fluch,
Vergällt des Säuglings erste Tränen,
Haucht Pestilenz aufs Brautbahrtuch.

A Poison Tree

I was angry with my friend:
I told my wrath, my wrath did end.
I was angry with my foe:
I told it not, my wrath did grow.

And I watered it in fears,
Night and morning with my tears;
And I sunnèd it with smiles,
And with soft deceitful wiles.

And it grew both day and night,
Till it bore an apple bright;
And my foe beheld it shine,
And he knew that it was mine,

And into my garden stole
When the night had veiled the pole:
In the morning, glad I see
My foe outstretched beneath the tree.

POEMS AND FRAGMENTS FROM THE NOTE-BOOK

Never pain to tell thy love
Love that never told can be;
For the gentle wind does move
Silently, invisibly.

I told my love, I told my love,
I told her all my heart,
Trembling, cold, in ghastly fears –
Ah, she doth depart.

Soon as she was gone from me
A traveller came by

Der Giftbaum

Meinem Freunde zürnte ich:
Ich sprach es aus, mein Grimm, der wich.
Meinem Feinde trug ich Groll:
Ich sprachs nicht aus, mein Grimm, der schwoll.

Und ich goß ihn Tag und Nacht
Mit den Tränen banger Wacht,
Und mit Arglist hinterm Schild
Sonnt ich ihn mit Lächeln mild.

Und er wuchs so Nacht wie Tag,
Bis ein Apfel der Ertrag.
Und mein Feind sah seinen Schein,
Und er wußte: der ist mein.

Stahl in meinen Garten sich,
Als zur Nacht der Pol verblich.
Mit dem Morgengraun entdeckt
Ich den Feind am Baum gestreckt.

Gedichte und Fragmente aus dem Notizbuch

Sage deiner Liebe nie
Liebe welche unsagbar
Denn der linde Wind weht je
Lautlos unsichtbar

Ich sagt es ihr, ich sagt es ihr
Ganz offen sagt ichs ihr
Zitternd kalt vor Herzensangst
Ach sie geht von mir

Kaum war sie mir fortgerannt
Fand sich einer ein

Silently, invisibly –
O, was no deny.

To Nobodaddy

Why art thou silent & invisible,
Father of Jealousy?
Why dost thou hide thyself in clouds
From every searching Eye?

Why darkness & obscurity
In all thy words & laws,
That none dare eat the fruit but from
The wily serpent's jaws?
Or is it because Secrecy
Gains females' loud applause?

WHEN KLOPSTOCK England defied
Uprose William Blake in his pride
For old Nobodaddy aloft
Farted & belched & coughed
Then swore a great oath that made heaven quake
And called aloud to English Blake
Blake was giving his body ease
At Lambeth beneath the poplar trees
From his seat then started he
And turned himself round three times three
The Moon at that sight blushed scarlet red
The stars threw down their cups & fled
And all the devils that were in hell
Answered with a ninefold yell
Klopstock felt the intripled turn
And all his bowels began to churn
And his bowels turned round three times three
And locked in his soul with a ninefold key
That from his body it ne'er could be parted

Völlig lautlos unsichtbar
Da gab es kein Nein

An Gott Nimmerlein

Was bist du stumm und unsichtbar
Vater der Eifersucht
Was birgst du dich in Wolkendunst
Vorm Auge das dich sucht

Was soll Geheim- und Dunkeltun
In allem was du sagst
Daß nur aus falschem Schlangenmaul
Man die Frucht zu essen wagt
Ist es vielleicht weil Heimlichkeit
Der Weiblichkeit behagt

Als Klopstock England trotzte
Auf stand der schreckliche Blake und strotzte
Und der alte Niemandspapa da oben
Fing an zu furzen und rülpsen und toben
Sein Fluchen erschreckte den milchigen Weg
Dann rief er laut nach dem englischen Blake
Blake erleichterte grade den Bauch
In Lambeth hinter dem Lorbeerstrauch
Von seinem Sitz dort kam er herbei
Und drehte sich um sich selbst drei mal drei
Da wurde der Mond vor Scham puterrot
Die Sterne flohn ohne Abendbrot
Und alle Teufel im Höllengebräu
Heulten ihm zu mit dem neunfachen Schrei
Klopstock spürte die dreifache Drehung
Dumpf in den Därmen braute die Blähung
Kreiste ihm neunmal durchs Untergeschoß
Seine Seele saß hinter neunfachem Schloß
Gefangen im Fett der Kaldaunen

Till to the last trumpet it was farted
Then again old Nobodaddy swore
He ne'er had seen such a thing before
Since Noah was shut in the ark
Since Eve first chose her hell fire spark
Since 'twas the fashion to go naked
Since the old anything was created
And so feeling he begged him to turn again
And ease poor Klopstock's ninefold pain
If Blake could do this when he rose up from shite
What might he not do if he sat down to write

MOCK ON Mock on Voltaire Rousseau
Mock on Mock on: 'tis all in vain!
You throw the sand against the wind
And the wind blows it back again

And every sand becomes a Gem
Reflected in the beams divine
Blown back they blind the mocking Eye
But still in Israel's paths they shine

The Atoms of Democritus
And Newton's Particles of light
Are sands upon the Red sea shore
Where Israel's tents do shine so bright

From Proverbs of Hell

Drive your cart and your plough over the bones of the dead.
The road of excess leads to the palace of wisdom.
He who desires but acts not, breeds pestilence.
Prisons are built with stones of Law, Brothels with bricks of Religion.
The tygers of wrath are wiser than the horses of instruction.
Expect poison from the standing water.

Bis zum Stoß der letzten Posaunen
Da fluchte der Niemandspapa in den Höhen
So was hat man ja überhaupt noch nicht gesehen
Seit ich den alten Dingsda geschaffen
Und es Mode war nackt zu gehn wie die Affen
Und die Eva das Schicksal der Menschen besiegelt
Und der Noah sich in seiner Arche verriegelt
So bat er mich schließlich mich wieder zu wenden
Und des armen Klopstocks neunfache Ängste zu enden
Wenn Blake das schon beim Aufstehn vom Stuhlgang betreibt
Was kann er erst wenn er sich hinsetzt und schreibt

Spottet nur, Voltaire, Rousseau:
Spottet nur; vergeblich Mühn!
Ihr werft den Sand nur in den Wind,
Der bläst ihn wieder zu euch hin.

Jedes Sandkorn glänzt als Edelstein,
Wenn Gottes Lichtstrahl auf es fällt,
Daß es des Spötters Auge blend't,
Doch Israel den Pfad erhellt.

Die Atome Demokrits
Und Newtons Teilchen Licht sind Sand
Am Roten Meer, wo Israels
Gezelte scheinen hell am Strand.

Aus Sprichwörter der Hölle

Zieh Deinen Karren und Deinen Pflug über die Knochen der Toten.
Die Straße des Exzesses führt zum Palast der Weisheit.
Wer begehrt und nicht handelt, brütet Seuchen aus.
Gefängnisse baut man mit den Steinen des Gesetzes, Bordelle mit den Ziegeln der Religion.
Die Tiger des Zorns sind weiser als die Rosse der Belehrung.
Erwarte Gift von stehendem Wasser.

As the caterpillar chooses the fairest leaves to lay her eggs on, so the priest lays his curse on the fairest joys.
Exuberance is Beauty.
Sooner murder an infant in its cradle than nurse unacted desires.
Where man is not nature is barren.

Enough! or Too much.

From Auguries of Innocence

To see a World in a Grain of Sand
And a Heaven in a Wild Flower,
Hold Infinity in the palm of your hand
And Eternity in an hour.
A Robin Redbreast in a Cage
Puts all Heaven in a Rage.
A dove house filled with doves & pigeons
Shudders Hell through all its regions.
A dog starved at his Master's gate
Predicts the ruin of the State.
   Every Wolf's & Lion's howl
Raises from Hell a Human Soul.
The wild deer wandering here & there
Keeps the Human Soul from Care.
The Lamb misused breeds public strife
And yet forgives the Butcher's Knife.
The Bat that flits at close of Eve
Has left the Brain that won't believe.
The Owl that calls upon the Night
Speaks the Unbeliever's fright.
He who shall hurt the little Wren
Shall never be beloved by Men.
He who the Ox to wrath has moved
Shall never be by Woman loved.
   A truth that's told with bad intent
Beats all the Lies you can invent.
It is right it should be so;

Wie sich die Raupe die schönsten Blätter sucht, um darauf ihre Eier abzulegen, so legt der Priester auf die schönsten Freuden seinen Fluch.
Überschwang ist Schönheit.
Morde lieber ein Kind in der Wiege, als tatenlos Begehren zu nähren.
Wo der Mensch nicht ist, ist die Natur unfruchtbar.
Genug! oder schon zuviel.

Aus Weissagungen der Unschuld

Die Welt sehn in einem Körnchen Sand,
Den Himmel in einem Blütenrund,
Die Unendlichkeit halten in der Hand,
Die Ewigkeit in einer Stund.
Ein Rotkehlchen hinter Käfiggittern
Läßt alle Himmel in Zorn erzittern.
Ein Taubenschlag voll Tauben und Taubern
Läßt die Hölle in all ihren Kreisen schaudern.
Ein Hund, verreckt vor des Herren Haus,
Sagt den Untergang des Staates voraus.
Jedes Heulen aus Löwen und Wolfes Kehle
Aus der Hölle erlöst eine Menschenseele.
Der wilde Hirsch, wandernd hier und dort,
Scheucht die Sorge der menschlichen Seele fort.
Das mißbrauchte Lamm brütet offnen Streit,
Auch wenn es des Schlächters Messer verzeiht.
Die Fledermäuse, die abends schwirrn,
Fliegen aus der Ungläubigen Hirn.
Der Eulenruf, der die Nacht kündigt an,
Ist der Angstschrei des, der nicht glauben kann.
Wer dem kleinen Zaunkönig zufügt ein Leid,
Sei ungeliebt von der ganzen Menschheit.
Wer den Ochsen reizt zu grimmiger Wut,
Dem sei hinfort kein Weib mehr gut.
Eine Wahrheit, in schlechter Absicht verkündet,
Übertrifft alle Lügen, die einer erfindet.
Es ist recht, es sollte so sein.

Man was made for Joy & Woe
And when this we rightly know
Through the World we safely go.
Joy & Woe are woven fine
A Clothing for the soul divine;
Under every grief & pine
Runs a joy with silken twine.
He who mocks the Infant's Faith
Shall be mocked in Age & Death.
He who shall teach the Child to doubt
The rotting Grave shall ne'er get out.
He who respects the Infant's faith
Triumphs over Hell & Death.
The Child's Toys & the Old Man's Reasons
Are the Fruits of the Two seasons.
The Questioner who sits so sly
Shall never know how to reply.
He who replies to words of Doubt
Doth put the Light of Knowledge out.
The Whore & Gambler by the State
Licenced build that Nation's Fate.
The Harlot's cry from Street to Street
Shall weave Old England's winding Sheet.
We are led to believe a Lie
When we see not through the Eye
Which was born in a Night to perish in a Night
When the Soul slept in Beams of Light.
God appears & God is Light
To those poor Souls who dwell in Night
But does a Human Form display
To those who dwell in Realms of day.

From Visions of the Daughters of Albion

«Infancy, fearless, lustful, happy! nestling for delight
In laps of pleasure; Innocence! honest, open, seeking
The vigorous joys of morning light; open to virgin bliss.

Der Mensch ward gemacht für Freude und Pein,
Und wer dies immer im Sinne behält,
Geht unangefochten durch die Welt.
Das feine Gewebe von Freude und Leid
Ist für die göttliche Seele ein Kleid;
Unter jedem Kummer und jedem Leide
Zieht sich ein seidener Faden der Freude.
Wer den Glauben des Kindes verlacht,
Sei selber in Alter und Tod verlacht.
Wer zweifeln lehrt die kindliche Seele,
Entrinne nimmer der Grabeshöhle.
Wer den Glauben des Kindes respektiert,
Über Hölle und Tod triumphiert.
Des Alten Vernunft, des Kindes Torheiten
Sind die Früchte der beiden Lebenszeiten.
Der Frager, der dich in die Enge treibt,
Dir selber die Antwort schuldig bleibt.
Wer Antwort gibt auf des Zweifels Wort,
Löscht aus des Wissens Licht sofort.
Hure und Spieler, mit Permission
Des Staates, sind der Verderb der Nation.
Der Hure Ruf straßauf, straßab
Schaufelt dem toten England das Grab;
Wir werden verleitet, Lügen zu traun,
Wenn wir nicht durch das Auge schaun,
Das geboren aus Nacht, um zu sterben bei Nacht,
Als die Seele schlief in Strahlenpracht.
Gott erscheint, und Gott ist Licht
Den armen Seelen, die Nacht umflicht;
Doch denen im Reich des Tags offenbart
Er in Menschengestalt sich und Menschenart.

Aus Gesichte der Töchter Albions

«Kindheit! furchtlose, lustvolle, glückliche, die zur Freude sich schmiegt
In den Schoß des Vergnügens! Unschuld! ehrliche, offne, die sucht
Die kraftvollen Freuden des Morgens; offen jungfreulicher Seligkeit.

Who taught thee modesty, subtle modesty! child of night & sleep?
When thou awakest, wilt thou dissemble all thy secret joys
Or wert thou not awake when all this mystery was disclosed?
Then com'st thou forth a modest virgin knowing to dissemble
With nets found under thy night pillow, to catch virgin joy,
And brand it with the name of whore; & sell it in the night,
In silence, even without a whisper, and in seeming sleep.
Religious dreams and holy vespers light thy smoky fires:
Once were thy fires lighted by the eyes of honest morn.
And does my Theotormon seek this hypocrite modesty!
This knowing, artful, secret, fearful, cautious, trembling hypocrite?
Then is Oothoon a whore indeed! and all the virgin joys
Of life are harlots: and Theotormon is a sick man's dream
And Oothoon is the crafty slave of selfish holiness.

But Oothoon is not so; a virgin filled with virgin fancies
Open to joy and to delight where ever beauty appears;
If in the morning sun I find it: there my eyes are fixed
In happy copulation; if in evening mild, wearied with work;
Sit on a bank and draw the pleasures of this free born joy.

The moment of desire! the moment of desire! The virgin
That pines for man; shall awaken her womb to enormous joys
In the secret shadows of her chamber; the youth shut up from
The lustful joy shall forget to generate & create an amorous image
In the shadows of his curtains and in the folds of his silent pillow.
Are not these the places of religion? the rewards of continence?
The self-enjoyings of self-denial? Why dost thou seek religion?
Is it because acts are not lovely, that thou seekest solitude,
Where the horrible darkness is impressed with reflections of desire?
Father of Jealousy, be thou accursed from the earth!
Why hast thou taught my Theotormon this accursed thing?
Till beauty fades from off my shoulders darkened and cast out,
A solitary shadow wailing on the margin of non-entity.

Wer lehrte dich Sittsamkeit, kluge Sittsamkeit, Kind der Nacht und des Schlafs?
Wenn du erwachst, wirst du all deine heimlichen Freuden verhehlen,
Oder warst du nicht erwacht, als dies Geheimnis enthüllt wurde?
Da trittst du her, eine sittsame Jungfrau, kundig zu hehlen, mit Netzen,
Die man unter deinem Kissen fand, jungfräuliche Freude zu fangen
Und mit dem Namen Hure zu brandmarken und in der Nacht zu verkaufen,
Schweigend, ohne ein Flüstern sogar, und in scheinbarem Schlaf.
Fromme Träume und heilige Gebete entzünden dein qualmendes Feuer:
Einst wurde dein Feuer entzündet von den Augen des ehrlichen Morgens.
Und sucht mein Theotormon diese heuchelnde Sittsamkeit,
Diese wissende, listige, heimliche, furchtsame, zitternde Heuchlerin?
Dann ist Oothoon wohl eine Hure! und all die jungfräulichen Freuden
Des Lebens sind Dirnen, und Theotormon ist eines Kranken Traum,
Und Oothoon ist die listige Magd selbstsüchtiger Heiligkeit.

Aber Oothoon ist nicht so: eine Jungfrau voll Phantasie,
Offen der Freude und dem Entzücken, wo immer Schönheit erscheint,
Sei's in der Morgensonne, wohin meine Augen gerichtet sind
In glücklichem Bund, sei's am sanften Abend, wenn von der Arbeit müd
An einem Ufer ich mich ergötze an freigeborener Lust.

Der Augenblick der Begier! der Augenblick der Begier! Die Jungfrau,
Die nach dem Manne schmachtet, erweckt ihren Schoß zu maßlosen Freuden
Heimlich im Schatten ihrer Kammer; der Jüngling, von freudiger Lust
Ausgeschlossen, vergißt zu zeugen, und zaubert verbuhlte Bilder
In die Schatten der Vorhänge und die Falten des stummen Kissens.
Sind das nicht die Stätten der Religion, das Entgelt der Keuschheit,
Selbstgenüsse des Sichverleugnens? Warum suchst du Religion?
Ists, weil Taten nicht lieblich sind, daß du die Einsamkeit suchst,
Wo die schreckliche Finsternis voll ist von Spieglungen der Begier?
Vater der Eifersucht, sei von der Erde verflucht!
Warum lehrtest du meinen Theotormon solch schändliches Zeug?
Bis die Schönheit von meinen Schultern schwindet, verworfen, verblaßt,
Ein einsamer Schatten, wehklagend am Rande des Nichtseins.

I cry, Love! Love! Love! happy happy Love! free as the mountain wind!
Can that be Love, that drinks another as a sponge drinks water?
That clouds with jealousy his nights, with weepings all the day:
To spin a web of age around him, grey and hoary! dark!
Till his eyes sicken at the fruit that hangs before his sight?
Such is self-love that envies all! a creeping skeleton
With lamplike eyes watching around the frozen marriage bed.

But silken nets and traps of adamant will Oothoon spread,
And catch for thee girls of mild silver, or of furious gold;
I'll lie beside thee on a bank & view their wanton play
In lovely copulation bliss on bliss with Theotormon:
Red as the rosy morning, lustful as the first born beam,
Oothoon shall view his dear delight, nor e'er with jealous cloud
Come in the heaven of generous love; nor selfish blightings bring.

Does the sun walk in glorious raiment on the secret floor
Where the cold miser spreads his gold? or does the bright cloud drop
On his stone threshold? does his eye behold the beam that brings
Expansion to the eye of pity? or will he bind himself
Beside the ox to thy hard furrow? does not that mild beam blot
The bat, the owl, the glowing tyger, and the king of night?
The sea fowl takes the wintry blast, for a covering to her limbs:
And the wild snake the pestilence to adorn him with gems & gold,
And trees & birds & beasts & men behold their eternal joy.
Arise you little glancing wings and sing your infant joy!
Arise and drink your bliss, for every thing that lives is holy!»

Thus every morning wails Oothoon, but Theotormon sits
Upon the margined ocean conversing with shadows dire.

The Daughters of Albion hear her woes, & echo back her sighs.

Ich rufe: Liebe! Liebe! frohe Liebe; frei wie der Bergwind!
Kann das Liebe sein, was den anderen aufsaugt wie ein Schwamm Wasser,
Was mit Eifersucht die Nächte umwölkt, mit Weinen den Tag,
Um ein Gewebe des Alters um ihn zu spinnen, aschgrau und dunkel,
Bis seine Augen erblöden über der Frucht vor seinem Blick?
Selbstliebe ist das, die alles neidet, ein kriechendes Gerippe
Mit lampengleichen Augen, lauernd rings um das eisige Ehbett!

Aber seidne Netze und Fallen aus Demant wird Oothoon stellen
Und Mädchen für dich fangen von sanftem Silber und feurigem Gold.
Ich werde neben dir liegen und ihrem mutwilligen Spiele zuschaun
In lieblichem Bunde, Wonne um Wonne, mit Theotormon:
Rot wie der rosige Morgen, lustvoll wie der erste Strahl
Wird Oothoon sein teures Entzücken schaun, nie mit eifersüchtgem Gewölk
Dem Himmel großmütiger Liebe nahn, noch selbstischen Gifthauch bringen.

Wandelt die Sonne in prachtvollem Kleid durch die verborgene Kammer,
Wo der kalte Geizhals sein Gold zählt; tropft die lichte Wolke
Auf seine Steinschwelle? Sieht sein Auge den Strahl, der das Auge des Mitleids
Weitet; oder wird er sich selbst anschirren neben dem Ochsen
Zu deiner harten Furche? Löscht nicht jener sanfte Strahl
Die Fledermaus, die Eule, den feurigen Tiger und König der Nacht aus?
Die Seemöwe nimmt den Wintersturm als Bekleidung ihrer Glieder,
Die wilde Schlange die Pest, um sich mit Gold und Steinen zu schmücken;
Und Bäume und Vögel und Vieh und Mensch schaun ihre ewige Freude!
Auf, ihr kleinen glänzenden Flügel und singt eure kindliche Freude!
Auf, und trinkt eure Seligkeit, denn alles, was lebt, ist heilig!»

So klagt Oothoon jeden Morgen; doch Theotormon sitzt
Am Gestade des Ozeans und spricht mit gräßlichen Schatten.

Die Töchter Albions hören ihr Klagen und hallen ihr Seufzen zurück.

AND DID those feet in ancient time
Walk upon England's mountains green:
And was the holy Lamb of God
On England's pleasant pastures seen?

And did the Countenance Divine
Shine forth upon our clouded hills?
And was Jerusalem builded here,
Among these dark Satanic Mills?

Bring me my Bow of burning gold:
Bring me my Arrows of desire:
Bring me my Spear: O clouds unfold:
Bring me my Chariot of Fire!

I will not cease from Mental Fight,
Nor shall my Sword sleep in my hand:
Till we have built Jerusalem,
In England's green & pleasant Land.

Sah man den fuss in alter zeit
Auf Englands grünen bergen gehn?
Und ward das heilige gotteslamm
Auf Englands weiden je gesehn?

Schien je das göttliche gesicht
Auf diese hügel wolkenschwer?
Und ward Jerusalem hier erbaut
Um dunkle satansmühlen her?

Bringt meinen bogen brennendgold!
Bringt meine pfeile der begehr!
Bringt meinen speer! o wolkenspalt!
Bringt meinen feuerwagen her!

Nicht lass ich ab vom geistgefecht.
Noch schlaf das schwert mir in der hand
Bis wir Jerusalem erbaut
In Englands grünem schönem Land.

William Wordsworth

My heart leaps up when I behold
    A rainbow in the sky:
So was it when my life began;
So is it now I am a man;
So be it when I shall grow old,
    Or let me die!
The Child is father of the Man;
And I could wish my days to be
Bound each to each by natural piety.

I WANDERED lonely as a cloud
That floats on high o'er vales and hills,
When all at once I saw a crowd,
A host, of golden daffodils;
Beside the lake, beneath the trees,
Fluttering and dancing in the breeze.

Continuous as the stars that shine
And twinkle on the milky way
They stretched in never-ending line
Along the margin of a bay:
Ten thousand saw I at a glance
Tossing their heads in sprightly dance.

The waves beside them danced; but they
Out-did the sparkling waves in glee:
A poet could not but be gay,
In such a jocund company:
I gazed – and gazed – but little thought
What wealth the show to me had brought;

For oft, when on my couch I lie
In vacant or in pensive mood,
They flash upon that inward eye

William Wordsworth

Mir hüpft das Herz, seh ich im Blau
    Den Regenbogen stehn:
So wars, als ich mein Sein begann,
So ist es nun, da ich ein Mann,
So sei es, wenn ich alt und grau,
    Sonst laßt mich gehn!
Das Kind ist Vater doch dem Mann;
Und ich wünsch mir, daß Tag dem Tag
Die Andacht der Natur verbinden mag.

Wie einsam über Berg und Tal
Die Wolke in der Höhe streicht,
Ging ich – und sah mit einemmal
Ein Heer von Goldnarzissen leicht
Sich wiegen, flattern im Geweh
Unter den Bäumen, nah am See.

Zusammenschmelzend wie der Schein
Des milchig hellen Sternenpfads
Ziehn sie in endlos langen Reihn
Sich hin am Bogen des Gestads:
Zehntausend sah ich stehn im Glanz,
Die Häupter schüttelnd im lichten Tanz.

Die Wellen tanzten, sprühten Licht:
Sie gaben freudenhelleren Schein!
Da konnt ein Dichter anders nicht
Als fröhlich mit den Frohen sein.
Ich schaute – schaute – unbedacht,
Wie reich mich diese Schau gemacht:

Oft, wenn ich mich zu ruhn anschick,
Halb sinnend, halb zum Traum bereit,
Aufleuchten sie dem innern Blick,

Which is the bliss of solitude;
And then my heart with pleasure fills,
And dances with the daffodils.

Lines

Composed a Few Miles Above Tintern Abbey, On Revisiting the Banks of the Wye During a Tour, July 13, 1798.

Five years have past; five summers, with the length
Of five long winters! and again I hear
These waters, rolling from their mountain-springs
With a soft inland murmur. – Once again
Do I behold these steep and lofty cliffs,
That on a wild secluded scene impress
Thoughts of more deep seclusion, and connect
The landscape with the quiet of the sky.
The day is come when I again repose
Here, under this dark sycamore, and view
These plots of cottage-ground, these orchard-tufts,
Which at this season, with their unripe fruits,
Are clad in one green hue, and lose themselves
'Mid groves and copses. Once again I see
These hedge-rows, hardly hedge-rows, little lines
Of sportive wood run wild: these pastoral farms,
Green to the very door; and wreaths of smoke
Sent up, in silence, from among the trees!
With some uncertain notice, as might seem
Of vagrant dwellers in the houseless woods,
Or of some hermit's cave, where by his fire
The Hermit sits alone.
These beauteous forms,
Through a long absence, have not been to me
As is a landscape to a blind man's eye:
But oft, in lonely rooms, and 'mid the din
Of towns and cities, I have owed to them,

Dem Geistesglück der Einsamkeit –
Dann tut mein Herz, an Freude reich,
Im Tanz es den Narzissen gleich!

Zeilen

geschrieben einige Meilen oberhalb Tintern Abbey
beim erneuten Besuch der Ufer des Wye
während eines Ausflugs am 13. Juli 1798.

Fünf Jahre sind vorbei; fünf Sommer mit der Länge
Fünf langer Winter! und ich höre wieder
Von ihrem Bergquell diese Wasser strömen
Mit sanftem Binnenrauschen. – Wieder neu
Seh ich die schroffen hochgetürmten Felsen
Den einsam wilden Ort mit Ahnung füllen
Von tieferer Einsamkeit; und ich verbinde
Die Landschaft mit des Himmels stillem Raum.
Der Tag ist da, an dem ich hier im Schatten
Des dunklen Ahornbaumes wieder ruhend
Die Flecken Gartenland, die Obstbaumwäldchen schaue,
Zu dieser Jahreszeit unreifer Frucht
Ein einziger grüner Ton, der in Gehölz
Und Dickicht sich verliert. Ich sehe wieder
Die Heckenzeilen, Hecken kaum, nur kleine
Vorwitzige Streifen Wildwuchs; die Gehöfte
Grün bis zur Tür hin; und ein Rauchgeringel,
Das aus den Bäumen still zum Himmel steigt
Und ungewisse Kunde gibt – vielleicht
Von Gauklervolk in häuserlosen Wäldern,
Von einer Klausnerhöhle, wo am Feuer
Der Klausner einsam sitzt.
Und diese Formen
Des Schönen warn in langer Ferne mir
Nicht so wie Landschaft ist für blinde Augen:
Im stillen Zimmer oft, und im Getöse
Der Märkte oder Städte dankt ich ihnen

In hours of weariness sensations sweet,
Felt in the blood, and felt along the heart,
And passing even into my purer mind,
With tranquil restoration: – feelings too
Of unremembered pleasure: such perhaps,
As have no slight or trivial influence
On that best portion of a good man's life,
His little, nameless, unremembered acts
Of kindness and of love. Nor less, I trust
To them I may have owed another gift,
Of aspect more sublime; that blessèd mood,
In which the burthen of the mystery,
In which the heavy and the weary weight
Of all this unintelligible world
Is lightened: – that serene and blessèd mood,
In which the affections gently lead us on –
Until, the breath of this corporeal frame
And even the motion of our human blood
Almost suspended, we are laid asleep
In body, and become a living soul;
While with an eye made quiet by the power
Of harmony, and the deep power of joy,
We see into the life of things.
If this
Be but a vain belief, yet, oh! how oft –
In darkness and amid the many shapes
Of joyless daylight; when the fretful stir
Unprofitable, and the fever of the world,
Have hung upon the beatings of my heart –
How oft, in spirit, have I turned to thee,
O sylvan Wye! thou wanderer through the woods,
How often has my spirit turned to thee!
And now, with gleams of half-extinguished thought,
With many recognitions dim and faint,
And somewhat of a sad perplexity,
The picture of the mind revives again:
While here I stand, not only with the sense
Of present pleasure, but with pleasing thoughts

In trüben, matten Stunden süßes Fühlen,
Im Blut gespürt, und auch gespürt im Herzen,
Hinüberfließend in den reineren Geist
Zu stiller Stärkung: – und dazu Gefühle
Von längstvergessener Freude, wie sie wohl
Keinen geringen, schalen Einfluß haben
Auf jenes Beste eines guten Menschenlebens,
Die kleinen, namenlosen, unverbuchten Taten
Der Lieb und Güte. Und nicht minder dank
Ich ihnen ein Geschenk, erhabener
Von Erscheinung: jene selige Stimmung,
Wenn uns die Bürde des Mysteriums,
Wenn uns die mühevolle, schwere Last
Der ganzen unbegreiflich fremden Welt
Erleichtert ist: die selige, heitere Stimmung,
Wenn die Empfindung uns sanft mit sich führt
Bis wir, des Atems dieser Körperhülle
Und selbst der Regung unseres Menschenbluts
Fast schon enthoben, körperlich in Schlaf
Gesunken, ganz lebendige Seele werden,
Während das Auge, still durch Übermacht
Von Harmonie und tiefer Freudenkraft
Ins Sein der Dinge blickt.
Wenn dies
Nur eitles Wähnen wäre – o, wie oft,
Im Dunkel oder unter all den Schatten
Freudlosen Tageslichts, wenn mürrisch das Gedränge
Und unnütz, wenn das Fieber dieser Welt
Mir schwer am Schlage meines Herzens hing –
Wie oft, im Geist, kehrte ich heim zu dir,
Baumreicher Wye! du Wanderer durch die Wälder,
Wie oft hat sich mein Geist dir zugekehrt!
Und nun, im Schimmer halberloschenen Denkens,
Mit manchem schwachen, dämmernden Erkennen,
Mit etwas wie von Trauer und Bestürzung
Lebt dieses Bild der Seele wieder auf:
Da ich hier steh, nicht nur in dem Gefühl
Des gegenwärtigen Glücks, nein, auch in froher Ahnung,

That in this moment there is life and food
For future years. And so I dare to hope,
Though changed, no doubt, from what I was when first
I came among these hills; when like a roe
I bounded o'er the mountains, by the sides
Of the deep rivers, and the lonely streams,
Wherever nature led: more like a man
Flying from something that he dreads than one
Who sought the thing he loved. For nature then
(The coarser pleasures of my boyish days,
And their glad animal movements all gone by)
To me was all in all. – I cannot paint
What then I was. The sounding cataract
Haunted me like a passion: The tall rock,
The mountain, and the deep and gloomy wood,
Their colours and their forms, were then to me
An appetite; a feeling and a love,
That had no need of a remoter charm,
By thought supplied, nor any interest
Unborrowed from the eye. – That time is past,
And all its aching joys are now no more,
And all its dizzy raptures. Not for this
Faint I, nor mourn nor murmur; other gifts
Have followed; for such loss, I would believe,
Abundant recompense. For I have learned
To look on nature, not as in the hour
Of thoughtless youth; but hearing oftentimes
The still, sad music of humanity,
Nor harsh nor grating, though of ample power
To chasten and subdue. And I have felt
A presence that disturbs me with the joy
Of elevated thoughts; a sense sublime
Of something far more deeply interfused,
Whose dwelling is the light of setting suns
And the round ocean and the living air,
And the blue sky, and in the mind of man:
A motion and a spirit, that impels
All thinking things, all objects of all thought,

Daß dieser Augenblick für künftige Jahre
Nahrung und Leben birgt; dies darf ich hoffen,
Obschon ein anderer heut als er, der einst
Zu diesen Hügeln kam – über die Höhen schweifend
Und springend wie ein Reh, und längs den Ufern
Der tiefen Flüsse und der stillen Ströme,
Wohin Natur mich führte: eher wie einer,
Der etwas floh, vor dem ihm bangt, als einer,
Der suchte, was er liebt; war doch Natur
(Da mir die derbere Lust der Knabentage
Verging, des jungen Tieres munteres Tollen)
Mein Ein und Alles. Nein, ich kann nicht malen
Das, was ich damals war. Des Kataraktes Tosen
Verfolgte mich wie eine Leidenschaft; der Fels
In seiner Steile, das Gebirg, der düstere Wald,
Ihr Farbton, ihre Form war damals mir
Eine Begierde – Liebe und Gefühl,
Die keines Zaubers von weither bedurften,
Wie Denken ihn gewährt, und keines Reizes,
Der nicht vom Auge kam. – Vorbei die Zeit,
All ihre Freudenqualen sind vorbei,
Ihr schwindelndes Entzücken. Doch nicht klagen
Will ich darum, nicht murren: andre Gaben folgten –
Für den Verlust, so glaub ich gern,
Vergütung überreich. Denn lernen durft ich
Anders Natur zu schaun als in den Stunden
Gedankenloser Jugend; oft der stillen
Und ernsten Melodie des Menschseins lauschend,
Die ohne schrillen Ton, mit tiefer Macht
Bezwingt und läutert. Und ich spürte
Freudig erregend eine Gegenwart, erfüllt
Von hohem Denken; ein erhabenes Ahnen
Von etwas, das, viel tiefer noch verwoben,
Im Leuchten untergehnder Sonnen wohnt,
Im Rund des Ozeans, in lebendiger Luft,
Im Blau des Himmels, in der Menschen Sinn;
Eine Bewegung und ein Geist, der jedes
Denkende Ding und jedes, das gedacht wird,

And rolls through all things. Therefore am I still
A lover of the meadows and the woods,
And mountains; and of all that we behold
From this green earth; of all the mighty world
Of eye, and ear, – both what they half create,
And what perceive; well pleased to recognize
In nature and the language of the sense
The anchor of my purest thoughts, the nurse,
The guide, the guardian of my heart, and soul
Of all my moral being.
Nor perchance,
If I were not thus taught, should I the more
Suffer my genial spirits to decay:
For thou art with me here upon the banks
Of this fair river; thou my dearest friend,
My dear, dear friend; and in thy voice I catch
The language of my former heart, and read
My former pleasures in the shooting lights
Of thy wild eyes. Oh! yet a little while
May I behold in thee what I was once,
My dear, dear sister! and this prayer I make,
Knowing that Nature never did betray
The heart that loved her; 'tis her privilege,
Through all the years of this our life, to lead
From joy to joy: for she can so inform
The mind that is within us, so impress
With quietness and beauty, and so feed
With lofty thoughts, that neither evil tongues,
Rash judgments, nor the sneers of selfish men,
Nor greetings where no kindness is, nor all
The dreary intercourse of daily life
Shall e'er prevail against us, or disturb
Our cheerful faith that all which we behold
Is full of blessings. Therefore let the moon
Shine on thee in thy solitary walk;
And let the misty mountain-winds be free
To blow against thee: and, in after years,
When these wild ecstasies shall be matured

Treibt, und durchströmt sie alle. Darum bleib ich
Stets Liebender der Wälder und der Wiesen,
Der Berge auch, all dessen, was wir sehn
Von dieser grünen Erde; all der großen Welt
Von Aug und Ohr – Welt, die sie halb erschaffen
Und halb erkennen; froh bereit, in der Natur
Und in der Sinnensprache meines reinsten Denkens
Anker zu finden, meines Herzens Amme,
Geleit und Lenkerin und wahre Seele
All meines inneren Seins.
Und wär ich auch
Nicht so belehrt, ich ließe darum doch
Nicht zu, daß mir mein Lebensgeist verfiele:
Denn du bist hier mit mir an diesen Ufern
Des schönen Stroms, du meine liebste Freundin,
Mir aller-, allerliebst. In deinen Worten hör ich
Die Sprache meines früheren Herzens, sehe,
Wie meine frühere Lust dir aus dem Leuchten
Der wilden Augen bricht. O, eine Weile noch
Laß mich in dir, was ich einst war, betrachten,
Du liebe, liebe Schwester! darum bet ich,
Wissend, daß niemals die Natur ein Herz
Betrog, das liebend auf sie baut: ihr Vorrecht ists,
Durch all die Jahre unseres Seins von Freude
Zu Freude uns zu führen; sie kann so
Den Geist in uns beseelen, so ihn prägen
Mit Schönheit und mit Stille, ihn so nähren
Mit hohem Denken, daß nicht böse Zungen,
Nicht eigennütziger Hohn, vorschnelles Urteil,
Nicht Umgang ohne Herzlichkeit, noch all
Der freudlose Verkehr des Alltags je
Uns übermannen könnte und den heiteren Glauben
In uns ertöten an die Segensfülle
In allem, was wir sehn. Drum laß den Mond
Dir auf einsamen Wanderwegen scheinen,
Laß von des Bergwinds Nebelhauch
Dich frei umstreichen; und in späteren Jahren,
Wenn dies wilde Entzücken dir gereift ist

Into a sober pleasure; when thy mind
Shall be a mansion for all lovely forms,
Thy memory be as a dwelling-place
For all sweet sounds and harmonies; oh! then,
If solitude, or fear, or pain, or grief,
Should be thy portion, with what healing thoughts
Of tender joy wilt thou remember me,
And these my exhortations! Nor, perchance –
If I should be where I no more can hear
Thy voice, nor catch from thy wild eyes these gleams
Of past existence – wilt thou then forget
That on the banks of this delightful stream
We stood together; and that I, so long
A worshipper of nature, hither came
Unwearied in that service; rather say
With warmer love – oh! with far deeper zeal
Of holier love. Nor wilt thou then forget
That after many wanderings, many years
Of absence, these steep woods and lofty cliffs,
And this green pastoral landscape, were to me
More dear, both for themselves and for thy sake!

A slumber did my spirit seal;
I had no human fears:
She seemed a thing that could not feel
The touch of earthly years.

No motion has she now, no force,
She neither hears nor sees;
Rolled round in earth's diurnal course
With rocks, and stones, and trees.

She dwelt among the untrodden ways
  Beside the springs of Dove,
A maid whom there were none to praise
  And very few to love:

Zu maßvollerer Freude, wenn dein Geist
Behausung ist für alle schönen Formen,
Und eine Heimstatt dein Gedächtnis
Für allen Wohlklang, alle Harmonie: o dann,
Wird Einsamkeit, Angst, Kummer oder Pein
Dein Teil, mit wieviel heilender Besinnung
Zärtlicher Freude wirst du mein gedenken
Und dieses Zuspruchs! Noch wirst du, vielleicht –
Bin ich erst dort, wo deine Stimme mir verstummt,
Wo ich nicht schöpfen darf aus deinem wilden Auge
Den Glanz verflossenen Daseins – noch wirst du vergessen,
Daß an den Ufern dieses schönen Flusses
Wir beide standen; und daß ich, seit langem
Anbeter der Natur schon, hierher kam
In ihrem Dienste unermüdet, ja, viel eher
Mit wärmerer Liebe – o, mit tieferer Inbrunst
Heiliger Liebe; und wirst nicht vergessen,
Daß mir nach vielem Wandern, vielen Jahren
Der Ferne dieser Wald und Fels so hoch
Und diese grüne Hirtenlandschaft teurer
Um ihrer selbst war'n, und um deinetwillen!

Mir schloss ein Schlummer meinen Geist,
Ich ließ die Ängste fahren:
Sie schien ein Ding, so losgelöst
Vom Druck der Erdenjahre.

Nun hat sie weder Trieb noch Kraft,
Kann hören nicht, noch schaun;
Vom Schwung des Erdrunds mitgerafft
Samt Fels und Stein und Baum.

Sie wohnte, wo wegloser Grund
Den Quell des Dove umgibt,
Ein Kind, gerühmt von keinem und
Von wenigen nur geliebt:

A violet by a mossy stone
  Half hidden from the eye!
– Fair as a star, when only one
  Is shining in the sky.

She lived unknown, and few could know
  When Lucy ceased to be;
But she is in her grave, and, oh,
  The difference to me!

Composed upon Westminster Bridge September 3, 1802

Earth has not anything to show more fair.
Dull would he be of soul who could pass by
A sight so touching in its majesty;
The City now doth, like a garment, wear
The beauty of the morning: silent, bare,
Ships, towers, domes, theatres, and temples lie
Open unto the fields, and to the sky,
All bright and glittering in the smokeless air.
Never did sun more beautifully steep
In his first splendour valley, rock, or hill;
Ne'er saw I, never felt, a calm so deep!
The river glideth at his own sweet will;
Dear God, the very houses seem asleep,
And all that mighty heart is lying still!

It is a beauteous evening, calm and free.
The holy time is quiet as a Nun
Breathless with adoration; the broad sun
Is sinking down in its tranquillity;
The gentleness of heaven broods o'er the sea;
Listen! the mighty Being is awake,
And doth with his eternal motion make
A sound like thunder – everlastingly.

Ein Veilchen, das ein moosiger Stein
Dem Aug verborgen hält, –
Schön wie ein Stern, wenn er allein
Erstrahlt am Himmelszelt.

Verborgen wuchs und blühte sie.
Kaum einer wohl erfuhr,
Daß sie begraben ward so früh –
Doch ich, wie trag ichs nur.

Auf der Westminster Bridge
3. September 1802

Nichts Schöneres hat die Erde aufzuweisen:
Stumpf wär an Seele, wer da weitergeht
Unangerührt von soviel Majestät;
Nun trägt die Stadt, wie eines Kleides Reize,
Die Morgenschönheit: blank und schweigend
Liegt Schiff, Turm, Dom und Tempel, unbegrenzt
Offen zum Land hin, und zum Firmament,
Rauchlos im Blau hellglitzernd hingebreitet.
Nie hat die Sonne herrlicher getränkt
Im ersten Glanze Tal und Fels und Flur,
Nie wurde tiefere Stille mir geschenkt!
Nach eigenem, sanftem Willen strömt die Flut;
Gott! selbst die Häuser sind in Schlaf versenkt,
Und dieses allgewaltige Herz, es ruht.

Es ist ein schöner Abend, still und frei.
Die heilige Zeit, so ruhig wie eine Nonne
In Andacht, atmet kaum; die große Sonne
Versinkt und geht in ihre Stille ein.
Über der See schwebt Himmels-Seligkeit:
Hör doch! wie das allmächtige Wesen wacht,
Wie es sich ewig regt, und seine Regung macht
Ein Tosen wie von Donner – allezeit.

Dear Child! dear Girl! that walkest with me here,
If thou appear untouched by solemn thought,
Thy nature is not therefore less divine:
Thou liest in Abraham's bosom all the year;
And worship'st at the temple's inner shrine,
God being with thee when we know it not.

THE WORLD IS TOO MUCH WITH US; late and soon
Getting and spending, we lay waste our powers:
Little we see in Nature that is ours;
We have given our hearts away, a sordid boon!
This sea that bares her bosom to the moon,
The winds that will be howling at all hours,
And are up-gathered now like sleeping flowers:
For this, for everything, we are out of tune.
It moves us not. – Great God! I'd rather be
A Pagan suckled in a creed outworn;
So might I, standing on this pleasant lea,
Have glimpses that would make me less forlorn;
Have sight of Proteus rising from the sea;
Or hear old Triton blow his wreathèd horn.

Steamboats, Viaducts and Railways

Motions and Means, on land and sea at war
With old poetic feeling, not for this,
Shall ye, by Poets even, be judged amiss!
Nor shall your presence, howsoe'er it mar
The loveliness of Nature, prove a bar
To the Mind's gaining that prophetic sense
Of future change, that point of vision, whence
May be discovered what in soul ye are.
In spite of all that beauty may disown
In your harsh features, Nature doth embrace
Her lawful offspring in Man's art; and Time,
Pleased with your triumphs o'er hos brother Space,

Kind, liebes Kind an meiner Seite: bist
Du unberührt von solch erhabener Sicht?
Nicht minder göttlich ist dein Wesen drum.
Du ruhst in Abrahams Schoß zu jeder Frist,
Kniest vor des Tempels innerem Heiligtum –
Gott ist um dich, und wir, wir wissens nicht.

Um uns ist zuviel Welt: tagein, tagaus
Verzehrn wir uns im Raffen und Vergeuden;
Sehn nichts in der Natur, das unser eigen –
Das Herz gaben wir fort in schäbigem Tausch!
Die See, die ihre Brust dem Mond darbringt,
Die Winde, die sonst alle Stunden rasen,
Doch jetzt gesammelt, wie die Blumen, schlafen –
Für dies, für alles, sind wir falsch gestimmt.
Es rührt uns nicht. Gott, daß ich Heide wär,
Gesäugt von einem Glauben, der längst fiel –
Ich schaute noch den Schimmer alter Mär
Am heiteren Strand, und stände nicht verlorn:
Säh Proteus, meerentstiegen, und das Spiel
Des alten Triton auf bekränztem Horn.

Dampfschiffe, Viadukte, Eisenbahnen

Mechanisches Menschenwerk, zu Land und Meer
Dem alten Dichterfühlen feind – du sollst darum,
Und selbst von Dichtern, nicht mißachtet sein!
Noch soll je deine Gegenwart, wie sehr sie auch
Die Schönheit der Natur entstellt, den Geist
Abhalten vom prophetischen Sinn
Künftigen Wandels, von erhabener Schau, aus der
Sich, was du bist, im Innersten enthüllt.
Wie immer Schönheit deine harten Züge
Verleugnen mag, in Menschenkunst heißt die Natur
Den eigenen, echten Sproß willkommen; und die Zeit,
Froh des Triumphs über den Raum, den Bruder,

Accepts from your bold hands the proffered crown
Of hope, and smiles on you with cheer sublime.

The Prelude

Oh there is blessing in this gentle breeze
That blows from the green fields and from the clouds
And from the sky: it beats against my cheek,
And seems half-conscious of the joy it gives.
O welcome messenger! O welcome friend!
A captive greets thee, coming from a house
Of bondage, from yon City's walls set free,
A prison where he hath been long immured.
Now I am free, enfranchised and at large,
May fix my habitation where I will,
What dwelling shall receive me? In what vale
Shall be my harbour? Underneath what grove
Shall I take up my home, and what sweet stream
Shall with its murmur lull me to my rest?
The earth is all before me: with a heart
Joyous, nor scared at its own liberty,
I look about, and should the guide I choose
Be nothing better than a wandering cloud,
I cannot miss my way. I breathe again;
Trances of thought and mountings of the mind
Come fast upon me: it is shaken off,
As by miraculous gift 'tis shaken off,
That burthen of my own unnatural self,
The heavy weight of many a weary day
Not mine, and such as were not made for me.
Long months of peace (if such bold word accord
With any promises of human life),
Long months of ease and undisturbed delight
Are mine in prospect; whither shall I turn
By road or pathway or through open field,
Or shall a twig or any floating thing

Da sie aus deiner kühnen Hand die Hoffnungskrone
Empfängt, sie lächelt dir mit hohem Beifall zu.

Das Präludium

Der Aufbruch

Oh, es ist Segen in dem milden Windhauch,
Der her von grünen Feldern weht, von Wolken
Und Himmel: auf die Wange bläst er mir
Wie halb bewußt der Freude, die er bringt.
Willkommner Bote! Oh willkommner Freund!
Ein Häftling grüßt dich hier, der aus der Knechtschaft
Entkam, entfloh den Mauern jener Stadt,
Die lange wie ein Kerker ihn umschloß.
Nun bin ich frei, entlassen, freigegeben,
Kann mir den Wohnsitz wählen, wo ich will.
Wo ist der Ort, der mich empfängt, das Tal,
Das mir Behausung wird? In welchem Forst
Nist ich mich ein? Und welcher sanfte Bach
Wird mich mit seinem Lied zur Ruhe singen?
Die Erde liegt vor mir. Mit einem Herzen
Voll Freude, unbedrückt vom neuen Freisein
Blick ich um mich; wär auch nichts Besseres
Mir Führer als ein leichtes Wanderwölkchen,
Im Weg kann ich nicht irrn, ich atme wieder!
Gedankendämmern, Geistes Überquellen
Kommt über mich: ja, abgeschüttelt ist er,
Gleichsam durch Geisterhand von mir genommen,
Der Druck der Selbst- und der Naturentfremdung,
Die schwere Last von manchem müden Tag,
Der mein nicht war, und nicht für mich gemacht.
Monde des Friedens (wenn so kühnes Wort
Dem zukommt, was der Mensch erhoffen darf),
Monde der Ruh und ungestörten Glücks
Sind meine Aussicht; wohin wend ich mich,
Auf Pfad, auf Straße oder offnes Feld?
Oder soll mir ein Ast, soll mir ein Treibgut,

Upon the river, point me out my course?
  Enough that I am free; for months to come
May dedicate myself to chosen tasks;
May quit the tiresome sea and dwell on shore,
If not a settler on the soil, at least
To drink wild water, and to pluck green herbs,
And gather fruits fresh from their native bough.
Nay more, if I may trust myself, this hour
Hath brought a gift that consecrates my joy;
For I, methought, while the sweet breath of heaven
Was blowing on my body, felt within
A corresponding mild creative breeze,
A vital breeze which travelled gently on
O'er things which it had made, and is become
A tempest, a redundant energy
Vexing its own creation. 'Tis a power
That does not come unrecognized, a storm,
Which, breaking up a long-continued frost
Brings with it vernal promises, the hope
Of active days, of dignity and thought,
Of prowess in an honourable field,
Pure passions, virtue, knowledge, and delight,
The holy life of music and of verse.

ONE EVENING (surely I was led by her)
I went alone into a shepherd's boat,
A skiff that to a willow tree was tied
Within a rocky cave, its usual home.
'Twas by the shores of Patterdale, a vale
Wherein I was a stranger, thither come
A school-boy traveller, at the holidays
Forth rambled from the village inn alone.
No sooner had I sight of this small skiff,
Discovered thus by unexpected chance,
Than I unloosed her tether and embarked.

Das auf dem Flusse schwimmt, die Richtung weisen?
Das Freisein ist genug; genug, daß ich
Für Monate mein Werk mir wählen darf,
Das öde Meer verlassen und am Ufer wohnen,
Zwar nicht als Siedler auf der Scholle, aber
Mit Trunk vom Quell, mit Sammeln grüner Kräuter,
Mit Früchten, frisch gepflückt vom Gartenbaum.
Nein, mehr noch: diese Stunde, seh ich recht,
Gab ein Geschenk, das mir die Freude heiligt.
Denn sieh, mir war, da noch der süße Odem
Des Himmels mich umfing, als fühlt im Innern
Ich ein verwandtes schöpferisches Wehen,
Lebendigen Hauch, der milde hinstrich
Auf von ihm selbst erschaffne Dinge, doch
Der nun ein Sturm ward, überschüssige Kraft,
Störend die eigne Zeugung. Eine Macht
Ists, die ich wohl erkenn, ein Frühlingssturm,
Der einen lähmend langen Frost aufbricht
Und Lenzverheißung mit sich bringt, die Hoffnung
Auf tätige Tage, Würde, hohes Denken,
Auf Tapferkeit in einem Feld der Ehre,
Reinheit des Fühlens, Tugend, Wissen, Wonne,
Das heilige Leben von Musik und Vers.

Nächtliche Bootsfahrt

Einstmals zur Nacht (sicher geführt von ihr)
Stieg ich allein in eines Schäfers Boot;
An eine Weide war der Kahn gebunden
In einer Felsengrotte, wo er immer lag.
Am Ufer wars von Patterdale, und fremd
War mir das Tal – ich kam auf Wanderungen
Als Schulbub in den Ferien nur dorthin.
Vom Dorfgasthof hinausgestreift allein,
Hatte ich kaum das kleine Boot erblickt
(Zufällig lags auf einmal mir vor Augen)
Als ich den Strick schon aufband und hineinstieg.

The moon was up, the lake was shining clear
Among the hoary mountains; from the shore
I pushed, and struck the oars and struck again
In cadence, and my little boat moved on
Even like a man who walks with stately step
Though bent on speed. It was an act of stealth
And troubled pleasure; not without the voice
Of mountain-echoes did my boat move on,
Leaving behind her still on either side
Small circles glittering idly in the moon,
Until they melted all into one track
Of sparkling light. A rocky steep uprose
Above the cavern of the willow tree,
And now, as suited one who proudly rowed
With his best skill, I fixed a steady view
Upon the top of that same craggy ridge,
The bound of the horizon, for behind
Was nothing but the stars and the grey sky.
She was an elfin pinnace; lustily
I dipped my oars into the silent lake,
And, as I rose upon the stroke, my boat
Went heaving through the water, like a swan;
When from behind that craggy steep, till then
The bound of the horizon, a huge cliff,
As if with voluntary power instinct,
Upreared its head. I struck, and struck again,
And, growing still in stature, the huge cliff
Rose up between me and the stars, and still,
With measured motion, like a living thing,
Strode after me. With trembling hands I turned,
And through the silent water stole my way
Back to the cavern of the willow tree.
There, in her mooring-place, I left my bark,
And, through the meadows homeward went, with grave
And serious thoughts; and after I had seen
That spectacle, for many days, my brain
Worked with a dim and undetermined sense
Of unknown modes of being; in my thoughts

Der Mond stand hoch, der See erglänzte hell
Zwischen den grauen Bergen; alsbald stieß ich
Vom Ufer ab und schlug die Ruder, schlug
Erneut im Takt; mein Nachen zog dahin
Gleich einem Mann, der würdigen Schrittes schreitet,
Obwohl ers eilig hat. Es war ein Diebstahl
Voll Herzklopfen und Lust; nicht ohne Widerhall
Der Bergesstimme glitt das Boot hinaus,
Und rechts und links war hinter mir im Mondlicht
Gefunkel kleiner, heller Wellenkreise,
Die bald derart verschmolzen, daß der Kahn
Auf einer hellen Lichtspur zog. Ein Felshang
Stieg steil über der Weidengrotte auf,
Und ich – wie sichs für einen Ruderer,
Der stolz ist auf sein Können, ziemt – behielt
Den Gipfel jenes Felsgrats im Visier,
Der den Gesichtskreis abschloß, denn dahinter
Warn nur die Sterne noch und grauer Himmel.
Der Kahn war elfenleicht: ich tauchte munter
Die Ruder ein ins schweigende Gewässer,
Und wenn ich sie vom Schlag erhob, so glitt
Mein Boot flink durch die Wellen wie ein Schwan.
Da reckt auf einmal hinter jenem Felskamm,
Der bisher den Gesichtskreis abschloß, eine Klippe,
Ein mächtiges Felsenriff das Haupt empor,
Als ob ein eigner Wille es belebte.
Noch einmal, zweimal schlug ich mit den Rudern,
Und immer größer wuchs das Riff und türmte
Sich zwischen mir auf und den Sternen. Dabei
Schiens wie ein lebend Ding mich zu verfolgen.
Die Hände bebten mir – und durch das stille Wasser
Stahl ich zurück mich zu der Weidengrotte.
Dort ließ am Ankerplatz den Kahn ich liegen
Und nahm den Weg durch Wiesen heim; sehr ernst
Und tief gedankenvoll; noch viele Tage,
Nachdem das Schauspiel ich gesehn, war mir
Das Hirn erfüllt mit schwebend vager Ahnung
Von unbekannten Daseinsweisen; Dunkel

There was a darkness, call it solitude,
Or blank desertion, no familiar shapes
Of hourly objects, images of trees,
Of sea or sky, no colours of green fields;
But huge and mighty Forms that do not live
Like living men moved slowly through my mind
By day and were the trouble of my dreams.

THE BROOK and road
Were fellow-travellers in this gloomy pass,
And with them did we journey several hours
At a slow step. The immeasurable height
Of woods decaying, never to be decayed,
The stationary blasts of waterfalls,
And everywhere along the hollow rent
Winds thwarting winds, bewildered and forlorn,
The torrents shooting from the clear blue sky,
The rocks that muttered close upon our ears,
Black drizzling crags that spake by the way-side
As if a voice were in them, the sick sight
And giddy prospect of the raving stream,
The unfettered clouds and region of the Heavens,
Tumult and peace, the darkness and the light –
Were all like workings of one mind, the features
Of the same face, blossoms upon one tree,
Characters of the great Apocalypse,
The types and symbols of Eternity,
Of first, and last, and midst, and without end.

War über meinem Denken, nenn es Lähmung
Oder Verlassenheit. Kein wohlvertrautes Bild
Von Alltagsdingen blieb, Gestalt von Bäumen,
Von Meer und Himmel, grüner Felder Farben;
Nur groß-erhabne Formen, deren Leben
Nicht nach des Menschenlebens Weise ist,
Zogen gemessen durch den Geist bei Tag
Und schufen nachts im Traume mir Verwirrung.

Der Simplon-Paß

Wildbach und Straße waren
Uns Weggefährten auf dem düsteren Paß,
Mit denen wir so manche Stunde zogen
Langsamen Schritts. Die Höhe, unermeßlich,
Modriger Wälder, die doch nie vermodern,
Die Wasserfälle, unverrückbar tosend,
In enger Kluft an jeder Wegeskehre
Winde im Widerstreit, verlorene Wirrnis,
Sturzbäche, die aus lichter Bläue schossen,
Felsmassen, die vor unseren Ohren raunten,
Schwarztriefend dicht am Wege steile Zacken,
Mit Zungen redend, und im grausen Schwindel
Der Blick hinab zum rasend wilden Strom,
Hoch oben Wolken, jagend, fessellos,
Tumult und Frieden, Finsternis und Licht –
Sie warn wie *eines* Geistes Wirken, Züge
Eines Gesichts, Blüten von *einem* Baum,
Lettern der *einen* großen Offenbarung
Sinnbilder, Ahnungen von Ewigkeit,
Dessen was ist, und war, und wird, und endet nie.

Samuel Taylor Coleridge

Kubla Khan

In Xanadu did Kubla Khan
A stately pleasure-dome decree:
Where Alph, the sacred river, ran
Through caverns measureless to man
Down to a sunless sea.
So twice five miles of fertile ground
With walls and towers were girdled round;
And there were gardens bright with sinuous rills,
Where blossomed many an incense-bearing tree;
And here were forests ancient as the hills,
Enfolding sunny spots of greenery.

But O, that deep romantic chasm which slanted
Down the green hill athwart a cedarn cover!
A savage place! as holy and enchanted
As e'er beneath a waning moon was haunted
By woman wailing for her demon-lover!
And from this chasm, with ceaseless turmoil seething,
As if this earth in fast thick pants were breathing,
A mighty fountain momently was forced;
Amid whose swift half-intermitted burst
Huge fragments vaulted like rebounding hail,
Or chaffy grain beneath the thresher's flail;
And 'mid these dancing rocks at once and ever
It flung up momently the sacred river.
Five miles meandering with a mazy motion
Through wood and dale the sacred river ran,
Then reached the caverns measureless to man,
And sank in tumult to a lifeless ocean;
And 'mid this tumult Kubla heard from far
Ancestral voices prophesying war!
The shadow of the dome of pleasure
Floated midway on the waves;

Samuel Taylor Coleridge

Kubla Khan

In Xanadu schuf Kubla Khan
Ein Lustschloß, stolz und kuppelschwer,
Wo Alph, das heilige Wasser, floß,
Durch unermessene Höhlen sich ergoß
In sonneloses Meer.
So ward zehn Meilen reicher Grund
Mit Turm und Wall umfriedet rund:
Dort glänzten Gärten von der Bäche Schein,
Dort blühte weihrauchträchtig mancher Baum;
Dort schlugen Wälder, alt wie das Gestein,
Den Mantel um manch sonnengrünen Raum.

Doch oh! die tiefe Schlucht durch Zedernhaine
So schaurig in den grünen Berg geschlagen!
Landschaft so wild! Verwunschen wie sonst keine,
Die je ein Weib im fahlen Mond alleine
Durchirrte, um den Dämon-Liebsten klagend!
Und aus der Kluft, drin endlos Aufruhr kochte,
Als ob der Erde Atem keuchend pochte,
Trieb, jäh aufzuckend, eines Springquells Schwall,
In dessen mächtigem, halbgebrochenem Strahl,
Steinbrocken, wirbelnd, prasselten wie Hagel,
Wie Korn, das hochschnellt unterm Flegelschlage:
Und immer neu, und alle Augenblicke
Sprang auf der Fluß im Tanz der Felsenstücke.
Fünf Meilen dann in Kehr und Gegenkehre
Der heilige Strom durch Wald und Auen floß,
Bis er durch unermessene Höhlen sich ergoß,
Bis tosend er versank im toten Meere.
Und aus dem Toben klang an Kublas Ohr,
Krieg prophezeiend, seiner Ahnen Chor!
Des Freudendomes Schatten schweben
Zitternd mittwegs auf der Welle,

Where was heard the mingled measure
From the fountain and the caves.
It was a miracle of rare device,
A sunny pleasure-dome with caves of ice!

A damsel with a dulcimer
In a vision once I saw:
It was an Abyssinian maid,
And on her dulcimer she played,
Singing of Mount Abora.
Could I revive within me
Her symphony and song,
To such a deep delight 'twould win me,
That with music loud and long,
I would build that dome in air,
That sunny dome! those caves of ice!
And all who heard should see them there,
And all should cry: Beware! Beware!
His flashing eyes, his floating hair!
Weave a circle round him thrice,
And close your eyes with holy dread,
For he on honey-dew hath fed,
And drunk the milk of Paradise.

Frost at Midnight

The Frost performs its secret ministry,
Unhelped by any wind. The owlet's cry
Came loud – and hark, again! loud as before.
The inmates of my cottage, all at rest,
Have left me to that solitude, which suits
Abstruser musings: save that at my side
My cradled infant slumbers peacefully.
'Tis calm indeed! So calm, that it disturbs
And vexes meditation with its strange
And extreme silentness. Sea, hill, and wood,
This populous village! Sea, and hill, and wood,

Wo die Klänge sich verweben
Aus den Höhlen, aus der Quelle.
Ein Wunderwerk, wie man kein zweites weiß:
Besonnter Freudendom, Gewölb aus Eis!

Ein Mädchen hold mit Saitenspiel
Ich einst in einem Traumbild sah:
Es war ein abessinisch Kind,
Das, seine Saiten schlagend, sang
Vom Berge Abora.
Könnt ich erneun, tief innen,
Das Lied, den Saitenklang,
So tiefe Lust wollt ich gewinnen,
Daß ich mit Tönen hell und lang
In Lüften schüf des Domes Pracht,
Den Sonnendom! Gewölb von Eis!
Und wer mich hörte, säh ihn gleich,
Und jeder rief: Habt acht! Habt acht!
Der Haare Wehn, des Blickes Macht!
Dreifach zieht um ihn den Kreis,
In Ehrfurcht eure Augen schließt,
Denn ihn hat Honigtau gespeist,
Er trank die Milch vom Paradies.

Frost um Mitternacht

Der Frost verrichtet sein geheimes Amt,
Und kein Wind hilft. Des Käuzchens Schrei
Kam laut – und horch, nochmals! laut wie zuvor.
Die Hausgenossen alle sind zur Ruh
Und ließen mich der Einsamkeit, Gefährtin
Abstruser Grübelein; nur daß daneben
Mein Kindlein friedlich in der Wiege schläft.
Wie ruhig ist alles! so ruhig, daß das Denken
Verwirrt und aufgewühlt wird von der fremden,
Äußersten Stille. Meer und Berg und Wald
Und das belebte Dorf! Meer, Berg und Wald,

With all the numberless goings-on of life,
Inaudible as dreams! the thin blue flame
Lies on my low-burnt fire, and quivers not;
Only that film, which fluttered on the grate,
Still flutters there, the sole unquiet thing.
Methinks, its motion in this hush of nature
Gives it dim sympathies with me who live,
Making it a companionable form,
Whose puny flaps and freaks the idling spirit
By its own moods interprets, everywhere
Echo or mirror seeking of itself,
And makes a toy of Thought.
But O! how oft,
How oft, at school, with most believing mind,
Presageful, have I gazed upon the bars,
To watch that fluttering *stranger!* and as oft
With unclosed lids, already had I dreamt
Of my sweet birth-place, and the old church-tower,
Whose bells, the poor man's only music, rang
From morn to evening, all the hot Fair-day,
So sweetly, that they stirred and haunted me
With a wild pleasure, falling on mine ear
Most like articulate sounds of things to come!
So gazed I, till the soothing things I dreamt
Lulled me to sleep, and sleep prolonged my dreams!
And so I brooded all the following morn,
Awed by the stern preceptor's face, mine eye
Fixed with mock study on my swimming book:
Save if the door half opened, and I snatched
A hasty glance, and still my heart leaped up,
For still I hoped to see the *stranger's* face,
Townsman, or aunt, or sister more beloved,
My play-mate when we both were clothed alike!
Dear Babe, that sleepest cradled by my side,
Whose gentle breathings, heard in this deep calm,
Fill up the interspersèd vacancies
And momentary pauses of the thought!
My babe so beautiful! it thrills my heart

Des Lebens unablässiges Getriebe,
Unhörbar wie ein Traum. Ein Flämmchen, blau,
Liegt auf dem Rest von Glut und flackert nicht.
Der Flimmer nur, der auf dem Rost erbebte,
Einzig ruhloses Ding, er bebt noch immer.
Sich regend in der Stille der Natur
Ist er mir, der da wacht, dunkel verwandt,
Erscheint mir als gesellige Gestalt,
Deren winzige Flatterei der müßige Geist
Nach seiner eigenen Stimmung deutet, immer
Echo und Spiegel suchend seiner selbst,
Und macht aus Denken Spiel.
Doch, o wie oft,
Zur Schulzeit oft, und mit wie gläubigem Herzen,
Wie ahnungsvoll starrte ich auf die Stäbe,
Sah nach dem *Fremdling,* der da bebte! und wie oft
Erschien im Traum den unverschlossenen Augen
Der liebe Heimatort, der alte Kirchturm,
Von dem – Armen-Musik – die Glocken klangen
Von früh bis nacht am heißen Jahrmarktstag,
So süß, daß sie wie Heimsuchung mich rührten
Zu wilder Wonne, da sie an mein Ohr
Wie klare Botschaft künftiger Dinge drangen!
So starrte ich, bis, was ich lindernd träumte,
In Schlaf mich wiegte, Schlaf zu neuen Träumen!
So sann ich noch den nächsten Morgen lang,
In Furcht, unter des strengen Lehrers Blick, mein Auge
Scheineifrig auf der Seite, die verschwamm;
Nur wenn die Tür sich auftat, schaute ich
Rasch hin – stets schlug das Herz mir höher,
Stets hoffte ich, den *Fremdling* zu erspähen –
Seis Stadtfreund, Tante, lieber noch die Schwester,
Liebste Gespielin meiner Kindertage.

Mein Kindlein, das hier in der Wiege schläft,
Und dessen leiser Atem – in der tiefen Stille
Vernehmbar – all die leeren Räume füllt
Und momentanen Pausen des Gedankens!
Mein Kind so schön! daß mir zärtliche Freude

With tender gladness, thus to look at thee,
And think that thou shalt learn far other lore,
And in far other scenes! For I was reared
In the great city, pent 'mid cloisters dim,
And saw nought lovely but the sky and stars.
But *thou*, my babe! shalt wander like a breeze
By lakes and sandy shores, beneath the crags
Of ancient mountain, and beneath the clouds,
Which image in their bulk both lakes and shores
And mountain crags: so shalt thou see and hear
The lovely shapes and sounds intelligible
Of that eternal language, which thy God
Utters, who from eternity doth teach
Himself in all, and all things in himself.
Great universal Teacher! he shall mould
Thy spirit, and by giving make it ask.
  Therefore all seasons shall be sweet to thee,
Whether the summer clothe the general earth
With greenness, or the redbreast sit and sing
Betwixt the tufts of snow on the bare branch
Of mossy apple-tree, while the nigh thatch
Smokes in the sun-thaw; whether the eave-drops fall
Heard only in the trances of the blast,
Or if the secret ministry of frost
Shall hang them up in silent icicles,
Quietly shining to the quiet Moon.

From Fears in Solitude

The poor wretch who has learned his only prayers
From curses, who knows scarcely words enough
To ask a blessing from his Heavenly Father,
Becomes a fluent phraseman, absolute
And technical in victories and defeats,
And all our dainty terms for fratricide;
Terms which we trundle smoothly o'er our tongues
Like mere abstractions, empty sounds to which

Das Herz durchbebt, da ich dich so betrachte,
Und denke, daß du andere Weisheit einst
An anderen Orten lernst! Denn ich wuchs auf
In jener großen Stadt, gesperrt in trübe Höfe,
Und sah an Schönem Himmel nur und Sterne.
Doch *du*, mein Kind, sollst wandern wie ein Wind
Entlang an Seen, Sandbuchten, felsigen Wänden
Uralter Berge, unter Wolken hin,
In deren Masse See und Strand sich bilden
Und Felsgeklüft: so siehst du und vernimmst
Die schönen Formen, wahrnehmbaren Laute
Von jener ewigen Sprache, die dein Gott
Verkündet, der von Ewigkeit sich selbst
In allem lehrt, und alles Sein in sich.
Der hocherhabene Weltenlehrer forme
Den Geist dir, lehre schenkend dich, zu bitten.
   Süß seien dir drum alle Jahreszeiten,
Ob nun der Sommer die gemeine Erde
Grün kleidet, – ob das Rotkehlchen vom kahlen Zweig
Des moosigen Birnbaums, schon von Schnee betupft,
Sein Liedchen singt, während nachtfeucht, das Strohdach
Zur Sonne dampft, – ob Tropfen fallen aus der Traufe,
Nur hörbar, wenn der Sturm grad Atem holt, –
Oder der Frost, geheimes Amt verrichtend,
Sie unters Dach als stumme Zapfen hängt,
Die still entgegenschimmern stillem Mond.

Aus Ängste in Einsamkeit

Der arme Wicht, der seine einzigen Gebete
Aus Flüchen lernt, der kaum die Worte hat,
Von seinem Himmelsvater Segen zu erflehn,
Wird ein gewandter Sätzeschmied, auftrumpfend,
Fachmann in Siegen und in Niederlagen,
Und all den hübschen Wendungen für Brudermord,
Wendungen, die glatt auf die Lippen kommen
Wie bloße Abstraktionen, leere Laute, denen

We join no meaning and attach no form!
As if the soldier died without a wound;
As if the fibres of this godlike frame
Were gored without a pang; as if the wretch
Who fell in battle, doing bloody deeds,
Passed off to Heaven translated, and not killed;
As though he had no wife to pine for him,
No God to judge him.

To the Author of «The Robbers»

Schiller! that hour I would have wished to die,
If through the shuddering midnight I had sent
From the dark dungeon of the Tower time-rent
That fearful voice, a famished father's cry –
  Lest in some after-moment aught more mean
Might stamp me mortal! A triumphant shout
Black horror screamed, and all her goblin rout
Diminished shrunk from the more withering scene!
  Ah! Bard tremendous in sublimity!
Could I behold thee in thy loftier mood
Wandering at eve with finely frenzied eye
Beneath some vast old tempest-swinging wood!
Awhile with mute awe gazing I would brood:
Then weep aloud in a wild ecstasy!

From the German

Know'st thou the land where the pale citrons grow,
The golden fruits in darker foliage glow?
Soft blows the wind that breathes from that blue sky!
Still stands the myrtle and the laurel high!
Know'st thou it well, that land, belovèd friend?
Thither with thee, O, thither would I wend!

Wir weder Sinn beimessen noch Gestalt!
Als ob so ein Soldat ganz ohne Wunde stürbe;
Als wärn die Fasern dieses gottgleichen Gebildes
Ganz ohne Pein durchbohrt; als ob der arme Teufel,
Nach blutigen Taten im Gefecht gefallen,
Zum Himmel führ – entrückt, und nicht gemordet –;
Als hätte er kein Weib, ihn zu beweinen,
Und keinen Gott, um ihn zu richten.

An den Autor der «Räuber»

Du hättest sterben sollen in der Stunde,
O Schiller, als du aus des Vaters Munde
Um Mitternacht aus jenem grauen Turm
Die fürchterliche Stimme in den Sturm
Ertönen ließest, daß die spätere Zeit
Den Stempel dir gemeiner Sterblichkeit
Nicht auf die Stirne drücke! Wie Triumph
Halb, halb wie grauser Fluch erscholl es dumpf;
Dein Genius sprach, es wagten nicht dazwischen
Profane Stimmen ihren Klang zu mischen.
O mächtiger Sänger, fürchterlich erhabner,
Könnt ich dich sehn, wie in der Seele Schwung
Du wandernd um dich schaust mit Seherblicken,
Bald schweigend, ein in Sinnen tief Begrabner:
Zu dir aufschaut' ich in Begeisterung,
Bald wieder hoch aufjauchzt' ich in Entzücken.

Aus dem Deutschen

Kennst du das Land, wo die Zitronen blühn,
In dunklem Laub die Gold-Orangen glühn,
Ein sanfter Wind vom blauen Himmel weht,
Die Myrte still und hoch der Lorbeer steht,
Kennst du es wohl? Dahin! Dahin
Möcht ich mit dir, o mein Geliebter, ziehn!

IN KÖLN, A TOWN OF MONKS and bones,
And pavements fanged with murderous stones,
And rags, and hags, and hideous wenches,
I counted two-and-seventy stenches,
All well defined, and several stinks!
Ye Nymphs that reign o'er sewers and sinks,
The river Rhine, it is well known,
Doth wash your city of Cologne;
But tell me, Nymphs, what power divine
Shall henceforth wash the river Rhine?

Hymn Before Sun-Rise, in the Vale of Chamouni

Hast thou a charm to stay the morning-star
In his steep course? So long he seems to pause
On thy bald awful head, O sovran Blanc,
The Arve and Arveiron at thy base
Rave ceaselessly; but thou, most awful Form!
Risest from forth thy silent sea of pines,
How silently! Around thee and above
Deep is the air and dark, substantial, black,
An ebon mass: methinks thou piercest it,
As with a wedge! But when I look again,
It is thine own calm home, thy crystal shrine,
Thy habitation from eternity!
O dread and silent Mount! I gazed upon thee,
Till thou, still present to the bodily sense,
Didst vanish from my thought: entranced in prayer
I worshipped the Invisible alone.

Yet, like some sweet beguiling melody,
So sweet, we know not we are listening to it,
Thou, the meanwhile, wast blending with my Thought,
Yea, with my Life and Life's own secret joy:
Till the dilating Soul, enrapt, transfused,

Im Köln der Kutten und Gebeine
Und höllisch holpriger Pflastersteine,
Der Fetzen, Hexen, Liederlichen
Zählte ich zweiundsiebzig Rüche,
Wohldefiniert, und einige Stänke!
Ihr Nymphen, die die Gossen lenken:
Der Rheinfluß, das weiß in der Tat
Die Welt, wäscht eure Kölner Stadt;
Doch welche Macht wäscht hinterdrein
Den Rheinfluß selber wieder rein?

Hymne vor Sonnenaufgang im Tal von Chamonix

Ist dein ein Zauber, daß den Morgenstern
Auf seiner steilen Bahn du hemmen kannst?
So lang auf deiner kahlen Stirne scheint
Er still zu ruhn, o mächtiger Montblanc!
Rastlos an deinem Fuße tobt die Arve
Und der Arveiron; doch ehrfurchtgebietend
Erhebst aus deinem mächtigen Heer von Tannen
Du schweigend dich. Um dich und über dir
Ist tief die Luft und schwarz und undurchdringlich
Wie Ebenholz. Es ist mir, du durchdrängst sie
Mit einem Keil! Doch blick ich wieder hin,
So ist es dein kristallnes Heiligtum,
Seit Ewigkeit dein heimatlicher Wohnsitz!
O schweigender, o fürchterlicher Berg!
Auf dich geschaut hab ich, bis du, wenn auch
Dem Blick noch gegenwärtig, dem Gedanken
Verschwandest und ich im Gebet entrückt
Nur zu dem Unsichtbaren betete.
  Allein gleich einer süßen Melodie,
So süß, daß unbewußt wir sie belauschen,
Verschmolzest unterdessen du, o Berg,
Mit meinen innersten Gedanken, ja
Mit meinem Leben und mit meines Lebens
Geheimer Freude, bis die Seele, sich

Into the mighty vision passing – there
As in her natural form, swelled vast to Heaven!

Awake, my soul! not only passive praise
Thou owest! not alone these swelling tears,
Mute thanks and secret ecstasy! Awake,
Voice of sweet song! Awake, my heart, awake!
Green vales and icy cliffs, all join my Hymn.

Thou first and chief, sole sovereign of the Vale!
O struggling with the darkness all the night,
And visited all night by troops of stars,
Or when they climb the sky or when they sink:
Companion of the morning-star at dawn,
Thyself earth's rosy star, and of the dawn
Co-herald: wake, O wake, and utter praise!
Who sank thy sunless pillars deep in earth?
Who filled thy countenance with rosy light?
Who made thee parent of perpetual streams?

And you, ye five wild torrents fiercely glad!
Who called you forth from night and utter death,
From dark and icy caverns called you forth,
Down those precipitous, black, jaggèd rocks,
For ever shatterd and the same for ever?
Who gave you your invulnerable life,
Your strength, your speed, your fury, and your joy,
Unceasing thunder and eternal foam?
And who commanded (and the silence came):
Here let the billows stiffen, and have rest?

Ye Ice-falls! ye that from the mountain's brow
Adown enormous ravines slope amain –
Torrents, methinks, that heard a mighty voice,
And stopped at once amid their maddest plunge!

Erweiternd, voll Entzücken für die mächtige
Vision erschlossen ward, die mir vorbeizog,
Und sich zum Himmel hob.
Erwache, Seele,
Nicht einzig diese Tränen, stummen Dank nicht
Und stille Andacht schuldest du! Erwache,
O süße Stimme des Gesangs! Erwache,
Mein Herz, erwache! Grüne Täler, Klippen
Von Eis, stimmt all ihr ein in meine Hymne!
Der erste du, Beherrscher dieses Tals!
Der mit der Finsternis die ganze Nacht
Du rangst und von dem Sternenheer Besuch
Empfingst, sei's, daß sie auf zum Himmel klommen,
Sei's, daß sic sanken – du, des Morgensterns
Begleiter in der Frühe, selber du
Der Erde rosiger Stern, des Sonnenaufgangs
Mitherold – o erwach, den Herrn zu preisen!
Wer senkte deine sonnenlosen Pfeiler
Tief in die Erde? Wer hat dein Gesicht
Mir rosigem Licht erfüllt? Und wer hat dir
Die Ströme hier, die ewig rauschenden,
Als Brüder zugesellt?
Und ihr dort vor mir,
Ihr fünf gewaltigen Ströme, furchtbar freudig!
Wer rief aus Nacht und ewigem Tode euch
Hervor, wer ließ aus finstern Eiseshöhlen
Euch stürzen und an diesen zackigen Felsen
Hinuntertaumeln? Wer gab euch solch Leben,
Das unverwundbar ist, wer euch die Kraft,
Die Wut, den Jubel und die Sturmeshast,
Den Donner, der nie schweigt, den ewigen Schaum?
Wer gab Befehl (und plötzlich stumm ward alles):
Hier laß die Wogen stillstehn, um zu ruhn!
Lawinenstürze ihr! Die von der Stirn
Des Berges ihr die fürchterlichen Steilen
Hinunterrollt – und Bächen gleich, so dünkt mich,
Bei einer mächtigen Stimme Ton auf einmal
In eurem wildsten Sturze still ihr standet

Motionless torrents! silent cataracts!
Who made you glorious as the Gates of Heaven
Beneath the keen full moon? Who bade the sun
Clothe you with rainbows? Who, with living flowers
Of loveliest blue, spread garlands at your feet? –
GOD! let the torrents, like a shout of nations,
Answer! and let the ice-plains echo, GOD!
GOD! sing ye meadow-streams with gladsome voice!
Ye pine-groves, with your soft and soul-like sounds!
And they too have a voice, yon piles of snow,
And in their perilous fall shall thunder, GOD!

Ye living flowers that skirt the eternal frost!
Ye wild goats sporting round the eagle's nest!
Ye eagles, play-mates of the mountain-storm!
Ye lightnings, the dread arrows of the clouds!
Ye signs and wonders of the element!
Utter forth GOD, and fill the hills with praise!

Thou too, hoar Mount! with thy sky-pointing peaks,
Oft from whose feet the avalanche, unheard,
Shoots downward, glittering through the pure serene
Into the depth of clouds, that veil thy breast –
Thou too again, stupendous Mountain! thou
That as I raise my head, awhile bowed low
In adoration, upward from thy base
Slow travelling with dim eyes suffused with tears,
Solemnly seemest, like a vapoury cloud,
To rise before me – Rise, O ever rise,
Rise like a cloud of incense from the Earth!
Thou kingly Spirit throned among the hills,
Thou dread ambassador from Earth to Heaven,
Great Hierarch! tell thou the silent sky,
And tell the stars, and tell yon rising sun
Earth, with her thousand voices, praises GOD.

Als stumme, regungslose Katarakte,
Wer macht euch glorreich wie des Himmels Tore,
Vom vollen Mond bestrahlt? Wer gab der Sonne
Befehl, in Regenbogen euch zu kleiden?
Wer streute Kränze sanften Blaues euch
Zu Füßen hin? Gott wars! – Laß die Ströme,
Als wärs der Völker tausendstimmiger Ruf,
Antworten! Und die Eisgefilde rings
Laß widerhallen: «Gott! Gott!» Leise murmelt,
Ihr Wiesenbäche mit den frohen Lauten,
Waldschluchten mit den seelenvollen Stimmen!
Und sie auch sind nicht stumm, die Lager Schnees,
Und donnern «Gott!» in ihrem Niedersturz.
   Die ihr den ewigen Frost umgrenzt, ihr Blumen!
Ihr Gemsen, die den Horst des Adlers ihr
Umspielt, ihr Adler, die Gefährten ihr
Der Bergesstürme seid, und ihr, ihr Blitze,
Die ihr der Wolken grause Pfeile seid,
Der Elemente Wunderzeichen ihr,
Ruft Gott und füllt mit eurem Preis die Hügel!
   Du hehrer Berg auch, mit den Gipfeln, die
Zum Himmel deuten, und von dessen Fuß,
Von keinem Ohr vernommen, die Lawine
Herabstürzt, der du durch den reinen Luftglanz
Herunterschimmerst in der Wolken Tiefe,
Die deine Brust verhüllen – du noch einmal,
Gewaltiger Berg, der, während ich mein Haupt,
Zuvor in Andacht tief gesenkt, erhebe
Und tränenvollen Blicks zu dir aufschaue,
Du einer Wolke gleich dich feierlich
Vor mir erhebst, steig auf, o steige
Wie eine Wolke Weihrauchs von der Erde
Empor! Du königlicher Geist, der droben
Du thronst, ehrfurchtgebietender Gesandter,
Der Erdenbotschaft du dem Himmel bringst,
Gewaltiger Priester, sag dem stummen Himmel,
Den Sternen und der Sonne, die dort steigt,
Die tausendstimmige Erde preist den Herrn!

To Nature

It may indeed be phantasy, when I
Essay to draw from all created things
Deep, heartfelt, inward joy that closely clings;
And trace in leaves and flowers that round me lie
  Lessons of love and earnest piety.
So let it be; and if the wide world rings
In mock of this belief, it brings
Nor fear, nor grief, nor vain perplexity.
  So will I build my altar in the fields,
And the blue sky my fretted dome shall be,
And the sweet fragrance that the wild flower yields
Shall be the incense I will yield to thee,
  Thee only God! and thou shalt not despise
  Even me, the priest of this poor sacrifice.

Phantom or Fact
A Dialogue in Verse

Author

A lovely form there sate beside my bed,
And such a feeding calm its presence shed,
A tender love so pure from earthly leaven,
That I unnethe the fancy might control,
'Twas my own spirit newly come from heaven,
Wooing its gentle way into my soul!
But ah! the change – It had not stirred, and yet –
Alas! that change how fain would I forget!
That shrinking back, like one that had mistook!
That weary, wandering, disavowing look!

An die Natur

Mag sein, es ist nur Hirngespinst, wenn ich
Tiefinnere Freude, die das Herz durchdringt,
Mir schöpfen will aus jedem Schöpfungsding,
Aus Blüten, jedem Blatt, das zu mir spricht,
   Ein Liebes-Lehrstück, fromm und wesentlich.
So mag es sein – und wenn die Welt auch rings
Vom Hohn auf diesen Glauben widerklingt,
Mir nimmt er Angst und drückendes Gewicht.
   So bau ich mir die Felder zum Altar,
Zum Dom die blaue Wölbung über mir,
Und wilder Blumen Düfte wunderbar
Biet ich als Weihrauch meiner Andacht Dir,
   Dir, einziger Gott! O achte nicht gering
   Mich, Priester, der dies arme Opfer bringt.

Verwandlung

Dichter:

Auf einmal war ein liebliches Gebild,
Auf einmal wars an meines Bettes Rand,
Saß neben mir und stützte seine Hand
Auf meine Kissen und sah still mich an,
Daß süßer Schauer mir das Mark durchrann,
Und ich begriff: dies ist mein wahres Ich,
Das lautlos sich zu mir herüberschlich
Und nun mit tiefen Blicken mich ernährt.
Doch ach, ich hatte mich ja nicht geregt,
Und schon so schnell wie es sich von mir kehrt,
Wie es auf einmal fremde Züge trägt
Versteinernd unter meinem müden Blick!
Und nun – sein Antlitz kam ihm nicht zurück –
Und dennoch: Fremde auf ein Fremdes starrend,

'Twas all another, feature, look, and frame,
And still, methought, I knew, it was the same!

Friend

This riddling tale, to what does it belong?
Is't history? vision? or an idle song?
Or rather say at once, within what space
Of time this wild disastrous change took place?

Author

Call it a moment's work (and such it seems)
This tale's a fragment from the life of dreams;
But say, that years matured the silent strife,
And 'tis a record from the dream of life.

The Pains of Sleep

Ere on my bed my limbs I lay,
It hath not been my use to pray
With moving lips or bended knees;
But silently, by slow degrees,
My spirit I to Love compose,
In humble trust mine eye-lids close,
With reverential resignation,
No wish conceived, no thought expressed,
Only a sense of supplication;
A sense o'er all my soul impressed
That I am weak, yet not unblessed,
Since in me, round me, everywhere
Eternal Strength and Wisdom are.
  But yesternight I prayed aloud
In anguish and in agony,
Up-starting from the fiendish crowd
Of shapes and thoughts that tortured me:

Fühlt ich im Innern einen Wahn beharrend,
Ein Wissen, das vom tiefsten Platz nicht wich,
Dies ist nicht Fremdes, sondern dies bin ich.

Freund:

Soll von der Wirklichkeit dies Rätsel handeln?
Solls etwas geben oder nur betören?
In welchem Zeitraum, laß uns mindest hören,
Sich zutrug dies entsetzliche Verwandeln.

Dichter:

Bann es in eines Augenblickes Räume,
So ists ein bröckelnd Nichts vom Land der Träume.
Nimm, Jahre haben dunkel dir gewirkt,
Du siehst, was jedes Leben in sich birgt.

Schlafes Qualen

Eh ich mich nachts zur Ruhe bette
War nie beim Beten meine Sitte
Lippen zu rühren, Knie zu beugen –
Nein, nach und nach such ich, im Schweigen,
Den Geist zur Liebe auszurichten,
Voll Zuversicht die Augen schließend
In ehrfurchtsvoller Selbstbescheidung;
Kein Wunsch will sich, kein Denken regen –
Nur Sinn von flehentlicher Neigung,
Ein Sinn, der Seele eingegeben,
Wie schwach ich bin, und doch gesegnet,
Da in mir, um mich, über allem
Ewige Kraft und Weisheit walten.
Doch gestern war mein Beten laut
In Qual und Todesangst der Seele –
Aufschrak ich von der Höllenbrut
Der tollen Formen, die mich quälten:

A lurid light, a trampling throng,
Sense of intolerable wrong,
And whom I scorned, those only strong!
Thirst of revenge, the powerless will
Still baffled, and yet burning still!
Desire with loathing strangely mixed
On wild or hateful objects fixed.
Fantastic passions! Maddening brawl!
And shame and terror over all!
Deeds to be hid which were not hid,
Which all confused I could not know
Whether I suffered, or I did:
For all seemed guilt, remorse or woe,
My own or others', still the same
Life-stifling fear, soul-stifling shame.
So two nights passed: the night's dismay
Saddened and stunned the coming day.
Sleep, the wide blessing, seemed to me
Distemper's worst calamity.
The third night, when my own loud scream
Had waked me from the fiendish dream,
O'ercome with sufferings strange and wild,
I wept as I had been a child;
And having thus by tears subdued
My anguish to a milder mood,
Such punishments, I said, were due
To natures deepliest stained with sin, –
For aye entempesting anew
The unfathomable hell within,
The horror of their deeds to view,
To know and loathe, yet wish and do!
Such griefs with such men well agree,
But wherefore, wherefore fall on me?
To be beloved is all I need,
And whom I love, I love indeed.

Stampfende Massen, fahles Leuchten,
Und ich schändlichen Unrechts Beute,
Und alle Macht der wüsten Meute!
Nach Rache dürstend, übermannt,
Ohnmächtig stets, stets wutentbrannt!
Gier, die sich fremd mit Ekel mischte,
Auf greulich wildes Zeug gerichtet;
Wirre Passion, Getöse grell,
Scham und Entsetzen überall!
Lichtscheues Tun kam an den Tag,
Von dem mein Wahnwitz nicht begriff,
Ob ich es litt, ob ich es tat:
Schuld, Reue, Pein, die mich zerriß –
Wars fremde? eigene? Alles Leben
Von Angst erstickt, von Scham die Seele.
  Zwei Nächte so: Schrecken der Nacht
Betäubten trüb den nächsten Tag.
Schlaf, höchste Segnung, schien mir nun
Des Unheils schlimmste Heimsuchung.
Als mich zur dritten Nacht mein Schrein
Riß aus dem Traum voll Höllenpein,
Bedrängt von Leiden fremd und wild,
Weinte ich wie ein kleines Kind;
Und da die Tränen meine Ängste
Zu milderer Stimmung mir besänftigt,
Sprach ich: Solche Schmerzen gebühren
Den tiefbefleckten Sündenseelen, –
Die stets zu neuem Sturm aufrühren
Den Abgrund ihrer inneren Hölle,
Zu schaun den Fluch der eigenen Taten,
Zu wollen, was sie wissend hassen!
Solche verdienen dies Gericht –
Doch warum, warum trifft es mich?
Nur Liebe ists, der ich bedarf,
Und die ich liebe, lieb ich wahr.

Work Without Hope

All Nature seems at work. Slugs leave their lair –
The bees are stirring – birds are on the wing –
And Winter slumbering in the open air
Wears on his smiling face a dream of Spring!
And I the while, the sole unbusy thing,
Nor honey make, nor pair, nor build, nor sing.

Yet well I ken the banks where amaranths blow,
Have traced the fount whence streams of nectar flow.
Bloom, O ye amaranths! bloom for whom ye may,
For me ye bloom not! Glide, rich streams, away!
With lips unbrightened, wreathless brow, I stroll:
And would you learn the spells that drowse my soul?
Work without Hope draws nectar in a sieve,
And Hope without an object cannot live.

Epitaph

Stop, Christian passer-by! – Stop, child of God,
And read with gentle breast. Beneath this sod
A poet lies, or that which once seemed he.
O, lift one thought in prayer for S.T.C.;
That he who many a year with toil of breath
Found death in life, may here find life in death!
Mercy for praise – to be forgiven for fame
He asked, and hoped, through Christ. Do thou the same!

9th November, 1833

Arbeit, hoffnungslos

Alle Natur ist tätig. Schnecken kriechen –
Die Bienen regen sich – die Vögel ziehn –
Winter, im Schlummer an der Sonne liegend,
Träumt lächelnd schon von jungem Frühlingsgrün!
Nur ich, untätigstes von allen Dingen,
Ich kann nicht baun, mich paaren, sammeln, singen.

Kenn Orte wohl, wo Amarante sprießen,
Die Quelle, wo die Nektarströme fließen.
Blüht, Amarante, blüht, für wen ihr mögt,
Für mich nicht! Prächtige Ströme, fließt hinweg!
Ich streife unbekränzt, die Lippen fahl;
Was ist der Bann, der meine Freuden stahl?
Die Arbeit, hoffnungslos – Nektar, geschöpft im Sieb:
Wie soll denn Hoffnung leben ohne Ziel?

Grabspruch

Halt, Gottes Kind – Wandrer in Christ, halt ein
Und lies mildherzig: Unter diesem Stein
Liegt, was ein Dichter war, was einst er schien.
O, denk an S.T.C., bete für ihn,
Daß er, der lange Zeit, um Atem ringend,
Tod lebend fand, Leben im Tode finde!
Gnade statt Lob, Erlaß der Schuld statt Ruhm
Erhoffte er durch Christus. Gleiches tu!

9. November 1833

Percy Bysshe Shelley

From Queen Mab

There is no God!
Nature confirms the faith his death-groan sealed:
Let heaven and earth, let man's revolving race,
His ceaseless generations tell their tale;
Let every part depending on the chain
That links it to the whole, point to the hand
That grasps its term! let every seed that falls
In silent eloquence unfold its store
Of argument; infinity within,
Infinity without, belie creation;
The exterminable spirit it contains
Is nature's only God; but human pride
Is skilful to invent most serious names
To hide its ignorance.

The name of God
Has fenced about all crime with holiness,
Himself the creature of His worshippers,
Whose names and attributes and passions change,
Seeva, Buddh, Foh, Jehovah, God, or Lord,
Even with the human dupes who build His shrines,
Still serving o'er the war-polluted world
For desolation's watchword; whether hosts
Stain His death-blushing chariot-wheels, as on
Triumphantly they roll, whilst Brahmins raise
A sacred hymn to mingle with the groans;
Or countless partners of His power divide
His tyranny to weakness; or the smoke
Of burning towns, the cries of female helplessness,
Unarmed old age, and youth, and infancy,
Horribly massacred, ascend to Heaven
In honour of His name; or, last and worst,

Percy Bysshe Shelley

Aus Queen Mab

Es ist kein Gott! Das ganze All bestätigt
Den Glauben, den sein Tod besiegelte.
Mag Erd und Himmel, mag das wechselnde
Geschlecht der Menschen ihren Spruch verkünden;
Mag jeder Ring, der an der Kette hängt
Und ihn ans Ganze fesselt, auf die Hand
Hindeuten, die ihr Ende hält und trägt!
Mag jedes Saatkorn, das zur Erde fällt,
Sein Zeugnis still beredt vor uns entfalten: –
Drinnen und draußen zeiht Unendlichkeit
Die Schöpfung doch der Lüge; und der Geist,
Der wandelbare, welcher die Natur
Durchdringt, ist ihr alleinziger Gott; doch weiß
Der Stolz des Menschen seines Wissens Ohnmacht
Geschickt mit hohen Worten zu verhüllen.
   Der Name Gottes hat schon jeden Frevel
Mit Heiligenschein umstrahlt, und doch ist er
Nur das Geschöpf der Menschen, die ihn ehren;
Und mit den Toren, die ihm Tempel baun,
Verändern seine Namen und Begierden
Und seine Eigenschaften rastlos sich:
Fo, Schiwa, Buddha, Gott, Jehovah, Herr –
Stets dienet er der kriegbefleckten Welt
Als Stichwort der Verheerung; ob das Blut
Zermalmter Leiber seines Wagens Räder
Im Siegeslauf bespritzt, indes Brahminen
Ein heilig Lied zu Todesseufzern plärren;
Ob hundert Mitregenten seine Macht
Sich teilen, daß sie schier zur Ohnmacht wird;
Ob brennender Städte Qualm, das Wehgeschrei
Hilfloser Frauen, hingemordeter
Wehrloser Greise, Jünglinge und Kinder
Gen Himmel steigt zu seines Names Ehr;

Earth groans beneath religion's iron age,
And priests dare babble of a God of peace,
Even whilst their hands are red with guiltless blood,
Murdering the while, uprooting every germ
Of truth, exterminating, spoiling all,
Making the earth a slaughter-house!

«CAN MAN be free if woman be a slave?
  Chain one who lives, and breathes this boundless air,
To the corruption of a closèd grave!
  Can they whose mates are beasts, condemned to bear
  Scorn, heavier far than toil or anguish, dare
To trample their oppressors? in their home
  Among their babes, thou knowest a curse would wear
The shape of woman – hoary Crime would come
Behind, and Fraud rebuild Religion's tottering dome.»

Ozymandias

I met a traveller from an antique land,
Who said: «Two vast and trunkless legs of stone
Stand in the desert... Near them, on the sand,
Half sunk, a shattered visage lies, whose frown,
And wrinkled lip, and sneer of cold command
Tell that its sculptor well those passions read
Which yet survive, stamped on these lifeless things,
The hand that mocked them, and the heart that fed;
And on the pedestal these words appear:
‹My name is Ozymandias, king of kings;
Look on my works, ye Mighty, and despair!›
Nothing beside remains. Round the decay
Of that colossal wreck, boundless and bare,
The lone and level sands stretch far away.»

Ob endlich – schlimmstes Los! – das Eisenalter
Der Religion die Erde seufzen macht,
Und Priester von dem Gott des Friedens schwatzen,
Zur selben Zeit, wo ihre Hand vom Blut
Unschuldiger trieft, und wo sie jeden Keim
Der Wahrheit unterdrücken, alles morden,
Die Erde wandeln in ein Schlächterhaus!

«Kann frei der Mann sein, wo das Weib geknechtet?
Kannst du den Lebenden, der Himmelsluft
Atmet, an dumpfe Grabesfäulnis ketten?
Kann Unterdrückung schütteln ab, wer selbst
Gepaart mit Wesen, die, dem Tiere gleich,
Verachtet und zertreten? Träf den Sieger nicht
Am eignen Herd der Fluch in Weibsgestalt,
Aufs neu Verbrechen zu erzeugen, wieder
Zu baun des Glaubens eingestürzten Tempel?»

Osymandias

Ein Wanderer sprach mir von antikem Land:
«Zwei Beinkolosse, rumpflos, steingehauen,
Stehn in der Wüste... Nah, zerschellt im Sand,
Versunken halb, ein Haupt. Der herrischen Brauen
Und Runzellippen Grimm, kalt und mokant,
Zeigt, daß der Steinmetz jenen Wahn gut las,
Der beides überlebt im toten Wenig:
Die Hand, die ihn geäfft, das Herz, das er zerfraß.
Und eine Inschrift auf dem Sockel sagt:
‹Ich, Osymandias, bin der Könige König.
Schaut auf mein Werk, ihr Mächtigen, und verzagt!›
Nichts übrig sonst. Rund um die Eitelkeit
Des Trümmerriesen, der dort einsam ragt,
Dehnt öd und eben Sand sich endlos weit.»

Ode to the West Wind

O wild West Wind, thou breath of Autumn's being,
Thou, from whose unseen presence the leaves dead
Are driven, like ghosts from an enchanter fleeing,

Yellow, and black, and pale, and hectic red,
Pestilence-stricken multitudes: O Thou,
Who chariotest to their dark wintry bed

The wingèd seeds, where they lie cold and low,
Each like a corpse within its grave, until
Thine azure sister of the Spring shall blow

Her clarion o'er the dreaming earth, and fill
(Driving sweet buds like flocks to feed in air)
With living hues and odours plain and hill:

Wild Spirit, which art moving everywhere;
Destroyer and Preserver: hear, O hear!

Thou on whose stream, 'mid the steep sky's commotion,
Loose clouds like Earth's decaying leaves are shed,
Shook from the tangled boughs of Heaven and Ocean,

Angels of rain and lightning: there are spread
On the blue surface of thine aery surge,
Like the bright hair uplifted from the head

Of some fierce Mænad, even from the dim verge
Of the horizon to the zenith's height,
The locks of the approaching storm. Thou Dirge

Of the dying year, to which this closing night
Will be the dome of a vast sepulchre,
Vaulted with all thy congregated might

Ode an den Westwind

O Westwind wild, Herbsthauch, dein blindes Sein
Läßt fliehn die Blätter, die gefällt der Tod,
Wie Geister fliehn vorm Zauberer in Reihn,

Gelblich und schwarz und fahl und hektisch rot;
Pestschwangre Brut: in dunklen Winterpfühl
Treibst du, o West, mit herrischem Gebot

Die Flügelsamen, wo sie matt und still
Dann ruhn wie Leichen ruhn in ihrer Gruft,
Bis Schwester Lenzblau aus den Träumen schrill

Das Erdreich mit Fanfarenschmettern ruft;
Treibt Knospenherden an die Luft im Nu,
Füllt Flachland und Gebirg mit Farb und Duft:

Wildgeist, der rast im Lande ohne Ruh,
Zerstörer und Bewahrer, hör, hör zu!

Du fegst von Himmelswänden, grollend steilen,
Wie welke Blätter Wolkenfetzen, läßt
Mit Blitz und Regen Engel niedereilen

Aus Meer und Himmels knotigem Geäst:
Du reißt auf deinem blauen Wogen mit –
Mänadenmähne, hell, die aufgelöst

Vom Horizontsaum flattert zum Zenit –
Des nahen Sturmes wirre Lockenpracht.
Du, todverfallnen Jahres Klagelied,

Hoch wölbst, wie überm Riesengrab, die Nacht,
Die letzte, du als Kuppel, wuchtig schwer,
Spannst auf ein Dachgewölb mit ganzer Macht

Of vapours, from whose solid atmosphere
Black rain and fire and hail will burst: O hear!

Thou who didst waken from his summer dreams
The blue Mediterranean, where he lay,
Lulled by the coil of his crystalline streams,

Beside a pumice isle in Baiæ's bay,
And saw in sleep old palaces and towers
Quivering within the wave's intenser day,

All overgrown with azure moss and flowers
So sweet, the sense faints picturing them! Thou
For whose path the Atlantic's level powers

Cleave themselves into chasms, while far below
The sea-blooms and the oozy woods which wear
The sapless foliage of the ocean, know

The voice, and suddenly grow grey with fear,
And tremble and despoil themselves: O hear!

If I were a dead leaf thou mightest bear;
If I were a swift cloud to fly with thee;
A wave to pant beneath thy power, and share

The impulse of thy strength, only less free
Than thou, O Uncontrollable! If even
I were as in my boyhood, and could be

The comrade of thy wanderings over Heaven,
As then, when to outstrip thy skiey speed
Scarce seemed a vision; I would ne'er have striven

As thus with thee in prayer in my sore need.
Oh! lift me as a wave, a leaf, a cloud!
I fall upon the thorns of life! I bleed!

Von Dunst, auf daß es berstend sich entleer
In schwarzen Regen, Feuer, Hagel. Hör!

Du hast aus seinem Sommertraum gerissen
Das blaue Mittelmeer, das lag und schlief
Im Murmelsingsang von kristallnen Flüssen

An Bajas Bucht vor einem Bimssteinriff:
Im Schlaf sahs Türme alt, manch stolzes Schloß
Sich wiegen in der Woge klarem Schliff,

Bedeckt von Blumen süß, azurnem Moos –
Ein sinnbetörendes Bild. Du mit Gewalt
Dringst in Atlantiks festgeschloßnen Schoß,

Bahnst deinen Pfad zum Grund dir ohne Halt:
Die Ozeanblumenwälder tief im Meer
Sind grau vor Furcht, wenn deine Stimme schallt.

Ihr falbes Laub, von allen Säften leer,
Erzittert, sich verzehrend. Hör, o hör!

Wär ich ein totes Blatt, mit dir auf Flucht,
Könnt ich als rasche Wolke mit dir fliehn,
Keucht ich als Woge unter deiner Wucht,

Könnt zehrn von deiner Kraft, in meinem Sinn
Dir gleich, Unbändiger, nur minder frei,
Wär schnell, wie ich als Bub gewesen bin

(Da schien dich einholn nicht Phantasterei),
Ich wär beim Himmelsflug dein Kamerad,
Fleht nicht wie heut, da ich in Nöten schrei:

O, heb mich auf als Woge, Wolke, Blatt!
Ich stürz in Dornen! Ach, mein Blut, es quillt!
Ich, den der Stunden Last geschlagen hat

A heavy weight of hours has chained and bowed
One too like thee: tameless, and swift, and proud.

Make me thy lyre, even as the forest is:
What if my leaves are falling like its own!
The tumult of thy mighty harmonies

Will take from both a deep, autumnal tone,
Sweet though in sadness. Be thou, Spirit fierce,
My spirit! Be thou me, impetuous one!

Drive my dead thoughts over the universe
Like withered leaves to quicken a new birth!
And, by the incantation of this verse,

Scatter, as from an unextinguished hearth
Ashes and sparks, my words among mankind!
Be through my lips to unawakened Earth

The trumpet of a prophecy! O Wind,
If Winter comes, can Spring be far behind?

Song to the Men of England

Men of England, wherefore plough
For the lords who lay ye low?
Wherefore weave with toil and care
The rich robes your tyrants wear?

Wherefore feed and clothe and save,
From the cradle to the grave,
Those ungrateful drones who would
Drain your sweat – nay, drink your blood?

Wherefore, Bees of England, forge
Many a weapon, chain, and scourge,

In Ketten schwer, lieg lahm – ein Jammerbild –
Und gleich doch dir: unbändig, stolz und wild.

Mach mich zu deiner Leier wie den Wald:
Fällt auch mein Laub wie seins, es mag geschehn!
In deine Sinfonie, die brausend hallt,

Web unser beider herbstlich Baßgetön,
Süß und voll Schmerz. Wildgeist, sei du mein Geist!
Sei ich! Meine Gedanken, tot, laß wehn

Gleich welken Blättern, die du mit dir reißt
Zu neuem Werden weit durchs All. Ausstreu
Mein Wort im Land, wie dieser Vers dichs heißt,

Als ob es Asche, Funkenregen sei
Aus Herdglut stiebend! Weck mit meinem Munde
Die Erde starr, daß schmetternd prophezei

Ich als Trompete, Wind, der Welt die Kunde:
Naht nicht, wenn Winter kommt, schon Frühlings Stunde?

Gesang an die Männer Englands

Männer Englands, warum pflügen
Für die Herrn, die euch betrügen?
Warum webt mit Müh und Bangen
Ihr das Prunkkleid für Tyrannen?

Warum nährt und schützt die Habe
Von der Wiege bis zum Grabe
Ihr den Drohnen, daß sie haben
Euern Schweiß, am Blut sich laben?

Warum, Bienen Englands, schmiedet
Waffen, Ketten ihr so viele,

That these stingless drones may spoil
The forced produce of your toil?

Have ye leisure, comfort, calm,
Shelter, food, love's gentle balm?
Or what is it ye buy so dear
With your pain and with your fear?

The seed ye sow another reaps;
The wealth ye find another keeps;
The robes ye weave another wears;
The arms ye forge another bears.

Sow seed, – but let no tyrant reap;
Find wealth, – let no impostor heap;
Weave robes, – let not the idle wear;
Forge arms, in your defence to bear.

Shrink to your cellars, holes, and cells;
In halls ye deck another dwells.
Why shake the chains ye wrought? Ye see
The steel ye tempered glance on ye.

With plough and spade and hoe and loom
Trace your grave, and build your tomb,
And weave your winding-sheet, till fair
England be your sepulchre!

Stanzas written in Dejection
December 1818, Near Naples

The Sun is warm, the sky is clear,
The waves are dancing fast and bright,
Blue isles and snowy mountains wear
The purple noon's transparent might,
The breath of the moist earth is light

Daß die Drohnen ohne Stacheln
Stehlen euch den Lohn der Plagen?

Habt ihr Muße, Glück und Friede,
Nahrung, Obdach, Trost der Liebe?
Oder was erkaufen teuer
Angst und Pein, die ewig euer?

Denn euer Korn ein andrer schneidet;
Am Euren sich ein andrer weidet;
Es kleidet andre, was ihr webt,
Ein andrer eure Waffe trägt.

Das Korn laßt nicht Tyrannen schneiden;
Den Reichtum laßt nicht fort euch treiben;
Die Faulen nicht die Leinwand raffen;
Zum eignen Schutz führt eure Waffen.

In Zellen euch und Löcher kauert;
Ein andrer wohnt, wo ihr gemauert.
Was schüttelt ihr die Ketten? Fahl
Glänzt der von euch geformte Stahl.

Mit Webstuhl, Hacke, Pflug und Spaten
Wird euer Grab euch wohlgeraten,
Und webt das Leichentuch; es gab
Das schöne England euch das Grab.

Stanzen
Geschrieben in Niedergeschlagenheit nahe Neapel

Die Sonn ist heiß, die Höh geklärt,
Die Welle tanzend glänzt und bricht,
Auf Inseln blau und Schneeberg währt
Des Mittags reine Purpurschicht:
Die feuchte Erde haucht ihr Licht

Around its unexpanded buds;
Like many a voice of one delight
The winds, the birds, the Ocean-floods;
The City's voice itself is soft, like Solitude's.

I see the Deep's untrampled floor
With green and purple seaweeds strown;
I see the waves upon the shore
Like light dissolved in star-showers, thrown;
I sit upon the sands alone;
The lightning of the noontide Ocean
Is flashing round me, and a tone
Arises from its measured motion,
How sweet! did any heart now share in my emotion.

Alas, I have nor hope nor health
Nor peace within nor calm around,
Nor that content surpassing wealth
The sage in meditation found,
And walked with inward glory crowned;
Nor fame nor power nor love nor leisure –
Others I see whom these surround,
Smiling they live and call life pleasure:
To me that cup has been dealt in another measure.

Yet now despair itself is mild,
Even as the winds and waters are;
I could lie down like a tired child
And weep away the life of care
Which I have borne and yet must bear
Till Death like Sleep might steal on me,
And I might feel in the warm air
My cheek grow cold, and hear the Sea
Breathe o'er my dying brain its last monotony.

Some might lament that I were cold,
As I, when this sweet day is gone,
Which my lost heart, too soon grown old,

Um Knospen, die zu blühn bereit.
Vielstimmig ein Entzücken spricht
Aus Vogel, Wind und Meer-Gezeit,
Selbst das Gesumm der Stadt tönt sanft wie Einsamkeit.

Tief seh ich unbeschrittne Flur,
Bestreut mit grün und rotem Tang,
Seh auf dem Strand der Wogen Spur:
Licht, das in Sternenschauern schwang.
Im Sand sitz ich, allein und bang.
Der See Geleucht im Mittagsweben
Besprüht mich rings, es steigt ein Klang
Wenn sich der Brandung Pulse heben –
So süß! ach, möchte doch ein Herz mit meinem beben.

Weh, mir ward Hoffnung nicht noch Heil,
Nicht Frieden und nicht Ruh geschenkt,
Hab nicht am Schatz der Weisheit teil –
Den findet der, der sich versenkt,
Der Mann, den innrer Glanz umfängt –
Nicht Ruhm und Macht, daß ich mich brüste.
Seh andere damit behängt –
Das lebt und lacht und nennts Gelüste;
Ein Kelch von andrer Art wärs, den ich leeren müßte.

Doch jetzt ist auch Verzweiflung mild
Und gleicht dem Winde, gleicht der Flut.
Ein Kind bin ich, zum Schlaf gewillt,
Hinwegzuweinen Qual und Mut
Des Lebens, die ich trug und trag,
Bis mir der Tod wie Schlummer sei,
Und ich in Lüften lau und zag
Die Wange kalt fühl, und dabei
Ins sterbend Hirn mir haucht das Meer sein Einerlei.

Mag mancher klagen, ich sei kalt,
Wie ich, wenn dieser Tag verging,
Den dieses Herz, so früh zu alt,

Insults with this untimely moan –
They might lament, – for I am one
Whom men love not, and yet regret;
Unlike this day, which, when the Sun
Shall on its stainless glory set,
Will linger though enjoyed, like joy in Memory yet.

The Indian Girl's Song

I arise from dreams of thee
In the first sleep of night –
The winds are breathing low
And the stars are burning bright.
I arise from dreams of thee –
And a spirit in my feet
Has borne me – Who knows how?
To thy chamber window, sweet! –

The wandering airs they faint
On the dark silent stream –
The champak odours fail
Like sweet thoughts in a dream;
The nightingale's complaint –
It dies upon her heart –
As I must die on thine
O beloved as thou art!

O lift me from the grass!
I die, I faint, I fail!
Let thy love in kisses rain
On my lips and eyelids pale.
My cheek is cold and white, alas!
My heart beats loud and fast.
Oh press it close to thine again
Where it will break at last.

Zur Unzeit seufzend schlimm verstimmt.
Ach, klagt nur zu! – Ich bin ein Ding,
Das kein Mensch liebt, – wenn auch beweint,
Ungleich dem Tag, der, wenn er ging,
Dennoch als Zauber unverkleint
Im Angedenken strahlt, wenn lang kein Licht mehr scheint.

Zu einer indischen Weise

Erwach ich aus dem traum von dir
Im ersten süssen schlaf der nacht
So scheinen mir die sterne hell
Und winde wehen sacht.
Erwach ich aus dem traum von dir
So bin ich – Süsse! wie nur ach
Von einem geist in mir geführt? –
Vor deinem schlafgemach.

Der lüfte wanderung verschwebt
In dunklen stromes schaum
Der fliederbüsche duft verhaucht
Wie süsser wunsch im traum.
Der nachtigallen klagesang
An ihrem herz gestorben ist
Wie ich an deinem sterben muss
Geliebt so wie du bist.

Ich schmachte sterbe sinke hin!
O hebe mich empor vom grund!
In küssen regne deine gunst
Auf aug und bleichen mund!
Ach meine wange bleicht erstarrt
Mein herz pocht laut und rastet nicht
O schliess es wieder eng an deins
Wo es zuletzt noch bricht!

To Jane

The keen stars were twinkling
And the fair moon was rising among them,
Dear Jane.
The guitar was tinkling
But the notes were not sweet till you sung them
Again. –
As the moon's soft splendour
O'er the faint cold starlight of Heaven
Is thrown –
So your voice most tender
To the strings without soul had then given
Its own.

The stars will awaken,
Though the moon sleep a full hour later,
Tonight;
No leaf will be shaken
While the dews of your melody scatter
Delight.
Though the sound overpowers
Sing again, with your dear voice revealing
A tone
Of some world far from ours,
Where music and moonlight and feeling
Are one.

WHEN THE LAMP is shattered
The light in the dust lies dead –
When the cloud is scattered
The rainbow's glory is shed.
When the lute is broken,
Sweet tones are remembered not;
When the lips have spoken,
Loved accents are soon forgot.

An Jane

Ein Sternfunkeln grell,
Und der Vollmond erhob sich am Himmel,
O Jane.
Gitarrenklang hell,
Doch süß ließ ihn erst deine Stimme
Erstehn.
Wie des Mondlichts Schwingen
Weich die Kälte, sternenbedeckt,
Umschweben,
Hat dein sanftes Singen
All die seellosen Saiten erweckt
Zu Leben.

Die Sterne entstehen,
Läßt auch warten auf sich noch heute
Der Mond;
Kein Blatt wird sich drehen,
Wenn der Tau deines Liedes mit Freude
Mich lohnt.
Wenn betört auch der Traum,
Laß noch einmal den lieblichen Klang
Ertönen
Einer Welt, weit im Raum,
Wo sich Mondlicht, Gefühl und Gesang
Versöhnen.

Wenn die Lampe vergossen,
Im Staube liegt das Licht,
Wenn die Wolke zerflossen,
Ward der Regenbogen zunicht;
Wenn das Spiel zerbrochen,
Ist Weise und Lied verhallt,
Was der Mund gesprochen
Liebevollstes, vergißt sich bald.

As music and splendour
Survive not the lamp and the lute,
The heart's echoes render
No song when the spirit is mute:
No song but sad dirges,
Like the wind through a ruined cell,
Or the mournful surges
That ring the dead seaman's knell.

When hearts have once mingled
Love first leaves the well-built nest,
The weak one is singled
To endure what it once possest.
O Love! who bewailest
The frailty of all things here,
Why choose you the frailest
For your cradle, your home and your bier?

Its passions will rock thee
As the storms rock the ravens on high:
Bright reason will mock thee,
Like the sun from a wintry sky.
From thy nest every rafter
Will rot, and thine eagle home
Leave thee naked to laughter,
When leaves fall and cold winds come.

ADONAIS
AN ELEGY ON THE DEATH OF JOHN KEATS

Midst others of less note, came one frail Form,
A phantom among men; companionless
As the last cloud of an expiring storm,
Whose thunder is its knell; he, as I guess,

Wie Musik noch Schimmer
Über Lampe und Laute nicht siegt,
Hallt aus Herzen auch nimmer
Kein Lied, wenn der Geist verfliegt:
Kein Lied als Wehklage,
Wie des Winds am verfallnen Herd,
Oder Flut, dumpf mit Schlage
Grabläutend dem Maat, der nicht kehrt.

Band Liebe zwei Wesen,
Wird das festre zuerst ihrer bar, –
Das Schwächere ist erlesen,
Zu erdulden, was sein einst war.
Oh Lieb, die erhärtest
Wie zart sich hier alles gehab, –
Was korest Du das Zärtest
Dir zur Wiege, zum Nest und zum Grab?

Sein Leid wird Dich rollen,
Wie im Sturme der Rabenschwarm rollt, –
Witz gleichschaun Dir wollen,
Wie die Sonne im Winter, blank Gold, –
Dir vom Nest jeder Sparren
Bricht faul, und Dein Adlerlehn
Läßt Dich nackend zum Narren,
Wenn Laub fällt und hohl wills wehn.

Adonais
Elegie auf den Tod von John Keats

Selbstportrait

Und Einer unter den Geringern geht,
Befremdende Erscheinung, ungeleitet,
Wie letzte Wolk verhauchenden Sturmes weht
Und Donner in die Stille übergleitet.

Had gazed on Nature's naked loveliness,
Actæon-like, and now he fled astray
With feeble steps o'er the world's wilderness,
And his own thoughts, along that rugged way,
Pursued, like raging hounds, their father and their prey.

A pardlike Spirit beautiful and swift –
A Love in desolation masked; – a Power
Girt round with weakness; – it can scarce uplift
The weight of the superincumbent hour;
It is a dying lamp, a falling shower,
A breaking billow; – even whilst we speak
Is it not broken? On the withering flower
The killing sun smiles brightly: on a cheek
The life can burn in blood, even while the heart may break.

His head was bound with pansies overblown,
And faded violets, white, and pied, and blue;
And a light spear topped with a cypress cone,
Round whose rude shaft dark ivy tresses grew
Yet dripping with the forest's noonday dew,
Vibrated, as the ever-beating heart
Shook the weak hand that grasped it; of that crew
He came the last, neglected and apart;
A herd-abandoned deer struck by the hunter's dart.

All stood aloof, and at his partial moan
Smiled through their tears; well knew that gentle band
Who in another's fate now wept his own;
As in the accents of an unknown land,
He sung new sorrow; sad Urania scanned
The Stranger's mien, and murmured: «Who art thou?»
He answered not, but with a sudden hand
Made bare his branded and ensanguined brow,
Which was like Cain's or Christ's – Oh! that it should be so!

Sein Auge, wie Aktaions aufgeweitet,
Es ist, als sah er nackt, ganz nackt Natur
Und suche nun erschüttert Wüsteneien –
Gedanken, bellend, ruheloser nur,
Verfolgen wie ein Wild des eignen Vaters Spur.

Ein Geist gleich Panthern farbigschön und schnell,
Liebe gehüllt in Kummer, Kraft mit rauher
Ohnmacht so breit gegürtet, überhell
Wie sterbende Lampe. Zornig auf der Lauer
Liegen die Stunden. Kurzen Regens Schauer.
Indes wir sprechen, frierts ihn nicht zu Eis?
Verlaßnes Tier in abgehetzter Trauer
Um seine Herde. Wenn die Wangen heiß
Das Leben überfliegt, das Herz jedoch sinkt weiß.

Sein Haupt von Blumen, die verblühn, umrankt,
Ein Speer an tauigem Efeuband getragen,
Gekrönet vom Zypressenzapfen, schwankt
In seiner Hand, so wie die Hand vom Schlagen
Der Pulse zuckt, die kaum die Schläge wagen.
Er kommt zuletzt. Die wunde Stirn liegt bloß.
Die Freunde stehn und lächeln unter Klagen:
Sie kennen ihn, der dort erschauert groß
Und in des Andern Tod enthüllt sein eignes Los.

THE ONE REMAINS, the many change and pass;
Heaven's light forever shines, Earth's shadows fly;
Life, like a dome of many-coloured glass,
Stains the white radiance of Eternity,
Until Death tramples it to fragments. – Die,
If thou wouldst be with that which thou dost seek!
Follow where all is fled! – Rome's azure sky,
Flowers, ruins, statues, music, words, are weak
The glory they transfuse with fitting truth to speak.

Why linger, why turn back, why shrink, my Heart?
Thy hopes are gone before; from all things here
They have departed; thou shouldst now depart!
A light is past from the revolving year,
And man, and woman; and what still is dear
Attracts to crush, repels to make thee wither.
The soft sky smiles, – the low wind whispers near:
'Tis Adonais calls! oh, hasten thither,
No more let Life divide what Death can join together.

That Light whose smile kindles the Universe,
That Beauty in which all things work and move,
That Benediction which the eclipsing Curse
Of birth can quench not, that sustaining Love
Which through the web of being blindly wove
By man and beast and earth and air and sea,
Burns bright or dim, as each are mirrors of
The fire for which all thirst; now beams on me,
Consuming the last clouds of cold mortality.

The breath whose might I have invoked in song
Descends on me; my spirit's bark is driven,
Far from the shore, far from the trembling throng
Whose sails were never to the tempest given;
The massy earth and spherèd skies are riven!
I am borne darkly, fearfully, afar:
Whilst burning through the inmost veil of Heaven,
The soul of Adonais, like a star,
Beacons from the abode where the Eternal are.

Das Eine und das Viele

Das Eine bleibt, das Viele wandelt rund,
Hell immer ist der Himmel, flüchtig geben
Die Dinge Schatten. Diese Halle bunt,
Dies von den langen Fenstern glühende Leben
Befleckt die weiße Ewigkeit. Spitz heben
Sich Türme, bis der Tod sie tritt in Grund.
Und du? Verlaßnes Herz, kannst du noch beben,
Siehst dich noch um und schränkst dir Wahrheit ein?
Was Adonaïs ist, wie sollten wirs nicht sein?

Von allem ging die Hoffnung fort: es stößt
Nun dich an, auch zu gehn. Das Jahr vernichtet
Sich selbst. Vom Glanze Mann und Frau entblößt.
Dir winket nur, was dich zugrunde richtet.
Doch jenes Licht, das rings die Welt umlichtet,
Die Schönheit, die vom schweren Fluch erlöst,
Die Liebe, die sich Luft, Tier, Mensch erdichtet:
Ist Glut, nach der euch dürstet, – die mich weiht,
Aufzehrend letzten Dunst der kalten Sterblichkeit.

Die Seele, die ich rief, steigt in mich ein.
Weit fort von Land, weit fort von Angst getrieben,
Die immer wollt dem Sturm nicht Segel leihn,
Spürt nun mein Geist sein Boot durch Donner stieben.
Auf sind der Erde Massen. Auf die sieben
Himmlischen Sphären. Dunkel hingeneigt
Fahr ich – Doch mir entgegen, mich zu lieben,
Ein Stern vom innersten der Himmel zeigt
Die Heimat, wo der Weg zu ewigen Geistern steigt.

John Keats

From Endymion

A thing of beauty is a joy for ever:
Its loveliness increases; it will never
Pass into nothingness; but still will keep
A bower quiet for us, and a sleep
Full of sweet dreams, and health, and quiet breathing.
Therefore, on every morrow, are we wreathing
A flowery band to bind us to the earth,
Spite of despondence, of the inhuman dearth
O noble natures, of the gloomy days,
Of all the unhealthy and o'er-darkened ways
Made for our searching: yes, in spite of all,
Some shape of beauty moves away the pall
From our dark spirits. Such the sun, the moon,
Trees old, and young, sprouting a shady boon
For simple sheep; and such are daffodils
With the green world they live in; and clear rills
That for themselves a cooling covert make
'Gainst the hot season; the mid forest brake,
Rich with a sprinkling of fair musk-rose blooms:
And such too is the grandeur of the dooms
We have imagined for the mighty dead;
All lovely tales that we have heard or read –
An endless fountain of immortal drink,
Pouring unto us from the heaven's brink.
  Nor do we merely feel these essences
For one short hour; no, even as the trees
That whisper round a temple become soon
Dear as the temple's self, so does the moon,
The passion poesy, glories infinite,
Haunt us till they become a cheering light
Unto our souls, and bound to us so fast,
That, whether there be shine, or gloom o'ercast,
They alway must be with us, or we die.

John Keats

Aus Endymion

Ein Werk der Schönheit ist ein Glück für immer:
Stets wächst noch seine Anmut; es wird nimmer
Ins Nichts vergehn – wird ständig ein Gemach
Der Stille uns bereiten, einen Schlaf
Voll süßer Träume, stiller Atemzüge;
Drum knüpfen jeden Morgen wir aus Blüten
Ein neues Band, zur Erde uns zu binden,
Trotz Dunkel und Verzweiflung, trotz der schlimmen
Dürre an edlen Geistern, und der Wege,
Die wir, von kranker Düsternis umgeben,
Nur blind und tastend gehn – trotz alldem reißt
Die schöne Form von unserem finstern Geist
Das Leichentuch. Sonne und Sterne tuns,
Der Mond, und all die Bäume alt und jung,
Der schlichten Herde Schattenrast; Narzissen
In ihrer grünen Welt; das helle Fließen
Des Bachs, der sich ein kühles Zelt errichtet
Gegen die heiße Zeit; das tiefe Waldesdickicht,
So reich durchtränkt vom Duft der Moschusrose,
Und auch das Schicksal, das gewaltig große,
Das für die höchsten Toten wir erfinden,
Und all die schönen Märchen und Legenden –
Ewiger Quell unsterblicher Genüsse,
Die sich vom Himmelsrand auf uns ergießen.
  Und nicht für kurze Stundenfrist allein
Wirkt diese Kraft in uns: so wie der Hain,
Der um den Tempel rauscht, uns liebgewohnt
Wird wie der Tempel selbst, so geht der Mond
Uns nach, die Macht der Poesie, ein jeder Glanz auf Erden,
Bis sie zur freudenstarken Flamme werden
Der Seele, uns so innig zugesellt,
Daß sie, ob hell, ob dichtbewölkt die Welt,
Stets nah sein müssen, denn sonst stürben wir.

On First Looking into Chapman's Homer

Much have I travelled in the realms of gold,
  And many goodly states and kingdoms seen;
  Round many western islands have I been
Which bards in fealty to Apollo hold.
Oft of one wide expanse have I been told
  That deep-browed Homer ruled as his demesne;
  Yet did I never breathe its pure serene
Till I heard Chapman speak out loud and bold:
Then felt I like some watcher of the skies
  When a new planet swims into his ken;
Or like stout Cortez when with eagle eyes
  He stared at the Pacific – and all his men
Looked at each other with a wild surmise –
  Silent, upon a peak in Darien.

TO ONE WHO HAS BEEN long in city pent,
  'Tis very sweet to look into the fair
  And open face of heaven – to breathe a prayer
Full in the smile of the blue firmament.
Who is more happy, when, with heart's content,
  Fatigued he sinks into some pleasant lair
  Of wavy grass, and reads a debonair
And gentle tale of love and languishment?
Returning home at evening, with an ear
  Catching the notes of Philomel – an eye
Watching the sailing cloudlet's bright career,
  He mourns that day so soon has glided by:
E'en like the passage of an angel's tear
  That falls through the clear ether silently.

Als er zum ersten Mal in Chapmans Homer las

Viel goldene Lande schon hab ich durchreist,
  Glänzende Macht und Herrschaft sah ich viel;
  Im Westen manches Eiland fand mein Kiel,
Freistatt den Dichtern nach Apolls Geheiß.
Oft kam von einem Großreich mir die Kunde,
  Dort, hieß es, herrscht mit hoher Stirn Homer;
  Doch spürt ich seine reine Luft nicht eher
Als Chapmans Kraft mir sprach mit kühnem Munde.
Da fühlt ich wie ein Himmelssucher mich,
  Wenn ihm ein neuer Stern ins Fernglas schwebt;
Wie Cortez stolz, als er mit Adlerblick
  Auf den Pazifik starrte – wild bewegt
Sahn ahnungsvoll die Männer zu ihm hin –
  Schweigend, auf einem Berg in Darien.

FÜR EINEN, LANGE von der Stadt erdrückt,
  Ists süß, wenn er ins Himmelsantlitz späht,
  Das hell und offen – wenn er ein Gebet
Voll in das Lächeln blauer Lüfte schickt.
Wer freut sich mehr, wenn er, im Herz beglückt,
  Erschöpft ein weiches Lager suchen geht
  Im wehenden Gras und Verse liest, beredt
Und fein mit Lust und Liebe ausgeschmückt?
Kehrt er am Abend heim, fängt mit dem Ohr
  Das Tönen Philomelas auf, und sieht
Zum schönen Gleitflug des Gewölks empor –
  Dann klagt er, daß der Tag so bald schon schied:
Er kommt ihm wie die Engelsträne vor,
  Die lautlos durch den klaren Äther zieht.

La Belle Dame Sans Merci: A Ballad

«O what can ail thee, knight-at-arms,
  Alone and palely loitering?
The sedge has withered from the lake,
  And no birds sing.

O what can ail thee, knight-at-arms,
  So haggard and so woe-begone?
The squirrel's granary is full,
  And the harvest's done.

I see a lily on thy brow,
  With anguish moist and fever-dew,
And on thy cheeks a fading rose
  Fast withereth too.»

«I met a lady in the meads,
  Full beautiful – a faery's child:
Her hair was long, her foot was light,
  And her eyes were wild.

I made a garland for her head,
  And bracelets too, and fragrant zone;
She looked at me as she did love,
  And made sweet moan.

I set her on my pacing steed,
  And nothing else saw all day long,
For sidelong would she bend, and sing
  A faery's song.

She found me roots of relish sweet,
  And honey wild, and manna-dew,
And sure in language strange she said –
  ‹I love thee true›.

La belle dame sans merci: Eine Ballade

«Was mag dich quälen, Rittersmann,
  Daß einsam bleich du schweifst umher?
Das Schilf verdorrte, und es singt
  Kein Vogel mehr.

Was mag dich quälen, Rittersmann,
  So hager und verzehrt vom Leid?
Des Eichhorns Scheuer ist gefüllt,
  Der Herbst vorbei.

Die Lilie auf deiner Stirn
  Seh ich von Fieberqualen feucht;
Die Rose auf der Wange welkt
  Und schwindet gleich.»

«Ich traf ein Fräulein wunderschön,
  Ein Feenwesen im Gefild;
Ihr Haar war lang, ihr Schritt war leicht
  Und ihr Auge wild.

Ich flocht ihr einen Gürtel bunt,
  Ein Armband auch und duftigen Kranz;
Sie sah mich an, als liebte sie,
  Und seufzte sanft.

Ich hob sie auf mein stolzes Pferd,
  Nichts andres sah ich auf dem Ritt;
Denn seitwärts bog sie sich und sang
  Ein Feenlied.

Den Tau von Manna, Wurzeln süß
  Und Honig wild fand sie für mich
Und sprach in fremder Sprache dann:
  ‹Ich lieb nur dich.›

She took me to her elfin grot,
  And there she wept and sighed full sore,
And there I shut her wild wild eyes
  With kisses four.

And there she lullèd me asleep,
  And there I dreamed – Ah! woe betide! –
The latest dream I ever dreamt
  On thc cold hill side.

I saw pale kings and princes too,
  Pale warriors, death-pale were they all;
They cried – ‹La Belle Dame sans Merci
  Hath thee in thrall!›

I saw their starved lips in the gloam,
  With horrid warning gapèd wide,
And I awoke and found me here,
  On the cold hill's side.

And this is why I sojourn here
  Alone and palely loitering,
Though the sedge is withered from the lake,
  And no birds sing.»

Ode on a Grecian Urn

Thou still unravished bride of quietness,
  Thou foster-child of silence and slow time,
Sylvan historian, who canst thus express
  A flowery tale more sweetly than our rhyme:
What leaf-fringed legend haunts about thy shape
  Of deities or mortals or of both,
    In Tempe or the dales of Arcady?
What men or gods are these? What maidens loth?
  What mad pursuit? What struggle to escape?
    What pipes and timbrels? What wild ecstasy?

Sie führte mich zum Elfengrund,
Und weint' und klagte ungestillt.
Dort mit vier Küssen schloß ich ihr
Die Augen wild.

Dort lullte sie mich in den Schlaf,
Dort träumte ich – wie wird mir bang! –
Den letzten Traum, den ich geträumt
Am kalten Hang.

Sah Prinzen dort und Könige bleich
Und Krieger, todbleich Mann für Mann,
Die schrien: ‹La belle dame sans merci
Hält dich in Bann!›

Ich sah die Lippen hungerfahl,
Zu grauser Warnung aufgetan,
Und wachte auf und fand mich hier
Am kalten Hang.

Und dies nur ists, weshalb ich hier
So einsam bleich noch schweif umher,
Ist auch das Schilf verdorrt, und singt
Kein Vogel mehr.»

Ode auf eine griechische Urne

O du der Stille unberührte Braut,
Pflegling der Ruh, des sachten Tag-um-Tag,
Die, Waldchronistin, Sagen uns vertraut,
Buntblumiger als unser Reim vermag:
Welch laubiger Legendenfries umzieht
Dein Urnenrund! Sinds Götter, Sterbliche?
Ist dies Arkadien, dies das Tempe-Tal?
Welch Männer, Götter, scheue Jungfraun? weh,
Welch tolle Jagd? Welch ungestümes Fliehn?
Flöten und Trommeln – welch ein Bacchanal?

Heard melodies are sweet, but those unheard
  Are sweeter; therefore, ye soft pipes, play on;
Not to the sensual ear, but, more endeared,
  Pipe to the spirit ditties of no tone;
Fair youth, beneath the trees, thou canst not leave
  Thy song, nor ever can those trees be bare;
    Bold Lover, never, never canst thou kiss,
Though winning near the goal – yet, do not grieve:
  She cannot fade, though thou hast not thy bliss,
    For ever wilt thou love, and she be fair!

Ah, happy, happy boughs! that cannot shed
  Your leaves, nor ever bid the Spring adieu;
And, happy melodist, unweariéd,
  For ever piping songs for ever new;
More happy love! more happy, happy love!
  For ever warm and still to be enjoyed,
    For ever panting, and for ever young –
All breathing human passion far above,
  That leaves a heart high-sorrowful and cloyed,
    A burning forehead, and a parching tongue.

Who are these coming to the sacrifice?
  To what green altar, O mysterious priest,
Lead'st thou that heifer lowing at the skies,
  And all her silken flanks with garlands dressed?
What little town by river or sea shore,
  Or mountain-built with peaceful citadel,
    Is emptied of this folk, this pious morn?
And, little town, thy streets for evermore
  Will silent be; and not a soul to tell
    Why thou art desolate, can e'er return.

O Attic shape! Fair attitude! with brede
  Of marble men and maidens overwrought,
With forest branches and the trodden weed;
  Thou, silent form, dost tease us out of thought

Schön ist gehörte Weise, schöner noch
  Die ungehörte. Sanftes Flötenrohr,
Spiel fort, nicht sinnlichem Gehör – jedoch
  Liebreicher, lautlos, für das innere Ohr.
Du schöner Jüngling unter Bäumen, nie versiegt
  Dir dein Gesang, und auch dies Laub fällt nie;
    Kühn Liebender, nie, nie gelingt dein Kuß,
Bist du dem Ziel auch nah – sei nicht betrübt:
  Sie schwindet nie! Wird dir auch keine Lust,
    Für immer liebst du, immer schön bleibt sie.

Ihr glück-glückseligen Zweige! Nie werft ihr
  Das Laub ab, sagt dem Frühling nie ade;
Du seliger Musikant, spielst Lieder hier
  Auf ewig, ewig neu und frei von Weh;
Noch glücklichere Liebe: glückverzückt!
  Ewig vor dem Genuß, und ungestillt,
    Ewig begehrend, und auf ewig jung –
Weit menschlich keuchender Begier entrückt,
  Die uns das Herz mit Qual und Ekel füllt,
    Die Stirne fiebern macht und dörrt den Mund.

Wer sind die dort, zum Opfergang gereiht?
  Mysterienpriester, welcher Grasaltar
Empfängt die Färse, die gen Himmel schreit,
  Blumenbekränzt das seidige Flankenhaar?
Welch kleine Stadt am Flußlauf oder Meer,
  Welch burggekröntes Bergnest liegt verwaist
    Von seinem Volk so früh am heiligen Tag?
Ach, Städtchen, deine Gassen bleiben leer
  Auf ewig: keiner kehrt je heim und sagt,
    Weshalb du öde und verlassen seist.

Attische Form! Du schönes Ebenmaß
  Von Fraun und Männern, marmorn aufgereiht,
Von Waldgezweig und von zerstampftem Gras;
  Stumme Gestalt, die uns wie Ewigkeit

As doth eternity: Cold Pastoral!
  When old age shall this generation waste,
    Thou shalt remain, in midst of other woe
Than ours, a friend to man, to whom thou say'st,
  ‹Beauty is truth, truth beauty, – that is all
    Ye know on earth, and all ye need to know.›

Ode to a Nightingale

My heart aches, and a drowsy numbness pains
  My sense, as though of hemlock I had drunk,
Or emptied some dull opiate to the drains
  One minute past, and Lethe-wards had sunk:
'Tis not through envy of thy happy lot,
  But being too happy in thine happiness –
    That thou, light-wingèd Dryad of the trees,
      In some melodious plot
  Of beechen green, and shadows numberless,
    Singest of summer in full-throated ease.

O for a draught of vintage! that hath been
  Cooled a long age in the deep-delvèd earth,
Tasting of Flora and the country green,
  Dance, and Provençal song, and sunburnt mirth!
O for a beaker full of the warm South,
  Full of the true, the blushful Hippocrene,
    With beaded bubbles winking at the brim,
      And purple-stainèd mouth,
  That I might drink, and leave the world unseen,
    And with thee fade away into the forest dim –

Fade far away, dissolve, and quite forget
  What thou among the leaves hast never known,
The weariness, the fever, and the fret
  Here, where men sit and hear each other groan;
Where palsy shakes a few, sad, last grey hairs,
  Where youth grows pale, and spectre-thin, and dies;

Entgeistert: Kaltes Pastoral!
Hat Alter dies Geschlecht verzehrt, du bist
Und bleibst – inmitten andrer Qual
Als unserer – Freund den Menschen, der sie lehrt:
‹Schönheit ist Wahrheit, Wahrheit schön – dies wißt
Auf Erden, und nur dies ist wissenswert.›

Ode an eine Nachtigall

Mein Herz brennt mir, und Schlafsucht dumpf beschwert
Die Sinne wie nach einem Schierlingstrank,
Als hätt ich trübes Opiat geleert
Zur Neige, bis ich lethewärts versank:
Ich fühl nicht Mißgunst auf dein Glücksgeschick,
Nein, nur des Glücks in deinem Glück zuviel –
Daß, Baumdryade, du so leichtbeschwingt
Auf klangerfülltem Fleck
Aus Buchengrün und reichem Schattenspiel
Vom Sommer froh aus voller Kehle singst.

O einen Zug von reifem Wein, der lang
Und kühl in tiefgegrabener Erde lag,
Nach Flora schmeckend, grüner Flur, nach Sang
Und Tänzen der Provence, und sonnenbraunem Tag!
O einen Becher Süden, warm und rund,
Und voll der wahren, rosigen Hippokrene,
Von Blasen perlend, die den Rand umziehn,
Und rotgefleckt den Mund, –
Zu trinken, daß ich ungesehn der Welt entrinne,
Und in den Dämmerwald mit dir zu fliehn –

Weit fort entfliehn, vergehn, vergessen da,
Was niemals dich im Laubversteck gestört,
Die Mattigkeit, das Fieber und den Gram
Hier, wo der Mensch der Menschen ächzen hört,
Wo letztes Grauhaar noch im Krampf erbebt,
Wo Jugend blaß und geisterhaft verfällt,

Where but to think is to be full of sorrow
And leaden-eyed despairs;
Where Beauty cannot keep her lustrous eyes,
Or new Love pine at them beyond to-morrow.

Away! away! for I will fly to thee,
Not charioted by Bacchus and his pards,
But on the viewless wings of Poesy,
Though the dull brain perplexes and retards.
Already with thee! tender is the night,
And haply the Queen-Moon is on her throne,
Clustered around by all her starry Fays;
But here there is no light,
Save what from heaven is with the breezes blown
Through verdurous glooms and winding mossy ways.

I cannot see what flowers are at my feet,
Nor what soft incense hangs upon the boughs,
But, in embalmèd darkness, guess each sweet
Wherewith the seasonable month endows
The grass, the thicket, and the fruit-tree wild –
White hawthorn, and the pastoral eglantine;
Fast fading violets covered up in leaves;
And mid-May's eldest child,
The coming musk-rose, full of dewy wine,
The murmurous haunt of flies on summer eves.

Darkling I listen; and, for many a time
I have been half in love with easeful Death,
Called him soft names in many a musèd rhyme,
To take into the air my quiet breath;
Now more than ever seems it rich to die,
To cease upon the midnight with no pain,
While thou art pouring forth thy soul abroad
In such an ecstasy!
Still wouldst thou sing, and I have ears in vain –
To thy high requiem become a sod.

Wo alles Denken schwer von lauter Sorgen
Bleierne Blicke hebt,
Wo Schönheit nicht den Glanz der Augen hält,
Und Liebe lechzt nach ihnen nur bis morgen.

Fort, fort, dir zuzufliegen! Aber nicht
Auf Bacchus' Wagen mit dem Parderpaar,
Nein, unsichtbaren Flügels im Gedicht,
Wie sehr das dumpfe Hirn auch lahmt und zagt.
Schon bin ich bei dir! Zärtlich ist die Nacht –
Vielleicht thront oben die Mondkönigin,
Umringt von allen ihren Sternenfeen;
Doch hier das Licht ist schwach,
Nur was auf wirrem Pfad durch dunkles Grün
Und moosigen Dämmer Brisen niederwehn.

Ich seh nicht, was da blüht zu meinen Füßen,
Welch zarter Weihrauch in den Zweigen hängt;
Im Balsamdunkel ahn ich all die Süße,
Womit der Monat Gras und Baum beschenkt
Und Dickicht, wie's die Jahreszeit bestimmt –
Den Weißdorn und das schlichte Waldröslein,
Das Veilchen unterm Laub, so rasch verblaßt,
Und Mitt-Mais erstes Kind,
Die Moschusrose voll von tauigem Wein,
Summender Mücken Sommerabendrast.

Ich horch ins Dunkel; oft schon, halb verliebt,
Hab ich mich nach dem sanften Tod gesehnt,
Den ich im Vers mit Kosenamen rief,
Im Äther still den Atem auszuwehn;
Jetzt mehr denn je scheint Sterben, was beglückt,
Zur Mitternacht zu enden schmerzenlos,
Da du die Seele ausströmst ungehemmt
Und so verzückt!
Doch immer sängst du fort – ich wäre bloß
Ein Grasstück für dein hohes Requiem.

Thou wast not born for death, immortal Bird!
No hungry generations tread thee down;
The voice I hear this passing night was heard
In ancient days by emperor and clown:
Perhaps the self-same song that found a path
Through the sad heart of Ruth, when, sick for home,
She stood in tears amid the alien corn;
The same that oft-times hath
Charmed magic casements, opening on the foam
Of perilous seas, in faery lands forlorn.

Forlorn! the very word is like a bell
To toll me back from thee to my sole self!
Adieu! the fancy cannot cheat so well
As she is famed to do, deceiving elf.
Adieu, adieu! thy plaintive anthem fades
Past the near meadows, over the still stream,
Up the hill-side; and now 'tis buried deep
In the next valley-glades:
Was it a vision, or a waking dream?
Fled is that music – Do I wake or sleep?

Ode on Melancholy

No, no, go not to Lethe, neither twist
Wolf's-bane, tight-rooted, for its poisonous wine:
Nor suffer thy pale forehead to be kissed
By nightshade, ruby grape of Proserpine;
Make not your rosary of yew-berries,
Nor let the beetle, nor the death-moth be
Your mournful Psyche, nor the downy owl
A partner in your sorrow's mysteries;
For shade to shade will come too drowsily,
And drown the wakeful anguish of the soul.

But when the melancholy fit shall fall
Sudden from heaven like a weeping cloud,

Du nicht zum Tod geborn, unsterblich du!
Nein, dich zertritt kein hungriges Geschlecht;
Die Stimme, der ich lausche, hörten so
In alten Tagen Kaiser schon und Knecht:
Das gleiche Lied vielleicht, das Wege fand
Ins Herz der Ruth als, unter Tränen träumend
Von Heimkehr, sie einst stand im fremden Korn –
Wie oft bannte sein Klang
Magische Fenster, über Meeresschäumen
Und Sturmgebraus, im Feenland verlorn.

Verlorn – Das Wort schon ruft wie Glockenton
Von dir mich Armen jäh zurück zu mir;
Lebwohl! Ist sie zu gaukeln auch gewohnt,
Sie täuscht nur schlecht, die Trugfee Phantasie.
Lebwohl! Lebwohl! Dein Klagelied verhallt
Auf nahen Wiesen, überm stillen Strom,
Dann hügelaufwärts, und begräbt sich tief
Im nächsten waldigen Tal:
War es nur Wachtraum, oder Vision?
Entflohn die Weise – wach ich, schlafe ich?

Ode auf die Melancholie

Nein, nein, geh nicht zur Lethe, preß auch nicht
Um Giftwein zähen Wurz von Eisenhut;
Erlaub nicht, daß die blasse Stirn dir küßt
Nachtschatten, Proserpinens Purpurfrucht;
Flicht Eibenbeeren nicht zum Rosenkranz,
Nicht Totenmotte noch die Totenuhr
Sei Inbild deiner Trauer – halt zumal
Die flaumige Eule fern vom Rätsel deiner Angst:
Schläfrig geselln sich Schatten Schatten zu,
Ertränken deiner Seele wache Qual.

Doch wenn der Schwermut Bann vom Himmel sinkt,
Jäh – wie die Wolke weinend überquillt,

That fosters the droop-headed flowers all,
  And hides the green hill in an April shroud –
Then glut thy sorrow on a morning rose,
  Or on the rainbow of the salt sand-wave,
    Or on the wealth of globèd peonies;
Or if thy mistress some rich anger shows,
  Emprison her soft hand, and let her rave,
    And feed deep, deep upon her peerless eyes.

She dwells with Beauty – Beauty that must die;
  And Joy, whose hand is ever at his lips
Bidding adieu; and aching Pleasure nigh,
  Turning to poison while the bee-mouth sips:
Ay, in the very temple of Delight
  Veiled Melancholy has her sovran shrine,
    Though seen of none save him whose strenuous tongue
Can burst Joy's grape against his palate fine;
  His soul shall taste the sadness of her might,
    And be among her cloudy trophies hung.

To Autumn

Season of mists and mellow fruitfulness,
  Close bosom-friend of the maturing sun,
Conspiring with him how to load and bless
  With fruit the vines that round the thatch-eves run;
To bend with apples the mossed cottage-trees,
  And fill all fruit with ripeness to the core;
    To swell the gourd, and plump the hazel shells
With a sweet kernel; to set budding more,
  And still more, later flowers for the bees,
  Until they think warm days will never cease,
    For Summer has o'er-brimmed their clammy cells.

Who hath not seen the oft amid thy store?
  Sometimes whoever seeks abroad may find
Thee sitting careless on a granary floor,

Welkende Blumenschar erquickt und tränkt,
In Frühlings-Bahrtuch grüne Hügel hüllt –
Dann still an Morgenrosen deine Leidenslust,
Am Regenbogen über Salz und Sand
Und an Päonienblüten üppig rund;
Und zeigt die Liebste köstlichen Verdruß,
Dann laß sie rasen, greif die zarte Hand
Und tauch tief, tief auf ihrer Augen Grund.

Sie lebt im Schönen – Schön, das sterben muß,
In Lust, die ewig Abschiedsküsse winkt,
Hand an der Lippe – nah dem Schmerz-Genuß,
Der Gift wird, während noch die Biene trinkt;
Ja, selbst im Tempel der Entzückung birgt
Schwermut in Schleiern ihren Herrscherschrein:
Ihn sieht nur, wer mit kräftiger Zunge sprengt
Die Traube Lust auf seinem Gaumen fein;
Sein Geist schmeckt ihre Trauermacht, und wird
Zu ihren wolkigen Trophäen gehängt.

An den Herbst

Du Zeit voll Dunst, voll Früchten saftig weich,
Reifender Sonne Freund – verschworn mit ihr
Belädst und segnest du mit Trauben reich
Bis an die Strohdachtraufe das Spalier;
Beugst moosigen Baum vor Obst zum Boden hin
Und füllst die Frucht im Innern süß und schwer;
Rundest den Kürbis, machst die Nüsse schwellen
Mit prallem Kern, und läßt noch immer mehr
Und spätere Blumen für die Biene blühn,
Bis sie schon glaubt, nie ende dieses Glühn,
Denn Sommer überlud die feuchten Zellen.

Wer sah dich nicht in deiner Fülle stehn?
Oft mag dich, wer im Freien Ausschau hält,
Sorglos auf einer Tenne sitzen sehn,

Thy hair soft-lifted by the winnowing wind;
Or on a half-reaped furrow sound asleep,
Drowsed with the fume of poppies, while thy hook
Spares the next swath and all its twinèd flowers;
And sometimes like a gleaner thou dost keep
Steady thy laden head across a brook;
Or by a cider-press, with patient look,
Thou watchest the last oozings hours by hours.

Where are the songs of Spring? Ay, where are they?
Think not of them, thou hast thy music too –
While barrèd clouds bloom the soft-dying day,
And touch the stubble-plains with rosy hue:
Then in a wailful choir the small gnats mourn
Among the river sallows, borne aloft
Or sinking as the light wind lives or dies;
And full-grown lambs loud bleat from hilly bourn;
Hedge-crickets sing; and now with treble soft
The redbreast whistles from a garden-croft;
And gathering swallows twitter in the skies.

WHEN I HAVE FEARS that I may cease to be
Before my pen has gleaned my teeming brain,
Before high-pilèd books, in charactery
Hold like rich garners the full-ripened grain;
When I behold, upon the night's starred face,
Huge cloudy symbols of a high romance,
And think that I may never live to trace
Their shadows, with the magic hand of chance;
And when I feel, fair creature of an hour!
That I shall never look upon thee more,
Never have relish in the faery power
Of unreflecting love! – then on the shore
Of the wide world I stand alone, and think
Till love and fame to nothingness do sink.

Das Haar vom sanften Worfelwind gewellt.
Oder du schläfst, von Mohnduft müdgemacht,
Auf halbgeschnittenem Feld: die Sichel schont
Den nächsten Schwaden, blumenbunt durchwunden;
Bald trägst du, wie die Schnitter es gewohnt,
Erhobenen Hauptes deine Garbenfracht;
Oder du schaust beim Keltern mit Bedacht,
Wie letzter Austrieb sickert Stund um Stunden.

Wo sind des Frühlings Lieder, wo nur, sag?
Denk nicht an sie; Musik, du hast sie auch –
Wenn Zirren blühn um den vergehnden Tag
Und Stoppelfelder färbt ein rosiger Hauch:
Dann klagt der kleinen Mücken Trauerchor
In Uferweiden, steigt und sinkt, wie Wind
Auflebt und wieder stirbt, im Wechsel immer;
Laut blöken Lämmer, die schon jährig sind;
Buschgrillen zirpen; aus dem Gartenflor
Klingt hell Rotkehlchens Trillerton hervor,
Und Schwalben sammeln zwitschernd sich am Himmel.

WENN ANGST MICH FASST, ich hörte auf zu sein,
Bevor die Feder noch hat eingebracht
Die Ernte meines Geists in Bücherreihn,
Die, Scheuern gleich, bewahren reife Fracht;
Wenn ich dann auf der Nacht bestirnter Wang
Seh Zauberzeichen, groß und unbekannt,
Und fühl, mein Dasein währet nicht so lang,
Daß ich die Schatten faß mit Zauberhand;
Und wenn ich fühle, holdes Wesen du,
Daß meine Augen nie mehr schaun auf dich
Und daß ich nie mehr finde süße Ruh
In Liebe unbeschwert – dann stehe ich
Sinnend allein am Strand der weiten Welt,
Bis Ruhm und Liebe in ein Nichts zerfällt.

On Death

Can death be sleep, when life is but a dream,
And scenes of bliss pass as a phantom by?
The transient pleasures as a vision seem,
And yet we think the greatest pain's to die.

How strange it is that man on earth should roam,
And lead a life of woe, but not forsake
His ruggèd path; nor dare he view alone
His future doom, which is but to awake.

THIS LIVING HAND, now warm and capable
Of earnest grasping, would, if it were cold
And in the icy silence of the tomb,
So haunt thy days and chill thy dreaming nights
That thou wouldst wish thine own heart dry of blood,
So in my veins red life might stream again,
And thou be conscience-calmed – see here it is –
I hold it towards you.

BRIGHT STAR! would I were steadfast asthou art –
  Not in lone splendour hung aloft the night
And watching, with eternal lids apart,
  Like nature's patient, sleepless Eremite,
The moving waters at their priestlike task
  Of pure ablution round earth's human shores,
Or gazing on the new soft-fallen mask
  Of snow upon the mountains and the moors –
No – yet still steadfast, still unchangeable,
  Pillowed upon my fair love's ripening breast,
To feel for ever its soft fall and swell,
  Awake for ever in a sweet unrest,
Still, still to hear her tender-taken breath,
And so live ever – or else swoon to death.

Auf den Tod

Kann Tod Schlaf sein, wenn Leben Traum nur ist,
Und Szenen Glücks ziehn als Phantom vorbei?
Flüchtige Lust vergeht wie Traumgesicht,
Und doch scheint Sterben uns die größte Pein.

Wie seltsam, daß der Mensch mit viel Beschwer
Die Welt durchstreift, und doch vom Pfad nicht weicht,
So rauh er ist; und wagt nicht, dem Nachher
Ins Aug zu schaun, das doch Erwachen heißt.

DIESE LEBENDIGE HAND, so warm und fähig,
Fest zuzugreifen, würde dir, erkaltet,
Läg sie erst in des Grabes eisiger Stille,
Den Tag so peinigen, so die Träume kühlen,
Daß du dein eigenes Herz dir blutleer wünschtest,
Wenn mich nur rotes Leben neu durchströmte
Und dein Gewissen ruhig wär – sieh, hier ist sie –
Ich streck sie dir entgegen.

DU HELLER STERN! wär ich so stet wie du –
Nicht einsam strahlend, hochgehängt in Nacht,
Säh ich mit ewig offenen Lidern zu,
Einsiedler der Natur, der harrt und wacht,
Dem Priesteramt der Waschung, das die Wasser
Rings an der Erde Menschenstrand vollziehn,
Und säh nicht, wie die sanft gesunkene Maske
Von Schnee sich schmiegt an Berg und Boden hin –
Nein – doch auch stetig, wollt ich immerdar
An der blühenden Brust der Liebsten ruhn,
Ewig ihr Steigen spürn, den sanften Fall,
In süßer Unrast wach, ein ewiges Nun,
Stets, stets zu hörn des sachten Atems Wehn:
So ewig leben – sonst in Tod vergehn.

Lord Byron

From Childe Harold's Pilgrimage

«Adieu, adieu! my native shore
  Fades o'er the waters blue;
The night-winds sigh, the breakers roar,
  And shrieks the wild seamew.
Yon sun that sets upon the sea
  We follow in his flight;
Farewell awhile to him and thee,
  My native land – good night.

A few short hours and he will rise
  To give the morrow birth;
And I shall hail the main and skies,
  But not my mother earth.
Deserted is my own good hall,
  Its hearth is desolate;
Wild weeds are gathering on the wall;
  My dog howls at the gate.

Come hither, hither, my little page!
  Why dost thou weep and wail?
Or dost thou dread the billow's rage,
  Or tremble at the gale?
But dash the tear-drop from thine eye;
  Our ship is swift and strong:
Our fleetest falcon scarce can fly
  More merrily along.»

«Let winds be shrill, let waves roll high,
  I fear not wave nor wind;
Yet marvel not, Sir Childe, that I
  Am sorrowful in mind;
For I have from my father gone,
  A mother whom I love,

Lord Byron

Gut Nacht. (Child Harold. Erster Gesang)

«Leb wohl! leb wohl! im blauen Meer
  Verbleicht die Heimat dort.
Der Nachtwind seufzt, wir rudern schwer,
  Scheu fliegt die Möwe fort.
Wir segeln jener Sonne zu,
  Die untertaucht mit Pracht;
Leb wohl, du schöne Sonn und du,
  Mein Vaterland, – gut Nacht!

Aufs neu steigt bald die Sonn heran,
  Gebärend Tageslicht;
Nur Luft und Meer begrüß ich dann,
  Doch meine Heimat nicht.
Mein gutes Schloß liegt wüst und leer,
  Mein Herd steht öde dort,
Das Unkraut rankt dort wild umher,
  Mein Hund heult an der Pfort.

Komm her, komm her, mein Page klein,
  Was weinst du, armes Kind?
Fürchtst du der Wogen wildes Dräun,
  Macht zittern dich der Wind?
Wisch nur vom Aug die Träne hell,
  Das Schiff ist fest gefügt,
Kaum fliegt der beste Falk so schnell,
  Wie unser Schifflein fliegt.»

«Laß brausen Flut, laß heulen Wind,
  Mich schreckt nicht Wind, nicht Flut;
Sir Childe, viel andre Ding es sind,
  Weshalb ich schlimmgemut.
Denn ich verließ den Vater mein,
  Und auch die Mutter traut;

And have no friend, save these alone,
  But thee – and one above.

My father blessed me fervently,
  Yet did not much complain;
But sorely will my mother sigh
  Till I come back again.» –
«Enough, enough, my little lad!
  Such tears become thine eye;
If I thy guileless bosom had
  Mine own would not be dry.

Come hither, hither, my staunch yeoman,
  Why dost thou look so pale?
Or dost thou dread a French foeman?
  Or shiver at the gale?» –
«Deem'st thou I tremble for my life?
  Sir Childe, I'm not so weak;
But thinking on an absent wife
  Will blanch a faithful cheek.

My spouse and boys dwell near thy hall,
  Along the bordering lake,
And when they on their father call,
  What answer shall she make?» –
«Enough, enough, my yeoman good,
  Thy grief let none gainsay;
But I, who am of lighter mood,
  Will laugh to flee away.

For who would trust the seeming sighs
  Of wife or paramour?
Fresh feres will dry the bright blue eyes
  We late saw streaming o'er.
For pleasures past I do not grieve,
  Nor perils gathering near;
My greatest grief is that I leave
  No thing that claims a tear.

Mir blieb kein Freund als du allein,
  Und der dort oben schaut.

Lang segnete mein Vater mich,
  Doch klagte er nicht sehr.
Doch Mutter weint wohl bitterlich,
  Bis daß ich wiederkehr.» –
«Still, still, mein Bub, dich zieret hold
  Im Auge solche Trän,
Hätt ich dein schuldlos Herz, man sollt
  Auch meins nicht trocken sehn.

Komm her, komm her, mein Schloßdienstmann,
  Was hat dich bleich gemacht?
Fürchtst du, der Franzmann käm heran?
  Durchfröstelt dich die Nacht?»
«Glaubst du, ich zittre für den Leib?
  Sir Childe, bin nicht so bang!
Doch denkt er an sein fernes Weib,
  Wird bleich des Treuen Wang!

Am Seerand, wo dein Stammschloß ragt,
  Da wohnt mir Weib und Kind;
Wenn nun der Bub nach Vater fragt,
  Was sagt sie ihm geschwind?»
«Still! still, mein wackrer Schloßdienstmann,
  Man ehre deinen Schmerz;
Doch ich bin leichtrer Art, und kann
  Entfliehn, als seis ein Scherz.

Ich traue Weibesseufzern nicht!
  Ein frischer Buhlertroß
Wird trocknen jenes Auge licht,
  Das jüngst noch überfloß.
Mich quälet kein Erinnrung süß,
  Kein Sturm, der näher rollt;
Mich quält nur, daß ich nichts verließ,
  Weshalb ich weinen sollt.

And now I'm in the world alone,
  Upon the wide, wide sea:
But why should I for others groan,
  When none will sigh for me?
Perchance my dog will whine in vain,
  Till fed by stranger hands;
But long ere I come back again,
  He'd tear me where he stands.

With thee, my bark, I'll swiftly go
  Athwart the foaming brine;
Nor care what land thou bear'st me to,
  So not again to mine.
Welcome, welcome, ye dark-blue waves!
  And when you fail my sight,
Welcome, ye deserts, and ye caves!
  My native land – good night!»

She Walks in Beauty

She walks in beauty, like the night
  Of cloudless climes and starry skies;
And all that's best of dark and bright
  Meet in her aspect and her eyes:
Thus mellowed to that tender light
  Which heaven to gaudy day denies.

One shade the more, one ray the less,
  Had half impaired the nameless grace
Which waves in every raven tress,
  Or softly lightens o'er her face;
Where thoughts serenely sweet express
  How pure, how dear their dwelling place.

And on that cheek, and o'er that brow,
  So soft, so calm, yet eloquent,
The smiles that win, the tints that glow,

Und nun schwimm ich auf weitem Meer,
  Bin einsam in der Welt: –
Sollt ich um andre weinen sehr,
  Da mir kein Tränlein fällt?
Mein Hund heult nur, bis neue Speis
  Ein neuer Herr ihm reicht;
Kehr ich zurück und nah ihm leis –
  Zerfleischt er mich vielleicht.

Mit dir, mein Schiff, durchsegl ich frei
  Das wilde Meergebraus;
Trag mich, nach welchem Land es sei,
  Nur trag mich nicht nach Haus.
Sei mir willkommen, Meer und Luft!
  Und ist die Fahrt vollbracht,
Sei mir willkommen, Wald und Kluft!
  Mein Vaterland – gut Nacht!»

Sie geht in Schönheit

Sie geht in Schönheit wie die Nacht
  Am Himmel wolkenlos und klar;
Des Lichten und des Dunklen Pracht
  Stellt sich in ihren Augen dar
So zart gemischt, so mild und sacht,
  Wie nie das grelle Taglicht war.

Ein Schatten mehr im schwarzen Haar,
  Ein Licht getrübt, die Anmut wär
Noch schön, doch nicht so wunderbar
  Wie dieses Leuchten um sie her,
Als ob die Seele, heiter klar,
  Sich rein und schön nach außen kehr.

Wenn ihre Stirn sich sanft erhellt,
  Beredt die Wange Antwort gibt,
Malt sich ein Lächeln, unverstellt,

But tell of days in goodness spent,
A mind at peace with all below,
A heart whose love is innocent!

Sonnet on Chillon

Eternal spirit of the chainless mind!
Brightest in dungeons, Liberty! thou art,
For there thy habitation is the heart –
The heart which love of thee alone can bind;
And when thy sons to fetters are consigned –
To fetters, and the damp vault's dayless gloom,
Their country conquers with their martyrdom,
And Freedom's ſame finds wings on every wind.

Chillon! thy prison is a holy place,
And thy sad floor an altar – for 'twas trod,
Until his very steps have left a trace
Worn, as if thy cold pavement were a sod,
By Bonnivard! – May none those marks efface!
For they appeal from tyranny to God.

So, we'll go no more a-roving
So late into the night,
Though the heart be still as loving,
And the moon be still as bright.

For the sword outwears its sheath,
And the soul wears out the breast,
And the heart must pause to breathe,
And love itself have rest.

Though the night was made for loving,
And the day returns too soon,
Yet we'll go no more a-roving
By the light of the moon.

Auf ihren Zügen, die nichts trübt:
Ein Geist in Frieden mit der Welt,
Ein Herz, das ganz aus Unschuld liebt.

Sonett auf Chillon

Du ewiger Geist, der alle Ketten sprengt!
Im Kerker, Freiheit, zuckt dein hellster Blitz!
Denn dort hast du im Herzen deinen Sitz,
Im Herzen, das nur dir in Lieb' anhängt.
Und wenn ein Sohn von dir im feuchten Turm
Gefesselt in der finstern Höhle liegt,
Hilft dies Martyrium seinem Land zum Sieg:
Den Freiheitsruf beflügelt jeder Sturm.

Chillon! Dein Kerker ist ein heiliger Ort,
Dein Boden ein Altar: Denn im Verlies
Ging auf und ab, bis selbst sein müder Trott
Auf Steinen Spuren wie auf Rasen ließ,
De Bonnivard! Die Spuren wisch nicht fort!
Sie schreien vom Tyrannen auf zu Gott.

So lasst uns nicht mehr schwärmen
So tief die Nacht hinein,
Wenn auch Gluten uns noch wärmen
Und noch hell der Mondenschein.

Denn das Schwert zerschleißt die Scheide,
Und der Geist verzehrt die Brust,
Und dem Herz verlangt nach Weile,
Und der Rast bedarf selbst Lust.

Soll die Nacht auch Liebe wärmen,
Kommt der Tag auch stets zu schnell,
Wolln wir doch nicht weiter schwärmen
Im Mondenschein so hell.

Darkness

I had a dream, which was not all a dream.
The bright sun was extinguished, and the stars
Did wander darkling in the eternal space,
Rayless, and pathless, and the icy earth
Swung blind and blackening in the moonless air;
Morn came, and went – and came, and brought no day,
And men forgot their passions in the dread
Of this their desolation; and all hearts
Were chilled into a selfish prayer for light:
And they did live by watchfires – and the thrones,
The palaces of crownèd kings – the huts,
The habitations of all things which dwell,
Were burnt for beacons; cities were consumed,
And men were gathered round their blazing homes
To look once more into each other's face;
Happy were those who dwelt within the eye
Of the volcanos, and their mountain-torch:
A fearful hope was all the world contained;
Forests were set on fire – but hour by hour
They fell and faded – and the crackling trunks
Extinguished with a crash – and all was black.
The brows of men by the despairing light
Wore an unearthly aspect, as by fits
The flashes fell upon them; some lay down
And hid their eyes and wept; and some did rest
Their chins upon their clenchèd hands, and smiled;
And others hurried to and fro, and fed
Their funeral piles with fuel, and looked up
With mad disquietude on the dull sky,
The pall of a past world; and then again
With curses cast them down upon the dust,
And gnashed their teeth and howled: the wild birds shrieked,
And, terrified, did flutter on the ground,
And flap their useless wings; the wildest brutes
Came tame and tremulous; and vipers crawled

Finsternis

Mir kam ein Traum – es war nicht ganz ein Traum.
Die schöne Sonne war verglüht; die Sterne
Verdunkelt kreisten in dem ewigen Raum,
Weglos und ohne Strahl; blind zog die Erde
In mondesleerer Luft. Der Morgen kam
Und ging und kam, und brachte keinen Tag.
Die Menschen, grausend in der kalten Öde,
Vergaßen ihre Leidenschaften, schrien
Nach Licht, selbstsüchtig betend, und sie lebten
Um offene Feuer – königliche Throne,
Paläste, Hütten, jede Wohnstatt wurde
Verbrannt, damit das Dunkel sich erhelle;
Volkreiche Städte wurden eingeäschert –
Und bei den Flammen drängten sich die Menschen,
Nur einmal noch ins Antlitz sich zu schauen.
Die Nachbarn der Vulkane waren glücklich,
Weil Licht verstreuten ihres Kraters Fackeln:
Angstvolles Hoffen nur war in der Welt.
Der Brand flog in den Wald – und Stund um Stunde
War krasser die Verwüstung, Äste krachten
Und Stämme stürzten nieder – schwarz war alles.
Die Menschen sahen nicht mehr irdisch aus
Im schaudervollen Schein, der hin und wieder
Auf ihre Stirnen fiel. Die einen weinten,
Ihr Aug verhüllend; andre preßten auf
Geballte Hände fest ihr Kinn und lachten;
Und andre rannten hin und her und nährten
Die Scheiterhaufen für die Toten, und
Mit Wahnsinns Unruh blickten sie zum Himmel,
Dem Leichentuch der Welt. Dann warfen sie
Sich fluchend in den öden Staub, und Heulen
Und Zähneknirschen war. Raubvögel fielen
Erschrocken auf den Grund und schlugen um
Sich mit gelähmten Schwingen. Bestien kamen,
Einst wild, nun zahm und zitternd. Vipern krochen

And twined themselves among the multitude,
Hissing, but stingless – they were slain for food:
And War, which for a moment was no more,
Did glut himself again; – a meal was bought
With blood, and each sate sullenly apart
Gorging himself in gloom: no love was left;
All earth was but one thought – and that was death,
Immediate and inglorious; and the pang
Of famine fed upon all entrails – men
Died, and their bones were tombless as their flesh;
The meagre by the meagre were devoured,
Even dogs assailed their masters, all save one,
And he was faithful to a corse, and kept
The birds and beasts and famished men at bay,
Till hunger clung them, or the dropping dead
Lured their lank jaws; himself sought out no food,
But with a piteous and perpetual moan
And a quick desolate cry, licking the hand
Which answered not with a caress – he died.
The crowd was famished by degrees; but two
Of an enormous city did survive,
And they were enemies; they met beside
The dying embers of an altar-place
Where had been heaped a mass of holy things
For an unholy usage; they raked up,
And shivering scraped with their cold skeleton hands
The feeble ashes, and their feeble breath
Blew for a little life, and made a flame
Which was a mockery; then they lifted up
Their eyes as it grew lighter, and beheld
Each other's aspects – saw, and shrieked, and died –
Even of their mutual hideousness they died,
Unknowing who he was upon whose brow
Famine had written Fiend. The world was void,
The populous and the powerful – was a lump,
Seasonless, herbless, treeless, manless, lifeless –
A lump of death – a chaos of hard clay.
The rivers, lakes, and ocean all stood still,

Inmitten der geknäulten Menge, zischend,
Doch ohne Zahn – erschlagen wurden sie
Und aufgezehrt. Der Krieg, nach kurzem Stillstand,
War übersatt. Mit Blut war jede Mahlzeit
Erkauft; und jeder saß einsam und düster
Und schlang im Finstern –: Liebe war nicht mehr.
Nur ein Gedanke war auf Erden und
Der war – ruhmloser Tod. Der grimmige Biß
Des Hungers nagte an den Eingeweiden.
Die Menschen starben, unbegraben blieb
Das Fleisch; von Magern nährten sich die Magern,
Die Hunde selbst zerrissen ihre Herrn.
Treu blieb nur einer einem armen Leichnam
Und war sein Hüter – Tier und Mensch verscheucht' er,
Bis sie der Hunger trieb und jener Tote
Die dürren Kiefer reizte. Doch der Hund
Nahm nichts. Verzweifelt klagend und mit kurzem
Wehschrei die Hände leckend, die nicht mehr
Wie einst liebkosend Antwort gaben – starb er.
Des Hungertodes Beute wurde jeder.
Lebendig waren zwei zuletzt aus einer
Gewaltigen Stadt, zwei Feinde, die sich fanden
An eines Altars ausgelöschter Asche,
Wo heilige Geräte lagen zu
Unheiligem Gebrauch. Sie scharrten schauernd
Mit ihren kalten Knochenhänden in
Der schwachen Asche, und ihr schwacher Atem
Gab ihr ein fahles Leben, eine Flamme,
Die Spott nur war. Dann hoben sie die Augen –
Es war nun heller, und sie sahen sich
Ins Antlitz – kreischten auf vor Angst und starben;
Sie starben an dem grauenhaften Anblick,
Unwissend, wer der war, auf dessen Stirne
Die Hungersnot geschrieben hatte: Teufel ...
Die Welt war leer, ein Ballen Arm und Reich,
Der Jahreszeit beraubt und ohne Leben,
Ein Klumpen Toter und des Staubes Chaos.
Die Flüsse standen still und alle Meere,

And nothing stirred within their silent depths;
Ships sailorless lay rotting on the sea,
And their masts fell down piecemeal; as they dropped
They slept on the abyss without a surge –
The waves were dead; the tides were in their grave,
The moon their mistress had expired before;
The winds were withered in the stagnant air,
And the clouds perished; Darkness had no need
Of aid from them – She was the universe.

From Manfred. A Dramatic Poem

We are the fools of time and terror: Days
Steal on us and steal from us; yet we live,
Loathing our life, and dreading still to die.
In all the days of this detested yoke –
This heaving burthen, this accursèd breath –
This vital weight upon the struggling heart,
Which sinks with sorrow, or beats quick with pain,
Or joy that ends in agony or faintness –
In all the days of past and future, for
In life there is no present, we can number
How few – how less than few – wherein the soul
Forbears to pant for death, and yet draws back
As from a stream in winter, though the chill
Be but a moment's. I have one resource
Still in my science – I can call the dead,
And ask them what it is we dread to be:
The sternest answer can but be the Grave,
And that is nothing – if they answer not –
The buried prophet answered to the Hag
Of Endor; and the Spartan Monarch drew
From the Byzantine maid's unsleeping spirit
An answer and his destiny – he slew
That which he loved, unknowing what he slew,
And died unpardoned – though he called in aid
The Phyxian Jove, and in Phigalia roused

Nichts regte sich in ihres Schweigens Tiefe.
Die Schiffe lagen unbemannt und faulten,
Stückweis' zerfielen ihre morschen Masten
Und schliefen ruhig in dem starren Abgrund.
Die Wellen tot, im Grabe die Gezeiten;
Der Mond, ihr Meister, war schon längst erloschen.
Der Wind war aus, die Luft erstickt, die Wolken
Waren verschwunden; ihrer Hilfe hatte
Die Finsternis nicht not – sie war das All.

Aus Manfred. Ein dramatisches Gedicht

Der Zeit, des Schreckens Narren sind wir! Tage,
Bestehlend stehlen sie sich weg. Wir leben
In Lebens Überdruß, in Scheu des Todes.
In all den Tagen der verwünschten Posse –
Lebendige Last auf widerstrebendem Herzen,
In Sorgen stockt es, heftig schlägts in Pein,
Der Freud ein End ist Todeskampf und Ohnmacht –
In all den Tagen, den vergangnen, künftigen –
Im Leben ist nichts Gegenwart – du zählst
Wie wenig: – weniger als wenig, wo die Seele
Nicht nach dem Tod verlangt und doch zurück
Wie vor dem Winterstrome schreckt. Das Fröstlen
Wär nur ein Augenblick. – Ich habe ein Mittel
In meiner Wissenskraft: die Toten ruf ich
Und frage sie: Was ist denn, das wir fürchten?
Der Antwort ernsteste ist doch das Grab.
Und das ist nichts, antworten sie mir nicht –
Antwortete begrabner Priester Gottes
Dem Weib zu Endor! Spartas König zog
Aus griechscher Jungfrau nie entschlafnem Geist
Antwort und Schicksal. Das Geliebteste
Hatt er gemordet, wußte nicht, wen er traf:
Starb ungesühnt. Wenn er auch schon zu Hilfe
Den milden Zeus berief, Phigaliens
Arkadische Beschwörer aufrief, zu gewinnen

The Arcadian Evocators to compel
The indignant shadow to depose her wrath,
Or fix her term of vengeance – she replied
In words of dubious import, but fulfilled.
  If I had never lived, that which I love
Had still been living; had I never loved,
That which I love would still be beautiful –
Happy and giving happiness. What is she?
What is she now? – a sufferer for my sins –
A thing I dare not think upon – or nothing.
Within few hours I shall not call in vain –
Yet in this hour I dread the thing I dare:
Until this hour I never shrunk to gaze
On spirit, good or evil – now I tremble,
And feel a strange cold thaw upon my heart,
But I can act even what I most abhor,
And champion human fears. – The night approaches.

DON JUAN

From Dedication

Bob Southey! You're a poet – poet Laureate,
  And representative of all the race;
Although 'tis true that you turned out a Tory at
  Last, – yours has lately been a common case: –
And now, my epic renegade! what are ye at,
  With all the Lakers in and out of place?
A nest of tuneful persons, to my eye,
Like ‹four and twenty blackbirds in a pie;

Which pie being opened, they began to sing› –
  (This old song and new simile holds good)
‹A dainty dish to set before the King,›
  Or Regent, who admires such kind of food.

Vom aufgebrachten Schatten sein Verzeihen,
Auch eine Grenze nur des Rächens. Die versetzte
Mit zweifelhaftem Wortsinn; doch erfüllt wards.
  Und hätt ich nie gelebt! das, was ich liebe,
Wäre noch lebendig; hätt ich nie geliebt!
Das, was ich liebe, wär noch immer schön
Und glücklich, glückverspendend. Und was aber,
Was ist sie jetzt? Für meine Sünden büßte sie –
Ein Wesen? Denk es nicht. – Vielleicht ein Nichts.
In wenig Stunden frag ich nicht umsonst,
In dieser Stunde fürcht ich, wie ich trotze.
Bis diese Stunde schreckte mich kein Schauen
Der Geister, guter, böser. Zittr ich nun?
Und fühl am Herzen fremden, kalten Tau!
Doch kann ich tun, was mich im Tiefsten widert,
Der Erde Schrecken ruf ich auf. – Es nachtet!

Don Juan

Aus Zueignung

Bob Southey! du bist Dichter – Hofpoet
Und Typus aller dieser großen Lichter,
Und ein bekehrter Tory; das versteht
Sich freilich ganz von selbst für solch Gelichter.
Sag mal, mein epischer Judas, wie's euch geht,
Ihr unversorgten und versorgten Dichter?
Ihr kommt mir vor, mit euren süßen Weisen,
Wie ‹die Pastete mit den zwanzig Meisen.

Der Teig ging auf, sie fingen an zu singen›
(Dies alte Lied und neue Bild trifft gut),
‹Die Schüssel kann man dreist dem König bringen›,
Dem Prinzen auch; er liebt derartige Brut.

And Coleridge, too, has lately taken wing,
  But, like a hawk encumbered with his hood,
Explaining metaphysics to the nation –
I wish he would explain his explanation.

You, Bob! are rather insolent, you know,
  At being disappointed in your wish
To supersede all warblers here below,
  And be the only blackbird in the dish;
And then you overstrain yourself, or so,
  And tumble downward like the flying fish
Gasping on deck, because you soar too high, Bob,
And fall, for lack of moisture, quite a-dry, Bob!

And Wordsworth, in a rather long «Excursion»
  (I think the quarto holds five hundred pages)
Has given a sample from the vasty version
  Of his new system to perplex the sages:
'Tis poetry – at least by his assertion,
  And may appear so when the dogstar rages;
And he who understands it would be able
To add a story to the Tower of Babel.

You, gentlemen! by dint of long seclusion
  From better company have kept your own
At Keswick, and through still continued fusion
  Of one another's minds at last have grown
To deem as a most logical conclusion
  That Poesy has wreaths for you alone;
There is a narrowness in such a notion
Which makes me wish you'd change your lakes for ocean.

I would not imitate the petty thought,
  Nor coin my self-love to so base a vice,
For all the glory your conversion brought,
  Since gold alone should not have been its price.
You have your salary – was't for that you wrought?
  And Wordsworth has his place in the Excise.

Und Coleridge will nun auch empor sich schwingen,
Doch tölpisch wie ein Falk mit seinem Hut;
Dem Volk erklärt er die Philosophie –
Doch die Erklärung, wer erklärt uns die?

Du, Bob, bist etwas frech – das macht die Galle;
Was du versuchtest, war verführerisch:
Wegdrängen wolltest du die Vögel alle
Und einzige Meise sein auf jenem Tisch;
Doch du verrenktest dich und kamst zu Falle,
Herniederpurzelnd wie ein Fliegefisch,
Und schnappst nach Luft; du willst zu hoch hinaus, Bob,
Und zappelst nun – das Wasser geht dir aus, Bob.

Und Wordsworths lange «Exkursion» (sie währt
Fünfhundert Seiten Quart, das will was sagen)
Ist auch ein Pröbchen von dem riesigen Wert
Der neuen Kunst, Weisheit aufs Maul zu schlagen:
's ist Poesie – er hat es selbst erklärt;
Es sieht so aus – an heißen Sommertagen,
Und wers versteht, der ist auch wohl kapabel
Und baut ein Stockwerk auf den Turm von Babel.

Ihr Herren habt so lang euch vom Verkehr
Mit besserer Gesellschaft abgeschlossen,
Und eure Geister haben sich so sehr
Der eine in den anderen ergossen,
Daß ihr nun glaubt, es gebe nirgends mehr
Lorbeern als für euch selber und Genossen:
's ist etwas Kleinliches in der Idee;
Ich wollt, ihr säht das Meer statt euren See.

Fern sei's von mir, daß ich es ähnlich machte
Und mich aus Selbstsucht so gemein erwiese,
Für all den Ruhm, den euch die Umkehr brachte
(Denn mehr als Geld verlangen Herrn wie diese).
Ihr zieht das Geld – ists das, was euch entfachte? –
Und Wordsworth hat sein Amt bei der Akzise.

Your're shabby fellows – true – but poets still,
And duly seated on the immortal hill.

Your bays may hide the baldness of your brows,
  Perhaps some virtuous blushes – let them go;
To you I envy neither fruit nor boughs,
  And for the fame you would engross below
The field is universal, and allows
  Scope to all such as feel the inherent glow –
Scott, Rogers, Campbell, Moore, and Crabbe, will try
'Gainst you the question with posterity.

For me who, wandering with pedestrian Muses,
  Contend not with you on the wingèd steed,
I wish your fate may yield ye, when she chooses,
  The fame you envy, and the skill you need;
And recollect a poet nothing loses
  In giving to his brethren their full meed
Of merit, and complaint of present days
Is not the certain path to future praise.

From Canto I

I want a hero: an uncommon want,
  When every year and month sends forth a new one,
Till, after cloying the gazettes with cant,
  The age discovers he is not the true one;
Of such as these I should not care to vaunt,
  I'll therefore take our ancient friend Don Juan –
We all have seen him in the pantomime
Sent to the devil, somewhat ere his time.

Vernon, the butcher Cumberland, Wolfe, Hawke,
  Prince Ferdinand, Granby, Burgoyne, Keppel, Howe,
Evil and good, have had their tithe of talk,
  And filled their sign-posts then, like Wellesley now;
Each in their turn like Banquo's monarchs stalk,

Ihr seid nur schäbig – ja, doch auch Poeten,
Und dürft mit Fug den heiligen Berg betreten.

Den Kranz, der eure dreiste Stirn verdeckt,
Vielleicht auch etwas Scham, behaltet gern;
Ich wünsche, daß die Frucht euch trefflich schmeckt.
Jedoch das Feld des Ruhmes, das ihr Herrn
Zum Monopol macht, ist nicht abgesteckt,
Und jedem Gottenflammten winkt der Stern:
Scott, Rogers, Campbell, Crabbe und Moore bestreiten
Euch euren Anspruch vor dem Thron der Zeiten.

Ich, dessen Muse nur zu Fuß spaziert,
Wetteifre nicht mit eurem Flügelpferd.
Geb euch das Schicksal, wenn sichs um euch schiert,
Kunst, die ihr braucht, und Ruhm, den ihr begehrt!
Und merkt euch, daß ein Dichter nichts verliert,
Wenn er Verdienste seiner Brüder ehrt,
Und daß das Jammern über unsre Zeit
Kein Anrecht auf zukünftiges Lob verleiht.

Aus Canto I

Mir fehlt ein Held! – «Ein Held, er sollte fehlen,
Da Jahr und Monat neu vom neusten spricht?»
Ein Zeitungsschreiber mag sich schmeichelnd quälen,
So sagt die Zeit, es sei der rechte nicht.
Von solchen mag ich wahrlich nichts erzählen,
Da nehm ich mir Freund Juan ins Gesicht;
Wir haben in der Oper ihn gesehen,
Früher als billig war, zum Teufel gehen.

Vernon, der Metzger Cumberland und Wolfe so mit,
Auch Hawke, Prinz Ferdinand, Bourgoyne aufs beste,
Keppel und Howe, sie hatten ihre Feste
Wie Wellesley jetzt – Der Könige Schattenschritt
Vom Stamme Bancos – Raben aus *einem* Neste! –

   Followers of fame, ‹nine farrow› of that sow:
France, too, had Buonaparté and Dumourier
Recorded in the Monsieur and Courier.

Barnave, Brissot, Condorcet, Mirabeau,
   Petion, Clootz, Danton, Marat, La Fayette,
Were French, and famous people, as we know;
   And there were others, scarce forgotten yet,
Joubert, Hoche, Marceau, Lannes, Dessaix, Moreau,
   With many of the military set,
Exceedingly remarkable at times,
But not at all adapted to my rhymes.

Nelson was once Britannia's god of war,
   And still should be so, but the tide is turned;
There's no more to be said of Trafalgar,
   'Tis with our hero quietly inurned;
Because the army's grown more popular,
   At which the naval people are concerned;
Besides, the Prince is all for the land-service,
Forgetting Duncan, Nelson, Howe, and Jervis.

Brave men were living before Agamemnon
   And since, exceeding valorous and sage,
A good deal like him too, though quite the same none;
   But then they shone not on the poet's page,
And so have been forgotten: – I condemn none,
   But can't find any in the present age
Fit for my poem (that is, for my new one);
So, as I said, I'll take my friend Don Juan.

From Canto XIV

The world is all before me, or behind;
   For I have seen a portion of that same,
And quite enough for me to keep in mind; –
   Of passions too, I have proved enough to blame,

Der Ruhm, die Lust zu herrschen reißt sie mit.
Dumouriez', Bonapartes Kampfgewinsten,
Die Zeitung steht den Herren gleich zu Diensten.

Barnave kennt und Brissot die Geschichte,
Condorcet, Mirabeau und Pétion auch;
Cloots, Danton, Marat litten viel Gerüchte,
Selbst Lafayette, er ging beinahe in Rauch.
Dann Joubert, Hoche, vom Militärverpflichte,
Lannes, Desaix, Moreau! Es war der Brauch
Zu ihrer Zeit, an ihnen viel zu preisen;
Doch will das nichts für meine Lieder heißen.

Nelson war unser Kriegsgott, ohne Frage,
Und ist es noch dem herzlichsten Bekenntnis;
Doch von Trafalgar tönet kaum die Sage,
Und so ist Flut und Ebbe wetterwendisch.
Denn die Armee ist populär zu Tage
Und mit dem Seevolk nicht im Einverständnis;
Der Prinz ist für den Landdienst, und indessen
Sind Duncan, Nelson, Howe, sie sind vergessen.

Vor Agamemnon lebten manche Braven,
So wie nachher, von Sinn und hoher Kraft;
Sie wirkten viel, sind unberühmt entschlafen,
Da kein Poet ihr Leben weiter schafft.
Von unsern Helden möcht ich niemand strafen,
Da jeder sich am Tag zusammenrafft;
Für mein Gedicht wüßt ich mir aber keinen
Und nenne so Don Juan mein, den Meinen.

Aus Canto XIV

Die Welt liegt vor mir oder hinter mir;
Ich kann von ihr als Sachverständiger sprechen,
Denn vormals sah ich einen Teil von ihr.
Ich selber hatte Leidenschaften, Schwächen,

To the great pleasure of our friends, mankind,
  Who like to mix some slight alloy with fame:
For I was rather famous in my time,
Until I fairly knocked it up with rhyme.

I have brought this world about my ears, and eke
  The other; that's to say, the Clergy – who
Upon my head have bid their thunders break
  In pious libels by no means a few.
And yet I can't help scribbling once a week,
  Tiring old readers, nor discovering new.
In youth I wrote, because my mind was full,
And now because I feel it growing dull.

But ‹why then publish?› – There are no rewards
  Of fame or profit, when the world grows weary.
I ask in turn, – why do you play at cards?
  Why drink? Why read? – To make some hour less dreary.
It occupies me to turn back regards
  On what I've seen or pondered, sad or cheery;
And what I write I cast upon the stream,
To swim or sink – I have had at least my dream.

I think that were I *certain* of success,
  I hardly could compose another line:
So long I've battled either more or less,
  That no defeat can drive me from the Nine.
This feeling 'tis not easy to express,
  And yet 'tis not affected, I opine.
In play, there are two pleasures for your choosing –
The one is winning, and the other losing.

Besides, my Muse by no means deals in fiction:
  She gathers a repertory of facts,
Of course with some reserve and slight restriction,
  But mostly sings of human things and acts –
And that's one cause she meets with contradiction;
  For too much truth, at first sight, ne'er attracts;

Zum großen Spaß der Welt, die voll Begier
Das Gold des Ruhms vermischt mit schlechten Blechen.
Ich hatt einmal ganz leidlich Ruhm erworben,
Jedoch mit Reimen hab ichs mir verdorben.

Ich brachte diese Welt mir auf den Hals
Und auch die andre, nämlich die Pastoren;
Sie krachen mir mit Donnern grausigen Schalls,
Ich meine fromme Schriften, in die Ohren.
Einmal per Woche reim ich jedenfalls,
Obwohl ich einige Leser schon verloren.
Einst schrieb ich, weil das Herz mir überwallte,
Jetzt, weil ich fühl, als ob es mir erkalte.

Doch warum drucken? Ruhm und Vorteil ist
Kein Lohn mehr für ein schal gewordnes Leben.
Dagegen frag ich: Warum spielt ihr Whist?
Und trinkt? Und lest? – Der Stunden Druck zu heben.
Ich schreib, ein rückwärts blickender Chronist,
Erlebtes auf; es unterhält mich eben;
Und was ich schreibe, mag im weiten Raum
Der Wind verwehn – hatt ich doch meinen Traum.

Wär mein Erfolg ganz sicher, außer Frage,
Ich glaub, ich schriebe keine Zeile mehr.
So lang hab ich gekämpft, daß Niederlage
Mich nimmer wegscheucht aus der Musen Heer.
Es ist nicht affektiert, was ich hier sage,
Doch dies Gefühl zu schildern find ich schwer:
Beim Spiel ergötzt man sich auf zwei Manieren,
Sei's durch Gewinnen oder durch Verlieren.

Auch handelt meine Muse nicht mit Dichtung;
Nur Fakten sinds, was sie auf Lager hält,
Natürlich mit Beschränkung, Auswahl, Sichtung,
Und meistens singt sie von der Menschenwelt,
Und just darum verdammt man ihre Richtung;
Denn allzu reichlich Wahrheit, das mißfällt;

And were her object only what's called glory,
With more ease too she'd tell a different story.

Love, war, a tempest – surely there's variety;
  Also a seasoning slight of lucubration;
A bird's-eye view too of that wild, Society;
  A slight glance thrown on men of every station.
If you have nought else, here's at least satiety
  Both in performance and in preparation;
And though these lines should only line portmanteaus,
Trade will be all the better for these Cantos.

Stanzas Written on the Road between Florence and Pisa

Oh! talk not to me of a name great in story –
The days of our youth, are the days of our glory,
And the myrtle and ivy of sweet two-and-twenty
Are worth all your laurels though ever so plenty.

What are garlands and crowns to the brow that is wrinkled?
'Tis but as a dead flower with May-dew besprinkled:
Then away with all such from the head that is hoary,
What care I for the wreaths that can *only* give glory?

Oh! Fame! – if I e'er took delight in thy praises –
'Twas less for the sake of thy high-sounding phrases
Than to see the bright eyes of the dear one discover
She thought that I was not unworthy to love her.

There chiefly I sought thee, *there* only I found thee;
Her glance was the best of the rays that surround thee.
When it sparkled o'er aught that was bright in my story,
I knew it was love, and I felt it was glory.

Wär Ruhm ihr Ziel, so könnte sie Geschichten
Von andrer Gattung viel bequemer dichten.

Krieg, Lieb, ein Sturm, das ist doch vielerlei;
Dazu die Würze einiger leichter Glossen,
Ein Panorama von der Wüstenei
‹Gesellschaft› und ein Blick auf ihre Possen:
Wenn sonst nichts, habt ihr wenigstens dabei
Das Hochgefühl der Sättigung genossen,
Und klebt man Koffer einst mit diesen Heften,
So nütz ich mindestens doch den Geschäften.

Strophen, geschrieben auf einer Reise zwischen Florenz und Pisa

Sprecht nicht mir vom Ruhm, den verleiht die Geschichte!
Die Glanzzeit des Ruhms ist die Jugend, die lichte.
Was ist auch, wo Myrten und Efeu umgeben
Reichlockige Häupter, der Lorbeer daneben?

Die welkenden Stirnen voll prangender Kränze
Sind maitaubesprengte, erstorbene Lenze.
Hinweg mit dem Lorbeer vom grauenden Scheitel!
Was soll mir die Zier, die nur Ruhm bringt, der eitel?

O Ruhm! Fühlt ich je deinen Reiz mich durchzittern,
Wars nicht um den Prunk mit den tönenden Flittern,
Nein, nur um im Aug der Geliebten alleine
Zu sehn, daß ich ihrer nicht unwert erscheine.

Dort sucht ich, *dort* hab ich in seligen Stunden
Den wonnigsten Strahl deiner Leuchte gefunden.
Ihr Aug nur, rückspiegelnd ein Licht, das mir eigen,
Vermochte, was Liebe, was Ruhm, mir zu zeigen.

On This Day I Complete My Thirty-Sixth Year

'T is time this heart should be unmoved
Since others it hath ceased to move,
Yet though I cannot be beloved
Still let me love.

My days are in the yellow leaf;
The flowers and fruits of love are gone –
The worm, the canker and the grief
Are mine alone.

The fire that on my bosom preys
Is lone as some Volcanic Isle;
No torch is kindled at its blaze –
A funeral pile!

The hope, the fear, the jealous care,
The exalted portion of the pain
And power of Love I cannot share
But wear the chain.

But 'tis not *thus* – and 't is not *here*
Such thoughts should shake my soul, nor *now*
Where Glory decks the hero's bier
Or binds his brow.

The Sword – the Banner – and the Field
Glory and Greece around us see!
The Spartan borne upon his shield
Was not more free!

Awake! (*not* Greece – She *is* awake!)
Awake my spirit – think through *whom*
Thy life blood tracks its parent lake
And then strike home!

Zuletzt vor dem Ende geschrieben

Sei still, mein Herz. Was bist du wert,
Seit du kein andres mehr bewegst?
Und doch, obwohl nicht mehr begehrt,
Du liebst und schlägst.

Doch gelb ist meines Lebens Laub,
Der Freude Blum und Frucht ging ein,
Zernagte Leere, Kummers Staub,
Nur das ist mein.

Wie ein vulkanisch Eiland brennt
Ganz einsam meiner Glut Gesicht
Und flammt verdammt zum Firmament,
Feuer ohne Licht.

Die Hoffnung und die Furcht zerstiebt,
Die Größe aller Schmerzen und
Die Macht der Lust ist hin. Mich liebt
Der Ohnmacht Mund.

Doch seis nicht so, und seis nicht jetzt,
Nicht grüble hier mit ödem Krampf,
Wo man uns ruhmvoll Ziele setzt
Im Freiheitskampf!

Sieh Waffen, Fahnen, Kampfgefild,
Glorie und Griechenland! Das sei!
Der Sparter, tot auf seinem Schild,
War nicht so frei.

Erwache! Rufs nicht Hellas zu,
Dir selbst! Denn Hellas ist erwacht.
Dein Lebensblut geleitest du
Zur letzten Macht.

Tread those reviving passions down
  Unworthy manhood; – unto thee
Indifferent should the smile or frown
      Of beauty be.

If thou regret'st thy youth, why *live*?
  The land of honourable death
Is here – up to the field! and give
      Away thy breath.

Seek out – less often sought than found,
  A soldier's grave – for thee the best,
Then look around and choose thy ground,
      And take thy rest.

So laß die leichte Unruh, laß
  Die Lust. Mach dir die Mannheit schwer.
Der Schönheit Lächeln oder Haß
    Rühr dich nicht mehr.

Da deine Jugend starb, warum
  Noch leben? Dieser Tod ist gut.
Nach all den Worten werde stumm
    Vom letzten Mut.

Was viele finden, suchs dir aus:
  Soldatengrab. So endest du
Am besten. Noch ein Blick. Ins Haus.
    Und du hast Ruh.

Robert Southey

The Battle of Blenheim

It was a summer evening,
  Old Kaspar's work was done,
And he before his cottage door
  Was sitting in the sun;
And by him sported on the green
His little grandchild Wilhelmine.

She saw her brother Peterkin
  Roll something large and round,
Which he beside the rivulet
  In playing there had found;
He came to ask what he had found,
That was so large, and smooth, and round.

Old Kaspar took it from the boy,
  Who stood expectant by;
And then the old man shook his head
  And with a natural sigh,
«'Tis some poor fellow's skull,» said he,
«Who fell in the great victory.

I find them in the garden,
  For there's many here about;
And often when I go to plough,
  The ploughshare turns them out!
For many thousand men,» said he,
«Were slain in that great victory.»

«Now tell us what 't was all about,»
  Young Peterkin, he cries;
And little Wilhelmine looks up
  With wonder-waiting eyes;

Robert Southey

Blenheim

Ein Sommerabend, warm und still,
rauchrot und ackergrau;
der Kaspar vor der Katentür
hockt müd im starken Tau.
Dicht bei ihm spielt auf Rasengrün
sein Enkelmägdlein Wilhelmin'.

Das Brüderchen, der Peterle,
der kollerte im Sand
was Großes-Rundes, das vorhin
am Bachesrand er fand.
Nun kam er an, und fragte los:
«Was ist das hier? So rund und groß?»

Der alte Kaspar nahms zur Hand;
der Junge stand dabei;
der Alte schüttelte den Kopf,
und seufzte mancherlei:
«Der arme Kerl, und sein Gebein –:
das muß vom Großen Siege sein!

Man find't die viel im Garten hier,
1, 2, ein ganzer Hauf.
Oft, wenn ich draußen pflügen bin,
wirft sie die Pflugschar auf –:
Zehntausend, sagt man allgemein,
müßtens bei Großen Siegen sein!»

«Erzähl doch, Opa, wie das war!»
ruft Peter angeregt;
auch Wilhelminchen hoch ins Blau
die Wunderäuglein schlägt:

«Now tell us all about the war,
And what they fought each other for.»

«It was the English,» Kaspar cried,
  «Who put the French to rout;
But what they fought each other for,
  I could not well make out;
But everybody said,» quoth he,
«That 't was a famous victory.

My father lived at Blenheim then,
  Yon little stream hard by;
They burnt his dwelling to the ground,
  And he was forced to fly;
So with his wife and child he fled,
Nor had he where to rest his head.

With fire and sword the country round
  Was wasted far and wide,
And many a childing mother then,
  And new-born baby died;
But things like that, you know, must be
At every famous victory.

They say it was a shocking sight
  After the field was won;
For many thousand bodies here
  Lay rotting in the sun;
But things like that, you know, must be
After a famous victory.

Great praise the Duke of Marlbro' won,
  And our good Prince Eugene.»
«Why 't was a very wicked thing!»
  Said little Wilhelmine.
«Nay . . nay . . my little girl,» quoth he,
«It was a famous victory.

«Warum kam da das große Heer?
Und warum zankten sie so sehr?»

«Alt-England zwang», rief Kaspar laut,
«den Franzmann in die Knie! –
Jedoch worum es letztlich ging,
erfuhr ich richtig nie. –
Doch hieß es damals allgemein,
so müßts bei Großen Siegen sein!»

«Mein Vater lebte damals noch
in Blenheim, dicht am Bach.
Das Haus verbrannte, und wir flohn –
das war ein Weh und Ach!
Mit Weib und Kind und nackt und bloß;
als Bette nur der Erde Schoß!

Das ganze Land, recht-linker Hand,
verheert mit Feuer und Schwert;
es starb manch Kind in Mutterleib;
zerborsten Mauer und Herd. –
Doch hieß es damals allgemein:
so müßts bei Großen Siegen sein!

Als dann der Greuel war vorbei,
und als das Feld gewonnen,
da lagen Leichen tausendfach
und faulten in der Sonnen –
doch hieß es damals allgemein:
so müßts bei Großen Siegen sein!

Wie pries man Herzog Marlb'rough da
und unsern Prinz Eugen!»
«Ach, ist das bös!» so hörte man
hier Wilhelminchen flehn.
«Pscht, Schätzchen, still, soso – – Nein nein:
das muß bei Großen Siegen sein!

And everybody praised the Duke
  Who this great fight did win.»
«But what good came of it at last?»
  Quoth little Peterkin.
«Why that I cannot tell,» said he,
«But 't was a famous victory.»

From Thalaba

  How beautiful is night!
 A dewy freshness fills the silent air;
No mist obscures, nor cloud, nor speck, nor stain
  Breaks the serene of heaven;
In full-orbed glory yonder Moon divine
 Rolls through the dark blue depths.
  Beneath her steady ray
  The desert-circle spreads
Like the round ocean, girdled with the sky.
  How beautiful is night!

Und jeder pries den Herzog, der
so mächtige Schlacht gewann.»
«Ja, und was kam dann Gut's davon?»
fing Peterle jetzt an. –
«Das weiß ich nicht – s' hieß allgemein:
so müßts bei Großen Siegen sein!»

Aus Thalaba

Wie herrlich ist die Nacht!
Tauige Frische füllt die Luft;
Kein Nebel trübt, kein Wölkchen unterbricht
Des Himmels Heiterkeit.
In seiner Pracht durchrollt der volle Mond
Die blaue Tiefe dort.
In seinem Strahle ruht
Der Wüste brauner Kreis,
Vom Himmel wie der Ozean umgürtet.
Wie herrlich ist die Nacht!

Sir Walter Scott

The Maid of Isla

Oh, Maid of Isla, from the cliff,
That looks on troubled wave and sky,
Dost thou not see yon little skiff
Contend with ocean gallantly?
Now beating 'gainst the breeze and surge,
And steeped her leeward deck in foam,
Why does she war unequal urge? –
Oh, Isla's maid, she seeks her home.

Oh, Isla's maid, yon sea-bird mark,
Her white wing gleams through mist and spray,
Against the storm-cloud, lowering dark,
As to the rock she wheels away; –
Where clouds are dark and billows rave,
Why to the shelter should she come
Of cliff, exposed to wind and wave? –
Oh, maid of Isla, 'tis her home!

As breeze and tide to yonder skiff,
Thou'rt adverse to the suit I bring,
And cold as is yon wintry cliff,
Where sea-birds close their wearied wing.
Yet cold as rock, unkind as wave,
Still, Isla's maid, to thee I come;
For in thy love, or in his grave,
Must Allan Vourich find his home.

Sir Walter Scott

Das Mädchen von Isla

Mädchen von Isla, hoch vom Riff,
Das Sturmgewölk und Meer umnachten,
Siehst du nicht dort das kleine Schiff
Die Wut der Wellen keck verachten?
Jetzt taucht es tief in Schaum und Dampf,
Tanzt hoch jetzt auf der Wogen Rand;
Sprich, warum wagt es solchen Kampf? –
Mädchen, es sucht sein Heimatland!

Siehst, Mädchen, du die Möwe dort?
Durch Nebel glänzt ihr weißer Flügel;
Sie schwingt sich durch den rauhen Nord,
Und sucht des Ufers sichre Hügel.
Warum durch Sturm und Wogenschaum
Sucht sie der Insel Felsenstrand,
Warum des Ufers grünen Saum? –
Mädchen, es ist ihr Heimatland!

Doch, wie des Schiffs der wilde Sturm,
Lachst du der Werbung, die ich bringe,
Kalt wie des Felsen steiler Turm,
Wo Möw' und Taucher senkt die Schwinge.
Sei noch so hart, sei noch so kalt,
Doch, Mädchen, biet ich dir die Hand!
Wenn nicht dein liebend Herz, dann bald
Ist Allans Grab sein Heimatland!

John Clare

Clock a Clay

In the cowslip's peeps I lie
Hidden from the buzzing fly
While green grass beneath me lies
Pearled wi' dew like fishes' eyes
Here I lie a Clock a clay
Waiting for the time o' day

While grassy forests quake surprise
And the wild wind sobs and sighs
My gold home rocks as like to fall
On its pillars green and tall
When the pattering rain drives bye
Clock a Clay keeps warm and dry

Day by day and night by night
All the week I hide from sight
In the cowslip's peeps I lie
In rain and dew still warm and dry
Day and night and night and day
Red black spotted clock a clay

My home it shakes in wind and showers
Pale green pillar top't wi' flowers
Bending at the wild winds breath
Till I touch the grass beneath
Here still I live lone clock a clay
Watching for the time of day

I am – yet what I am, none cares or knows;
  My friends forsake me like a memory lost: –
I am the self-consumer of my woes; –
  They rise and vanish in oblivion's host,

John Clare

Der Käfer

In der Primelblüte still
Lieg ich, fern vom Schrilln der Grill;
Unter mir am grünen Grund
Perlt der Tau, fischaugenrund;
Oben drin, ein Käferwicht,
Wart ich, bis der Tag anbricht.

Wenn des Waldes Laub erbebt,
Weil der wilde Wind anhebt,
Schwankt mein Haus wie sterbenskrank
Auf dem Säulchen, hoch und schlank;
Trauft herab ein Tropfenschwarm,
Käfermann hats wohl und warm.

Tag für Tag und Nacht für Nacht
Berg ich mich mit Vorbedacht;
In der Primelblüte lieg ich,
Trocken und erwärmt mich wieg ich,
Schwarz im Dunkel, rot im Licht,
Schwarzgetupfter Käferwicht.

Bebt mein Haus bei Windes Wut,
Schwanker Stiel mit Blumenhut,
Beugt sichs unterm Regenwind
Bis hinab aufs Gras geschwind;
Gastlich drin als Käfermann
Wart ich, bis der Tag bricht an.

Ich bin – doch was, weiß niemand, kümmert keinen.
  Die Freunde lassen mich, wie man Erinnertes verliert.
Ich bin der Selbstverzehrer meiner Leiden.
  Sie heben sich und gehn, wohin Vergessen führt –

Like shadows in love's frenzied stifled throes: –
And yet I am, and live – like vapours tost

Into the nothingness of scorn and noise, –
  Into the living sea of waking dreams,
Where there is neither sense of life or joys,
  But the vast shipwreck of my life's esteems;
Even the dearest, that I love the best
Are strange – nay, rather stranger than the rest.

I long for scenes where man hath never trod,
  A place where woman never smiled or wept
There to abide with my Creator, God;
  And sleep as I in childhood sweetly slept,
Untroubling, and untroubled where I lie,
The grass below – above the vaulted sky.

I FEEL I AM; – I only know I am,
And plod upon the earth, as dull and void:
Earth's prison chilled my body with its dram
Of dullness, and my soaring thoughts destroyed.
I fled to solitudes from passion's dream,
But strife pursued – I only know, I am,
I was a being created in the race
Of men disdaining bounds of place and time: –
A spirit that could travel o'er the space
Of earth and heaven, – like a thought sublime,
Tracing creation, like my maker, free, –
A soul unshackled – like eternity,
Spurning earth's vain and soul-debasing thrall,
But now I only know I am, – that's all.

THERE IS A CHARM in Solitude that cheers
A feeling that the world knows nothing of
A green delight the wounded mind endears
After the hustling world is broken off

Wie Schatten in der Liebe Fieberkreisen.
Und doch: ich bin und leb – wie Dunst versprüht

Ins bare Nichts von Hohn und lautem Wind,
  In die bewegte See von Wachtraumwogen,
Wo weder Lebensgrund noch Freuden sind,
  Nur Schiffbruch meines Lebens, seines Werts betrogen.
Den Liebsten selbst, die mir am innigsten gefallen,
Bin fremd ich – ja, viel fremder noch als allen.

Wo ist der Ort, den noch kein Mann betreten,
  Wo keine Frau geweint, gelächelt hat?
Dort sehn ich mich, mit meinem Gott zu leben
  Und süß zu schlafen meinen Kindheitsschlaf,
Nicht störend und selbst ungestört zu liegen,
Mich zwischen Gras und Himmelsgrund zu schmiegen.

Ich fühl, ich bin, und weiß nur, daß ich bin,
Kriech auf der Erd, die dumpf und leer wie ich.
Mit schalem Kerkertrunk durchkühlte mich
Die Erd, zerriß den hochgespannten Sinn.
Vor Leidenschaft floh ich ins Einsamsein,
Von Zwist verfolgt – weiß, daß ich bin, allein.
Ich war ein Mensch, geschaffen nach der Art,
Die schmäht des Raumes und der Zeiten Schranke;
Ein mutiger Geist, auf Erd- und Himmelfahrt
Bereist – wie ein erhabener Gedanke,
Der Schöpfung nachdenkt, wie mein Schöpfer frei;
War frei von Ketten – wie die Ewigkeit,
Der Erde ledig, die die Seele bricht,
Doch nun weiß ich nur eins: ich bin – mehr nicht.

In Einsamkeit ist Zauber, der entzückt,
Ist Fühlen, das die Welt nicht kennt noch mißt,
Ist grüne Lust, die wunden Geist erquickt,
Wenn das Getös der Welt verklungen ist,

Whose whole delight was crime at good to scoff
Green solitude his prison pleasure yields
The bitch fox heeds him not – birds seem to laugh
He lives the Crusoe of his lonely fields
Which dark green oaks his noontide leisure shields

I HID MY LOVE when young while I
Could'nt bear the buzzing of a fly
I hid my love to my despite
Till I could not bear to look at light
I dare not gaze upon her face
But left her memory in each place
Where e'er I saw a wild flower lie
I kissed and bade my love good-bye

I met her in the greenest dells
Where dew-drops pearl the wood blue-bells
The lost breeze kissed her bright blue eye
The Bee kissed and went singing by
A sun-beam found a passage there
A gold chain round her neck so fair
As secret as the wild bee's song
She lay there all the summer long

I hid my love in field and town
Till e'en the breeze would knock me down
The Bees seemed singing ballds o'er
The fly's buzz turned a Lion's roar
And even silence found a tongue
To haunt me all the summer long
The Riddle nature could not prove
Was nothing else but secret love

Deren Lust allein im Spott auf Gutes liegt.
Grün-Einsamkeit bringt seinem Kerker Licht;
Der Vogel lacht, die Füchsin scheut ihn nicht;
Er ist der Crusoe seiner abgelegnen Matten,
Wo grüne Eichen ihm die Mittagsrast beschatten.

Die Lieb verbarg ich als noch jung
Mich schreckte gar der Flieg Gesumm
Verbarg die Lieb mir selbst zum Arg
Bis mir das Licht verleidet ward
Ins Aug zu sehn ihr wag ich nicht
Doch blieb mir dort ihr Angesicht
Wo Blumen blühten uns am Fluß
Der Lieb ich gab den Abschiedskuß

In grünsten Tälern traf ich sie
Wo Tau Blaublumen Perlen lieh
Es küßt' ihr Aug so blau der Wind
Die Biene sang vorbei geschwind
Ein Sonnenstrahl den Weg auch fand
Und golden schien am Hals ihr Band
So heimlich wie der Bienen Sang
Lag dort sie einen Sommer lang

Der Lieb verbarg ich Stadt und Feld
Bis selbst ein Windhauch mich gefällt
Der Bienensang schwoll mir zum Chor
Der Flieg Gesumm brüllt' mir ins Ohr
Die Stille selbst mit Worten bang
Hat mich gequält den Sommer lang
Was der Natur ein Rätsel blieb
War weiter nichts als heimlich Lieb

Thomas De Quincey

From Dream-Fugue

Sweet funeral bells from some incalculable distance, wailing over the dead that die before the dawn, awakened me as I slept in a boat moored to some familiar shore. Thc morning twilight even then was breaking; and by the dusky revelations which it spread, I saw a girl adorned with a garland of white roses about her head for some great festival, runnig along the solitary strand with extremity of haste. Her running was the running of panic; and often she looked back as to some dreadful enemy in the rear. Vainly I shouted to her of quicksands that lay ahead. Faster and faster she ran; round a promontory of rock she wheeled out of sight; in an instant I also wheeled round it, but only to see the treacherous sands gathering above her head. Already her person was buried; only the fair young head and the diadem of white roses around it were still visible to the pitying heavens; and, last of all, was visible one marble arm.

Two hours after midnight we reached a mighty minster. Its gates, which rose to the clouds, were closed. But when the dreadful word, that rode before us, reached them with its golden light, silently they moved back upon their hinges; and at a flying gallop our equipage entered the grand aisle of the cathedral. Headlong was our pace; and at every altar, in the little chapels and oratories to the right hand and left of our course, the lamps, dying or sickening, kindled anew in sympathy with the secret word that was flying past. Forty leagues we might have run in the cathedral, and as yet no strength of morning light had reached us, when we saw before us the aerial galleries of the organ and the choir. Every pinnacle of the fret-work, every station of advantage amongst the traceries, was crested by white-robed choristers, that sang deliverance.

Thomas De Quincey

Aus Traum-Fuge

Liebliche Totenglocken, die aus unermeßlicher Ferne um die Toten, die vor dem Morgengrauen starben, klagten, weckten mich, der ich in einem Boote schlief, an vertrauten Ufern verankert. Soeben zog die Dämmerung herauf: und in der fahlen Offenbarung, die sie verbreitete, sah ich ein Mädchen, ihr Haar bekränzt mit einem Gewinde weißer Rosen wie zu einem großen Fest, in äußerster Hast den verlassenen Strand entlangeilen. Ihre Eile war die Hast der Panik; und oftmals blickte sie sich um wie nach einem furchtbaren Feind im Rücken. Vergebens rief ich ihr Kunde zu von dem Treibsand, der vor ihr lag. Rascher und rascher rannte sie dahin, eilte um eine felsige Landzunge und entschwand dem Blick; im nächsten Augenblick hatte auch ich das Kap umrundet, doch nur, um sehen zu müssen, wie der tückische Sand ihr schon bis ans Haupt reichte. Schon war ihr Leib begraben; nur das herrliche junge Haupt und das Diadem weißer Rosen, seine Krönung, war den mitleidsvollen Himmeln noch sichtbar; und zu allerletzt sichtbar war ein marmorner Arm.

Zwei Stunden nach Mitternacht kamen wir zu einem mächtigen Münster. Seine Tore, die bis an die Wolken reichten, waren verschlossen. Doch als das furchtbare Wort, das vor uns einherritt, sie mit seinem goldenen Licht berührte, glitten sie stumm auf ihren Angeln zurück; und in fliegendem Galopp fuhr unsere Equipage in den Mittelgang der Kathedrale ein. Ungestüm trieb es uns vorwärts; und auf jedem Altar in den kleinen Kapellen und Andachtsräumen zur Rechten und Linken unseres Weges flammten die schwächlichen, ersterbenden Lampen erneut auf, im Einklang mit dem geheimen Wort, das da vorbeiflog. Vierzig Meilen mochten wir schon in dem Kirchenschiff zurückgelegt haben, ohne daß uns die Kraft des morgendlichen Lichtes getroffen hätte, als wir vor uns die himmelhohen Emporen von Orgel und Chor aufragen sahen. Jede Zinne im Gitterwerk, jeder hohe Platz im Steingeflecht war gekrönt von weißgekleideten Chorknaben, und sie sangen Erlösung.

Thus, as we ran like torrents – thus, as we swept with bridal rapture over the Campo Santo of the cathedral graves – suddenly we became aware of a vast necropolis rising upon the far-off horizon – a city of sepulchres, built within the saintly cathedral for the warrior dead that rested from their feuds on earth. Of purple granite was the necropolis; yet, in the first minute, it lay like a purple stain upon the horizon – so mighty was the distance. In the second minute it trembled through many changes, growing into terraces and towers of wondrous altitude, so mighty was the pace. In the third minute already, with our dreadful gallop, we were entering its suburbs. Vast sarcophagi rose on every side, having towers and turrets that, upon the limits of the central aisle, strode forward with haughty intrusion, that ran back with mighty shadows into answering recesses.

Then rose the agitation, spreading through the infinite cathedral, to its agony; then was completed the passion of the mighty fugue. The golden tubes of the organ, which as yet had but sobbed and muttered at intervals – gleaming amongst clouds and surges of incense – threw up, as from fountains unfathomable, columns of heart-shattering music. Lo! as I looked back for seventy leagues through the mighty cathedral, and saw the quick and the dead that sang together to God, together that sang to the generations of man – ah! raving, as of torrents that opened on every side: trepidation, as of female and infant steps that fled – ah! rushing, as of wings that chased! But I heard a voice from heaven, which said – «Let there be no reflux of panic – let there be no more fear, and no more sudden death! Cover them with joy as the tides cover the shore!» All the hosts of jubilation made ready to move. Like armies that ride in pursuit, they moved with one step. As brothers we moved together; to the skies we rose – to the dawn that advanced – to the stars that fled: rendering thanks to God in the highest – that, having hid his face through one generation behind thick clouds of War, once again was ascending – was ascending from Waterloo – in the visions of Peace.

Während wir so dahinschossen wie Wildbäche – so, hochzeitlich hingerissen, über den Campo Santo der Kathedralengräber getragen wurden – gewahrten wir mit einemmal eine riesige Nekropole, die sich in weiter Ferne am Horizont erhob – eine Gräberstadt, im heiligen Dome errichtet für die irdischer Fehde entschlafenen Krieger. Aus purpurnem Granit war die Nekropole; wie ein Purpurflecken lag sie in der ersten Minute am Horizont – so gewaltig war die Entfernung. In der zweiten Minute durchbebten sie vielerlei Wandlungen, und sie wuchs sich aus zu Terrassen und Türmen von wunderbarer Höhe – so gewaltig war die Gangart. In der dritten Minute bereits jagten wir in unserem furchtbaren Galopp durch die Vorstädte. Riesige Sarkophage ragten zu beiden Seiten, mit Türmen und Spitzen, die die Grenze des Mittelganges hochmütig drängend überschritten, die mit gewaltigen Schatten in die Nischen dahinter einfielen.

Da schwoll die Erregung, und breitete sich aus durch den unendlichen Dom, bis zur Agonie; da vollendete sich die Passion der gewaltigen Fuge. Die goldenen Röhren der Orgel, die bisher unter Wolken und Wogen von Weihrauch hervorleuchtend von Zeit zu Zeit nur murmelnd und schluchzend vernehmbar waren, ließen nun, wie aus Brunnen von unermeßlicher Tiefe, Fontänen herzerschütternder Musik aufsteigen. Und siehe, da ich zurückblickte siebzig Meilen weit durch die mächtige Kathedrale und sah die Lebenden und die Toten gemeinsam zu Gott aufsingen, gemeinsam zu den Generationen der Menschheit – ah! da war ein Tosen, wie von Gebirgsströmen, die auf allen Seiten zu Tal schießen: ein Beben, wie von den Schritten flüchtender Frauen und Kinder – ah! ein Brausen, wie von jagenden Winden! Doch ich vernahm eine Stimme vom Himmel, die sprach: «Es soll keine Rückkehr mehr sein des Entsetzens – Es soll nicht mehr Angst sein noch jäher Tod! Deckt sie mit Freuden, so wie die Fluten das Ufer decken!» All die Heerscharen des Jubels waren nun im Aufbruch. Armeen gleich, die dem Feinde nachsetzen, rückten sie vor wie ein Mann. Wie Brüder zogen wir gemeinsam voran; stiegen auf den zu den Himmeln – zur Morgenröte, die heraufzog – zu den Sternen, die zurückwichen: dankten Gott in der Höhe, der ein Menschenalter lang sein Gesicht hinter finsteren Kriegswolken verborgen hatte – daß er uns nun wieder aufging – aufging von Waterloo her – in den Visionen des Friedens.

Thomas Lovell Beddoes

Dream-Pedlary

If there were dreams to sell,
  What would you buy?
Some cost a passing bell;
  Some a light sigh,
That shakes from Life's fresh crown
Only a roseleaf down.
If there were dreams to sell,
Merry and sad to tell,
And the crier rung the bell,
  What would you buy?

A cottage lone and still,
  With bowers nigh,
Shadowy, my woes to still,
  Until I die.
Such pearl from Life's fresh crown
Fain would I shake me down.
Were dreams to have at will,
This would best heal my ill,
  This would I buy.

But there were dreams to sell,
  Ill didst thou buy;
Life is a dream, they tell,
  Waking, to die.
Dreaming a dream to prize,
Is wishing ghosts to rise;
  And, if I had the spell
  To call the buried, well,
    Which one would I?

Thomas Lovell Beddoes

Traum-Krämerei

Wären nun Träume feil,
  Was kauftest Du?
Kosten ein Glöckelein
  Ein Seufzen nur,
Das von des Lebens Baum,
Schüttelt die Blüte kaum.
Wären nun Träume feil,
Heiter und ernst zum Teil,
Und rief die Glocke hell,
  Was kauftest Du?

Ein einsam stilles Haus,
  Lauben dazu;
Im Schatten dort ruht ich aus
  Zur letzten Ruh.
Solch Perle vom Lebensbaum
Wäre mein liebster Traum.
Gäbs Träume frei zur Wahl –
Der stillte meine Qual,
  Wählt ihn im Nu.

Wären nicht Träume feil,
  Kauftest Du Not.
Traum: Lebens bester Teil,
  Wachen ist Tod;
Geister erwecken will,
Wer träumt des Traumes Spiel.
  Und hätt ich den Zauberstab,
  Zu öffnen der Toten Grab,
    Wen rief ich da?

If there are ghosts to raise,
What shall I call,
Out of hell's murky haze,
Heaven's blue hall?
Raise my loved longlost boy
To lead me to his joy.
There are no ghosts to raise;
Out of death lead no ways;
Vain is the call.

Know'st thou not ghosts to sue?
No love thou hast.
Else lie, as I do,
And breathe thy last.
So out of Life's fresh crown
Fall like a rose-leaf down.
Thus are the ghosts to woo;
Thus are all dreams made true,
Ever to last!

The Phantom-Wooer

A ghost that loved a lady fair
Ever in the starry air
Of midnight at her pillow stood;
And, with a sweetness skies above
The luring words of human love,
Her soul the phantom wooed.
Sweet and sweet is their poisoned note,
The little snakes of silver throat,
In mossy skulls that nest and lie,
Ever singing ‹die, oh! die.›

Young soul put off your flesh, and come
With me into the quiet tomb,

Gäb es solch Geister-Kunst,
Wen rief ich herauf
Mir aus der Hölle Dunst,
Des Himmels Blau?
Mein langverlornes Lieb,
Daß es mir Freude geb.
Doch Geister weckt man nicht;
Alles am Tod zerbricht:
Umsonst ist mein Schrei.

Weißt nicht, wie man Geister wirbt?
Dann liebst Du nicht.
Leg Dich wie ich, der stirbt,
Bis Dein Herz bricht,
Fall von des Lebens Baum
Leicht wie ein Blütentraum.
So wirbt man Geisterschar,
So wird der Traum Dir wahr,
Der nimmer stirbt.

Der Geisterfreier

Verliebt ein Geist zur Mitternacht
An seiner Holden Bett stets wacht
Im hellgestirnten Schwarz;
Er wirbt mit süßeren Worten noch
Als Menschenlieb es je vermocht
Um ihrer Seele Schatz.
Süß, so süß des Wisperns Gift,
Wenn der Schlänglein Brut sich trifft
In Schädeln, moosbewachsen, mürb,
Stets silbrig singend: ‹Stirb, o stirb!›

Du junge Seele, steig hinab
Entfleischt mit mir ins stille Grab!

Our bed is lovely, dark, and sweet;
The earth will swing us, as she goes,
Beneath our coverlid of snows,
And the warm leaden sheet.
Dear and dear is their poisoned note,
The little snakes of silver throat,
In mossy skulls that nest and lie,
Ever singing ‹die, oh! die.›

The Song that Wolfram Heard in Hell

Old Adam, the carrion crow,
The old crow of Cairo,
He sat in the shower, and let it flow
Under his tail and over his crest;
And through every feather
Leaked the wet weather;
And the bough swung under his nest;
For his beak it was heavy with marrow.
Is that the wind dying? O no;
It's only two devils, that blow
Through a murderer's bones, to and fro,
In the ghosts' moonshine.

Ho! Eve, my grey carrion wife,
When we have supped on king's marrow,
Where shall we drink and make merry our life?
Our nest it is queen Cleopatra's skull,
'Tis cloven and cracked,
And battered and hacked,
But with tears of blue eyes it is full:
Let us drink then, my raven of Cairo.
Is that the wind dying? O no;
It's only two devils, that blow
Through a murderer's bones, to and fro,
In the ghosts' moonshine.

Süß das dunkle Bett uns sei,
Und die Erde soll uns wiegen,
Wie wir unterm Schneebrett liegen
Und dem Laken, warm aus Blei!
Zart, so zart des Wisperns Gift,
Wenn der Schlänglein Brut sich trifft
In Schädeln, moosbewachsen, mürb,
Stets silbrig singend: ‹Stirb, o stirb!›

Das Lied, das Wolfram in der Hölle hörte

Im Regen konnte man das Wasser genießen
sehen: die Aaskrähe von Kairo, Old Adam hießen
sie ihn, der ließ es schopfabwärts fließen
durch alle seine Federn bis unter den Schwanz,
daß sie nichts trocken lasse,
des Wetters Zunge, die nasse.
Der Ast aber, weil vom Mark der Schnabel ganz
schwer geworden war, der bog sich unter dem Nest.
Ist das der Wind? Stirbt er? Nein! Bläst
durch Mörders Knochen doch von Ost nach West
nur hin der eine Teufel, der den andern läßt
westöstlich in der Geisterstunde blasen.

He, Eva, mein graues Krähenweib, nachgedacht.
Des Königs Mark hat geschmeckt. Was ist mit dem Fest?
Wie gehts weiter? Wo wird getrunken, gelacht?
Unser Nest ist Kleopatras Schädel, welch
ein Anblick: gespalten, gesprungen, entzwei,
zertrümmert beinah – ist uns aber einerlei,
weil ihrer blauen Augen Tränen Kelch.
Laß uns trinken, Rabe von Kairo, hebe das Nest.
Ist das der Wind? Stirbt er? Nein! Bläst
durch Mörders Knochen doch von Ost nach West
nur hin der eine Teufel, der den andern läßt
westöstlich in der Geisterstunde blasen.

Dream of Dying

Shivering in fever, weak, and parched to sand,
My ears, those entrances of word-dressed thoughts,
My pictured eyes, and my assuring touch
Fell from me, and my body turned me forth
From its beloved abode; then I was dead;
And in my grave beside my corpse I sat,
In vain attempting to return: meantime
There came the untimely spectres of two babes,
And played in my abandoned body's ruins;
They went away; and, one by one, by snakes
My limbs were swallowed; and, at last, I sat
With only one, blue-eyed, curled round my ribs,
Eating the last remainder of my heart,
And hissing to himself. O sleep, thou fiend!
Thou blackness of the night! how sad and frightful
Are these thy dreams!

Resurrection Song

Thread the nerves through the right holes,
Get out of my bones, you wormy souls.
Shut up my stomach, the ribs are full:
Muscles be steady and ready to pull.
Heart and artery merrily shake
And eyelid go up, for we're going to wake. –
His eye must be brighter – one more rub!
And pull up the nostrils! his nose was snub.

Traum vom Sterben

Fieberfröstelnd, schwach und zu Sand verbrannt,
Fielen mir ab die Ohren, Pforten des Geists
Im Sprachgewand, die Augen, von Bildern voll,
Der Hände sichrer Griff. Mein Leib verstieß
Mich aus geliebtem Hort – da war ich tot,
Und saß bei meiner Leiche dann im Grab
Und sann auf Rückkehr, doch umsonst. Derweil
Erschien mir zweier Kinder dreister Spuk
Und tollte durch die Trümmer meines Leibes.
Kaum war er fort, verzehrten Glied um Glied
Mir Schlangen, bis ich mit einer nur noch saß,
Die zischelnd sich um meine Rippen wand
Und meines Herzens letzten Rest mir fraß
Mit starrem blauem Blick. O Dämon, Schlaf,
Du Schwarz der Nacht! Die Träume, die Du bringst –
Wie grausig, tief.

Lied zur Auferstehung

Die Nerven fädeln, nichts verfehlen –
Durchs Knochenloch, ihr wurmigen Seelen!
Der Brustkorb ist prall, den Magen zu!
Muskeln spannt Euch – los gehts im Nu!
Herz und Arterien, hurtig zur Sach,
Das Augenlid hoch, gleich werden wir wach!
Reibt blanker sein Auge! – noch ists zu matt.
Die Nüstern gebläht! – seine Nase war platt.

Alfred Lord Tennyson

Ulysses

It little profits that an idle king,
By this still hearth, among these barren crags,
Matched with an agèd wife, I mete and dole
Unequal laws unto a savage race,
That hoard, and sleep, and feed, and know not me.
I cannot rest from travel: I will drink
Life to the lees: all times I have enjoyed
Greatly, have suffered greatly, both with those
That loved me, and alone; on shore, and when
Through scudding drifts the rainy Hyades
Vexed the dim sea: I am become a name;
For always roaming with a hungry heart
Much have I seen and known; cities of men
And manners, climates, councils, governments,
Myself not least, but honoured of them all;
And drunk delight of battle with my peers,
Far on the ringing plains of windy Troy.
I am a part of all that I have met;
Yet all experience is an arch wherethrough
Gleams that untravelled world, whose margin fades
For ever and for ever when I move.
How dull it is to pause, to make an end,
To rust unburnished, not to shine in use!
As though to breathe were life. Life piled on life
Were all too little, and of one to me
Little remains: but every hour is, saved
From that eternal silence, something more,
A bringer of new things; and vile it were
For some three suns to store and hoard myself,
And this grey spirit yearning in desire
To follow knowledge, like a sinking star,
Beyond the utmost bound of human thought.

Alfred Lord Tennyson

Ulysses

Nur wenig nützt es, daß, ein müßiger König,
Am stillen Herde, zwischen nackten Klippen,
Und der bejahrten Hausfrau träg gesellt,
Gesetz ich wäge diesem wilden Stamm,
Der scharrt, und schläft, und ißt, und mich nicht kennt.
Ich kann nicht ruhn: ich will das Leben trinken
Bis auf die Hefen! Allzeit viel genossen
Und viel gelitten hab ich – sei's allein,
Sei's mit den Freunden! am Gestad sowohl,
Als wenn empört die regnichten Hyaden
Die Woge geißelten! Ich war ein Name!
Denn immer schweifend, welt- und leutedurstig,
Sah und erfuhr ich viel: der Menschen Städte,
Erdstriche, Sitten, Rat und Regiment!
Hinwieder ich auch ward der Welt bekannt,
Und trank des Kampfes Lust mit den Gefährten,
Fern auf der lauten Waffenebne Trojas.
Ich bin ein Teil von Allem, was ich antraf!
Doch die Erfahrung ist ein Bogen nur
Durch dessen Tor die unbereiste Ferne
Herblitzt: entschwindend, wenn ich nahn ihr will.
Wie traurig ist es, endend still zu stehn,
Dumpf zu verwittern, unnütz einzurosten!
Als wäre Atmen Leben! Hundert Leben
Reichten nicht aus, und wenig nur von einem
Besitz ich noch! so raub ich jede Stunde
Dem ewigen Schweigen denn, daß neue Dinge
Sie mir verkünde! Schlecht und töricht wärs,
Für ein paar Sonnen feig mich aufzuspeichern:
Mich selbst und diesen grauen Geist, der rastlos,
Ein untergehender Stern, dem Wissen nachjagt,
Soweit des Menschen trotzig Denken fliegt!

This is my son, mine own Telemachus,
To whom I leave the sceptre and the isle –
Well-loved of me, discerning to fulfil
This labour, by slow prudence to make mild
A rugged people, and through soft degrees
Subdue them to the useful and the good.
Most blameless is he, centred in the sphere
Of common duties, decent not to fail
In offices of tendeness, and pay
Meet adoration to my household gods,
When I am gone. He works his work, I mine.
There lies the port: the vessel puffs her sail:
There gloom the dark broad seas. My mariners,
Souls that have toiled, and wrought, and thought with me –
That ever with a frolic welcome took
The thunder and the sunshine, and opposed
Free hearts, free foreheads – you and I are old;
Old age hath yet his honour and his toil;
Death closes all: but something ere the end,
Some work of noble note, may yet be done,
Not unbecoming men that strove with gods.
The lights begin to twinkle from the rocks:
The long day wanes: the slow moon climbs: the deep
Moans round with many voices. Come, my friends,
'Tis not too late to seek a newer world.
Push off, and sitting well in order smite
The sounding furrows; for my purpose holds
To sail beyond the sunset, and the baths
Of all the western stars, until I die.
It may be that the gulfs will wash us down;
It may be we shall touch the Happy Isles,
And see the great Achilles, whom we knew.
Though much is taken, much abides; and though
We are not now that strength which in old days
Moved earth and heaven; that which we are, we are;
One equal temper of heroic hearts,
Made weak by time and fate, but strong in will
To strive, to seek, to find, and not to yield.

Dies ist mein Sohn, dies mein Telemachus,
Dem ich mein Szepter und mein Eiland lasse.
Ich halt ihn wert; dem, was er schaffen soll,
Ist er gewachsen. Mild und menschlich machen
Durch ernste Weisheit wird er dies Geschlecht,
Und seiner Rohheit mählich es entwöhnen.
Kein Makel klebt an ihm: gewurzelt steht er
Im Kreis der Pflichten, allzeit aufgelegt
Zum Werk der Güte, fromm sich beugend auch
Und Opfer bringend meines Herdes Göttern,
Nachdem ich schied! Er wirkt sein Werk, ich meins.
Dort liegt der Hafen, dorten graut die See,
Dort wölbt das weiße Segel sich. Genossen,
Die ihr gedacht, gerungen und gelitten
An meiner Seite habt: Sturmwind und Heitres
Mit freien Herzen und mit freien Stirnen
Gleich froh begrüßend – ich und ihr seid alt;
Doch auch das Alter hat Geschäft und Ehre!
Der Tod schließt Alles: aber vorher, Freunde,
Kann etwas Edles, Großes noch getan sein,
Was Männern ansteht, die mit Göttern stritten.
Schon glitzern rings die Lichter am Gestad,
Der Tag versinkt, der Mond geht auf, die Tiefe
Wehklagt umher. Auf denn! noch ist es Zeit,
Nach einer neuern Welt uns umzusehn!
Stoßt ab, und, wohl in Reihen sitzend, schlagt
Die tönenden Furchen; denn mein Endzweck ist,
Der Sonne Bad und aller Westgestirne
Zu übersegeln – bis ich sterben muß.
Vielleicht zum Abgrund waschen uns die Wogen:
Vielleicht auch sehn wir die glückseligen Inseln,
Und den Achilles drauf, den wir ja kannten!
Viel ist gewonnen – viel bleibt übrig! Sind
Wir auch die Kraft nicht mehr, die Erd und Himmel
Vordem bewegte: – was wir sind, das sind wir!
Ein einziger Wille heldenhafter Herzen,
Durch Zeit und Schicksal schwach gemacht, doch stark
Im Ringen, Suchen, Finden, Nimmerweichen!

IN MEMORIAM

7

Dark House, by which once more I stand
  Here in the long unlovely street,
  Doors, where my heart was used to beat
So quickly, waiting for a hand,

A hand that can be clasped no more –
  Behold me, for I cannot sleep,
  And like a guilty thing I creep
At earliest morning to the door.

He is not here; but far away
  The noise of life begins again,
  And ghastly through the drizzling rain
On the bald street breaks the blank day.

28

The time draws near the birth of Christ:
  The moon is hid; the night is still;
  The Christmas bells from hill to hill
Answer each other in the mist.

Four voices of four hamlets round,
  From far and near, on mead and moor,
  Swell out and fail, as if a door
Were shut between me and the sound:

Each voice four changes on the wind,
  That now dilate, and now decrease;
  Peace and goodwill, goodwill and peace,
Peace and goodwill, to all mankind.

In Memoriam

7

Du dunkles Haus, vor dem ich stand
  Und wieder steh in grauer Straße,
  Ihr Türen, wo mein Herz einst rascher
Schlug, in Erwartung einer Hand,

Hand, deren Druck ich nie mehr spür –
  Seht mich an, den der Schlummer flieht,
  Der wie ein Schuldbeladener kriecht
Im Morgengraun vor diese Tür.

Er ist nicht hier; doch fernher rasselnd
  Regt sich erneut der Lärm des Lebens:
  Gespenstisch durch den Nieselregen
Trifft leerer Tag die kahle Straße.

28

Die Zeit der Christ-Geburt ist nah.
  Die Nacht ist still, der Mond verging;
  Die Weihnachtsglocken rufen rings
Einander durch den Nebel nach.

Die Stimme von vier Weilern klingt
  Nun fern und nah, auf Feld und Moor,
  Schwillt und verhallt, als ob ein Tor
Zuschlägt und mir das Klingen nimmt.

Vierfache Stimme steigt und fällt,
  Und weitet sich und strömt zurück:
  Bringt Glück und Frieden, Fried und Glück,
Ein Wohlgefallen aller Welt.

This year I slept and woke with pain,
  I almost wished no more to wake,
  And that my hold on life would break
Before I heard those bells again:

But they my troubled spirit rule,
  For they controlled me when a boy;
  They bring me sorrow touched with joy,
The merry merry bells of Yule.

50

Be near me when my light is low,
  When the blood creeps, and the nerves prick
  And tingle; and the heart is sick,
And all the wheels of Being slow.

Be near me when the sensuous frame
  Is racked with pangs that conquer trust;
  And Time, a maniac scattering dust,
And Life, a Fury slinging flame.

Be near me when my faith is dry,
  And men the flies of latter spring,
  That lay their eggs, and sting and sing
And weave their petty cells and die.

Be near me when I fade away,
  To point the term of human strife,
  And on the low dark verge of life
The twilight of eternal day.

56

‹So careful of the type?› but no.
  From scarpèd cliff and quarried stone
  She cries, ‹A thousand types are gone;
I care for nothing, all shall go.

Ich schlief ein Jahr, ward wach im Schmerz,
Und wünschte, nie mehr würd ich wach,
Weil mir der Lebenswille brach –
Da drangen Glocken an mein Herz;

Mischten mein Leid mir mit Frohlocken
Und leiten den gequälten Geist,
Die schon dem Kind den Weg gezeigt,
Die frohen, frohen Weihnachtsglocken.

50

Bleib bei mir, wenn mein Licht vergeht,
Mein Blut hinkriecht, mein Nerv erschlafft
Und zuckt, wenn siecht des Herzens Kraft,
Des Daseins Rad sich schleppend dreht.

Bleib bei mir, wenn Tortur den Leib
Zerfleischt und alle Hoffnung raubt,
Und Zeit im Wahnsinn wirbelt Staub,
Die Furie Leben Flammen speit.

Bleib bei mir, wenn mein Glauben mürb,
Menschheit der Frühjahrsfliege gleicht,
Die Eier legt und sirrt und sticht,
Die enge Zelle webt, und stirbt.

Bleib bei mir, wenn mein Tag verblich:
Weis mir das Ziel des Erdenstrebens,
Und tief am dunkeln Rand des Lebens
Des ewigen Tages Dämmerlicht.

56

‹Bekümmert um die Art?› o nein.
Steinbruch und Felsgemäuer klingen
Von ihrer Antwort! ‹Tausend gingen;
Alle solln gehn, mich kümmert keins.

Thou makest thine appeal to me:
  I bring to life, I bring to death:
  The spirit does but mean the breath:
I know no more.› And he, shall he,

Man, her last work, who seemed so fair,
  Such splendid purpose in his eyes,
  Who rolled the psalm to wintry skies,
Who built him fanes of fruitless prayer,

Who trusted God was love indeed,
  And love Creation's final law –
  Though Nature, red in tooth and claw
With ravine, shrieked against his creed –

Who loved, who suffered countless ills,
  Who battled for the True, the Just,
  Be blown about the desert dust,
Or sealed within the iron hills?

No more? A monster then, a dream,
  A discord. Dragons of the prime,
  That tare each other in their slime,
Were mellow music matched with him.

O life as futile, then, as frail!
  O for thy voice to soothe and bless!
  What hope of answer, or redress?
Behind the veil, behind the veil.

106

Ring out, wild bells, to the wild sky,
  The flying cloud, and frosty light:
  The year is dying in the night;
Ring out, wild bells, and let him die.

Du rufst mich an und forderst mehr:
  Ich bring zu Tod und bring ins Leben;
  Der Geist ist nur des Atems Wehen:
Mehr weiß ich nicht.› Und er, soll er,

Der Mensch, ihr Spätwerk, der so heil
  Erschien, und der so strahlend blickt,
  Den Psalm zum kalten Himmel schickt,
Fruchtlosem Beten Tempel weiht,

Der glaubt, daß Gott die Liebe sei,
  Liebe der Schöpfung letzter Plan –
  Ob auch an Klaue rot und Zahn
Natur gegen dies Denken schreit –

Soll, der geliebt hat und gedarbt,
  Für Recht stritt und Wahrhaftigkeit,
  Im Wüstenstaub verblasen sein,
Verwahrt im ehernen Hügelgrab?

Sonst nichts? Ein Traum, ein Untier; wie?
  Ein Mißklang. Urzeit-Drachenbrut,
  Die sich im eigenen Blute suhlt,
Wär, ihm verglichen, Melodie.

O Leben, brüchig und entseelt,
  O gib ein Wort, das stärkt und heilt!
  Wann wird die Antwort uns zuteil?
Erst wenn der Schleier, Schleier fällt.

106

Klingt, wilde Glocken, läutet auf
  Zum kalten Licht, zur Wolkenjagd:
  Das alte Jahr stirbt heute nacht;
Ausläutet, Glocken, seinen Lauf.

Ring out the old, ring in the new,
  Ring, happy bells, across the snow:
  The year is going, let him go;
Ring out the false, ring in the true.

Ring out the grief that saps the mind,
  For those that here we see no more;
  Ring out the feud of rich and poor,
Ring in redress to all mankind.

Ring out a slowly dying cause,
  And ancient forms of party strife;
  Ring in the nobler modes of life,
With sweeter manners, purer laws.

Ring out the want, the care, the sin,
  The faithless coldness of the times;
  Ring out, ring out my mournful rhymes,
But ring the fuller minstrel in.

Ring out false pride in place and blood,
  The civic slander and the spite;
  Ring in the love of truth and right,
Ring in the common love of good.

Ring out old shapes of foul disease;
  Ring out the narrowing lust of gold;
  Ring out the thousand wars of old,
Ring in the thousand years of peace.

Ring in the valiant man and free,
  The larger heart, the kindlier hand;
  Ring out the darkness of the land,
Ring in the Christ that is to be.

108

I will not shut me from my kind,
  And, lest I stiffen into stone,

Hinaus das alte, und herein
  Das neue läutet durch den Schnee:
  Es geht das alte Jahr, es geh;
Das falsche aus, das echte ein.

Ausläutet, was den Sinn entzweit,
  Kummer um sie, die Tod uns nahm,
  Die Fehde zwischen Reich und Arm,
Einläutet aller Menschheit Heil.

Die alten Zwiste läutet aus,
  Die Eigensucht, den Haß und Neid,
  Läutet die schönere Menschlichkeit,
Edlere Sitten, ein ins Haus.

Die Sorge, Sünde, alten Zwang,
  Ungläubige Kälte dieser Zeit,
  Hinaus, hinaus, mein Trauerreim,
Herein den neuen Lobgesang.

Den falschen Stolz auf Sitz und Blut
  Das Lügenspiel, gemein und schlecht
  Hinaus – herein, was wahr und recht,
Die Liebe zum gemeinen Gut.

Die Seuche läutet aus, die war,
  Die enge Lust nach Gold und Geld;
  Die tausend Kriege auf der Welt,
Einläutet Frieden tausend Jahr.

Herein den Mann von freiem Mut
  Das weitere Herz, die weichere Hand;
  Hinaus das Dunkel überm Land,
Christus herein, der kommen muß.

108

Ich will mich nicht von meiner Art
  Absondern, einsam mich verzehren,

I will not eat my heart alone,
Nor feed with sighs a passing wind:

What profit lies in barren faith,
And vacant yearning, though with might
To scale the heaven's highest height,
Or dive below the wells of Death?

What find I in the highest place,
But mine own phantom chanting hymns?
And on the depths of death there swims
The reflex of a human face.

I'll rather take what fruit may be
Of sorrow under human skies:
'Tis held that sorrow makes us wise,
Whatever wisdom sleep with thee.

123

There rolls the deep where grew the tree.
O earth, what changes hast thou seen!
There where the long street roars, hath been
The stillness of the central sea.

The hills are shadows, and they flow
From form to form, and nothing stands;
They melt like mist, the solid lands,
Like clouds they shape themselves and go.

But in my spirit will I dwell,
And dream my dream, and hold it true;
For though my lips may breathe adieu,
I cannot think the thing farewell.

Den flüchtigen Wind mit Seufzern nähren,
Da sonst mein Herz zu Stein erstarrt:

Was fruchtet mir ein dürrer Glauben
Und leeres Sehnen, mag es immer
Die höchsten Himmelshöhn erklimmen,
Unter des Todes Quellen tauchen?

Was find ich in den höchsten Höhn?
Mein Trugbild nur, das Hymnen singt;
Und auf des Todes Tiefen schwimmt
Menschengesichtes Widerschein.

Eher pflück ich jede Leidensfrucht,
Die unter Menschenhimmeln reifte:
Es heißt, das Leiden macht uns weise –
An welchem Wissen, das dir kund?

123

Wo heut die See brüllt, wuchs ein Baum –
Wie viele Wechsel sahst du, Welt!
Wo heute der Straße Lärmen gellt,
War Stille einst im Meeresraum.

Der Berg ist Schatten, der vergeht
Von Form zu Form. Nichts hat Bestand,
Wie Nebel schmilzt das feste Land,
Formt sich wie Wolken und verweht.

Nur hier im Geist will ichs bewahren
Und Treue schwören Traum um Traum,
Die Lippe gab dem Abschied Raum:
Nie solls der Seele widerfahren!

The Kraken

Below the thunders of the upper deep,
Far, far beneath in the abysmal sea,
His ancient, dreamless, uninvaded sleep
The Kraken sleepeth: faintest sunlights flee
About his shadowy sides; above him swell
Huge sponges of millennial growth and height;
And far away into the sickly light,
From many a wondrous grot and secret cell,
Unnumbered and enormous polypi
Winnow with giant arms the slumbering green.
There hath he lain for ages, and will lie
Battening upon huge sea worms in his sleep,
Until the latter fire shall heat the deep;
Then once by man and angels to be seen,
In roaring he shall rise and on the surface die.

The Eagle: A Fragment

He clasps the crag with crooked hands;
Close to the sun in lonely lands,
Ringed with the azure world, he stands.

The wrinkled sea beneath him crawls:
He watches from his mountain walls,
And like a thunderbolt he falls.

Now sleeps the crimson petal, now the white;
Nor waves the cypress in the palace walk;
Nor winks the gold fin in the porphyry font.
The fire-fly wakens: waken thou with me.

Now droops the milkwhite peacock like a ghost,
And like a ghost she glimmers on to me.

Der Krake

Unter dem Donner hoher Meeresflut,
Zuunterst tief in bodenloser Tiefe,
In uralt traumlos ungebrochener Ruh
Schläft, schläft der Krake. Schattenlichter spielen
Um seine dunklen Flanken; über ihm
Schwillt tausendjähriger Wust von Riesenschwämmen;
Und aus der Ferne in den blassen Dämmer,
Aus Wundergrotten und Verliesen schwingt
Unzählige Schar gewaltiger Polypen
Schläfrigen Tang in ihren mächtigen Händen.
Hier liegt er seit Äonen, wird er liegen,
Wird schlafend schlingen riesiges Seegewürm,
Bis einst der letzte Brand den Abgrund wärmt;
Dann steigt er, unter Mensch- und Engelsblicken,
Brüllend hinauf, um droben zu verenden.

Der Adler: Ein Fragment

Er krallt den Fels mit krummer Hand;
Der Sonne nah in fernem Land
Umringt Azurwelt seinen Stand.

Die Runzelsee kriecht unten fahl:
Er späht von seinem Bergeswall,
Und blitzesgleich stürzt er zutal.

NUN RUHT DIE PURPURBLUME, nun die weiße;
Keine Zypresse mehr am Schloßweg wogt;
Keine Goldflosse blinkt im Porphyrbecken.
Der Glühwurm wacht: so wache du mit mir.

Nun legt der Pfau sich, milchweiß, wie ein Geist,
Liegt wie ein Geist ihr Schimmer über mir.

Now lies the Earth all Danaë to the stars,
And all thy heart lies open unto me.

Now slides the silent meteor on, and leaves
A shining furrow, as thy thoughts in me.

Now folds the lily all her sweetness up,
And slips into the bosom of the lake:
So fold thyself, my dearest, thou, and slip
Onto my bosom and be lost in me.

TEARS, IDLE TEARS, I know not what they mean,
Tears from the depth of some divine despair
Rise in the heart, and gather to the eyes,
In looking on the happy autumn-fields,
And thinking of the days that are no more.

Fresh as the first beam glittering on a sail
That brings our friends up from the underworld,
Sad as the last which reddens over one
That sinks with all we love below the verge;
So sad, so fresh, the days that are no more.

Ah, sad and strange as in dark summer dawns
The earliest pipe of half-awakened birds
To dying ears, when unto dying eyes
The casement slowly grows a glimmering square;
So sad, so strange, the days that are no more.

Dear as remembered kisses after death,
And sweet as those by hopeless fancy feigned
On lips that are for others; deep as love,
Deep as first love, and wild with all regret;
O Death in Life, the days that are no more!

Nun tut die Welt, ganz Danaë, dem Stern sich auf,
Und all dein Herz liegt aufgetan vor mir.

Nun gleitet leis ein Meteor und läßt
Leuchtende Spur, wie dein Gedank in mir.

Nun hüllt die Lilie ihre Süße ein
Und schmiegt nun ihrem See sich an die Brust:
So hüll auch du dich, Liebste, schmiege dich
An meine Brust, verliere dich in mir.

Ach Tränen, müssige Tränen, was denn rief euch?
Tränen aus Tiefen göttlicher Verzweiflung,
Vom Herzen steigend, sammeln sich im Auge
Beim Anblick dieser heiteren Herbstgefilde,
Beim Andenken der Tage, die vergangen.

Frisch wie des Frühlichts Glanz auf einem Segel,
Das unsere Freunde aus dem Hades holt,
Trüb, wie der letzte Strahl ein andres rötet,
Das mit all unseren Lieben meertief sinkt:
So trüb, so frisch, die Tage, die vergangen.

Trüb und fremd wie in dunkler Sommerfrühe
Das erste Zirpen halberwachter Vögel
Sterbendem Ohr, wenn vor dem Sterbeauge
Das Fenster wächst zum schimmernden Geviert:
So trüb, so fremd, die Tage, die vergangen.

Teuer wie Küsse, nach dem Tod erinnert,
Wie jene süß, die Phantasie sich träumt
Auf Lippen, die für andere sind; wie Liebe,
Wie erste Liebe tief, und wild vor Leid:
O Tod im Leben, Tage, die vergangen!

THERE HAS fallen a splendid tear
  From the passion-flower at the gate.
She is coming, my dove, my dear;
  She is coming, my life, my fate.
The red rose cries, ‹She is near, she is near,›
  And the white rose weeps, ‹She is late›;
The larkspur listens, ‹I hear, I hear›,
  And the lily whispers, ‹I wait›.

She is coming, my own, my sweet;
  Were it ever so airy a tread,
My heart would hear her and beat,
  Were it earth in an earthy bed;
My dust would hear her and beat,
  Had I lain for a century dead,
Would start and tremble under her feet,
  And blossom in purple and red.

BREAK, BREAK, BREAK,
  On thy cold gray stones, O Sea!
And I would that my tongue could utter
  The thoughts that arise in me.

O, well for the fisherman's boy,
  That he shouts with his sister at play!
O, well for the sailor lad,
  That he sings in his boat on the bay!

And the stately ships go on
  To their haven under the hill;
But O for the touch of a vanished hand,
  And the sound of a voice that is still!

Break, break, break,
  At the foot of thy crags, O Sea!
But the tender grace of a day that is dead
  Will never come back to me.

Eine glänzende Träne floß,
  Wo die Passionsblume blüht:
Sie kommt, sie, mein Leben, mein Los,
  Sie kommt, meine Taube, mein Lieb;
Sagt die rote Rose: ‹Sie naht, sie naht›,
  Und die weiße weint: ‹Sie verweilt›;
Und der Rittersporn lauscht: ‹Sie ist da, sie ist da›,
  Und die Lilie haucht: ‹Komm herbei›.

O sie kommt, meine Liebste, mein Reh:
  Und wär noch so hauchzart ihr Schritt,
Es hört sie mein Herz und erbebt,
  Und wäre es Erde in erdigem Bett;
Es hört sie mein Staub noch und schlägt,
  Und läg ein Jahrhundert ich tot,
Er schreckt auf, ihr zu Füßen, und bebt
  Und erblüht vor ihr purpurn und rot.

Brich, brich, brich,
  An den graukalten Steinen, du See!
Ach könnte die Zunge sprechen,
  Was mir durch die Seele geht.

O wie gut hats des Fischers Sohn,
  Der zum Spiel sich die Schwester ruft!
O wie gut der Matrose so jung,
  Singend im Kahn vor der Bucht!

Und die stattlichen Schiffe ziehn hin
  Zum Hafen dort unterm Hang;
Doch wo blieb der Druck der verschwundenen
Hand,
  Und der Stimme Laut, die verklang!

Brich, brich, brich,
  Am Fuß deiner Klippen, du Meer!
Doch der zärtliche Zauber des Tages, der starb,
  Kehrt nie wieder heim zu mir.

FLOWER in the crannied wall,
I pluck you out of the crannies,
I hold you here, root and all, in my hand,
Little flower – but *if* I could understand
What you are, root and all, and all in all,
I should know what God and man is.

Crossing the Bar

Sunset and evening star,
And one clear call for me!
And may there be no moaning of the bar,
When I put out to sea,

But such a tide as moving seems asleep,
Too full for sound and foam,
When that which drew from out the boundless deep
Turns again home.

Twilight and evening bell,
And after that the dark!
And may there be no sadness of farewell,
When I embark;

For though from out our bourne of Time and Place
The flood may bear me far,
I hope to see my Pilot face to face
When I have crossed the bar.

Blume in spaltiger Mauer,
Ich hole dich aus deiner Spalte,
Halt dich hier, Wurzel und Stiel, in der Hand,
Kleine Blume – doch könnt ich begreifen,
Was du bist, Stiel und Wurzel, all-in-allem,
Wüßt ich, was Gott ist, was der Mensch.

Ausfahrt

Sonne sinkt, Abendstern,
  Und deutlich rufts nach mir!
Daß nicht die Flut an der Barre stöhnt,
  Wenn ich ausfahr aufs Meer;

Nein, nur Gezeit, die strömt als ob sie schliefe,
  Zu voll für Laut und Schaum,
Und, was heraufzog aus endloser Tiefe,
  Kehrt wieder heim.

Dämmerung und Glockenklang,
  Dann Dunkelheit!
Abschied sei ohne Trauer und Angst,
  Wenn ich ins Boot steig;

Ob mich auch über Grenzen von Zeit und Raum
  Die Flut weit hinausführt,
Meinem Lotsen hoff ich ins Antlitz zu schaun,
  Ist erst die Barre passiert.

Edward Fitzgerald

From The Rubáiyát of Omar Khayyám

And lately, by the tavern door agape,
Came shining through the dusk an Angel Shape
  Bearing a vessel on his shoulder; and
He bid me taste of it; and 'twas – the Grape!

Why, be this Juice the growth of God, who dare
Blaspheme the twisted tendril as a Snare?
  A Blessing, we should use it, should we not?
And if a Curse – why, then, Who set it there?

I must abjure the Balm of Life, I must,
Scared by some after-reckoning ta'en on trust,
  Or lured with hope of some Diviner Drink
To fill the Cup – when crumbled into dust!

Oh threats of Hell and hopes of Paradise!
One thing at least is certain – *This* life flies;
  One thing is certain and the rest is lies –
The flower that once has blown forever dies.

Strange, is it not? that of the myriads who
Before us passed the door of darkness through,
  Not one returns to tell us of the road,
Which to discover we must travel too.

The Revelations of devout and learned
Who rose before us, and as Prophets burned,
  Are all but stories, which, awoke from sleep,
They told their comrades, and to sleep returned.

I sent my soul through the Invisible,
Some letter of that after-life to spell;
  And by and by my soul returned to me,
And answered, «I Myself am Heaven and Hell» –

Edward Fitzgerald

Aus Das Rubáiyát des Omar Khayyám

Jüngst vor der Schenke, in der Dämmerung, traf
Ich auf ein Wesen, strahlend, engelhaft,
  Das nahm den Krug von seiner Schulter, ließ
Mich kosten, und es war – der Rebe Saft!

Wenn Gott uns diesen Tropfen reifte, wer
Schmäht dann den krummen Trieb als sündenschwer?
  Ist er ein Segen, auf, nehmt an mit Dank!
Ist er ein Fluch, nun denn, wer bracht ihn her?

Muß ich dem Lebensbalsam abschwörn, wie,
Aus Angst, daß mir (wer weiß?) einst Schlimmes blüht,
  Oder verlockt vom Wahn, daß mir ein Himmels-Trunk
Vielleicht den Becher füllt – wenn ich zu Staub zerfiel?

O Höllenfurcht! Sehnsucht nach Paradies!
Eines steht fest – *dies* Leben hier verfliegt;
  Eines steht fest, der Rest ist Lügenmär –
Einmal ist Blühn der Blume, dann nur Tod gewiß.

Seltsam: von allen, die seit Anbeginn der Zeit
Voran uns schritten durch das Tor der Dunkelheit,
  Kehrt keiner wieder und gibt uns vom Weg,
Den auch wir wandernd suchen müssen, je Bescheid.

Was all die Weisen, Frommen groß erkannten,
Die vor uns zogen, als Propheten brannten,
  Nur Märchen sinds, die sie, vom Schlaf erwacht,
Erzählten, bis erneut in Schlaf sie sanken.

Ins Unsichtbare schickt ich aus die Seele,
Daß ihr ein Jenseitsschimmer sich enthülle;
  Und endlich kam die Seele heim zu mir
Und sprach: «Ich selbst bin Himmel mir, bin Hölle.»

Heaven but the vision of fulfilled desire,
And Hell the shadow from a soul on fire
  Cast on the darkness into which ourselves,
So late emerged from, shall so soon expire.

We are no other than a moving row
Of magic Shadow-shapes that come and go
  Round with the sun-illumined lantern held
In midnight by the Master of the Show;

But helpless pieces of the game He plays
Upon this checkerboard of nights and days;
  Hither and thither moves, and checks, and slays,
And one by one back in the closet lays.

The Moving Finger writes, and having writ,
Moves on; nor all your piety nor wit
  Shall lure it back to cancel half a line,
Nor all your tears wash out a word of it.

And that inverted bowl they call the Sky,
Whereunder crawling cooped we live and die,
  Lift not your hands to *It* for help – for It
As impotently moves as you or I.

YESTERDAY *this* day's madness did prepare;
TOMORROW's silence, triumph, or despair.
  Drink! for you know not whence you came, nor why;
Drink, for you know not why you go, nor where.

Himmel – nur Traum von Wünschen, die sich stillen –
Hölle – der Schattenfleck, den eine Flammenseele
  Aufs Dunkel warf, in das wir (die ihm kaum
Entrannen) bald zurück uns stehlen.

Wir selbst sind nichts als nur bewegte Zeilen
Magischer Schattenformen, rastlos kreisend
  Mit der Laterne, die, sonnenerhellt,
Zur Mitternacht bewegt des Schaustücks Meister;

Steine, hilflos, im Spiel, das Seine Macht
Auf diesem Schachbrett spielt von Tag und Nacht;
  Sie da- und dorthin schiebt, schlägt, und zuletzt
In Seinen Kasten legt nach dem Schachmatt.

Der Emsige Finger schreibt, und wenn er schrieb,
Rückt emsig vor; und Frommsein nicht, noch Witz,
  Streicht auch nur eine halbe Zeile aus –
Kein Tränenschwall, der nur ein Wörtlein tilgt.

Die umgestürzte Schale, Firmament geheißen,
Darunter Sein und Tod wir wimmelnd leiden –
  Hebst du die Arme auf zu *ihr?* – sie selbst
Muß so wie du und ich ohnmächtig kreisen.

GESTERN legt nur den Grund für Heutigen Wahn,
Bahnt Schrecken und Triumph von MORGEN an.
  Trink! Du weißt nicht, woher du kommst, warum –
Trink! Du weißt nicht, wohin du gehst, und wann.

Walter Savage Landor

Lately our poets loitered in green lanes,
Content to catch the ballads of the plains;
I fancied I had strength enough to climb
A loftier station at no distant time,
And might securely from intrusion doze
Upon the flowers through which Ilissus flows.
In those pale olive grounds all voices cease,
And from afar dust fills the paths of Greece.
My slumber broken and my doublet torn,
I find the laurel also bears a thorn.

Rose Aylmer

Ah what avails the sceptred race,
  Ah what the form divine!
What every virtue, every grace!
  Rose Aylmer, all were thine.

Rose Aylmer, whom these wakeful eyes
  May weep, but never see,
A night of memories and of sighs
  I consecrate to thee.

Stand close around, ye Stygian set,
  With Dirce in one boat conveyed!
Or Charon, seeing, may forget
  That he is old and she a shade.

Past ruined Ilion Helen lives,
  Alcestis rises from the shades;
Verse calls them forth; 'tis verse that gives
  Immortal youth to mortal maids.

Walter Savage Landor

Jüngst folgten unsre Dichter grünen Pfaden,
Beschieden sich im Flachland mit Balladen;
Ich fühlte Kraft in mir, mich aufzuschwingen
Und bald schon höhere Warten zu erringen,
Sah mich auf Blumen, die Ilissos säumen,
Vor jeder Störung sicher schlummernd träumen.
Die Stimmen werden stumm im fahlen Ölbaumlaub,
Und Hellas' Wege deckt von fern der Staub.
Vom Schlummer aufgeschreckt, das Wams zerfetzt,
Seh ich, daß Lorbeer auch mit einem Dorn verletzt.

Rose Aylmer

Ach, was vermag schon Adel hier,
  Gestalt auch, göttlich rein!
Was alle Tugend, alle Zier!
  Sie warn, Rose Aylmer, Dein.

Rose Aylmer, die mein Aug, stets wach,
  Beweint, doch nie mehr schaut,
Dir weihe ich die lange Nacht
  Erinnernd, seufzend laut.

Steh, stygische Schar, um Dirce dicht
  Im Kreis, daß Charon nicht vergißt,
Schaut er im Boot sie schön und licht,
  Daß alt er, sie ein Schatten ist!

Troja versank, doch Helena lebt,
  Alkeste kehrt von den Schatten zurück,
Von Versen beschworen, von Liedern umschwebt,
  Dauert für ewig ein liebender Blick.

Soon shall Oblivion's deepening veil
  Hide all the peopled hills you see,
The gay, the proud, while lovers hail
  These many summers you and me.

Malvolio

Thou hast been very tender to the Moon,
Malvolio! and on many a daffodil
And many a daisy hast thou yearned, until
The nether jaw quivered with thy good heart.
But tell me now, Malvolio, tell me true,
Hast thou not sometimes driven from their play
The village children, when they came too near
Thy study, if hit ball raised shouts around,
Or if delusive trap shook off thy Muse
Pregnant with wonders for another age?
Hast thou sat still and patient (though sore pressed
Hearthward to stoop and warm thy blue-nailed hand)
Lest thou shouldst frighten from a frosty fare
The speckled thrush, raising his bill aloft
To swallow the red berry on the ash
By thy white window, three short paces off?
If *this* thou hast not done, and hast done *that,*
I do exile thee from the Moon twelve whole
Calendar months, debarring thee from use
Of rose . . . bud, blossom, odour, simile . . .
And furthermore I do hereby pronounce
Divorce between the nightingale and thee.

Dying Speech of an Old Philosopher

I strove with none, for none was worth my strife.
  Nature I loved, and, next to Nature, Art;
I warmed both hands before the fire of Life:
  It sinks; and I am ready to depart.

Bald über Städte, Hügel und Aun
 Senkt der Vergessenheit Schleier sich;
Doch jene Liebenden grüßen und schaun
 Sommer um Sommer noch dich und mich.

Malvolio

Du bist von je ganz Rücksicht für den Mond,
Malvolio, und auf manchen Lilienkelch
Und manch ein Maßlieb sahst du schwärmend, bis
Dir vor Gemüt der Kinnback schlotterte.
Doch sag mir an, Malvolio, sag mir an –
Hast du nie, dann und wann, vom Spiel gejagt
Dorfkinder, die sich dir zu nah gewagt
Ans Studio, jauchzend zu gelungenem Wurf?
Saßest du duldsam still (ob herdwärts dichs
Die blaugefrorne Hand gleich wärmen trieb),
Um nicht zu scheuchen von der frostigen Kost
Die bunte Drossel, die, den Schnabel steil,
Die rote Beere schlang am Eibenbaum,
Vor deinem weißen Fenster kaum drei Schritt? –
Denn tatst du dies nicht, oder tatest jens,
So bann ich dich vom Mond zwölf völlige
Kalendermonat, untersage dir
Nießbrauch von Gleichnis, Blüte, Knospe, Duft,
Und überdies, so sprech ich hiermit aus
Die Scheidung zwischen Nachtigall und dir.

Sterberede eines alten Philosophen

Ich stritt mit keinem; keiner war es wert;
 Die Kunst, mehr noch Natur liebt' ich allzeit;
Die Hände wärmt' ich an des Lebens Herd;
 Die Flamme sinkt: ich bin zu gehn bereit.

Arthur Hugh Clough

The Latest Decalogue

Thou shalt have one God only: who
Would be at the expense of two?
No graven images may be
Worshipped, except the currency;
Swear not at all: for for thy curse
Thine enemy is none the worse;
At church on Sunday to attend
Will serve to keep the world thy friend;
Honour thy parents: that is, all
From whom advancement may befall;
Thou shalt not kill: but needst not strive
Officiously to keep alive;
Do not adultery commit:
Advantage rarely comes of it;
Thou shalt not steal: an empty feat,
When it's so lucrative to cheat;
Bear not false witness; let the lie
Have time on its own wings to fly;
Thou shalt not covet: but tradition
Approves all forms of competition.
  The sum of all is, thou shalt love,
If any body, God above:
At any rate shalt never labour
More than thyself to love thy neighbour.

From Dipsychus

«There is no God,» the wicked saith,
  «And truly it's a blessing,
For what he might have done with us
  It's better only guessing.»

Arthur Hugh Clough

Der neueste Dekalog

Bet *einen* Gott nur an, denn zweier
Anbetung käm dich gar zu teuer.
Zoll keinem Goldnen Kalb Verehrung,
Es sei denn unsrer harten Währung.
Du sollst nicht fluchen, denn kein Fluch
Hat je die Feinde heimgesucht.
Am Sonntag in die Kirche gehn,
Macht Dich bei allen angesehn.
Ehr Deine Eltern – das heißt alle,
Von denen Vorteil Dir zufalle.
Du sollst nicht töten – noch ein Leben
Geschäftig zu erhalten streben.
Auch laß das Ehebrechen sein,
Es bringt Dir selten etwas ein.
Du sollst nicht stehlen, denn genug
Lohnt sich, und leichter ist Betrug.
Falsch Zeugnis – ja wozu, wenn leicht
Lüge von selbst ihr Ziel erreicht?
Die Habsucht flieh – doch Konkurrenz
Genießt in jeder Form Lizenz.
   Summa summarum: Solls denn sein,
Dann lieb im Himmel Gott allein!
Auf keinen Fall mußt Du hienieden,
Mehr als dich selbst den Nächsten lieben.

Aus Dipsychus

«Gott gibts nicht», sagen böse Leut,
   «Und wahrlich, 's ist ein Segen,
Denn was er sonst mit uns getan,
   Das mag man kaum erwägen.»

«There is no God,» a youngster thinks,
  «Or really, if there may be,
He surely didn't mean a man
  Always to be a baby.»

«There is no God, or if there is,»
  The tradesman thinks, «'twere funny
If he should take it ill in me
  To make a little money.»

«Whether there be,» the rich man says,
  «It matters very little,
For I and mine, thank somebody,
  Are not in want of victual.»

Some others, also, to themselves
  Who scarce so much as doubt it,
Think there is none, when they are well,
  And do not think about it.

But country folks who live beneath
  The shadow of the steeple,
The parson and the parson's wife,
  And mostly married people;

Youths green and happy in first love,
  So thankful for illusion,
And men caught out in what the world
  Calls guilt, in first confusion;

And almost every one when age,
  Disease, or sorrows strike him,
Inclines to think there is a God,
  Or something very like Him.

«Gott gibts nicht», denkt ein junger Spund,
«Doch würd er existieren,
Er wollte kaum, daß wir als Mann
Ein Babyleben führen.»

«Gott gibts nicht», denkt der Kaufmann sich,
«Falls doch, so wärs zum Lachen,
Wenn er mirs übelnehmen sollt,
Ein bißchen Geld zu machen.»

Der Reiche sagt: «Ob es ihn gibt,
Das ist mir ziemlich schnuppe:
Bei mir daheim, dem X sei Dank,
Gibts immer Fleisch zur Suppe.»

Manch andrer hälts, so still bei sich,
Fast zweifelsfrei für richtig,
Solangs ihm gutgeht, 's gibt ihn nicht,
Und nimmts nicht weiter wichtig.

Doch Landvolk, das sein Leben lang
Lebt in des Kirchturms Schatten,
Der Pfarrer und die Pfarrersfrau
Und – meistens – Ehegatten,

Erstmals Verliebte, jung und grün,
Die Illusionen hecken,
Und wer, bei was man Untat nennt,
Erwischt, im ersten Schrecken,

Und jeder fast, den man als Greis
Durch Sorg und Krankheit bleich sieht,
Nimmt an, es gibt Gott – oder doch
Ein Etwas, das ihm gleichsieht.

Matthew Arnold

From Memorial Verses

When Goethe's death was told, we said:
Sunk, then, is Europe's sagest head.
Physician of the iron age,
Goethe has done his pilgrimage.
He took the suffering human race,
He read each wound, each weakness clear;
And struck his finger on the place,
And said: *Thou ailest here, and here!*
He looked on Europe's dying hour
Of fitful dream and feverish power;
His eye plunged down the weltering strife,
The turmoil of expiring life –
He said: *The end is everywhere,*
Art still has truth, take refuge there!
And he was happy, if to know
Causes of things, and far below
His feet to see the lurid flow
Of terror, and insane distress,
And headlong fate, be happiness.

Requiescat

Strew on her roses, roses,
  And never a spray of yew!
In quiet she reposes;
  Ah, would that I did too!

Her mirth the world required;
  She bathed it in smiles of glee.
But her heart was tired, tired,
  And now they let her be.

Matthew Arnold

Aus Gedenkverse

Als Kund uns kam von Goethes Tod, stand fest:
Verstummt ist nun Europas größter Geist.
Als Arzt dem letzten eisernen Geschlecht
Hat Goethe seine Pilgerschaft vollbracht.
Er nahm der Menschheit schweres Leiden wahr,
Er las die Wunden, die Symptome ihr,
Legte den Finger, wo die Schwäche war,
Und sprach: *Hier schmerzt es Dich, und hier und hier!*
Er sah Europa mit dem Tode ringen,
Traumfetzen, Machtdelirien sich verschlingen;
Sein Aug durchdrang den aufgewühlten Kampf
Des Lebens, ausgepreßt im Todeskrampf –
Er sprach: *Das Ende steht vor jeder Tür,*
Nur Kunst ist wahr noch, rette Dich zu ihr!
Und er war glücklich, wenn man den so nennt,
Der alle Dinge tiefste Gründe kennt,
Und unter sich, durch tiefe Kluft getrennt,
Den schreckensgrellen Strom des Schicksals sieht,
Der Leid und Wahnsinn blindlings mit sich zieht.

Requiescat

Streut auf sie Rosen, Rosen,
  Doch keinen Eibenzweig!
Schlaf darf sie nun umkosen –
  Ach, wär ich auch so weit!

Die Welt verlangte Freude,
  Ihr Lächeln hüllte alles ein.
Doch ihr Herz war müde, müde –
  Nun läßt die Welt sie sein.

Her life was turning, turning,
  In mazes of heat and sound.
But for peace her soul was yearning,
  And now peace laps her round.

Her cabined, ample spirit,
  It fluttered and failed for breath.
To-night it doth inherit
  The vasty hall of death.

To Marguerite – Continued

Yes! in the sea of life enisled,
With echoing straits between us thrown,
Dotting the shoreless watery wild,
We mortal millions live *alone.*
The islands feel the enclasping flow,
And then their endless bounds they know.

But when the moon their hollows lights,
And they are swept by balms of spring,
And in their glens, on starry nights,
The nightingales divinely sing;
And lovely notes, from shore to shore,
Across the sounds and channels pour –

Oh! then a longing like despair
Is to their farthest caverns sent;
For surely once, they feel, we were
Parts of a single continent!
Now round us spreads the watery plain –
Oh might our marges meet again!

Who ordered, that their longing's fire
Should be, as soon as kindled, cooled?
Who renders vain their deep desire? –
A God, a God their severance ruled!

Ihr Leben irrte, irrte,
Verwirrt von Schall und Glut.
Nach Frieden ihre Seele gierte,
In Frieden sie nun ruht.

Gepfercht die große Seele,
Sie flatterte und rang nach Luft.
Heut nacht ward ihr zum Erbe
Der weite Saal der Gruft.

Abermals an Marguerite

Ja! in des Lebens See getrennt,
Da Wasserwüsten uns entzwein
Und weites Meer nur Körnchen kennt,
Sind, Myriaden wir, *allein*.
Die Inseln fühln den Flutenwall
Und wissen Schranken überall.

Doch scheint der Mond in Auenpracht
Und zieht ein Frühlingshauch durchs Ried
Und tönt in sternenklarer Nacht
Der Nachtigallen göttlich Lied;
Und zieht vom Strand der süße Klang
Durch Bucht und Meerengen entlang –

Ach! dann bricht sich Verzweiflung Bahn
Und wird in Höhlen fern gesandt;
Denn einstmals warn wir untertan
Nur einem einzigen festen Land.
Nun dehnt um uns sich Wellenraum –
Berührte sich doch unser Saum!

Wes Urteil sprach, daß Sehnsuchtsbrand
So schnell verlöscht, wie er geglüht?
Wer sprach, daß nichtig sei ihr Band? –
Ein Gott, ein Gott wars, der sie schied,

And bade betwixt their shores to be
The unplumbed, salt, estranging sea.

Dover Beach

The sea is calm to-night.
The tide is full, the moon lies fair
Upon the straits; on the French coast the light
Gleams and is gone; the cliffs of England stand,
Glimmering and vast, out in the tranquil bay.
Come to the window, sweet is the night-air!
Only, from the long line of spray

Where the sea meets the moon-blanched land,
Listen! you hear the grating roar
Of pebbles which the waves draw back, and fling,
At their return, up the high strand,
Begin, and cease, and then again begin,
With tremulous cadence slow, and bring
The eternal note of sadness in.

Sophocles long ago
Heard it on the Ægæan, and it brought
Into his mind the turbid ebb and flow
Of human misery; we
Find also in the sound a thought,
Hearing it by this distant northern sea.

The Sea of Faith
Was once, too, at the full, and round earth's shore
Lay like the folds of a bright girdle furled.
But now I only hear
Its melancholy, long, withdrawing roar,
Retreating, to the breath
Of the night-wind, down the vast edges drear
And naked shingles of the world.

Der zwischen ihre Küsten legt
Die lotlos fremde salzige See.

Am Strand von Dover

Die See ist still heut nacht,
Die Flut steht hoch, der Mond fällt schön
Auf den Kanal – an Frankreichs Küste wacht
Ein schwaches Licht nur; Englands Klippen ragen
Groß und matt schimmernd in die Bucht hinein.
Komm her ans Fenster, fühl das milde Wehn!
Von dort nur, wo im Mondenschein

Die Wellen Schaum ans bleiche Ufer tragen,
Hörst Du das mahlende Geräusch
Der Kiesel, die am steilen Küstenhang
Sich strandwärts schieben, wo die Wellen schlagen.
Wie's an- und abschwillt; zu uns dringt
Es leis wie zitternder Gesang,
In dem ein steter Ton von Trauer schwingt.

Sophokles hörte ihn
An der Ägäis, und er sah darin
Das trübe Auf und Ab vorüberziehn,
Das Menschen elend macht.
Uns kommt das gleiche in den Sinn
Im fernen Norden hier in dunkler Nacht.

So war das Meer
Des Glaubens einst, so voll und rund,
Das uns umschloß hier unterm Himmelszelt.
Doch tut sich jetzt darin
Nur noch ein dumpfer Ton von Schwermut kund,
Ein Rauschen von fernher,
Der Wind trägts traurig über Felsen hin
Und über diesen nackten Schutt der Welt.

Ah, love, let us be true
To one another! for the world, which seems
To lie before us like a land of dreams,
So various, so beautiful, so new,
Hath really neither joy, nor love, nor light,
Nor certitude, nor peace, nor help for pain;
And we are here as on a darkling plain
Swept with confused alarms of struggle and flight,
Where ignorant armies clash by night.

The Last Word

Creep into thy narrow bed,
Creep, and let no more be said!
Vain thy onset! all stands fast.
Thou thyself must break at last.

Let the long contention cease!
Geese are swans, and swans are geese.
Let them have it how they will!
Thou art tired; best be still.

They out-talked thee, hissed thee, tore thee?
Better men fared thus before thee;
Fired their ringing shot and passed,
Hotly charged – and sank at last.

Charge once more, then, and be dumb!
Let the victors, when they come,
When the forts of folly fall,
Find thy body by the wall!

Ah, Liebste, laß uns treu
Einander sein! Denn die hier vor uns liegt,
Die Welt, und uns in süße Träume wiegt,
So mannigfach, so wunderschön, so neu –
Läßt uns nicht Glück, noch Licht, noch Frieden sehen,
Noch gibts vor Schmerzen irgendeine Flucht.
Wir sind hier wie in einer dunklen Bucht,
Wo – von Alarmen, die sie nicht verstehen,
Gehetzt – bei Nacht sich schlagen zwei Armeen.

Das letzte Wort

Krieche in dein enges Grab,
Krieche, laß vom Reden ab!
Du greifst an? Die Festen stehen.
Du wirst selbst zugrunde gehen.

Ende nun den langen Zwist!
Mist ist Gold, und Gold ist Mist.
Jeder nehm es, wie er will!
Du bist müde – schweige still!

Ausgebuht, zerschwatzt, verrissen?
Solches widerfuhr schon Bessern!
Schossen ihr Geschoß im Stehen,
Griffen an, um zu vergehen.

Noch ein Angriff! Kein Wort frommt!
Laß den Sieger, wenn er kommt,
Wenn dann fällt der Torheit Fort,
Tot dich finden nah am Tor!

Emily Brontë

I'm happiest when most away
I can bear my soul from its home of clay
On a windy night when the moon is bright
And the eye can wander through worlds of light –

When I am not and none beside –
Nor earth nor sea nor cloudless sky –
But only spirit wandering wide
Through infinite immensity.

Riches I hold in light esteem
And Love I laugh to scorn
And lust of Fame was but a dream
That vanished with the morn –

And if I pray, the only prayer
That moves my lips for me
Is – «Leave the heart that now I bear
And give me liberty.»

Yes, as my swift days near their goal
'Tis all that I implore –
Through life and death, a chainless soul
With courage to endure!

No coward soul is mine
No trembler in the world's storm-troubled sphere
I see Heaven's glories shine
And Faith shines equal arming me from Fear

O God within my breast
Almighty ever-present Deity

Emily Brontë

Am glücklichsten wenn weitest fern
Die Seele ich entrück dem Lehm
In Windnacht wenn der Mond aufbricht
Und mein Aug durch Welten schweift von Licht

Wenn ich nicht bin und niemand nah
Noch Land Meer Himmel wolkenlos
Nur Geist allein und wandre da
Durch Räume unermeßlich groß.

Nach Gütern dieser Erde frag ich kaum;
Der Liebe lach ich nur, Liebe ist nichts –
Und Ruhmsucht schwindet wie ein Traum
Im ersten Strahl des Lichts.

Bet ich für mich, dann bet ich nur um eins:
Wie blutig drückend auch mein Schicksal sei,
Ich will es tragen, Herr, tragen als meins –
Nur mach das Herz mir frei!

Nimm meiner Seele dieser Ketten Last,
Die letzte Straße laß mich aufrecht gehn:
Schenk mir zu dem, was Du beschlossen hast,
Die Kraft, es zu bestehn!

Kein Feiglings-Herz ist mein,
Nicht zittert es in sturmdurchtoster Zeit;
Gleich Himmels Glorienschein
Scheint auch mein Glaube – bin vor Furcht gefeit.

O Gott in meiner Brust,
Allmächtig und mir immer Gegenwart!

Life, that in me hast rest
As I Undying Life, have power in Thee

Vain are the thousand creeds
That move men's hearts, unutterably vain,
Worthless as withered weeds
Or idlest froth amid the boundless main

To waken doubt in one
Holding so fast by thy infinity
So surely anchored on
The steadfast rock of Immortality

With wide-embracing love
Thy spirit animates eternal years
Pervades and broods above,
Changes, sustains, dissolves, creates and rears

Though earth and moon were gone
And suns and universes ceased to be
And thou wert left alone
Every Existence would exist in thee

There is not room for Death
Nor atom that his might could render void
Since thou art Being and Breath
And what thou art may never be destroyed.

Der Du lebendig in mir ruhst,
Wie Macht mir, ewig lebend, in Dir ward!

Leer tausend Eifrer Worte,
Die Menschenherzen rührn, unsäglich leer! –
Machtlos wie längst verdorrte
Spreu, und Schaum auf grenzenlosem Meer,

Den Zweifel ihr zu wecken,
Die ganz Deiner Unendlichkeit vertraut,
Deren Anker so tief stecken
Im Fels, den die Unsterblichkeit gebaut.

Mit liebend weiten Armen
Belebt, durchwirkt Dein Geist die Ewigkeit
Und brütet über allem,
Trägt, ändert, löst, schafft, nährt und weiht.

Und wenn auch Mensch und Erde
Und Sonnen, Welten selbst zu nichts vergehn,
Wenn außer Dir nichts währte,
Bliebe in Dir allein doch jedes Sein bestehn.

Dem Tode bleibt kein Boden,
Noch ein Atom auch nur, es zu vernichten:
Du – Du bist Sein und Odem,
Und was Du bist, kann nichts zugrunde richten.

Elizabeth Barrett Browning

Sonnets from the Portuguese

1

I thought once how Theocritus had sung
Of the sweet years, the dear and wished-for years,
Who each one in a gracious hand appears
To bear a gift for mortals, old or young:
And, as I mused it in his antique tongue,
I saw, in gradual vision through my tears,
The sweet, sad years, the melancholy years,
Those of my own life, who by turns had flung
A shadow across me. Straightway I was 'ware,
So weeping, how a mystic Shape did move
Behind me, and drew me backward by the hair;
And a voice said in mastery, while I strove, –
«Guess now who holds thee?» – «Death», I said. But, there,
The silver answer rang, – «Not Death, but Love.»

5

I lift my heavy heart up solemnly,
As once Electra her sepulchral urn,
And, looking in thine eyes, I overturn
The ashes at thy feet. Behold and see
What a great heap of grief lay hid in me,
And how the red wild sparkles dimly burn
Through the ashen greyness. If thy foot in scorn
Could tread them out to darkness utterly,
It might be well perhaps. But if instead
Thou wait beside me for the wind to blow
The grey dust up, . . . those laurels on thine head,
O my Belovèd, will not shield thee so,
That none of all the fires shall scorch and shred
The hair beneath. Stand farther off then! go.

Elizabeth Barrett Browning

Sonette aus dem Portugiesischen

1

Einst dacht ich nach, wie Theokrit gesungen,
Von holden Jahren, von ersehnten Zeiten,
Wo jedes neue Jahr sich zu bereiten
Zur Spende scheint den Greisen wie den Jungen.
Und als ich sann in seinen alten Zungen,
Sah ich durch Tränen langsam vor mir gleiten
Die süßen, traurig-schwermutsvollen Zeiten
Des eignen Lebens, das so ganz durchdrungen
Von Dunkelheit – bis es mir plötzlich war,
Als ob dicht hinter mir ein Schatten droht',
Der mir gespenstisch rückwärts griff ins Haar,
Und einer Stimme meisterndes Gebot:
«Wer hält dich, rate?» – «Tod!» rief ich, doch klar
Wie Silber klang es: «Liebe, nicht der Tod.»

5

Mein schweres Herz erheb ich feierlich
Wie einst Elektra ihren Aschenkrug;
Ich schau dich an und stürze, was es trug,
Zu deinen Füßen hin und bitte dich:
Sieh doch, wie großen Kummer berge ich
In mir, wie glimmt der Funken wilder Spuk
In grauer Asche trüb. Es möchte klug
Sein, wenn zu Dunkelheit dein Fuß, stolz mich
Verachtend, sie zertritt. Doch willst du gar
Mir seitlich harrn, bis grauen Staub der Wind
Aufwirbelt: Jene Lorbeern dir im Haar,
O mein Geliebter, solchen Flammen sind
Sie dir nicht Schutz genug, vor sengend Weh
Es zu bewahren. Ach, steh fern doch, geh!

14

If thou must love me, let it be for nought
Except for love's sake only. Do not say
«I love her for her smile – her look – her way
Of speaking gently, – for a trick of thought
That falls in well with mine, and certes brought
A sense of pleasant ease on such a day» –
For these things in themselves, Belovèd, may
Be changed, or change for thee, – and love, so wrought,
May be unwrought so. Neither love me for
Thine own dear pity's wiping my cheeks dry –
A creature might forget to weep, who bore
Thy comfort long, and lose thy love thereby!
But love me for love's sake, that evermore
Thou mayst love on, through love's eternity.

22

When our two souls stand up erect and strong,
Face to face, silent, drawing nigh and nigher,
Until the lengthening wings break into fire
At either curvèd point, – what bitter wrong
Can the earth do to us, that we should not long
Be here contented? Think. In mounting higher,
The angels would press on us and aspire
To drop some golden orb of perfect song
Into our deep, dear silence. Let us stay
Rather on earth, Belovèd, – where the unfit
Contrarious moods of men recoil away
And isolate pure spirits, and permit
A place to stand and love in for a day,
With darkness and the death-hour rounding it.

43

How do I love thee? Let me count the ways.
I love thee to the depth and breadth and height

14

Wenn du mich lieben mußt, laß es geschehen
Nur um der Liebe willen. Sage nicht:
«Ich lieb sie um ihr Lächeln – ihr Gesicht –
Ihr sanftes Reden, ihren Blick, ihr Gehen –
Ich lieb sie, weil ihr Fühlen und Verstehen
Just meinem eigenen so gut entspricht.» –
All dies kann sich verändern. Könnte nicht
Dann solche Liebe, wie sie kam, vergehen?
Lieb mich auch nicht aus Mitleid, das in meinen
Vergrämten Augen will die Tränen stillen!
Wem lange du als Trost gegeben bist,
Der könnte bald vergessen gar zu weinen.
Drum lieb mich einzig um der Liebe willen,
Weil einzig nur die Liebe ewig ist.

22

Wenn schweigend, Angesicht in Angesicht,
sich unsrer Seelen ragende Gestalten
so nahe stehn, daß, nicht mehr zu verhalten,
ihr Feuerschein aus ihren Flügeln bricht:
was tut uns diese Erde dann noch Banges?
Und stiegst du lieber durch die Engel? Kaum; –
sie schütteten uns Sterne des Gesanges
in unsres Schweigens lieben tiefen Raum.
Nein, laß uns besser auf der Erde bleiben,
wo alles Trübe, was die andern treiben,
die Reinen einzeln zueinander hebt.
Da ist gerade Platz zum Stehn und Lieben
für einen Tag, von Dunkelheit umschwebt
und von der Todesstunde rund umschrieben.

43

Wie ich dich liebe? Laß mich zählen wie.
Ich liebe dich so tief, so hoch, so weit,

My soul can reach, when feeling out of sight
For the ends of Being and ideal Grace.
I love thee to the level of everyday's
Most quiet need, by sun and candle-light.
I love thee freely, as men strive for Right;
I love thee purely, as they turn from Praise.
I love thee with the passion put to use
In my old griefs, and with my childhood's faith.
I love thee with a love I seemed to lose
With my lost saints, – I love with the breath,
Smiles, tears, of all my life! – and, if God choose,
I shall but love thee better after death.

From Aurora Leigh

I learnt the collects and the catechism,
The creeds, from Athanasius back to Nice,
The Articles, the Tracts *against* the times
(By no means Buonaventure's «Prick of Love»),
And various popular synopses of
Inhuman doctrines never taught by John,
Because she liked instructed piety.
I learnt my complement of classic French
(Kept pure of Balzac and neologism)
And German also, since she liked a range
Of liberal education, – tongues, not books.
I learnt a little algebra, a little
Of the mathematics, – brushed with extreme flounce
The circle of the sciences, because
She misliked women who are frivolous.
I learnt the royal genealogies
Of Oviedo, the internal laws
Of the Burmese empire, – by how many feet
Mount Chimborazo outsoars Teneriffe;
What navigable river joins itself
To Lara, and what census of the year five

als meine Seele blindlings reicht, wenn sie
ihr Dasein abfühlt und die Ewigkeit.
Ich liebe dich bis zu dem stillsten Stand,
den jeder Tag erreicht im Lampenschein
oder in Sonne. Frei, im Recht, und rein
wie jene, die vom Ruhm sich abgewandt.
Mit aller Leidenschaft der Leidenszeit
und mit der Kindheit Kraft, die fort war, seit
ich meine Heiligen nicht mehr geliebt.
Mit allem Lächeln, aller Tränennot
und allem Atem. Und wenn Gott es gibt,
will ich dich besser lieben nach dem Tod.

Aus Aurora Leigh

Ich lernte die Kollekten, Katechismen,
Die Credos rauf und runter bis Nicaea,
Wider die Zeit geschriebene Traktate
(Bonaventuras «Liebesstachel» nicht!),
Den Ungeist von volkstümlichen Synopsen,
Von dem kein Heiliger Johannes weiß,
Denn Tante schätzte instruiertes Frommsein.
Ich lernte brav mein Pensum klassisches Französisch
(Von Balzac und vom Heute unbefleckt),
Auch Deutsch, weil sie die Breite liberaler
Bildung schätzte – nicht Bücher also, Sprachen.
Ich lernte etwas Algebra, etwas
Mathematik und streifte flüchtigst nur
Den Kreis moderner Wissenschaften, denn
Sie lehnte die frivolen Frauen ab.
Ich lernte auch Oviedos königliche
Genealogien, das Rechtssystem
Des Reiches Birma – um wieviel Fuß genau
Der Chimborazo Teneriffas Gipfel
Überragt, an welch schiffbarem Fluß
Lara liegt und was ehdem in Klagenfurt

Was taken at Klagenfurt, – because she liked
A general insight into useful facts.
I learnt much music, – such as would have been
As quite impossible in Johnson's day
As still it might be wished – fine sleights of hand
And unimagined fingering, shuffling off
The hearer's soul through hurricanes of notes
To a noisy Tophet; and I drew . . . costumes
From French engravings, nereids neatly draped
(With smirks of simmering godship): I washed in
Landscapes from nature (rather say, washed out).
I danced the polka and Cellarius,
Spun glass, stuffed birds, and modelled flowers in wax,
Because she liked accomplishments in girls.
I read a score of books on womanhood
To prove, if women do not think at all,
They may teach thinking (to a maiden aunt
Or else the author), – books that boldly assert
Their right of comprehending husband's talk
When not too deep, and even of answering
With pretty «may it please you,» or «so it is,» –
Their rapid insight and fine aptitude,
Particular worth and general missionariness,
As long as they keep quiet by the fire
And never say «no» when the world says «ay,»
For that is fatal, – their angelic reach
Of virtue, chiefly used to sit and darn,
And fatten household sinners, – their, in brief,
Potential faculty in everything
Of abdicating power in it: she owned
She liked a woman to be womanly,
And English women, she thanked God and sighed
(Some people always sigh in thanking God)
Were models to the universe.

Die Volkszählung ergab – denn nichts galt ihr,
Nur Faktenwissen, allgemein und nützlich.
Ich lernte viel Musik – übte, was
Heute wie in Johnsons Tagen lieber
Unmöglich bliebe – raffinierte Griffe,
Aberwitz der Finger, der im Orkan der Noten
Des Hörers Seele mitreißt in den Orkus
Voller Lärm und Tosen. – Ich zeichnete
Kostüme nach französischen Stichen, züchtig
Drapierte Nereiden (mit Neptun hitzig grinsend);
Lavierte wäßrig Landschaft nach Natur;
Ich tanzte Polka, Walzer, und spann Glas,
Formte Wachsblumen, stopfte Vögel aus,
Weil sie an Mädchen feinere Bildung schätzte.
Schockweise las ich Weiblichkeitstraktate,
Die zeigen, daß, obwohl die Frau nicht denkt,
Sie denken lehren kann (die Jungferntante,
Die Autorin selbst); die kühn das Recht
Einklagen, dem Gespräch des Gatten –
So nicht zu tief – zu folgen, ja auch artig
Ein «Mit Verlaub» und «Gradso» draufzusetzen;
Die Intuition und Sinn fürs Feine preisen,
Den ganz besondern Wert, die Mission der Frau
(Solang sie ruhig ihren Herd bewacht
Und niemals «Nein» sagt zu dem «Ja» der Welt,
Denn das wär doch fatal), die engelsgleiche
Tugend, die sich im stillen Flicken übt,
Im Mästen aller Haushaltssünder – kurz:
Der Fraun besondere Begabung dort,
Wo die Entsagung angesagt, denn sehr
Lag ihr daran, daß Frauen fraulich sind –
Und die Britin, seufzt' sie, Gottseidank,
(Denn manche danken immer seufzend Gott)
Ist hier der ganzen Welt ein Vorbild.

Christina Rossetti

A Birthday

My heart is like a singing bird
  Whose nest is in a watered shoot;
My heart is like an apple tree
  Whose boughs are bent with thickset fruit;
My heart is like a rainbow shell
  That paddles in a halcyon sea;
My heart is gladder than all these
  Because my love is come to me.

Raise me a dais of silk and down,
  Hang it with vair and purple dyes;
Carve it with doves and pomegranates,
  And peacocks with a hundred eyes;
Work it in gold and silver grapes,
  In leaves and silver fleurs-de-lys
Because the birthday of my life
  Is come, my love is come to me.

In an Artist's Studio

One face looks out from all his canvases,
  One selfsame figure sits or walks or leans;
  We found her hidden just behind those screens,
That mirror gave back all her loveliness.
A queen in opal or in ruby dress,
  A nameless girl in freshest summer-greens,
  A saint, an angel: – every canvas means
The same one meaning, neither more nor less.
He feeds upon her face by day and night,
  And she with true kind eyes looks back on him
Fair as the moon and joyful as the light:
  Not wan with waiting, nor with sorrow dim;

Christina Rossetti

Ein Geburtstag

Mein Herz singt wie ein Vogel singt
  Im Nest an einer Schilfrohrbucht;
Mein Herz bebt wie ein Birnbaumzweig
  Gebeugt von dichtgedrängter Frucht;
Mein Herz schwankt wie in heiterer See
  Fünffarbig quirlt ein Muscheltier;
Mein Herz ist froher als all dies:
  Es kam mein Liebster heut zu mir.

Nun sollt ihr seidnen Baldachin
  In Weiß und Purpur mir erbaun;
Schnitzt Liebesäpfel, Turteln ein
  Und hundertfach geäugte Pfaun!
Durchwirkt mit Gold- und Silberfrucht,
  Mit Laub und Lilien dort und hier:
Denn der Geburtstag meines Seins
  Ist heut: mein Liebster kam zu mir.

Im Studio eines Künstlers

Ein Antlitz, das von jeder Leinwand blickt,
  Eine Gestalt nur sitzt und lehnt und geht;
  Hier, hinterm Wandschirm sahn wir sie versteckt,
Der Spiegel dort warf ihren Reiz zurück.
Als Königin im Prachtkleid von Rubin,
  Im Sommergrün als namenlose Maid,
  Als Heilige, als Engel: – eine zeigt
Ein jedes Bild, verrät nur einen Sinn.
Sein Leben, Tag und Nacht, ist ihr Gesicht,
  Sie schaut auf ihn mit liebevollem Blick,
Hold wie der Mond, und freudig wie das Licht:
  Nicht matt vom Warten, nicht vor Kummer trüb;

Not as she is, but was when hope shone bright;
Not as she is, but as she fills his dream.

Song

When I am dead, my dearest,
Sing no sad songs for me;
Plant thou no roses at my head,
Nor shady cypress tree:
Be the green grass above me
With showers and dewdrops wet;
And if thou wilt, remember,
And if thou wilt, forget.

I shall not see the shadows,
I shall not feel the rain;
I shall not hear the nightingale
Sing on as if in pain:
And dreaming through the twilight
That doth not rise nor set,
Haply I may remember,
And haply may forget.

After Death

The curtains were half drawn, the floor was swept
And strewn with rushes; rosemary and may
Lay thick upon the bed on which I lay,
Where through the lattice ivy-shadows crept.
He leaned above me, thinking that I slept
And could not hear him, but I heard him say:
«Poor child, poor child»: and as he turned away
Came a deep silence, and I knew he wept.

He did not touch the shroud, or raise the fold
That hid my face, or take my hand in his,

Nicht wie sie ist, nein, war – eh Hoffnung blich;
  Nicht wie sie ist – wie sie den Traum ihm schmückt.

Lied

Sing, wenn ich tot bin, Liebster,
  Kein Trauerlied um mich;
Pflanz keine Rosen mir zuhaupt,
  Und auch Zypressen nicht:
Gras, naß von Tau und Schauern,
  Grünt über mir gewiß,
Und wenn du willst, gedenke,
  Und wenn du willst, vergiß.

Ich sehe nicht die Schatten,
  Spür nicht den Regenfall,
Hör nicht, wenn wie im Leid sie singt
  Und singt, die Nachtigall;
Hinträumend durch das Zwielicht
  – Nie bleicht, nie dunkelt es –
Mag sein, daß ich gedenke,
  Mag sein, daß ich vergeß.

Nach dem Tode

Den Bettbehang vergaß man zuzuziehn;
  Der blanke Boden roch nach Binsenstreu;
  Bedeckt mit Rosmarin mein Bett, und scheu
Kroch Efeuschatten durch die Jalousien.
Da lehnte er sich über mich und meinte,
  Ich schlief und hört ihn nicht; ich hörte ihn:
  «Du armes Kind!» Als er sich wandte, schien
Das Schweigen tiefer, wußt ich doch, er weinte.

Er rührte nicht ans Laken, griff auch nicht
Nach meiner Hand, und knickte nicht das Kissen,

Or ruffle the smooth pillows for my head:
He did not love me living; but once dead
He pitied me; and very sweet it is
To know he still is warm though I am cold.

REMEMBER ME, when I am gone away,
Gone far away into the silent land;
When you can no more hold me by the hand,
Nor I half turn to go, yet turning stay.
Remember me, when no more day by day
You tell me of the future that you planned:
Only remember me; you understand
It will be late to counsel then, or pray.
Yet if you should forget me for a while,
And afterwards remember, do not grieve:
For if the darkness and corruption leave
A vestige of the thoughts that once I had,
Better by far you should forget and smile
Than that you should remember, and be sad.

Up-Hill

Does the road wind uphill all the way?
Yes, to the very end.
Will the day's journey take the whole long day?
From morn to night, my friend.

But is there for the night a resting-place?
A roof for when the slow, dark hours begin.
May not the darkness hide it from my face?
You cannot miss that inn.

Shall I meet other wayfarers at night?
Those who have gone before.
Then must I knock, or call when just in sight?
They will not keep you waiting at that door.

Hob nicht das Schleiertuch mir vom Gesicht:
Er liebte mich im Leben nicht, doch nun erhalt
Ich tot sein Mitleid; süß ist es, zu wissen,
Daß er noch warm ist, bin ich selbst auch kalt.

Gedenke mein, bin ich erst fortgegangen,
Weit fortgegangen in das stille Land;
Und du hältst mich nicht länger an der Hand,
Die halb zum Gehn, zum Bleiben halb Gewandte.
Gedenke mein, wenn du mir Tag um Tag
Nicht mehr die Zukunft malst, die du geplant:
Gedenke mein – versteh micht recht – denn dann
Wird es zu spät sein für Gebet und Rat.
Doch wenn du kurze Zeit vergißt und dich
Erinnerst wiederum, laß dichs nicht kränken;
Wenn nur in Dunkel und Verwesung sich
Ein Hauch bewahrt von meinem frühren Denken,
Wünscht es weit mehr, du lächelst und vergißt,
Als daß du mein gedenkst und traurig bist.

Bergan

Führt immer denn bergan die Straße, sag?
Ja, bis das Ziel erscheint.
Und währt die Fahrt den ganzen langen Tag?
Von früh bis spät, mein Freund.

Und find ich droben eine Lagerstatt?
Ein Dach, wanns dunkel wird.
Und irr ich nicht im Finstern ab vom Pfad?
Von dem Pfad niemand irrt.

Und find ich andre Fahrtgenossen dann?
Wie mancher ging vor dir.
Und muß ich rufen oder klopf ich an?
Schnell tut sich auf die Tür.

Shall I find comfort, travel-sore and weak?
  Of labour you shall find the sum.
Will there be beds for me and all who seek?
  Yea, beds for all who come.

Cobwebs

It is a land with neither night nor day,
  Nor heat nor cold, nor any wind nor rain,
  Nor hills nor valleys: but one even plain
Stretches through long unbroken miles away,
While through the sluggish air a twilight grey
  Broodeth: no moons or seasons wax and wane,
  No ebb and flow are there along the main,
No bud-time, no leaf-falling, there for aye: –
No ripple on the sea, no shifting sand,
  No beat of wings to stir the stagnant space:
Nor pulse of life through all the loveless land
And loveless sea; no trace of days before,
  No guarded home, no toil-won resting-place,
No future hope, no fear for ever-more.

Paradise: In a Symbol

Golden-winged, silver-winged,
  Winged with flashing flame,
Such a flight of birds I saw,
  Birds without a name:
Singing songs in their own tongue –
  Song of songs – they came.

One to another calling,
  Each anwering each,
One to another calling
  In their proper speech:
High above my head they wheeled,
  Far out of reach.

Wird da dem Wandermüden Ruh gebracht?
  Ruh, die der Mühsal frommt.
Ist einem jeden dort sein Bett gemacht?
  Jedem, der kommt.

Spinnweben

Es ist ein Land, das Tag und Nacht nicht kennt,
  Nicht Hitze, Kälte, weder Wind noch Regen,
  Berg oder Tal; nur öde Ebene
Erstreckt sich über Meilen ohne End,
Indes die träge Luft ein grauer Dämmer
  Durchbrütet: keine Jahreszeit, kein Mond
  Nimmt zu, nimmt ab, nicht Flut noch Ebbe kommt,
Blüte und Blätterfall gibt es dort nimmer: –
See ungewellt und ungefurcht der Sand,
  Kein Flügel, der im leeren Raum sich rührt:
Kein Puls des Lebens – lieblos liegt das Land,
Lieblos das Meer; vom Vorher keine Spur,
  Für Mühsal keine Rast, kein Heim, das birgt,
Nie mehr ein künftiges Hoffen, nie mehr Furcht.

Vögel des Paradieses

Golden flügelnd, silbern flügelnd,
  Flügelnde auf Flammen,
Sah ich solcher Vögel Flug,
  Vögel ohne Namen,
Die mit einem eignen Lied –
  Lied der Lieder – kamen.

Einer den anderen rufend,
  Girren um Girrn,
Einer den anderen rufend,
  Wirbelnde schwirrn
Sie in Kreisen unerreichbar
  Um meine Stirn.

On wings of flame they went and came
  With a cadence clang:
Their silver wings tinkled,
  Their golden wings rang;
The wind it whistled through their wings
  Where in heaven they sang.

They flashed and they darted
  A while before mine eyes,
Mounting, mounting, mounting still
  In haste to scale the skies,
Birds without a nest on earth,
  Birds of Paradise.

Where the moon riseth not
  Nor sun seeks the west,
There to sing their glory
  Which they sing at rest,
There to sing their love-song
  When they sing their best: –

Not in any garden
  That mortal foot hath trod,
Nor in any flowering tree
  That springs from earthly sod,
But in the garden where they dwell,
  The Paradise of God.

Auf Flammenflügeln hin und her
  Ihr Flug im Takte klingt:
Silber-Flügel helle Glöckchen,
  Goldner Glocken schwingt;
Der Wind, wo sie im Himmel schweifen,
  Durch ihre Schwingen singt.

Eine Weile blitzend, zückend,
  Sie mein Auge schaut,
Steigend, steigend, hastig steigend,
  Wo der Himmel blaut,
Vögel, die im Paradiese
  Sich ihr Nest gebaut.

Wo der Mond sich nicht hebt,
  Noch die Sonne sich hüllt,
Daß sie hallen und schallen
  In frohem Gefild,
Wo ihrer Liebe Lied
  Ohne Ende quillt: –

In keinem Garten,
  Wo Menschfuß schreitet,
In keinem Blütenbaum,
  Der hier die Zweige breitet, –
Aber im Garten des Paradieses,
  Das Gott ihnen bereitet.

Dante Gabriel Rossetti

Silent Noon

Your hands lie open in the long fresh grass, –
  The finger-points look through like rosy blooms.
  Your eyes smile peace. The pasture gleams and glooms
'Neath billowing skies that scatter and amass.
All round our nest, far as the eye can pass,
  Are golden kingcup-fields with silver edge
  Where the cow-parsley skirts the hawthorn-hedge.
'Tis visible silence, still as the hour-glass.

Deep in the sun-searched growths the dragon-fly
Hangs like a blue thread loosened from the sky: –
  So this winged hour dropt to us from above.
Oh! clasp we to our hearts, for deathless dower,
This close-companioned inarticulate hour
  When twofold silence was the song of love.

Willowwood

I

I sat with Love upon a woodside well,
  Leaning across the water, I and he;
  Nor ever did he speak nor looked at me,
But touched his lute wherein was audible
The certain secret thing he had to tell:
  Only our mirrored eyes met silently
  In the low wave; and that sound came to be
The passionate voice I knew; and my tears fell.

And at their fall, his eyes beneath grew hers;
And with his foot and with his wing-feathers

Dante Gabriel Rossetti

Mittags-Schweigen

Offen liegt deine Hand im langen Gras –
   Die Fingerspitzen sehen, rosig blühend,
   Hervor, du lächelst Frieden. Wiesen glühen
Hell oder schatten sich im Wechselmaß
Des Windgewoges, und das Auge faßt
   Um unser Nest nur Dotterblumenflecken
   Und Schierling-Silbersaum an Weißdornhecken:
Ein Schweigen, sichtbar, wie im Stundenglas.

Im sonn-durchsengten Gras hängt die Libelle,
Ein Fädchen blau, gelöst aus blauer Helle –
   Der Stunde gleich, die schwebend auf uns kam.
O pressen wir ans Herz die engverbundne,
Todlos geschenkte, wortvergessene Stunde,
   Da zweifach Schweigen war der Liebe Sang.

Weidenwald

I

Ich saß mit Amor an des baches hang ·
Wir neigten uns zum wasser · er und ich ·
Er sprach kein wort und blickte nicht auf mich ·
Er rührte nur die laute wo erklang
Ein tiefes ding das ihn zu reden zwang ·
Nur trafen unser beider augen sich
In niedrer welle · deren rauschen glich
Der teuren stimme und ich weinte bang.

Ich weinte und sein aug ward ihrem gleich ·
Mit seines fusses seiner flügel streich

He swept the spring that watered my heart's drouth.
Then the dark ripples spread to waving hair,
And as I stooped, her own lips rising there
Bubbled with brimming kisses at my mouth.

2

And now Love sang: but his was such a song,
So meshed with half-remembrance hard to free,
As souls disused in death's sterility
May sing when the new birthday tarries long.
And I was made aware of a dumb throng
That stood aloof, one form by every tree,
All mournful forms, for each was I or she,
The shades of those our days that had no tongue.

They looked on us, and knew us and were known;
While fast together, alive from the abyss,
Clung the soul-wrung implacable close kiss;
And pity of self through all made broken moan,
Which said, ‹For once, for once, for once alone!›
And still Love sang, and what he sang was this: –

3

«O ye, all ye that walk in Willowwood,
That walk with hollow faces burning white;
What fathom-depth of soul-struck widowhood,
What long, what longer hours, one lifelong night,
Ere ye again, who so in vain have wooed
Your last hope lost, who so in vain invite
Your lips to that their unforgotten food,
Ere ye, ere ye again shall see the light!

Alas! the bitter banks in Willowwood,
With tear-spurge wan, with blood-wort burning red:
Alas! if ever such a pillow could
Steep deep the soul in sleep till she were dead, –

Wischt er den tau durch den das herz mir schwoll.
Dann wurden dunkle kreise wallend haar ·
Als ich mich bückte bot den mund sie dar
Und volles küssen mir zur lippe quoll.

2

Und Amor sang: es war ein sang halblaut
Umstrickt von dingen die entwirrbar kaum ·
So wimmern seelen öd im todesraum
Wenn immer noch der neue tag nicht graut.
Dann hab ich eine dumpfe schar geschaut
Von wesen abseits – eins an jedem baum ·
Sie alle Sie und ich in trübem traum ·
Die schatten unsrer tage ohne laut.

Sie sahn uns an – gewiß: gekannt zu sein
Und wehe seelen waren drunten wo
Der unversöhnlich enge kuß entfloh.
Im eigen-mitleid alle brechend schrein:
Ach einmal einmal einmal nur allein!
Und Amor sang noch und sein lied klang so:

3

Ihr all die ihr im weidenwalde schweift
Und schweift mit hohlem weißen antlitz sacht ·
Nach welchem einsam tiefen fall geschleift ·
In welcher langen lebenlangen nacht!
Eh wieder ihr · die ohne macht ihr streift
Nach letzter hoffnung – die ihr ohne macht
Nach eurer unvergeßnen speise greift ·
Eh euch · eh wiederum das licht euch lacht!

Ach bittre ränfte in dem weidenwald
Mit giftblatt bleich · mit blutkraut brennend rot!
Ach wenn ein solcher pfühl im leiden bald
Die Seele betten würde bis sie tot –

Better all life forget her than this thing,
That Willowwood should hold her wandering!»

4

So sang he: and as meeting rose and rose
Together cling through the wind's wellaway,
Nor change at once, yet near the end of day
The leaves drop loosened where the heart-stain glows, –
So when the song died did the kiss unclose;
And her face fell back drowned, and was as grey
As its grey eyes; and if it ever may
Meet mine again I know not if Love knows.

Only I know that I leaned low and drank
A long draught from the water where she sank,
Her breath and all her tears and all her soul:
And as I leaned, I know I felt Love's face
Pressed on my neck with moan of pity and grace,
Till both our heads were in his aureole.

Barren Spring

Once more the changed year's turning wheel returns:
And as a girl sails balanced in the wind,
And now before and now again behind
Stoops as it swoops, with cheek that laughs and burns, –
So spring comes merry towards me here, but earns
No answering smile from me, whose life is twined
With the dead boughs that winter still must bind,
And whom to-day the Spring no more concerns.

Behold, this crocus is a withering flame;
This snowdrop, snow; this apple-blossom's part
To breed the fruit that breeds the serpent's art.
Nay, for these Spring-flowers, turn thy face from them,
Nor stay till on the year's last lily-stem
The white cup shrivels round the golden heart.

Eh'r allzeit sie vergessen als dies ding ·
Daß sie sich fängt in dieser weiden ring.

4

So klangs · und wie sich ros und rose müht
Eng zu verwachsen in des windes qual
Und so zu bleiben · bis zum späten strahl
Die blätter fallen wo der herzfleck glüht –
So war der kuß als der sang starb versprüht.
Sie sank ertränkt hinab und war so fahl –
Fahl wie ihr auge · ob mir je einmal
(Obs Amor weiß?) ein wiedersehen blüht!

Ich weiß nur das: ich beugte mich und trank
In tiefem zug das wasser wo sie sank
Und ihre hauche · tränen · all ihr sein.
Ich weiß: im beugen fühlt ich Amors haar
An meinem halse mitleidvoll · es war
Sein und mein haupt in seinem heiligenschein.

DES NEUJAHRS RAD kehrt neu, von wo es floh,
Und wie ein Mädchen halb vorm Winde fliegt,
Und vorwärts jetzt – jetzt sich nach hinten biegt,
Wie er sie beugt, und lacht und brennt, – so froh
Kommt Lenz zu mir heran; doch findet so
Nicht Dank von mir, dem sich das Dasein schmiegt
Um Totenbüsche, drauf November wiegt,
Und den kein Frühjahr heut mehr angeht. Oh –

Blick her. Der Krokus flammt schon halb erschlafft;
Schneeglöckchen friert; die Apfelblust wächst bloß
Zur Frucht des Wurmes, arg und ärger, groß;
Wohl; lös den Blick aus dieser Blüten Haft,
Und steh nicht, bis an Spätjahrs Lilienschaft
Der Herzkelch einfällt um den goldnen Schoß.

The Hill Summit

This feast-day of the sun, his altar there
  In the broad west has blazed for vesper-song;
  And I have loitered in the vale too long
And gaze now a belated worshipper.
Yet may I not forget that I was 'ware,
  So journeying, of his face at intervals
  Transfigured where the fringed horizon falls, –
A fiery bush with coruscating hair.

And now that I have climbed and won this height,
  I must tread downward through the sloping shade
And travel the bewildered tracks till night.
  Yet for this hour I still may here be stayed
  And see the gold air and the silver fade
And the last bird fly into the last light.

«The Wine of Circe»

Dusk-haired and gold-robed o'er the golden wine
  She stoops, wherein, distilled of death and shame,
  Sink the black drops; while, lit with fragrant flame,
Round her spread board the golden sunflowers shine.
Doth Helios here with Hecatè combine
  (O Circe, thou their votaress?) to proclaim
  For these thy guests all rapture in Love's name,
Till pitiless Night give Day the countersign?

Lords of their hour, they come. And by her knee
  Those cowering beasts, their equals heretofore,
Wait; who with them in new equality
  To-night shall echo back the sea's dull roar
  With a vain wail from passion's tide-strown shore
Where the dishevelled seaweed hates the sea.

AM SONNEN FESTTAG, heut noch sich verklärend,
Hat lang der West ihr Abendamt entzunden
Und ich durchs Tal zu lang hab mich gewunden
Und schau sie kaum, verspätet noch verehrend;
Doch denkt mir, daß ich sie gewahr ward, während
Ich fuhr, wie sie den Fernesaum entbunden
Schier fremd, zerrissen, – lodernd aus den Schrunden,
Ein feuriger Busch, Brandgarben Haars gebärend.

Und nun bis hier ins Ziel der Sicht geklommen
Schon muß ich mich ab Schattenlängen mühn
Reisend vor dem bestürzten Nachtdickicht;
Doch diesen Blitzlang ist mir unbenommen
Zu sehn durch Gold- und Silberluft Verblühn
Den letzten Vogel schwirren ins letzte Licht.

«Der Wein der Circe»

Schwarzlockig neigt sie überm goldnen wein
In goldnem kleid und träufelt schmach und blut
In schwarzen tropfen · rings ist duft und glut
Um ihren tisch · der goldnen blumen schein.
Tritt Helios hier in Hekates verein ·
O Circe · ihre priesterin! und tut
In bann die gäste unter liebeshut? –
Dann bricht erbarmungslos die nacht herein ·

Herrn ihrer stunde kommen sie – vor ihr
Die tiere kauern · ihnen gleich vorzeit ·
Bei denen sie in neuer ähnlichkeit
Des nachts antworten wenn das meer dumpf rollt
Mit leerem ach vom flutenstrand der gier
Wo das zerzauste gras dem meere grollt.

Coventry Patmore

The Revelation

An idle poet, here and there,
Looks round him, but, for all the rest,
The world, unfathomably fair,
Is duller than a witling's jest.

Love wakes men, once a lifetime each;
They lift their heavy lids and look;
And lo, what one sweet page can teach
They read with joy, then shut the book.

And some give thanks, and some blaspheme,
And most forget; but either way,
That, and the child's unheeded dream,
Is all the light of all their day.

Vesica Piscis

In strenuous hope I wrought,
And hope seemed still betrayed;
Lastly I said,
«I have laboured through the Night, nor yet
Have taken aught;
But at thy word I will again cast forth the net!»
And, lo, I caught
(Oh, quite unlike and quite beyond my thought,)
Not the quick, shining harvest of the Sea
For food, my wish,
But Thee!
Then, hiding even in me,
As hid was Simon's coin within the fish.
Thou sighedst, with joy, «Be dumb,
Or speak but of forgotten things to far-off times to come.»

Coventry Patmore

Die Offenbarung

Ein müßiger Dichter, hier und da,
Blickt um sich, doch ansonsten scheint
Die unermeßlich schöne Welt
So schal wie eines Witzlings Scherz.

Liebe weckt jeden, einmal nur:
Er hebt die schweren Lider, schaut;
Was eine süße Seite lehrt,
Liest er entzückt, und schließt das Buch.

Und der sagt Dank, und jener flucht,
Der Rest vergißt; doch einerlei –
Dies, und der flüchtige Kindertraum
Ist alles Licht all ihres Seins.

Vesica Piscis

Ich mühte mich in Hoffnung kühn,
Die Hoffnung schier zerstob;
Und sprach zuletzt:
«Tat ich die Nacht hindurch mein Werk und hob
Mir keinen Fang für meine Mühn,
Werf ich doch auf dein Wort zum andern Mal mein Netz!»
Und sieh, ich fing
(O anderes und ganz unerdenklich Ding)
Nicht glitzernd, wimmelnd meererzeugte Brut,
Kost meinem Tisch,
Nein, Dich!
Und Du, zutiefst in meiner Hut,
Wie Simons Münze in dem Fisch,
Dich bergend, hauchtest froh: «Sei stumm,
Oder sprich nur Vergessenes der Zeit, die einstmals kommt.»

Arbor Vitae

With honeysuckle, over-sweet, festooned;
With bitter ivy bound;
Terraced with funguses unsound;
Deformed with many a boss
And closed scar, overcushioned deep with moss;
Bunched all about with pagan mistletoe;
And thick with nests of the hoarse bird
That talks, but understands not his own word;
Stands, and so stood a thousand years ago,
A single tree.
Thunder has done its worst among its twigs,
Where the great crest yet blackens, never pruned,
But in its heart, alway
Ready to push new verdurous boughs, whene'er
The rotting saplings near it fall and leave it air,
Is all antiquity and no decay.
Rich, though rejected by the forest-pigs,
Its fruit, beneath whose rough, concealing rind
They that will break it find
Hear-succouring savour of each several meat,
And kernelled drink of brain-renewing power,
With bitter condiment and sour,
And sweet economy of sweet,
And odours that remind
Of haunts of childhood and a different day.
Beside this tree,
Praising no Gods nor blaming, sans a wish,
Sits, Tartar-like, the Time's civility,
And eats its dead-dog off a golden dish.

Arbor Vitae

Von übersüßem Geißblatt rings umrankt,
Von bitterem Efeu fest umspannt,
Von fauligem Pilzgewächs umrahmt,
Durch Narben entstellt
Und Knorren von Moospolstern geschwellt,
Mit Heiden-Misteln buschig rings behangen,
Und des Krächzvogels Nestern dicht bedeckt,
Der schwätzt und nicht sein eigenes Wort versteht,
So steht und stand, schon tausend Jahre lang,
Einsam ein Baum.
Der Wettersturm hat sein Gezweig verheert,
Noch schwärzlich ragt der niegestutzte Kamm;
Jedoch im Stamm,
Wo frischer Trieb hinaufdrängt ins Geäst,
Sobald der Schößlingswust, hinfaulend, Luft ihm läßt,
Ist er frei von Verfall, von altem Schlag.
Reich, wenn von Ebern auch verschmäht,
Ist seine Frucht, drin wohlverborgen liegt
Für den, der ihre rauhe Schale bricht,
Herzstärkender Geschmack aus vielerlei Substanz,
Und geisterneuernder markkräftiger Saft,
Dem Bitterkeit und Säure Würze schafft,
Und, sparsam beigemischt, süße Essenz,
Und Duft, der spricht
Von Kinderglück und fernem Tag.
Unter dem Baum
Hockt wunschlos, die der Götter Lob und Fluch vergaß,
Zeit-Schicklichkeit, tartarengleich, im Staub
Und frißt von goldenem Teller Hundeaas.

Tired Memory

The stony rock of death's insensibility
Welled yet awhile with honey of thy love
And then was dry;
Nor could thy picture, nor thine empty glove,
Nor all thy kind long letters, nor the band
Which really spanned
Thy body chaste and warm,
Thenceforward move
Upon the stony rock their wearied charm.
At last, then, thou wast dead.
Yet would I not despair,
But wrought my daily task, and daily said
Many and many a fond, unfeeling prayer,
To keep my vows of faith to thee from harm.
In vain.

Magna est Veritas

Here, in this little Bay,
Full of tumultuous life and great repose,
Where, twice a day,
The purposeless, glad ocean comes and goes,
Under high cliffs, and far from the huge town,
I sit me down.
For want of me the world's cause will not fail:
When all its work is done, the lie shall rot;
The truth is great, and shall prevail,
When none cares whether it prevail or not.

Erschöpfte Erinnerung

Dem steinigen Felsen der Fühllosigkeit des Todes
Entquoll noch eine Weile Honig deiner Liebe –
Dann Trockenheit;
Und nicht dein Bildnis, nicht dein leerer Handschuh,
All deine lieben langen Briefe nicht noch jenes Band,
Das dir im Leben
Den keuschen warmen Leib umschlang,
Vermochten es, mit ihrem müden Zauber
Noch weiterhin den steinigen Fels zu regen.
Nun warst du wirklich tot.
Jedoch verzweifeln wollt ich nicht:
Ich nahm mich täglich in die Pflicht, sprach täglich
Manches Gebet, vernarrt und ungefühlt,
Den Schwur, dir treu zu sein, mir heil zu halten.
Umsonst.

Magna est Veritas

Hier, in der kleinen Bucht,
Tosenden Lebens voll und großer Ruh,
Wo zweimal jeden Tag
Steigt, fällt der ziellos heitere Ozean,
Tief unter Klippen, fern vom Stadtgebraus,
Streck ich mich aus.
Die Welt wird ohne mich auch vorwärts gehn:
Der Trug, ist all ihr Werk getan, zerbricht;
Groß ist die Wahrheit, und sie wird bestehn,
Wenn keins mehr fragt, ob sie besteht, ob nicht.

William Morris

Love is enough: though the World be a-waning
And the woods have no voice but the voice of complaining,
    Though the sky be too dark for dim eyes to discover
The gold-cups and daisies fair blooming thereunder,
Though the hills be held shadows, and the sea a dark wonder,
    And this day draw a veil over all deeds passed over,
Yet their hands shall not tremble, their feet shall not falter;
The void shall not weary, the fear shall not alter
    These lips and these eyes of the loved and the lover.

Forget six counties overhung with smoke,
Forget the snorting steam and piston stroke,
Forget the spreading of the hideous town;
Think rather of the pack-horse on the down,
And dream of London, small, and white, and clean,
The clear Thames bordered by its gardens green;
Think, that below bridge the green lapping waves
Smite some few keels that bear Levantine staves,
Cut from the yew wood on the burnt-up hill,
And pointed jars that Greek hands toiled to fill,
And treasured scanty spice from some far sea,
Florence gold cloth, and Ypres napery,
And cloth of Bruges, and hogsheads of Guienne;
While nigh the thronged wharf Geoffrey Chaucer's pen
Moves over bills of lading – mid such times
Shall dwell the hollow puppets of my rhymes.

William Morris

Liebe genügt: Mag die Welt auch verkümmern
Und das Rauschen der Wälder ersterben zum Wimmern;
    Sei der Himmel so schwarz, daß die Augen nicht taugen,
Maßliebchen und Primeln noch blühen zu sehn;
Mögen Hügel und Meer nur aus Schatten bestehn,
    Das Getane der Tag in Nachtdunkel einschlagen,
Soll die Hand doch nicht zittern, der Fuß nicht schwanken:
Soll nicht Leere ermüden, solln angstvolle Gedanken
    Nicht wandeln der Liebenden Lippen und Augen.

Vergesst sechs Counties unter schwarzem Rauch,
Vergeßt den Kolbenstoß, das Dampfgefauch,
Vergeßt das Krebsgeschwür der üblen Stadt!
Denkt an ein Saumpferd auf dem Hügelpfad,
Laßt uns ein London reinlich klein erträumen,
Wo Gärten grün die klare Themse säumen;
Flußabwärts Wellen gegen Kiele schlagen,
Die uns aus der Levante Hölzer tragen
Vom Eibenhain auf sonnverbranntem Hang,
Amphoren auch, gefüllt von Griechenhand,
Aus fernen Ländern Spezereien rar,
Damast aus Flandern, aus Florenz Brokat,
Weinfässer aus Guienne und spanisch Leder,
Da nah dem regen Kai nun Chaucers Feder
Die Fracht notiert. – In solchen Zeiten weilen
Gereimt die Marionetten meiner Zeilen.

A Death Song

What cometh here from west to east a-wending?
And who are these, the marchers stern and slow?
We bear the message that the rich are sending
Aback to those who bade them wake and know.
Not one, not one, nor thousands must they slay,
But one and all if they would dusk the day.

We asked them for a life of toilsome earning,
They bade us bide their leisure for our bread;
We craved to speak to tell our woeful learning:
We come back speechless, bearing back our dead.
Not one, not one, nor thousands must they slay,
But one and all if they would dusk the day.

They will not learn; they have no ears to hearken.
They turn their faces from the eyes of fate;
Their gay-lit halls shut out the skies that darken.
But, lo! this dead man knocking at the gate.
Not one, not one, nor thousands must they slay,
But one and all if they would dusk the day.

Here lies the sign that we shall break our prison;
Amidst the storm he won a prisoner's rest;
But in the cloudy dawn the sun arisen
Brings us our day of work to win the best.
Not one, not one, nor thousands must they slay,
But one and all if they would dusk the day.

Ein Totenlied

Wer sind sie, die von West nach Ost sich wenden?
Wer schreitet hier in stumm entschloßnem Marsch?
Wir bringen Botschaft, die die Reichen senden
Denen, die wach sie rütteln wollten barsch.
Nicht einen und nicht tausend müssen sie erschlagen –
Uns allesamt, soll nie der Morgen tagen.

Um Arbeit flehten wir, um Brot und Leben,
Doch hatten sie dafür grad keine Zeit;
Wir baten, unserm Leid Gehör zu geben,
Und kehren stumm zurück, Tod im Geleit.
Nicht einen und nicht Tausend müssen sie erschlagen –
Uns allesamt, soll nie der Morgen tagen.

Sie blicken weg, wenn Schicksals Augen funkeln,
Sie lernen nichts, verschlossen bleibt ihr Ohr;
Ihr Ballsaal überstrahlt des Himmels Dunkel.
Doch, horcht!, der Tote klopft schon an das Tor.
Nicht einen und nicht Tausend müssen sie erschlagen –
Uns allesamt, soll nie der Morgen tagen.

Hier liegt das Unterpfand gesprengter Ketten:
Einer, der Ruhe fand, von Schergenvolk umringt,
Doch aus solch düsterm Dämmern wird uns retten
Die Sonne, die den Tag des Siegs uns bringt.
Nicht einen und nicht Tausend müssen sie erschlagen –
Uns allesamt, soll nie der Morgen tagen.

William M. Thackeray

The Sorrows of Werther

Werther had a love for Charlotte
Such as words can never utter;
Would you know how first he met her?
She was cutting bread and butter.

Charlotte was a married lady,
And a moral man was Werther,
And for all the wealth of Indies,
Would do nothing for to hurt her.

So he sighed and pined and ogled,
And his passion boiled and bubbled,
Till he blew his silly brains out,
And no more was by it troubled.

Charlotte, having seen his body,
Borne before her on a shutter,
Like a well-conducted person
Went on cutting bread and butter.

William M. Thackeray

Werthers Leiden

Innig liebte Werther Lotten,
Maßlos hat er sie vergöttert!
Wann schlug Werther sie in Ketten?
Als sie grade Brote buttert.

Leider war sie schon verehlicht,
Und ein Tugendbold war Werther:
Nicht um alles Gold der Erde
Ihr ein Haar zu krümmen schwört er.

Also ächzt' und stöhnt' und plärrt' er,
Bis es ihn zerriß – und jagte
Sich durchs dumpfe Hirn die Kugel,
Daß es ihn nicht länger plagte.

Lotte hob den Blick zur Bahre,
Kurz beäugte sie den Toten,
Und die wohlerzogene Dame
Butterte die nächsten Brote.

Edward Lear

How pleasant to know Mr. Lear!
    Who has written such volumes of stuff!
Some think him ill-tempered and queer,
    But a few think him pleasant enough.

His mind is concrete and fastidious,
    His nose is remarkably big;
His visage is more or less hideous,
    His beard it resembles a wig.

He has ears, and two eyes, and ten fingers,
    Leastways if you reckon two thumbs;
Long ago he was one of the singers,
    But now he is one of the dumbs.

He sits in a beautiful parlour,
    With hundreds of books on the wall;
He drinks a great deal of Marsala,
    But never gets tipsy at all.

He has many friends, laymen and clerical;
    Old Foss is the name of his cat;
His body is perfectly spherical,
    He weareth a runcible hat.

When he walks in a waterproof white,
    The children run after him so!
Calling out, «He's come out in his night –
    Gown, that crazy old Englishman, oh!»

He weeps by the side of the ocean,
    He weeps on the top of the hill;
He purchases pancakes and lotion,
    And chocolate shrimps from the mill.

Edward Lear

Darf ich vorstellen? Mr. Lear,
Der so komische Sachen schrieb!
Seine Miene ist mürrisch und stier,
Doch er selbst ist beschaulich und lieb.

Sein Betragen ist heikel und häuslich,
Seine Nase ist üppig, doch zart,
Sein Gesicht ist bemerkenswert scheußlich,
Einem Vogelnest ähnelt sein Bart.

Zehn Finger, zwei Augen, zwei Ohren
Verzieren sein morsches Skelett.
Seine Stimme hat er verloren.
Wie schade um sein Falsett!

Er thront in bescheidener Gala,
Belesen, beschuht und beschlipst.
Er trinkt eine Menge Marsala,
Und doch ist er niemals beschwipst.

Er zieht, wenn ihn Freunde besuchen,
Den Zylinderhut von der Stirne.
Seine Katze frißt Eierkuchen.
Sein Leib hat die Form einer Birne.

Er trägt einen schneeweißen Mantel.
Das nimmt man gelegentlich krumm,
Es ist immer dasselbe Gegrantel:
«Der läuft ja im Nachthemd herum!»

Er seufzt auf den Meeresklippen,
Und er seufzt im ewigen Schnee.
Er kauft sich Salben und Schrippen
Und Schokolade-Gelee.

He reads, but he cannot speak Spanish,
He cannot abide ginger-beer:
Ere the days of his pilgrimage vanish,
How pleasant to know Mr. Lear!

The Owl and the Pussy-Cat

The Owl and the Pussy-Cat went to sea
In a beautiful pea-green boat;
They took some honey, and plenty of money,
Wrapped up in a five-pound note.
The Owl looked up to the stars above,
And sang to a small guitar,
«O lovely Pussy! O Pussy, my love,
What a beautiful Pussy you are,
You are,
You are!
What a beautiful Pussy your are!»

Pussy said to the Owl, «You elegant fowl!
How charmingly sweet you sing!
O let us be married! too long we have tarried:
But what shall we do for a ring?»
They sailed away, for a year and a day,
To the land where the Bong-tree grows,
And there in wood a Piggy-wig stood,
With a ring at the end of his nose,
His nose
His nose,
With a ring at the end of his nose.

«Dear Pig, are you willing to sell for one shilling
Your ring?» said the Piggy, «I will.»
So they took it away, and were married next day
By the Turkey who lives on the hill.
They dinèd on mince, and slices of quince,
Which they ate with a runcible spoon;

Er spricht Spanisch, doch nur, wenn es regnet.
Er verabscheut lauwarmes Bier.
Ach, Sie sind ihm noch niemals begegnet?
Darf ich vorstellen? Mr. Lear!

Der Kauz und die Katze

Der Kauz fuhr mit der Katze zur See
In einem moosgrünen Nachen,
Mit Honig beladen, mit Pflaumenrouladen
Und anderen guten Sachen.
Es brachte der Kauz ein Ständchen dar
Der Katze auf seine Gitarren.
«Ich liebe dich rasend, mit Haut und Haar»,
So hört' man ihn jaulen und schnarren.
«Und wenns dich nicht graut»,
Frohlockte er laut,
«Dann wirst du heute noch meine Braut.»

Darauf sprach die Katze zum Kauze:
«Dein hochelegantes Gefieder –
Entschuldige mich, wenn ich mauze! –
Betört mich, wie deine Lieder.
Doch gesetzt, ich werde dein Frauchen,
So ist es ein Fingerring, köstlich und fein,
Was wir jetzt unbedingt brauchen.
Durch reinen Zufall weiß ich ein Schwein
Auf den Äußeren Hebritzen,
Das hat einen sitzen,
Einen Ring an der Nasenspitzen.»

Sie fragten das Schwein im Hebritzenland
Unter allgemeinem Gekicher
«Ist dein Ring zu haben für milde Gaben?»
Das Ferkel sprach: «Aber sicher!»
Der Truthahn hat die beiden getraut
Mit fürchterlichem Geschnatter.

And hand in hand, on the edge of the sand,
They danced by the light of the moon,
The moon,
The moon,
They danced by the light of the moon.

EIGHT LIMERICKS

There was a Young Lady whose nose
Was so long that it reached to her toes;
So she hired an old lady,
Whose conduct was steady,
To carry that wonderful nose.

THERE WAS an Old Man who said, «Hush!
I perceive a young bird in this bush!»
When tey said, «Is it small?»
He replied, «Not at all!
It is four times as big as the bush!»

THERE WAS an Old Man of the Dee,
Who was sadly annoyed by a flea;
When he said, «I will scratch it»,
They gave him a hatchet,
Which grieved that Old Man of the Dee.

THERE WAS an Old Man who said, «Well!
Will *nobody* answer this bell?
I have pulled day and night,
Till my hair has grown white,
But nobody answers this bell!»

THERE WAS an Old person of Crowle
Who lived in the nest of an owl;

Da schnurrte vor Vergnügen die Braut
Und schmuste mit dem Gevatter:
«Küß mich, mein Käuzchen,
Küß mich aufs Schnäuzchen,
Gleich macht der Herr Pfarrer sein Kreuzchen!»

Acht Limericks

Die Nase der Frau von der Henge
War wirklich von stattlicher Länge;
Drum hielt sie seit Pfingsten
Eine Zofe in Diensten,
Die stützte dies Wundergestänge.

Ein älterer Herr sagte: «Husch,
Ich sehe ein Vöglein im Busch!»
Alle fragten: «Ists klein?»
Und er sagte: «Nein,
s'ist viermal so groß wie der Busch!»

Einen älteren Herrn aus Bordeaux
Traktierte recht garstig ein Floh;
Als er bat: «Kommt und knackst ihn!»
Hielt man ihm 'ne Axt hin,
Das wurmte den Herrn aus Bordeaux.

Ein älterer Herr namens Hocke
Rief: «Hört denn kein Mensch meine Glocke?
Ich läut mich in Schweiß
Und mein Haar wird mir weiß,
Doch kein Mensch hört den Ton meiner Glocke!»

Einem traurigen Herrn aus Triest
Gefiel es, aus nächtlichem Nest

When they screamed in the nest,
He screamed out with the rest,
That depressing old person of Crowle.

THERE WAS an Old person of Gretna,
Who rushed down the crater of Etna;
When they said, «Is it hot?»
He replied, «No, it's not!»
That mendacious Old Person of Gretna.

THERE WAS a Young Lady of Clare,
Who was sadly pursued by a bear;
When she found she was tired,
She abruptly expired,
That unfortunate Lady of Clare.

THERE WAS a Young person of Janina,
Whose uncle was always a-fanning her;
When he fanned off her head,
She smiled sweetly, and said,
«You propitious old person of Janina!»

COLD ARE the crabs that crawl on yonder hills,
Colder the cucumbers that grow beneath,
And colder still the brazen chops that wreathe
The tedious gloom of philosophic pills!
For when the tardy film of nectar fills
The ample bowls of demons and of men,
There lurks the feeble mouse, the homely hen,
And there the porcupine with all her quills.
Yet much remains – to weave a solemn strain
That lingering sadly – slowly dies away,
Daily departing with departing day;
A pea-green gamut on a distant plain
When wily walruses in congress meet –
Such such is life –

Mit Käuzchen und Eulen
Zu quieken und heulen.
So ein trostloser Herr aus Triest!

EIN RÜSTIGER ALTER aus Gretna
Fiel jüngst in den Krater des Ätna.
Auf die Frage: «Ist's heiß?»
Rief er: «Nee, kalt wie Eis!»
So ein Lügner, der Alte aus Gretna!

ES JAGTE ein älterer Bär
Ein bildschönes Fräulein aus Clare;
Von Erschöpfung gepackt
Hat es schließlich verzagt,
Das tragische Fräulein aus Clare.

EIN ÄLTERER ONKEL befächelte
Seine Nichte, die hold dazu lächelte:
Doch plötzlich, sieh da!
Er kam ihr zu nah . . .
Und fort war der Kopf, der befächelte!

KALT SIND die Krebse, die am Hügel wühlen,
Kälter die Kohlköpfe auf unteren Auen,
Und kälter noch die Kinne, grimmig kauend
Am dumpfen Duster philosophischer Pillen!
Denn füllt nur erst die träge Nektartunke
Den Riesennapf von Mensch und Dämon an,
Lauert die graue Maus, kauert der Hahn,
Sticht spitz das Stachelschwein auf seinem Grunde.
Doch bleibt noch viel – ein feierlicher Klang,
Der trauernd nachklingt – und dann sacht entschwebt,
Vergangen mit dem Tage, der vergeht;
Ein erbsgrüner Akkord vom fernen Strand,
Wo willig Walrösser zur Paarung schreiten –
Ach Leben Leben –

Lewis Carroll

From The Hunting of the Snark: The Baker's Tale

They roused him with muffins – they roused him with ice –
They roused him with mustard and cress –
They roused him with jam and judicious advice –
They set him conundrums to guess.

When at length he sat up and was able to speak,
His sad story he offered to tell;
And the Bellman cried «Silence! not even a shriek!»
And excitedly tingled his bell.

There was silence supreme! Not a shriek, not a scream,
Scarcely even a howl or a groan,
As the man they called «Ho!» told his story of woe
In an antediluvian tone.

«My father and mother were honest, though poor –»
«Skip all that!» cried the Bellman in haste;
«If it once becomes dark, there's no chance of a Snark –
We have hardly a minute to waste!»

«I skip forty years», said the Baker, in tears,
«And proceed without further remark
To the day when you took me aboard of your ship
To help you in hunting the Snark.

«A dear uncle of mine (after whom I was named)
Remarked, when I bade him farewell –»
«Oh, skip your dear uncle!» the Bellman exclaimed,
As he angrily tingled his bell.

»He remarked to me then,» said that mildest of men,
«‹If your Snark be a Snark, that is right:

Lewis Carroll

Aus Die Jagd nach dem Schlarg:
Des Bäckers Bericht

Sie gaben ihm Semmeln und Himbeergelat,
Sie gaben ihm Kuchen und Braten,
Sie gaben Kompott und juristischen Rat,
Sie gaben ihm Rätsel zu raten.

Als er schließlich (noch mühsam) zu stammeln begann,
Bot er an, sein Geschick zu enthüllen.
Der Büttel rief: «Ruhe!» und fing sogleich an,
Mit der Glocke gewaltig zu schrillen.

Kein tieferes Schweigen vernahm man noch je,
Kein Schluckauf, kein Pieps und kein Stöhnen,
Als der Mann namens «He!» nun erzählte sein Weh
In neandertalerschen Tönen:

«Meine Mutter, mein Vater waren arm, aber ehrlich ...»
«Übersprings!» rief der Büttel gehetzt,
«Wenn es dunkel wird, finden das Schlarg wir wohl schwerlich,
Darum nur keine Abschweifung jetzt!»

«Vierzig Jahr' überspring ich und fahre gleich fort»,
Sprach der Bäcker betrübt, doch ergeben,
«Mit dem Tag, da zur Mannschaft ich kam hier an Bord,
Um die Jagd nach dem Schlarg zu erleben.

Mein herzliebster Onkel, nach dem man mich taufte,
Verriet mir beim Abschied zum Trost ...»
«Überspring auch den Onkel!» Der Büttel, er schnaufte
Und schwang seine Glocke erbost.

«Er erklärte mir dann: –» sprach voll Sanftmut der Mann,
«‹Solltest wirklich ein Schlarg du einst finden,

Fetch it home by all means – you may serve it with greens,
And it's handy for striking a light.

You may seek it with thimbles – and seek it with care;
You may hunt it with forks and hope;
You may threaten its life with a railway-share;
You may charm it with smiles and soap –›»

(«That's exactly the method,» the Bellman bold
In a hasty parenthesis cried,
«That's exactly the way I have always been told
That the capture of Snarks should be tried!»)

«‹But oh, beamish nephew, beware of the day,
If your Snark be a Boojum! For then
You will softly and suddenly vanish away,
And never be met with again!›

It is this, it is this that oppresses my soul,
When I think of my uncle's last words:
And my heart is like nothing so much as a bowl
Brimming over with quivering curds!

It is this, it is this –» «We have had that before!»
The Bellman indignantly said.
And the Baker replied, «Let me say it once more.
It is this, it is this that I dread!

I engage with the Snark – every night after dark –
In a dreamy delirious fight:
I serve it with greens in those shadowy scenes,
And I use it for striking a light;

But if ever I meet with a Boojum, that day,
In a moment (of this I am sure),
I shall softly and suddenly vanish away –
And the notion I cannot endure!»

Brings auf jeden Fall heim! Gib ihm Haferkornschleim!
  Denn es dient dir, um Licht zu entzünden.

Darum jag es mit Gabeln und Hoffnung zumal,
  Auch mit Güte und Fingerhüten,
Bedroh es mit Eisenbahnaktien brutal
  Und lock es mit Lächeln in Tüten!›»

(«Das *ist* die Methode!» so schrie ganz erfreut
  Der Büttel nun hastig dazwischen.
«Stimmt genau! Denn nur so – sagt die Wissenschaft heut –
  Geht man vor, um das Schlarg zu erwischen!»)

«‹Aber Glitz-Neffe, weh! Denn ergibt es sich je,
  Daß dein Schlarg sich als Buhmalm erweist,
Bist du binnen Sekunden und lautlos verschwunden –
  Und nichts bleibt, wer auch immer du seist!›

Es ist dies, es ist dies! Es zerbricht mir den Kopf,
  Dies vom Onkel erwähnte Verhängnis!
Und mein Herz ist nicht mehr als ein brodelnder Topf,
  Welcher überläuft, schäumend vor Bängnis!

Es ist dies, es ist dies . . .!» – «Ach, das hatten wir doch!»
  Unterbrummte der Büttel versteckt,
Doch der Bäcker rief: «Einmal nur laßt es mich noch!
  Es ist dies, es ist dies, was mich schreckt!

Ich begegne dem Schlarg alle Nächte im Kampf
  In traumhaften, finsteren Gründen,
Und ich gebe ihm Schleim, und in fieberndem Krampf
  Benütz ichs, um Licht zu entzünden.

Doch weiß ich nun eben: Käme jemals im Leben
  Ein Buhmalm mir einst zu Gesicht,
Wär ich binnen Sekunden und lautlos verschwunden!
  Dieses Wissen ertrage ich nicht!»

Jabberwocky

'Twas brillig, and the slithy toves
Did gyre and gimble in the wabe:
All mimsy were the borogoves,
And the mome raths outgrabe.

«Beware the Jabberwock, my son!
The jaws that bite, the claws that catch!
Beware the Jubjub bird, and shun
The frumious Bandersnatch!»

He took his vorpal sword in hand:
Long time the manxome foe he sought –
So rested he by the Tumtum tree,
And stood awhile in thought.

And, as in uffish thought he stood,
The Jabberwock, with eyes of flame,
Came whiffling through the tulgey wood,
And burbled as it came!

One, two! One, two! And through and through
The vorpal blade went snicker-snack!
He left it dead, and with its head
He went galumphing back.

«And, hast thou slain the Jabberwock?
Come to my arms, my beamish boy!
O frabjous day! Callooh! Callay!»
He chortled in his joy.

'Twas brillig, and the slithy toves
Did gyre and gimble in the wabe:
All mimsy were the borogoves,
And the mome raths outgrabe.

Der Zipferlake

Verdaustig wars, und glasse Wieben
Rotterten gorkicht im Gemank;
Gar elump war der Pluckerwank,
Und die gabben Schweisel frieben.

«Hab acht vorm Zipferlak, mein Kind!
Sein Maul ist beiß, sein Griff ist bohr!
Vorm Fliegelflagel sieh dich vor,
Dem mampfen Schnatterrind!»

Er zückt' sein scharfgebifftes Schwert,
Den Feind zu futzen ohne Saum,
Und lehnt' sich an den Dudelbaum
Und stand da lang in sich gekehrt,

In sich gekeimt, so stand er hier:
Da kam verschnoff der Zipferlak
Mit Flammenlefze angewackt
Und gurgt' in seiner Gier.

Mit eins! und zwei! und bis aufs Bein!
Die biffe Klinge ritscheropf!
Trennt er vom Hals den toten Kopf,
Und wichernd sprengt er heim.

«Vom Zipferlak hast uns befreit?
Komm an mein Herz, aromer Sohn!
O blumer Tag! O schlusse Fron!»
So kröpfte er vor Freud.

Verdaustig wars, und glasse Wieben
Rotterten gorkicht im Gemank;
Gar elump war der Pluckerwank,
Und die gabben Schweisel frieben.

Nachwort

Daß das Poetische am Gedicht gerade das sei, was beim Übersetzen verlorengeht, daß also Gedichte prinzipiell unübersetzbar sind, ist ein Gemeinplatz, den das rationalistisch geprägte 18. Jahrhundert noch nicht – oder nicht mehr – verstanden hätte. Wenn Pope im *Essay on Criticism* die Quintessenz der Dichtung, ihren *wit*, als das definiert, «was, oft gedacht, noch nie so treffenden Ausdruck fand» (s. o. S. 58), dann muß sich das, was sie ausdrückt, nämlich die Einsichten eines für alle Zeiten und Kulturen geltenden, dem Menschen natürlichen *common sense*, in jeder anderen Kultursprache ebenso klar, pointiert und elegant formulieren lassen. Das mag nicht immer einfach sein, aber, einen «geschickten Übersetzer» (Georg Venzky, 1734) vorausgesetzt, sind die dabei auftretenden technischen Probleme lösbar. Der Dichter und Vergil-Übersetzer Sir John Denham hatte hier ein Jahrhundert vorher noch ein grundsätzliches Problem: «Der Geist der Poesie ist so fein, daß er verfliegt, wenn man sie aus ihrer ersten Sprache in eine zweite umgießt.» Und spätestens mit der Romantik wird sich dieses Problem erneut und verschärft stellen: Wenn Sprache nicht nur das Kleid oder Zeichen des Gedankens ist, sondern dessen ihn selbst wirkmächtig gestaltende Voraussetzung, und wenn jede Sprache als lebendiger Organismus in ganz individueller Weise auf ihre historisch wie kulturell jeweils ganz anders geartete Umwelt reagiert, scheint der poetische Verkehr zwischen den Sprachen erneut erheblich behindert; – es sei denn, man glaubt mit Hamann an eine göttliche Ursprache, die sich in den verschiedenen Sprachen nur unterschiedlich bricht, oder man sieht mit Herder im Auseinanderstreben der Sprachen die Geschichte des Menschengeschlechts ebenso am schöpferischen Werk wie in den Vermittlungsversuchen der Übersetzer, die nie zu deckungsgleichen Äquivalenten führen, wohl aber zu einem Anderen, Dritten, Neuen, das beide Kulturen bereichern kann.

Tendenziell optimistisch in seiner Übersetzungstheorie wie auch in seinem Bild von Gott, Natur, Mensch und Gesellschaft, widmete sich das aufgeklärte 18. Jahrhundert – wir können es für unsere Zwecke getrost in die Ära Drydens hinein zurückdatieren – mit neuem Eifer und Elan dem Übersetzen zwischen den großen europäischen Sprachen und Literaturen. So überrascht es nicht, daß gerade in diesem Zeitraum die deutschen Übersetzer mit der aktuellen literarischen Produktion in England aufschlossen. Fanden Chaucer und Shakespeare erst nach Hunderten von Jahren ihre deutschen Stimmen, so können nun nicht nur die Romane Defoes, Fieldings oder Sternes, sondern auch die Werke eines Milton, Pope, Thomson oder Young wenige Jahre oder Jahrzehnte nach ihrem Ersterscheinen bereits auf Deutsch gelesen werden. Miltons *Paradise Lost* (1667/74) findet schon 1682 seinen ersten Übersetzer; Popes *Essay on Man*, 1734 abgeschlossen, erscheint 1740 in Barthold Hinrich Brockes' Übersetzung und wird, da dessen unbeholfene achtfüßige Verse niemanden befriedigen, bis zum Jahrhundertende noch ein halbes dutzendmal in Prosa, Blankvers, Hexameter oder Alexandriner übersetzt werden. Auch Thomsons *The Seasons* (1726–1730) liegen schon 1740 in Auszügen und 1745 in ihrer Gänze in Brockes' «wohlgemeinter Übersetzung» (Lessing) vor und werden im selben Jahrhundert noch viermal übertragen; und die erste Übersetzung von Youngs *Night Thoughts* (1745), eine Prosa-Version Johann Arnold Eberts, erscheint 1752, muß binnen weniger Jahre mit vier Versübersetzungen konkurrieren und fordert auch Herder noch zum übersetzerischen Wettstreit heraus.

So unbefriedigend uns die meisten dieser frühen Übersetzungen auch erscheinen, gar zu unbekümmert in Stil und prosaischer oder metrischer Form, philologisch allzu ungerüstet und allzu bereit, den Textsinn dem eigenen Denken bequem zu machen, ihre Wirkung auf den Gang der deutschen Literaturgeschichte ist nicht hoch genug zu veranschlagen: Sie vermitteln der deutschen Literatur ganz neue Töne – die Rhetorik eines elegant urbanen und philosophisch geschärften Witzes ebenso wie die Sprachen des Erhabenen und der Empfindsamkeit, ein poetisches Sprechen, das sich auf Natur in gegenständlicher Detailliertheit einläßt, ebenso wie die Sprachgesten introvertierter Melancholie. Gemeinsam mit der Entdeckung und Aneignung der Dramen und Gedichte Shakespeares und Miltons zur gleichen Zeit (Bodmers *Verlust des Paradieses* erscheint 1732, von Borcks *Julius Caesar* 1741, Wielands Shakespeare ab 1762) tragen sie entscheidend zu jener Neuorientierung der gerade entstehenden deutschen Nationalliteratur bei, die Lessing im berühmten siebzehnten der *Briefe, die neueste Literatur betreffend* (1759) so folgenreich auf den Punkt gebracht hat, nämlich «daß wir [Deutschen] mehr in den Geschmack der Engländer als der Franzosen einschlagen», «daß das Große, das Schreckliche, das Melancholische besser auf uns wirkt als das Artige, das Zärtliche, das Verliebte».

Die englische Kultur verdrängte so im Laufe des 18. Jahrhunderts die französische als normgebendes Modell – wobei freilich die ironische Pointe nicht übersehen werden sollte, daß wichtige Impulse dafür gerade aus Frankreich (Voltaire, Abbé Prévost) kamen und daß sich die bewunderte englische Literatur von der Restauration bis weit ins 18. Jahrhundert hinein selbst durch einen intensiven Dialog mit der französischen bereichert hatte. (Bezeichnend in diesem Zusammenhang ist, daß die ersten deutschen Übertragungen von Popes *Rape of the Lock* – der erste, dann aufgegebene Versuch der Gottschedin aus den frühen dreißiger Jahren und eine anonyme Übersetzung von 1739 – auf einer französischen Prosafassung fußten.) Von englischer Dichtung und Dichtungstheorie, von den moralischen Wochenschriften und der bürgerlichen Tragödie, von der empfindsamen Komödie und dem «sentimentalen» Roman, von der Wiederentdeckung des *gothic* und der Volkspoesie sollte die deutsche Literatur bis in den Sturm und Drang, die Klassik und die Romantik hinein wesentliche Anregungen empfangen; auch ihre Schlüsselbegriffe – Natur und Freiheit, Genie und Originalität, Empfindsamkeit und das Erhabene – sind deutlich nach englischen Vorgaben geprägt. Mit der englischen Romantik aber riß dann dieser intensive und aktuell reagierende Dialog zunächst wieder ab: Die «älteren Romantiker» – Blake und Burns, Wordsworth und Coleridge – wurden erst Jahrzehnte nach ihrem Wirken in England ins Deutsche übersetzt, ohne dann noch große Wirkungen zeitigen zu können, und von den «jüngeren Romantikern» fand nur Byron in Deutschland schon unter den Zeitgenossen empfängliche Leser und bedeutende Übersetzer.

Freilich, vieles von dem, was an englischer Dichtung des späten 17. und des 18. Jahrhunderts in Deutschland so lebendig war, ist inzwischen wieder verlorengegangen – und dies nicht nur hierzulande, sondern auch in England selbst. Schon die englischen Romantiker – besonders nachdrücklich und eindringlich Wordsworth im Vorwort zur zweiten Auflage der *Lyrical Ballads* (1800) – verwarfen die Dichtung ihrer Vorgänger als elitär geistreich und uninspiriert, als künstlich versifizierte Prosa; allein Byron, ein großer Bewunderer Popes, schloß sich solch emphatischen Gebärden der Selbststilisierung des romantischen Dichters zum Traditionszertrümmerer und revolutionären Neuschöpfer nicht an. Als Matthew Arnold dann um die Mitte des 19. Jahrhunderts das der Romantik vorausgegangene Zeitalter als «Zeitalter der Prosa» charakterisierte, war das also durchaus kritisch gemeint und schrieb jene Konstruktion der englischen Dichtungsgeschichte fort, die die Romantiker durchgesetzt hatten: eine Geschichte mit zwei Gipfelperioden, der mittelalterlichen und Renaissance-Dichtung einerseits und ihrer eigenen Poesie andererseits; und dazwischen als breite und tiefe Senke eineinhalb Jahrhunderte versifizierter Prosa unter den wahrer Poesie ungastlichen Auspizien von Rationalismus und Klassizismus, von *fancy* und *judgement*, *wit* und *rules*, Klassikernachahmung und berechnendem Kunstkalkül.

Erst im 20. Jahrhundert zeichneten sich hier im Kontext anti-romantischer Affekte der ‹klassischen› Moderne wieder Möglichkeiten einer Neubewertung ab. So stellte etwa T. S. Eliot zunächst alles englische Dichten nach den *metaphysical poets* und seit Dryden und Milton unter das Verdikt einer Verstand und Gefühl spaltenden *dissociation of sensibility*, würdigte dann aber 1930, mit Berufung auf Pounds Diktum, «daß Verse mindestens ebensogut geschrieben sein müßten wie Prosa», gerade das ‹Prosaische› dieser Dichtung, ihre Nähe zur gesprochenen Sprache: «Donne macht Dichtung aus einer gebildeten, aber doch gesprächsnahen Dialogrede, Dryden aus der Prosa der politischen Beredsamkeit, und Pope aus einer höchst geschliffenen Salonmanier. Und von Goldsmith und Johnson läßt sich das gleiche sagen: ihre Verse sind nicht zuletzt darin Dichtung, daß sie die Qualitäten guter Prosa besitzen.» Diese Wendung ist in der deutschen Sicht auf die englische Dichtung zwischen Milton und den Romantikern erst noch nachzuvollziehen. Unsere Anthologie will dazu ihren Beitrag leisten und vieles, was hierzulande an beeindruckend Gelungenem vergessen oder nie wahrgenommen wurde, wieder in Erinnerung rufen und in oft aktueller Neu- oder gar Erstübersetzung möglichst ansprechend präsentieren.

Diese Neuentdeckung beginnt schon mit einem der *poetae majores* der englischen Literatur, mit John Dryden – von Lessing noch geschätzt und von Händel vertont, aber jetzt in Deutschland allein den

Literaturhistorikern noch geläufig. Er ist in der Vielfältigkeit und Vielstimmigkeit seines Werks und in seinem theoretisch reflektierten Kunstverstand die repräsentative Figur der Restaurationszeit; sein Tod 1700 beschließt symbolisch die erste Phase des Klassizismus in England. Der panegyrische ebenso wie der satirische Gestus seines Dichtens markieren eine neue Nähe des Dichters zur politischen Sphäre seiner Zeit, die er mit der Rückkehr der Stuarts auf den englischen Thron anheben sah: «Zugleich mit der Wiederherstellung unseres Glücks sehen wir die Dichtung neubelebt ihr Haupt erheben und schon den Plunder abschütteln, der so schwer auf ihr lastete.» Nun, nach den traumatischen Wirrungen des Bürgerkriegs und des Commonwealth, soll ein Reich der Ordnung, der Vernunft und des Maßes anbrechen, dem die Dichtung ebenso wie die Wissenschaft (1662: Gründung der *Royal Society* zur Förderung der Naturwissenschaften) seine geistige Form zu geben hat.

Auch hier wird also ein Neubeginn proklamiert, der mit dem Vergangenen bricht; mit den Exzessen des puritanischen Enthusiasmus ebenso wie mit der zunehmend als barbarisch empfundenen Regellosigkeit der Kunst der vorausgegangenen Epochen oder ihrer als manieristisch verworfenen Hypertrophie weit hergeholter Bilder und Einfälle. *Refinement* und *reason* heißt die Parole dieses Neubeginns. Sie setzt sich in der Dichtung Drydens und seiner Zeitgenossen in eine elegante Ökonomie und Politur des Stils um: in Bilder, die zwar den pathetischen Aufschwung nicht scheuen, aber doch nie den Boden rationaler Nachvollziehbarkeit unter sich verlieren; in einen Sprachduktus, der sich den Regeln des *decorum* verpflichtet weiß; in einen *wit*, der Vernunft nicht unterminiert, sondern sie vielmehr auf die brillante Spitze treibt; in eine Verskultur, die in den metrischen Ordnungen der vierhebigen *short* oder der fünfhebigen *heroic couplets*, der elegant-einfachen Liedstrophen oder der prunkvoll-komplexen Odenstanzen, die durchdachte Geordnetheit der Argumentation mit ihren Parallelen und Antithesen abbildet. Selbst eine traditionell so ungeschlachte Gattung wie die Satire wird damit zum Medium einer durch ästhetisches Raffinement sublimierten Aggression, und die erotische Dichtung der Poeten am Stuarthof – der «Meute schreibgewandter Gentlemen», wie Pope sie recht abschätzig nannte – gerät so bei aller sexuellen Anzüglichkeit zur eleganten, skeptisch unterkühlten und unforciert geistreichen Kunstübung.

Diese Dichtung ist politisch nicht nur in dem vordergründigen Sinn, daß sie sich häufig öffentlichen Themen zuwendet und auf die politischen Spannungen zwischen Krone und Parlament, Staatskirche und puritanischem oder katholischem Dissent, adligen Landbesitzern und bürgerlichen Unternehmern reagiert; sie ist in ihrer inneren Form und Haltung schon ein *fait social* (Adorno). Ihre Normen – Maß und Rationalität, *rules* und gelegentliche *licence*, Rang und Ordnung, *correctness* und *ease*, *refinement* und *wit*, Natur und Kultur – sind immer gleichzeitig ästhetische und politische. Wenn sie sich selbst bis weit ins 18. Jahrhundert hinein als *Augustan*, als «augustäisch» rühmte, war damit eben nicht nur gemeint, daß sie an den lateinischen Dichtern unter Augustus, an Vergil, Horaz und Ovid, ihr Maß nahm, sie immer wieder übersetzte, adaptierte oder ihr burleskes Spiel mit ihnen trieb. Es bedeutete auch und vor allem, daß sie sich in eine gesellschaftliche und kulturelle Ordnung eingebettet sah, die wie die der römischen Blütezeit in ihrer Nähe von Geist und Macht den Künsten neue Entfaltungsmöglichkeiten bot.

In der zweiten Phase dieses *Augustan Age*, die den formalen Schliff und die intellektuelle Brillanz der Restaurationsdichtung weiter perfektionierte und etwa von Drydens Tod (1700) bis zum Tod Popes (1744) und Swifts (1745) reichte, nahm freilich die kulturpolitische Gleichung von zeitgenössischem London und augustäischem Rom häufig einen tief ironischen Unterton an: Zu offensichtlich unvergleichbar waren die hannoveranischen Könige Georg I. und Georg II. in ihrem Banausentum mit dem römischen Patron der Künste; zudem gerieten mit der Herrschaft der Whig-Oligarchie unter Walpole seit den zwanziger Jahren die führenden, den Tories nahestehenden Dichter um Swift, Pope und Gay ins politische Abseits. Der dominierende Zeitbezug wird damit der der Satire, und diese rückt von Swift bis hin zu Johnson vom horazischen Modell urban geistreichen Spottes immer mehr ab und wendet sich der wütend aggressiven und düsteren Satire Juvenalscher Prägung zu. «Der Frieden der Augustäer», den der Literaturhistoriker George Saintsbury noch 1916 nostalgisch feierte, indem er unter diesem Titel die Literatur des 18. Jahrhunderts als «Ort der Ruhe und Erquickung» seinen von Krieg und Krisen geschüttelten Zeitgenossen empfahl, erweist sich damit als ein zu vordergründiges Etikett. Unter der glänzenden formalen Politur der Satiren und Elegien, Lehrgedichte und pastoralen

Topographien schwärt, was die rationalen Ordnungen gefährdet und brüchig werden läßt: die Überwältigungen durch ein Erhabenes, das alles Maß sprengt; die Pathologien satirischer Entrüstung und alles anschwärzender Melancholie; die Verstörungen eines optimistischen Menschenbilds der *good nature* und *benevolence* durch die grassierende Korruption in der politischen Sphäre und das immer offensichtlicher werdende soziale Elend in den Städten wie auf dem Land; die Ängste, die die gesellschaftlichen, politischen und wissenschaftlichen Modernisierungsschübe bei einer zunehmend empfindsameren literarischen Intelligenz auslösten.

Diese Spannungen und Widersprüche zwischen idealem Entwurf und psychischer und sozialer Realität machen gerade die Größe und den fortdauernden Reiz der Dichtung von der Restauration bis zur Schwelle der Romantik aus. Sie steigern sich noch in der letzten Phase dieser längsten in sich zusammenhängenden, fast eineinhalb Jahrhunderte umspannenden Epoche der englischen Literaturgeschichte – in jener Phase, die wir uns in nicht unproblematischer Teleologie ‹vor-romantisch› zu nennen angewöhnt haben. Fragwürdig ist diese Teleologie nicht nur deshalb schon, weil Johnson, Gray und Collins, Young, Cowper und Crabbe, Chatterton und Macpherson ja gar nicht wissen konnten, daß sie die Romantik vorbereiteten. Problematischer noch ist sie, weil das, worin sie uns als vorromantisch erscheinen mögen, lange schon als Gegenströmung innerhalb des herrschenden klassizistischen Paradigmas angelegt war: Empfindsamkeit und Melancholie als ergänzendes Pendant zu optimistischer Rationalität und Reflexion; das Erhabene und das Geniale, verkörpert in Shakespeare und Milton, als Korrektiv einer nur glatten, harmonischen Schönheit; das Heimische, Volkstümliche, Mittelalterliche als Provokation klassisch römischer oder griechischer Zeitenthobenheit.

Zwischen dem schöpferischen und tiefsinnigen Melancholiebewußtsein von Miltons «Penseroso» (Bd 1, S. 420ff.) und dem idyllischen Selbstgenuß des Vergänglichkeitsgefühls in Grays berühmter Kirchhof-Elegie (s. o., S. 140ff.) liegt ein Jahrhundert aufklärerischen Vernunftdenkens, das seinerseits den Rückzug in die Innenwelt bürgerlicher Empfindsamkeit auslöst. Eine urbane Zivilisation beginnt, sich nach ‹Ursprünglichkeit› in Kunst, Landschaft und erinnerter Vergangenheit zu sehnen. Das abschätzige Adjektiv für romanzenhafte Wirklichkeitsferne und Phantastik, *romantic*, bezeichnet jetzt in zunehmend positiver Wertung die wilde, dem zivilisatorischen Zugriff entzogene Natur und die erhabenen Schauer, die sie in der Seele des Betrachters erzeugt. Das Wort wandert mit der neuen Landschaftsdichtung und der *Gothic Novel* nach Deutschland, wird dort im Umkreis der Gebrüder Schlegel zum Kernbegriff einer neuen Kunst- und Weltanschauung aufgewertet, und um die Jahrhundertmitte wieder nach England exportiert. Die großen englischen Romantiker haben sich nie als solche bezeichnet.

Die für Europa wegweisende britische Suche nach dem Ursprünglichen im Bereich der Poesie führte zur Wiederentdeckung der alten Volksballaden, von denen eine große Zahl erstmals in den *Reliques of Ancient English Poetry* des Bischofs Thomas Percy 1765 gedruckt wurden. Sie regten die Volksliedübertragungen und -sammlungen in Deutschland und generell die Kunstballadendichtung der Zeit an. Daß das als ursprünglich Empfundene nicht unbedingt authentisch sein mußte, zeigt sich an den brillanten Fälschungen der Epoche, Macphersons ‹gälischen› Ossian-Phantasien und Chattertons ‹spätmittelalterlichen› Rowley-Gedichten. Das Schicksal Chattertons, der mit nur siebzehn Jahren Selbstmord beging und zum Typus des von der Gesellschaft verstoßenen Dichters wurde, erinnert daran, daß die Stimme des Poeten längst nicht mehr aus dem Zentrum der gesellschaftlichen Debatte kommt, sondern immer öfter aus dem Abseits, und daß diese Entfremdung einen hohen Preis fordern kann. Hinter Chatterton taucht die lange Reihe der vom Wahnsinn bedrohten und heimgesuchten Dichter auf: Collins, Cowper, Smart, Clare ... Der eigenwillige Blake galt den wenigen Zeitgenossen, die ihn zur Kenntnis nahmen, meist als harmloser Verrückter; Wordsworth bemerkt immerhin: «Am Wahnsinn dieses Mannes ist etwas, das mich mehr anzieht als die geistige Gesundheit eines Lord Byron.» ‹Exzentrisch› ist letztlich auch die Rolle des Poeten als dichtender Bauernbursche und primitives Kraftgenie, die Burns der Edinburgher Gesellschaft virtuos vorspielte und an der Clare zerbrechen sollte. Der Dialog mit der Gegenwart wird für solche Autoren in anderer Weise krisenhaft, als es die Proteste waren, die die großen, meist konservativen Zeitkritiker von Dryden bis Dr. Johnson gegen den ‹fortschrittlichen› Lauf der Welt eingelegt hatten. Während das sich selbstbewußt modernisierende England zum Modell des Liberalismus aufsteigt, sich zum *Groß*britannien mausert, indem es sein Weltreich aufbaut, die merkantile Führung in Europa übernimmt und zum Vorreiter der industriellen Revolution wird, fällt den Dichtern die Aufgabe zu, die dabei entstandenen Defizite an Menschlichkeit einzuklagen und imaginativ auszugleichen.

Die eigentliche englische Romantik erstreckt sich, wenn man den Handbüchern glauben will, von Wordsworths und Coleridges bahnbrechender Gedichtsammlung *Lyrical Ballads* (1798; in der 2. Auflage 1800 um ein poetologisches Vorwort bereichert) bis zum Tod von Coleridge und Scott und den ersten Dichtungen Tennysons Anfang der 30er Jahre; oder vom Jahr der Französischen Revolution, das zugleich das Erscheinungsjahr von Blakes *Songs of Innocence* ist, bis zur Thronbesteigung der Queen Victoria 1837. Was die Dichtung der älteren Romantik, also Wordsworths, Coleridges und des Außenseiters Blake, mit der jüngeren Generation von Keats, Shelley und Byron jenseits aller noch so markanten Unterschiede verbindet, ist die Entschiedenheit ihres Willens, dem Dichter als «Wortführer des Menschen» (Wordsworth) und «unerkanntem Gesetzgeber der Menschheit» (Shelley) aufgrund seiner imaginativen Schau eine zentrale Rolle im gesellschaftlichen Diskurs zurückzugewinnen. Wordsworth und Coleridge haben die Implikationen dieser Wende klar formuliert: Demokratisierung der Dichtersprache im Vergleich zur künstlich-gelehrten Diktion des Klassizismus, in der Thematik Nobilitierung des einfachen Lebens, durch subjektives Empfinden verbürgte Expressivität statt Nachahmung von Modellautoren, organische statt mechanistische Sicht der Dinge, Spiritualisierung einer von Fragmentierung und Sinnverlust bedrohten Welt, die die Imagination als einheitsstiftende Kraft bewirkt; Coleridge sieht sie in einem Wortspiel mit dem deutschen Begriff als ‹Ein-Bildungskraft›, als Organ weltumspannender Synthesen, und für Blake ist sie die Gegenwart Gottes im Menschen. Zentrale Texte wie Coleridges poetologisch lesbarer «Kubla Khan» (S. 252ff.) oder Wordsworths «Simplon Pass» (S. 250) beschwören in transzendenter Schau Momente der Einswerdung aus der Traum- und Erlebniswelt der Dichter. Solche Momente feiern das neuerfahrene Lebens- und Schaffensprinzip der Freude (*joy*) als Basis romantischer Weltsicht und Poetik. Sein Quell liegt in der ganzheitlichen, naturnahen Erfahrung der Kindheit, wie sie Wordsworth im *Prelude* exemplarisch beschreibt, wenn er sein Aufwachsen im Lake District zum Ursprung des eigenen Dichtertums verklärt. Die Erneuerung dieser ursprünglichen ‹Vision› bedeutet wiedergewonnene Seinsgewißheit und strömende Inspiration, ihr Scheitern den Absturz in Weltschmerz und Unfruchtbarkeit. Im Zeichen der Imagination werden existentielles und poetisches Gelingen synonym. Das Versagen der dichterischen ‹Ein-Bildung› kann den Umschlag in die negative, nihilistische Vision herbeiführen, wie sie sich in Byrons «Darkness» (S. 330ff.) als transzendenzlose Apokalypse entfaltet.

Mochte die einflußreiche Poetik Wordsworths die hohe Diktion verwerfen und das Langgedicht gegenüber dem spontanen, inspirationsgetragenen *short lyric* abwerten, der gleichsam sakrale Charakter der romantischen Vision und das Streben nach Ganzheit und Fülle der dargestellten Welt ließen keinen Verzicht auf hohe Tonlage und ausladende Form zu. Dies gilt auch für die Angehörigen der jüngeren Romantikergeneration, die ein tragisch früher Tod vor der im Alter zunehmenden konservativen Verhärtung und der versiegenden Inspiration ihrer Vorgänger bewahrte. Byrons histrionischer Weltschmerz ebenso wie Shelleys idealistische Vision einer von ihren Ketten befreiten Welt sind in ihrer großen Gestik auf Pathos und weites Ausholen angewiesen, obgleich beide Autoren sich sehr wohl auf die liedhafte Tonart verstehen. Außerdem sind sie, die ihr erotischer und politischer Freiheitsdrang als *expatriates* im schweizerischen und italienischen Exil zusammenführte, harsche Zeitkritiker und damit Experten eines Genres, das bei den *Lake Poets* gar nicht zugelassen war: der Verssatire. In Byrons *Don Juan* (S. 336ff.) verschmilzt die satirische Verve der *Augustans* mit romantischer Subjektivität, verbinden sich Epos und Konversationston zu einer einzigartigen, unabschließbaren und unabgeschlossenen Großform. John Keats, der klanglich Subtilste und daher am schwersten Übersetzbare unter den englischen Romantikern, hat gegen Ende seines kurzen Lebens in seinen Oden zu einer Sprachkunst gefunden, die das Leben im Zeichen des Todes aus allen bedrückenden gesellschaftlichen Bezügen löst und zu einer Vision zeitloser Schönheit läutert. Er galt den Nachfolgern wie Tennyson und Swinburne, den Präraffaeliten und Ästheten als Modell einer *poésie pure*, dem sie nachzueifern suchten – mit nicht uneingeschränkt heilsamen Folgen für die viktorianische Lyrik.

Die Gleichzeitigkeit der englischen Romantik mit einer großen Ära deutscher Dichtung (die von jenseits des Kanals ohne die feine Binnenunterscheidung klassisch vs. romantisch wahrgenommen wurde) bewirkte, daß sich die englische Literatur erstmals in ihrer Geschichte deutschen Einflüssen öffnete. Freilich fehlte ein panoramisch vermittelndes Werk, das Madame de Staëls *De l'Allemagne* von 1813 vergleichbar wäre, und die Bemühungen des verdienstvollen Henry Crabb Robinson, zwischen Weimar und dem Lake District geistige Brücken zu schlagen, blieben weitgehend erfolglos. Am stärksten von deutscher Dichtung und Ästhetik berührt war zweifellos Coleridge. Er begeisterte sich für Schillers *Räuber* (S. 260), übertrug zwei Teile der *Wallenstein*-Trilogie und unternahm mit Wordsworth und dessen Schwester 1798/99 eine zehnmonatige Deutschlandreise. Statt Jena und Weimar wählte er Göttingen, das seine poetische Blütezeit hinter sich hatte, als Hauptstandort. Die Stadt bot ihm immerhin die Begegnung mit dem greisen Klopstock, Harzwanderungen und philosophische Vorlesungen, während die Wordsworths, isoliert von Land und Leuten, sich in Heimweh verzehrten. Später, im Frühjahr 1806, begegnete Coleridge in Rom Ludwig Tieck, der sein wichtigster deutscher Gewährsmann wurde, und Wilhelm von Humboldt, dessen Bewunderung für Wordsworth er mit seiner Rezitation der «Immortality Ode» weckte. Schließlich kam es 1828 bei einer Rheinfahrt in Gesellschaft der Wordsworths gleichsam post festum in Godesberg zu einer Begegnung mit A. W. Schlegel, die freilich unter keinem guten Stern stand. Schlegel richtete bei dieser Gelegenheit an Coleridge die freundliche Aufforderung «Mein lieber Herr, darf ich Sie bitten, Englisch zu sprechen? Englisch verstehe ich, aber bei Ihrem Deutsch komme ich nicht mit» – und entwand dem brillanten Alleinunterhalter für diesmal die Gesprächsführung.

Die Anekdote ist charakteristisch für die Verständigungsprobleme, die zwischen den beiden in vieler Hinsicht verwandten und auf Ergänzung angelegten romantischen Literaturen herrschten. Es gab noch andere hoffnungsvolle Ansätze wie die zahlreichen Übertragungen von Bürgers «Lenore», Scotts Version des *Götz von Berlichingen*, Byrons Umdeutung des *Faust* zu seinem *Manfred* und Shelleys Übersetzung mehrerer Szenen desselben Dramas, De Quinceys Bearbeitung Jean-Paulscher Visionen und Carlyles Fassung des *Wil-*

helm Meister. Doch insgesamt bietet sich dem elegischen Rückblick das Bild eines sehr partiellen Dialogs mit vielen verpaßten Chancen. Auf der deutschen Seite absorbierte der spektakuläre und relativ leicht übersetzbare Byron zu ausschließlich das Interesse an der englischen Dichtung der Zeit. Blake, von den eigenen Landsleuten vernachlässigt, wurde schon 1811 dem deutschen Publikum in einem Aufsatz Crabb Robinsons für das *Vaterländische Museum* vorgestellt – ohne spürbare Folgen; Burns war nur als rustikaler Heimatdichter gefragt. Die übrigen englischen Romantiker mußten auf die konventionalisierenden Übertragungen warten, die seit der Jahrhundertmitte zu erscheinen begannen.

Manche Dichter, die für ihre Zeitgenossen und das ganze 19. Jahrhundert zu den größten zählten, wie Sir Walter Scott mit seinen Versromanzen oder der irische Liederdichter Thomas Moore («Letzte Rose...»), der Freund Byrons und Vernichter der Byronschen Memoiren, erscheinen heute in ihrer Statur unwiderruflich geschrumpft. Einstmals populäre Dichterinnen wie Anna Barbauld, Felicia Hemans oder Letitia Landon, von der feministischen Kritik wieder ins Licht der Aufmerksamkeit gerückt, kleiden gelegentlich fortschrittliches Gedankengut in eher traditionellen Ausdruck; Entdeckungen vom Rang eines Christopher Smart, Thomas Lovell Beddoes oder John Clare sind unter den bisher angeblich vernachlässigten englischen Romantikerinnen nicht zu finden. Dagegen hat das stark angestiegene kritische Interesse Emily Brontë, Elizabeth Barrett Browning und Christina Rossetti, die in ihrer Reflexion der viktorianischen *condition féminine* eigene expressive Wege beschreiten, in ungeahnter Intensität sichtbar und präsent gemacht.

Wenn die Bandgrenze dieser Anthologie das im Leben so einträchtige Dichter-Ehepaar Browning scheidet, so will sich die mittviktorianische Trennung dieser und anderer poetischer Zeitgenossen lediglich als Hinweis auf die vielzitierte Gleichzeitigkeit des Ungleichzeitigen verstanden wissen. Die großen Dichtungen der epochalen Sinnkrise wie «In Memoriam» (S. 382ff.) oder «Dover Beach» (S. 416ff.), der elegische Klangzauber Tennysons und der Präraffaeliten, Elizabeth Barrett Brownings Liebessonette und Christina Rossettis trauernde Visionen – sie alle gehören, auf ihre jeweils unterschiedliche Weise, dem viktorianischen *mainstream* an und stehen damit auf der Höhe ihrer Zeit. Dichter wie Browning dagegen, der seine Zeitgenossen erst befremdete und dann gewann, und der mit seinem Gebrauch poetischer Masken später die Modernisten Yeats, Pound und Eliot inspirieren sollte, oder G. M. Hopkins, dessen Stunde erst 1918 kam, weisen in ihrer Rolle als Wegbereiter des Kommenden stärker über die eigene Ära hinaus.

Janusköpfig zurück- und vorausblickend stehen am Ende des Bandes die beiden ‹Erfinder› des viktorianischen Nonsens, Edward Lear und Lewis Carroll. Sie entziehen sich den utilitären und imperialen Zwängen der Epoche samt ihren sozialen und religiösen Spannungen durch den Rückzug (der zugleich ein Vorrücken ist) in die Gefilde der entfesselten Phantasie und des reinen Wort-Spiels. Die befreite Imagination der Romantik verbindet sich hier, wenn man so will, mit dem Schlachtruf der Ästheten *L'Art pour l'art* und der wunderbar kräftigen, seit Chaucer unübersehbaren Tiefenströmung britischen Humors zu einer eigenen und einmaligen Kunstschöpfung. Dem viktorianischen Tiefenblick in die Abgründe der modernen Sinnkrise hält hier eine ebenso abgründige, phantastische Heiterkeit ihr Bild der Absurdität des Daseins entgegen. Virtuose Parodie stimmt ihren Abgesang auf Romantik und Nachromantik an. Das ist, je nach Betrachtungsweise, umwerfend komisch, und gar nicht mehr komisch.

Werner von Koppenfels
Manfred Pfister

Anhang

Einführende Bemerkungen

Die Anordnung der Autoren dieser Anthologie folgt in der Regel schwerpunktartig der Chronologie ihrer wesentlichen Veröffentlichungen, doch gelegentlich auch dem Prinzip thematischer Gruppierung. Die Quellen, Textgrundlagen und Kürzungen werden im Kommentar nachgewiesen. Die für diesen Band wichtige Literatur ist im nachfolgenden Verzeichnis aufgeführt; Kurztitel im Kommentar beziehen sich auf dieses Verzeichnis, auf die Literaturhinweise zu den einzelnen Dichtern oder – bei Sammlungen zum Gesamtbereich englischer Dichtung – auf die Bibliographie zu Bd. 1 dieser Anthologie. Großbuchstaben in Gedichtüberschriften bezeichnen Zyklentitel u. ä.; Zwischentitel innerhalb längerer Werke werden (nur im Textteil) durch Kursivdruck angezeigt.

Der Kommentar enthält zu jedem Autor einen biographischen Abriß mit Angaben zu Werk und Wirkung; dazu selektive Hinweise auf zentrale Erstveröffentlichungen, Standardeditionen, kritische Einzelausgaben, Übersetzungen und wichtige Sekundärliteratur.

Die Erläuterungen zu den Gedichten umfassen einen genauen Quellennachweis für Texte und (bereits gedruckte) Übertragungen sowie vor allem Wort- und Sacherklärungen. Die Zahl vor dem Gedichttitel oder -auftakt bezieht sich jeweils auf die Seite, vor den einzelnen Anmerkungen auf den Vers des betreffenden Textes oder Textausschnitts.

Bibliographie

Ia. Anthologien in englischer Sprache

M. Abrams/S. Greenblatt, *The Norton Anthology of English Literature*, Bd 2, New York [7]1999.

L'Anson Fausset, *Minor Poets of the 18th Century*, London 1930.

I. Armstrong/J. Bristow, *19th Century Women Poets*, Oxford 1996.

W. H. Auden, *19th Century Minor Poets*, New York 1967.

R. C. Bald, *17th Century English Poetry*, New York 1959.

J. E. Barlough, *Minor British Poetry, 1680–1800*, Methuen/N.J. 1975.

H. Bloom/L. Trilling, *Romantic Poetry and Prose*, New York 1973.

J. Breen, *Women Romantic Poets 1785–1832*, London 1992.

R. L. Brett, *Poems of Faith and Doubt: The Victorian Age*, London 1965.

J. Bristow, *The Victorian Poet: Poetics and Persona*, London 1987.

U. Broich, *Mock-Heroic Poetry*, Tübingen 1971.

V. Cunningham, *The Victorians: An Anthology of Poetry & Poetics*, Oxford 2000.

J. P. Cutts, *17th Century Songs and Lyrics*, Columbia 1959.

D. Davie, *Augustan Lyric*, London 1974.

D. Davie, *The Late Augustans. Longer Poems of the Later 18th Century*, London 1958.

D. Davison, *The Penguin Book of 18th Century Verse*, Harmondsworth 1973.

T. Dawson/S. Dupree, *17th Century English Poetry*, New York 1994.

D. Fairer/Ch. Gerrard, *Eighteenth Century Poetry*, Oxford 1998.

P. R. Feldman, *British Women Poets of the Romantic Era*, Baltimore 1997.

A. Fowler, *The New Oxford Book of 17th Century Verse*, Oxford 1991.

G. Greer et al., *Kissing the Rod. An Anthology of 17th Century Women's Verse*, London 1988.

H. J. C. Grierson / G. Bullough, *The Oxford Book of 17th Century Verse*, Oxford 1934.

G. Grigson, *The Oxford Book of Satirical Verse*, Oxford 1983.

J. Hayward, *The Oxford Book of 19th Century Verse*, Oxford 1964.

N. Jain/J. Richardson, *18th Century English Poetry*, New York 1994.

R. Lonsdale, *The New Oxford Book of 18th Century Verse*, Oxford 1984.

R. Lonsdale, *18th Century Women's Poets*, Oxford 1989.

G. de F. Lord, *Anthology of Poems on Affairs of State. Augustan Satirical Verse, 1660–1714*, New Haven 1975.

H. Love, *The Penguin Book of Restoration Verse*, Harmondsworth 1968.

G. MacBeth, *The Penguin Book of Victorian Verse*, Harmondsworth 1969.

J. J. McGann, *The New Oxford Book of Romantic Period Verse*, Oxford 1994.

W. H. Marshall, *The Major English Romantic Poets*, New York 1963.

H. S. Milford, *The Oxford Book of English Verse of the Romantic Period*, Oxford 1935.

R. Noyes, *English Romantic Poetry and Prose*, Oxford 1956.
W. Peacock, *English Verse III: Dryden to Wordsworth*, London 1930.
W. Peacock, *English Verse IV: Sir W. Scott to E. B. Browning*, London 1930.
C. Peake, *Poetry of the Landscape and the Night*, London 1967.
A. Pollard, *Silver Poets of the 19th Century*, London 1976.
R. E. Pritchard, *Poetry by English Women, Elizabethan to Victorian*, Manchester 1990.
R. Raven, *Victoria's Inferno. Songs of the Old Mills, Mines, Manufactories, Canals, and Railways*, London 1978.
B. Richards, *English Poetry of the Victorian Period 1830–1890*, London 1988.
Ch. Ricks, *The New Oxford Book of Victorian Verse*, Oxford 1987.
D. N. Smith, *The Oxford Book of 18th Century Verse*, Oxford 1926.
P. M. Spacks, *18th Century Poetry*, Englewood Cliffs 1964.
W. A. Speck, *Literature and Society in 18th Century England*, London 1998.
S. Spender, *A Choice of English Romantic Poetry*, London 1947.
G. Stratmann, *Augustan Poetry*, Tübingen 1970.
J. Sutherland, *Early 18th Century Poetry*, London 1965.
J. Warburg, *The Industrial Muse. The Industrial Revolution in English Poetry*, London 1958.
J. R. Watson, *Englisch Poetry of the Romantic Period*, London 1992.
J. R. Watson, *Everyman's Book of Victorian Verse*, London 1982.
D. Wu, *Romanticism. An Anthology*, Oxford 1994, [2]1998.
D. Wu, *Romantic Women Poets. An Anthology*, Oxford 1997.

Ib. Anthologien übersetzter Texte (z. T. in zweisprachigen Ausgaben)

K. Arns, *Britanniens neue Dichtung*, Münster 1923.
E. v. Beaulieu-Marconnay, *Aus beiden Hemisphären*, Leipzig 1881.
A. v. Bernus, *Das irdische Paradies. Englische Lyriker des 18. und 19. Jahrhunderts*, Weimar 1930.
A. v. Bernus, *Der Garten der Liebe. Englische Lyrik des 19. Jahrhunderts*, Heidelberg 1946, [2]1947.
A. v. Bernus, *Englische Lyriker* [4 Bde.: Wordsworth/Coleridge – Keats – Shelley – D. G. & Ch. Rossetti], Heidelberg 1958–1960.
H. Bethge, *Die Lyrik des Auslandes in neuerer Zeit*, Leipzig 1904.
R. Borchardt, *Englische Gedichte*, Wien 1930.
R. Borchardt, *Die fremde Muse*, Stuttgart 1974.
R. Borgmeier, *Gedichte der englischen Romantik*, Stuttgart 1980. [Prosaübs.; Reclam]
C. Commer, *Englische Dichtungen*, Paderborn 1886.
W. Cornelius, *Britenlieder*, Stuttgart 1840.

C. G. Doering, *Englische Dichtungen in's Deutsche metrisch übertragen*, Danzig 1872.

F. Freiligrath, *Werke, 5. Teil: Übersetzungen aus dem Englischen*, ed. J. Schwering, Berlin o. J.

G. Freiligrath, *Englische Dichter. Übersetzungen nach Percy B. Shelley, Thomas Moore, John Keats, Algernon Charles Swinburne und anderen*, Halle 1898.

M. Geilinger, *Englische Dichtung*, Frauenfeld 1945.

S. George, «Zeitgenössische Dichter. Übertragungen. Erster Teil: England», *Werke*, Bd. 4, München 1983.

A. Geraths / K. Herget, *Viktorianische Lyrik*, Stuttgart 1985. [Prosaübs.; Reclam]

V. Hampe, *Blüten und Perlen englischer Dichtung*, Holzminden 1887.

W. Hanstein, *Gedichte aus dem Englischen ins Versmaß der Originale übertragen*, Magdeburg 1850.

H. Höhne, *Ein Ding von Schönheit ist ein Glück auf immer. Gedichte der englischen und schottischen Romantik*, Leipzig 1983.

G. Hönnighausen, *Die Präraffaeliten*, Stuttgart 1992. [Reclam]

L. Th. Kosegarten, *Denkwürdigkeiten aus dem Leben und den Schriften der neuesten britischen Dichter*, 2 Bde, Berlin 1800.

H. Leuthold, *Gesammelte Werke*, Bd. 2: *Übertragungen*, Frauenfeld 1914.

J. Nöroth, *Blüten der neueren englischen und amerikanischen Poesie*, Trier 1873.

G. Pertz, *Verwandte Klänge. Eine Auswahl englischer und amerikanischer Gedichte*, Leipzig 1860.

H. Piontek, *Werke*, Bd. 1: *Gedichte / Gedichte aus fremden Sprachen*, München 1982.

L. v. Ploennies, *Englische Lyriker des 19. Jahrhunderts*, München 1863.

W. Prinzhorn, *Von beiden Ufern des Atlantik*, Halle 1894.

R. Schenk, *Auswahl englischer Gedichte*, Karlsruhe 1873.

J. Scherr, *Bildersaal der Weltliteratur*, 2 Bde, Stuttgart ²1869.

S. Schmid, *Byron, Shelley, Keats. Ein biographisches Lesebuch*, München 1999.

W. Schmiele, *Englische Dichtung deutsch: Blake bis Yeats*, Darmstadt 1949.

S. Schmitz, *Lyrik der englischen Romantik*, München 1967.

L. L. Schücking, *Englische Gedichte aus sieben Jahrhunderten*, Bremen 1956.

A. Strodtmann, *Lieder- und Balladenbuch amerikanischer und englischer Dichter der Gegenwart*, Hamburg 1862.

H. Viehoff, *Blütenstrauß englischer Poesie*, Trier 1864.

K. Vollheim, *Perlen der neueren englischen und amerikanischen Lyrik*, Leipzig 1864.

II. Literatur

M. H. Abrams, *The Mirror and the Lamp. Romantic Theory and the Critical Tradition*, New York 1953.

M. H. Abrams, ed., *English Romantic Poets. Modern Essays in Criticism*, New York 1960.

M. H. Abrams, *Natural Supernaturalism. Tradition and Revolution in Romantic Literature*, London 1971.
I. Armstrong, *Language as Living Form in 19th Century Poetry*, Brighton 1982.
I. Armstrong, ed., *Victorian Scrutinies. Reviews of Poetry 1830–1870*, London 1972.
I. Armstrong, *Victorian Poetry. Poetry, Poetics and Politics*, London 1993.
J. Arthos, *The Language of Natural Description in 18th Century Poetry*, Ann Arbor 1949.
W. J. Bate, *From Classic to Romantic*, London 1946.
J. W. Beach, *The Concept of Nature in 19th Century English Poetry*, New York 1936, ²1966.
H. Bloom, *The Visionary Company. A Reading of English Romantic Poetry*, Ithaca/N. Y. 1961, ²1971.
R. P. Bond, *English Burlesque Poetry, 1700–1750*, Cambridge/Mass. 1932.
M. Bowra, *The Romantic Imagination*, Cambridge/Mass. 1950.
M. Bradbury / D. Palmer, ed., *Victorian Poetry*, London 1972.
U. Broich, *Studien zum komischen Epos 1680–1800*, Tübingen 1968.
D. Bush, *Mythology and the Romantic Tradition in English Poetry*, Cambridge/Mass. 1937.
M. Butler, *Romantics, Rebels and Reactionaries. English Literature and its Background 1760–1830*, Oxford 1982.
D. Colville, *Victorian Poetry and the Romantic Religion*, Albany/N. Y. 1970.
M. Cranston, *The Romantic Movement*, Oxford 1994.
S. Curran, *Poetic Form and British Romanticism*, New York 1986.
S. Curran, ed., *The Cambridge Companion to British Romanticism*, Cambridge 1993.
M. A. Doody, *The Daring Muse. Augustan Poetry Reconsidered*, Cambridge 1985.
Ch. Enzensberger, *Viktorianische Lyrik. Tennyson und Swinburne in der Geschichte der Entfremdung*, München 1969.
I. B. Evans, *English Poetry in the Later 19th Century*, London 1933, ²1966.
K. Everest, *English Romantic Poetry. An Introduction to the Historical Context and the Literary Scene*, Milton Keynes 1990.
F. E. Faverty, ed., *The Victorian Poets*, Cambridge/Mass. 1968.
H. Fischer, *Die romantische Verserzählung in England*, Tübingen 1968.
P. Fletcher, *Gardens and Grim Ravines. The Language of Landscape in Victorian Poetry*, Princeton 1983.
R. A. Foakes, *The Romantic Assertion*, London 1958.
N. Frye, *A Study of English Romanticism*, New York 1968.
L. R. Furst, *Romanticism in Perspective*, London 1969.
A. Geraths, *Epigonale Romantik. Untersuchungen zu Keats, Rossetti, Mrs. Browning und Rupert Brooke*, Frankfurt 1975.
A. D. Harvey, *English Poetry in a Changing Society, 1780–1825*, London 1980.

L. Hönnighausen, *Präraphaeliten und Fin de Siècle. Symbolistische Tendenzen in der englischen Spätromantik*, München 1971.
G. Hough, *The Romantic Poets*, London 1953.
P. Hühn, *Geschichte der englischen Lyrik*, 2 Bde, Tübingen 1995.
J. D. Hunt, *The Pre-Raphaelite Imagination 1848–1900*, London 1968.
I. Jack, *Augustan Satire*, London 1952.
J. R. de R. Jackson, *Poetry of the Romantic Period*, London 1980.
E. D. H. Johnson, *The Alien Vision of Victorian Poetry*, Princeton 1952.
G. W. Knight, *The Starlit Dome. Studies in the Poetry of Vision*, London 1941.
R. Langbaum, *The Poetry of Experience. The Dramatic Monologue in Modern Literary Tradition*, London 1957.
F. R. Leavis, *Revaluation. Tradition and Development in English Poetry*, London 1936.
A. Leighton, *Victorian Women Poets*, Charlottesville 1992.
F. L. Lucas, *Ten Victorian Poets*, London 1948.
J. J. McGann, *The Romantic Ideology*, Chicago 1983.
P. de Man, *The Rhetoric of Romanticism*, New York 1984.
E. C. Mason, *Deutsche und englische Romantik*, Göttingen 1966.
A. K. Mellor, *Romanticism and Gender*, New York 1993.
S. H. Monk, *The Sublime. A Study of Critical Theories in 18th Century England*, New York 1935.
P. M. Murphy, *Poetry as an Occupation and an Art in Britain 1760–1830*, Cambridge 1993.
S. Parfitt, *English Poetry of the 17th Century*, London 1985.
D. Perkins, *The Quest for Permanence. The Symbolism of Wordsworth, Shelley and Keats*, Cambridge/Mass. 1959.
D. Petzold, *Formen und Funktionen der englischen Nonsense-Dichtung im 19. Jahrhundert*, Nürnberg 1972.
M. Price, *English Literature in Germany*, Berkeley 1953.
S. Prickett, ed., *The Romantics*, London 1981.
B. Richards, *English Poetry of the Victorian Period, 1830–1890*, London 1988.
T. A. Riese/D. Riesner, ed., *Versdichtung der englischen Romantik*, Berlin 1981.
P. Rogers, *The Augustan Vision*, London 1974.
E. Rothstein, *Restoration and 18th Century Poetry, 1660–1780*, London 1981.
P. M. Sachs, *The English Elegy. Studies in the Genre from Spenser to Yeats*, Baltimore 1985.
B. Schilling, ed., *Essential Articles for the Study of English Augustan Backgrounds*, Hamden/Conn. 1961.
J. Schlaeger, *Imitatio und Realisation. Funktionen poetischer Sprache von Pope bis Wordsworth*, München 1974.
E. Sewell, *The Field of Nonsense*, London 1952.
W. D. Shaw, *The Lucid Veil. Poetic Truth in the Victorian Age*, London 1987.
G. N. Shuster, *The English Ode from Milton to Keats*, New York 1940.

P. H. Spacks, *The Poetry of Vision. Five 18th Century Poets*, Cambridge/Mass. 1967.
P. W. K. Stone, *The Art of Poetry, 1750–1820*, London 1967.
J. Sutherland, *A Preface to 18th Century Poetry*, Oxford 1948.
J. Sutherland, *English Satire*, Cambridge 1958.
G. B. Tennyson, *Victorian Devotional Poetry*, Cambridge/Mass. 1981.
J. Todd, *Sensibility. An Introduction*, London 1986.
R. Trickett, *The Honest Muse. A Study of Augustan Verse*, Oxford 1967.
A. H. Warren, *English Poetic Theory, 1825–1865*, Princeton 1950.
J. R. Watson, *English Poetry of the Romantic Period, 1789–1830*, London 1985.
H. Weinbrot, *18th Century Satire*, Cambridge 1988.
Th. E. Welby, *The Victorian Romantics, 1830–70*, Hamden/Conn. 1929.
R. Wellek, *Concepts of Criticism*, New Haven 1963.
R. Wellek, «German and English Romanticism», in *Confrontations*, Princeton 1965.
A. Williams, *Prophetic Strain. The Greater Lyric in the 18th Century*, Chicago 1984.
C. Woodring, *Politics in English Romantic Poetry*, Cambridge/Mass. 1970.
D. Wu, ed., *Romanticism. A Critical Reader*, Oxford 1995.

Kommentar

John Dryden

Aldwinkle 1631 – London 1700

Der epochenprägende Dichter der Restoration entstammte einer guten, nicht sonderlich vermögenden Familie der *gentry* von Northamptonshire. Die Stationen seiner Erziehung, Westminster School und Trinity College, Cambridge, verraten Sinn für Bildungsqualität; seine poetischen Anfänge beweisen geistige Wendigkeit. Den «Heroic Stanzas» auf den Tod Cromwells (1659) folgte mit «Astraea Redux» (1660) der Preis des frisch inthronisierten Königs Charles II fast auf dem Fuß. Von Anfang an verstand Dryden sich als öffentlicher Dichter, der aus einer skeptisch konservativen Grundhaltung heraus zu den Lebensfragen der Epoche Stellung nahm; auch seine Gelegenheitsgedichte sind häufig Grundsatzerklärungen. Wie sehr er den historischen Brückenschlag zwischen Bürgertum und Hof als Verheißung einer glanzvollen nationalen Zukunft begriff, zeigt seine Vision eines aus Kriegsprüfungen und der Heimsuchung des Londoner Feuers machtvoll auferstandenen England in dem panegyrischen Gedicht auf das Jahr der Wunder 1666, «Annus Mirabilis». Die Ernennung zum offiziellen Hofdichter und zum *historiographer royal* ließ nicht lange auf sich warten. Dryden hat in allen Gattungen seiner literarisch so vitalen Zeit Wegweisendes geleistet. Mit seinen witzigen Gesellschaftskomödien und hochfliegenden *heroic plays* bediente er die nach dem puritanischen Bann neueröffneten Theater; in den gegensätzlichen Genres spiegeln sich Frivolität und aristokratischer Stilisierungswille der Epoche. In die achtziger Jahre fallen die großen Satiren, die den Dichter als Meister des geschliffen symmetrischen und antithetischen *heroic couplet* zeigen, jenes paarweise gereimten Zehnsilbers, der zum Standardvers der Epoche wurde: Ein Streit mit dem Dramatiker Th. Shadwell, bei dem es um Politik und literarische Standards ging, führte zu dem komischen Heldengedicht *Mac Flecknoe*, das den Gegner zum König des Stumpfsinns krönte; die Staatskrise um den sog. «Popish Plot» zeitigte *Absalom und Achitophel*, eine glanzvoll witzige Apologie der königlichen Politik im Rahmen einer biblisch verschlüsselten Intrigenhandlung, reich an unvergeßlichen satirischen Charakterskizzen. Es sind Texte, an denen der größte Verssatiriker des 18. Jahrhunderts, A. Pope, die eigene Meisterschaft schulen konnte. – Die hohe Bewußtheit seines Künstlertums führt Dryden den Zeitgenossen in vielen Vorworten und Widmungsepisteln vor Augen, die das Regelwerk der antiken und französischen Klassik in essayistisch beweglichem Geist für England umschreiben: damit wird er zum Begründer einer systematischen englischen Literaturkritik. Ein charakteristischer Teil seines vielfältigen Gesamtwerks sind auch seine zahlreichen Versübersetzungen, die klassische Dichter wie Juvenal, Persius und vor allem Vergil dem poetischen Stil der Zeit virtuos anpassen. – Seine Konversion zum Katholizismus und die Treue gegen den – seinen Landsleuten zunehmend mißliebigen – letzten Stuart James II kosteten Dryden nach der Glorious Revolution Hofgunst und Pfründen: ausgerechnet Shadwell wurde sein Nachfolger als Poeta Laureatus! Sein Ethos der Prinzipientreue und eine anhaltende Produktivität halfen ihm, das letzte Jahrzehnt seines Lebens aufrecht zu bestehen. Mit seinem Tod ging (nicht nur numerisch) ein Zeitalter zu Ende. – Eine deutsche Rezeption Drydens, sieht man von seinen durch Händel vertonten Musikoden ab, hat bislang nicht stattgefunden. Der große Dichter und Übersetzer blieb unübersetzt.

Ausgaben: Annus Mirabilis, 1667. – *Absalom and Achitophel*, 1681. – *Mac Flecknoe*, 1682. – *Fables Ancient and Modern*, 1700. – *The Works*, 4 Bde, 1701. – Alle London. – *Works*, ed. E. N. Hooker / H. T. Swedenberg, Jr., 20 Bde, Berkeley 1956–1989. – *Poems*, ed. J. Kinsley, 4 Bde, Oxford 1958. – *Of Dramatick Poesy and Other Critical Essays*, ed. G. Watson, 2 Bde, London 1962. – *The Poems of J. Dryden*, ed. P. Hammond (Bd. 3/4 mit D. Hopkins), 4 Bde, London 1995–2000.

Literatur: L. I. Bredvold, *The Intellectual Milieu of J. Dryden*, Ann Arbor 1934, [2]1956. – H. T. Swedenberg, Jr., ed., *Essential Articles for the Study of J. Dryden*, London 1966. – E. Miner, *Dryden's Poetry*, Bloomington 1967. – P. Harth, *Contexts of Dryden's Thought*, Chicago 1968. – E. Späth, *Dryden als poeta laureatus*, Nürnberg 1969. – J. A. Zamonski, *An Annotated Bibliography of J. Dryden*, New York 1975. – D. Wykes, *A Preface to Dryden*, London 1977. – S. N. Zwicker, *Politics and Language in Dryden's Poetry*, Princeton 1984. – D. Hopkins, *J. Dryden*, Cambridge 1986. – J. A. Winn, *J. Dryden and His World*, London 1987. – Ph. Harth, *Pen for a Party*, Princeton 1993. – D. B. Kramer, *The Imperial Dryden*, Athens/Ga. 1994.

2 ANNUS MIRABILIS (V. 1169–216, von 1216: Text: Hooker/Swedenberg, I, S. 103–105; Ü: v. Koppenfels) 1666 war durch die Nachwirkungen der großen Pestepidemie, den an Rückschlägen reichen Seekrieg mit Holland und vor allem das «Great Fire», das die City einäscherte, ein Jahr der Heimsuchungen. Im Hinblick auf die «Zahl des Tieres» 666 aus der Offenbarung des Johannes (13:18) wurden diese Schicksalsschläge vielfach als Strafe Gottes für das Lotterleben des Königs und seines Hofes gedeutet. Drydens Gedicht interpretiert sie als Fingerzeig der Vorsehung, um potentielle Rebellen zu warnen, und durch die mannhaft bestandene Prüfung König und Volk noch fester aneinander zu binden. – 1 *chymic flame*: alchemistisches Feuer, das

unedle Metalle in Gold verwandelt; nach dem Brand wurden sogleich Pläne für einen glanzvollen Wiederaufbau entworfen. – 3 *the town*: Mexico, Hauptstadt des westindischen ‹Eldorado›. – 17 *maiden queen*: Erinnerung an das glückliche Zeitalter Elisabeths I. – 25 *Tagus*: der Tajo galt in der Antike als ‹goldener Fluß›. – 27 *Seine*: Anspielung auf die Expansionsgelüste Ludwigs XIV. – 47 *trade-wind*: der für die Schiffahrt günstige Passat heißt im Englischen ‹Handelswind›.

6 Mac Flecknoe (V. 1–34, von 217; Text: Hooker/Swedenberg, II, S. 54f.; Ü: v. Koppenfels) Im Jahr 1678 starb der denkbar uninspirierte irische Dichter Richard Flecknoe; dies brachte Dryden auf die Idee, seinen Dramatikerkollegen Thomas Shadwell, mit dem ihn um diese Zeit eine wechselseitige politische und ästhetische Abneigung verband, mit Hilfe einer ironischen Dichterkrönung als Nachfolger Flecknoes an den poetischen Pranger zu stellen. Das Ergebnis war das erste «mock-heroic poem» der englischen Dichtung, ein Genre, das die hoffnungslose Trivialität seines satirischen Objekts durch die burleske Unangemessenheit des verwendeten hohen (= epischen) Stils enthüllt. Das Gedicht kursierte in Abschriften und erschien erstmals 1682 in einem Raubdruck. – 3 *like Augustus*: der seine Laufbahn zwanzigjährig mit dem Konsulat begann; Flecknoe veröffentlichte sein erstes Gedicht im gleichen Alter. – 12 *immortal war*: wie der, den Miltons Satan gegen Gott zu führen schwört. – 22 *lucid interval*: Periode zeitweiser Zurechnungsfähigkeit zwischen Zuständen des Wahnsinns. – 25 *goodly fabric*: Shadwell war recht beleibt. – 29 *Heywood and Shirley*: produktive Dramatiker der alten Schule, die gründlich aus der Mode gekommen waren. – *types*: Vorläufer. – 30 *tautology*: sinnleere Wiederholung. – 32 *prepare thy way*: Flecknoe versteht sich, wie Johannes der Täufer, als Wegbereiter eines Größeren. – 33 *coarsely clad*: erneuter Hinweis auf Johannes, und zugleich auf das grobe ‹Stilgewand› Flecknoes.

8 Absalom and Achitophel (V. 150–79; 192–207, von 1031; Text: Hooker / Swedenberg, II, S. 10f.; Ü: v. Koppenfels) Drydens größtes politisches Gedicht ist der glänzend gelungene Versuch, seinem König in der Verfassungskrise von 1678–81, die das Land an den Rand des Bürgerkriegs führte, mit einer kühnen Mischung des heroischen und satirischen Stils und unter dem Anschein der Unparteilichkeit poetische Schützenhilfe zu leisten. Er tut dies, indem er den Plan der Whig-Fraktion, den Duke of Monmouth, einen Bastardsohn von Charles II, als protestantischen Thronfolger durchzusetzen, auf das alttestamentliche Muster von Absaloms Aufruhr gegen seinen Vater David (2. Samuel 15–18) projiziert. Unter den satirischen Portraits der Dichtung ist das des Whig-Anführers Shaftesbury in der Rolle des arglistigen Prinzenverderbers Achitophel (2. Samuel 16: 20–23) das berühmteste. – 1 *Of these*: aus der Schar ehemaliger Rebellen, die der König begnadigt und eng an den Thron gebunden hatte (Shaftesbury war Mitglied im Staatsrat Cromwells gewesen). – 8 *pygmy-body*: Hinweis auf die kleine Statur und delikate Gesundheit des Whig-Politikers. – 23 *shapeless lump*: Die Kränklichkeit des –

politisch unbedeutenden – Sohnes suggeriert wie die des Vaters Gefahr für die Gesundheit des Staatskörpers. – 26 *triple bond*: die Allianz von England, Schweden und Holland gegen Frankreich aus dem Jahr 1668; Shaftesbury unterzeichnete 1670 (im Auftrag seines Königs!) einen Bündnisvertrag mit Ludwig XIV., dem Charles zuvor umfängliche Geheimkonzessionen gemacht hatte, und bald darauf war erneut Holland der Kriegsgegner. – 36 *immortal song*: Der begnadete Sänger David hätte ein Preislied auf Achitophel und damit einen Psalm weniger geschrieben. – 46 *behind the laws*: Die Whigs vereitelten durch die Wahl von Sympathisanten zu Geschworenen den Versuch der Krone, die Gerichte gegen die Opposition einzusetzen; der wegen Hochverrats inhaftierte Shaftesbury wurde wenig später von einer derartigen Jury freigesprochen.

10 A SONG FOR ST. CECILIA'S DAY, 1687 (Text: Hooker / Swedenberg, III, S. 201 ff.; Ü: H.-D. Gelfert) Der 22. November, Tag der Hl. Cäcilie, Schutzherrin der Musik, wurde seit etwa 1683 von der Londoner «Musical Society» mit einem Konzert gefeiert, das eine aus diesem Anlaß geschriebene Ode zur Aufführung brachte; Drydens Ode wurde ursprünglich von C. B. Draghi, später (1739) von Händel vertont. – 1 *From harmony*: das Schöpfungswort als Ur-Harmonie. – 17 *Jubal*: nach 1. Mose 4:21 Ahnherr der «Geiger und Pfeifer»; Dryden sieht die erste Laute als eine saitenbespannte Schildkrötenschale. – 48 *Orpheus*: Der mythische Sänger und Dichter schlug selbst wilde Tiere, Bäume und Felsen in den Bann seiner Musik. – 53 *An angel heard*: Nach der Legende war es Cäcilias Frömmigkeit, die den Engel zu ihr führte. – 56 *the spheres*: Himmelsharmonie bewegt die Sphären des Kosmos. – 61 *The trumpet*: die Posaune des Jüngsten Gerichts.

14 LINES ON MILTON (Text: Hooker / Swedenberg, III, S. 208; Ü: M. Pfister) Ursprünglich als anonymes Epigramm unter Miltons Portrait in der «Paradise Lost»-Ausgabe 1688. – 1 *Three poets*: Homer, Vergil, Milton.

14 ALL, ALL OF A PIECE (Ausgabe: The Secular Masque, 1700, V. 86–91; Text: Kinsley, IV, S. 1765; Ü: v. Koppenfels) Diese Masque versteht sich als mythologisch-musikalischen Abgesang auf das 17. Jahrhundert; dabei verkörpert Diana die Zeit des jagdlustigen James II, Mars den Bürgerkrieg und Venus den erotischen Überschwang der Restoration; die angeführten Verse spricht der Kritiker-Gott Momus als desillusioniertes Schlußwort. – 2 *a beast*: mit apokalyptischem Unterton, wohl im Hinblick auf die puritanische Revolte gegen die Stuart-Monarchie.

KATHERINE PHILIPS

London 1632 – London 1664

Katherine Fowler Philips, die sich selbst «Orinda» nannte und von ihren Zeitgenossen als «Matchless Orinda», die «Unvergleichliche», gefeiert wurde, kam aus einem puritanischen Milieu, entwickelte sich aber im Laufe ihres kurzen Lebens zur Royalistin. Sie lebte abwechselnd zurückgezogen im Waliser Haus ihres Gatten, der nach der Restauration durch seine politischen Ämter unter Cromwell belastet war, und in der geselligen Welt der Londoner literarischen Salons. Ihre Lyrik widmete sie sowohl dem privaten Glück pastoraler Einkehr und inniger Freundschaft als auch politischen Themen; außerdem vermittelte sie als stilsichere Übersetzerin erstmals Corneilles Tragödien einem englischen Publikum, das während des Commonwealth von der französischen Kultur abgeschnitten war. Ihre Lyrik verbindet die Eleganz der «Cavalier»-Dichter mit dem scharfsinnigen Witz der «Metaphysicals» und fand damit bei Vaughan und Marvell ebenso Gefallen wie bei Dryden und Waller. Neuerdings bringen vor allem die – ausdrücklich platonischen – Liebesgedichte an Damen ihres Freundschaftskreises der «Englischen Sappho» eine erhöhte Aufmerksamkeit ein.

Ausgaben: Poems. By the Incomparable, Mrs. K.P., London 1664. – *Minor Poets of the Caroline Period*, ed. G. Saintsbury, Oxford 1905, Bd 1, S. 486–612.

Literatur: P. Webster Souers, *The Matchless Orinda*, Cambridge/Mass. 1931. – P. Thomas, *Katherine Philips (Orinda),* Cardiff 1988. – Ina Schabert, *Englische Literaturgeschichte aus der Sicht der Geschlechterforschung*, Stuttgart 1997, S. 199–204.

16 ON THE FAIR WEATHER (Text: Saintsbury, S. 509; Ü: M. Pfister) Das Gedicht feiert die Restauration und Inthronisierung des Stuart-Königs Charles II im Mai 1660.

SIR JOHN DENHAM

Dublin 1615 – London 1669

Denham engagierte sich im Bürgerkrieg auf royalistischer Seite. Er hinterließ ein schmales poetisches Œuvre, das neben einer orientalischen Tragödie (*The Sophy*, 1642) Übersetzungen und Gelegenheitsgedichte umfaßt. Zum Modell-autor der Restoration und zum Begründer einer neuen, bis in die Vorromantik beliebten Gattung wurde er mit seinem meditativen topographischen Gedicht «Cooper's Hill» (1642, [3]1668), einer patriotisch inspirierten Landschaftsdichtung, deren Naturgefühl und metrische Transparenz stilbildend wirkten. Sein unruhiges Leben in politischen Missionen, als Spieler und Frauenheld, dessen letzte Jahre von periodischen Wahnzuständen gezeichnet waren, kontrastiert mit dem ruhigen, würdevollen Fluß seiner *heroic couplets*.

Ausgaben: Poems and Translations, London 1667. – *The Poetical Works*, ed. Th. H. Banks, New Haven 1928, [2]1969. – *Expans'd Hieroglyphicks: A Critical Edition of... Cooper's Hill*, ed. B. O. Hehir, Berkeley 1969.

Literatur: B. O. Hehir, *Harmony From Discord: A Life of Sir John Denham*, Berkeley 1968.

18 COOPER'S HILL (V. 159–68; 175–92, von 346; Ausgabe: 1668; Text: Banks, S. 73–77; Ü: v. Koppenfels) Cooper's Hill, unweit von Windsor Castle (und Denhams eigenem Haus in Egham), gewährt eine schöne Aussicht über das Themsetal, die das Gedicht beschreibt und deutet. – 8 *amber... gold*: Flüsse der Ostseeregion enthielten Bernstein; der Tajo galt seit der Antike als ‹goldener› Fluß. – 19 *flying towers*: Schiffe mit hohen Masten. – 25–28: *could I flow*: Diese Verse, von Dryden und Prior hochgepriesen, betrachtete die Epoche als Ausdruck ihres poetischen Stilideals.

EDMUND WALLER

Coleshill 1606 – London 1687

Waller, gemäßigter Royalist, der seinen Frieden mit den Puritanern schloß und nach der Restoration erneut königliche Gunst genoß, zeitlebens geschickt seinen Wohlstand mehrte, in frühen wie späten Tagen Parlamentsmitglied war und wie Dryden Cromwell und Charles II seine Aufwartung machte, war auch in der Dichtung auf Ausgleich bedacht. Sein Stil und seine Metrik der durchsichtigen Eleganz galten den Zeitgenossen als beispielhafte Befreiung der englischen Dichtung von barockem Schwulst. Von den durchkomponierten Werkausgaben, die zwischen 1645 und 1685 erschienen, zeigen die späteren eine Zunahme an poetischer Qualität. Seine Beliebtheit hielt bis weit ins 18. Jahrhundert an, ohne dann jedoch den romantischen Geschmackswandel zu überleben; einzelne seiner Gedichte sind als Anthologiestücke lebendig geblieben.

Ausgaben: Poems, 1645. – *Poems, Part II,* 1690. – *The Poems,* ed. G. Thorn Drury, 2 Bde, 1895. – Alle London.

Literatur: A. W. Allison, *Toward an Augustan Poetic: E. Waller's ‹Reform› of English Poetry,* Lexington 1962. – W. L. Chernaik, *The Poetry of Limitation: A Study of E. Waller,* New Haven 1968.

20 GO, LOVELY ROSE! (Text: Thorn Drury, I, S. 128; Ü: v. Koppenfels). Zum hier variierten «carpe diem»-Motiv vgl. Spenser nach Tasso, I, S. 114/116, und Herrick, I, S. 384.

20 ON A GIRDLE (Text: Thorn Drury, I, S. 95; Ü: v. Koppenfels) – 6 *deer*: konventionelles Wortspiel mit «dear»; seit Petrarca wird die Geliebte als ‹scheues Wild› metaphorisiert.

22 THE SEAS ARE QUIET («The Last Verses in the Book», V. 7–18, von 18; Text: Thorn Drury, II, S. 144; Ü: v. Koppenfels; Schlußverse nach Feist, «Ewiges England», S. 239).

CHARLES SEDLEY

Aylesford, Kent 1639 (?) – Hampstead 1701

Sir Charles Sedley (oder Sidley) galt schon den Zeitgenossen neben dem Earl of Rochester, seinem Freund und Bewunderer, als der freizügigste der Dichter am Hof der Stuarts. Ebenso skandalumwittert als Wüstling (*rake*) wie berühmt für seine witzig-ausgelassene Konversation und seine geistreich-eleganten Verse, wuchs er jedoch in seiner zweiten Lebenshälfte in die neue Rolle eines Parlamentariers hinein, der den Wandel der Zeit nach der «Glorious Revolution» hellsichtig registrierte. Er ist auch der Autor zweier Tragödien und dreier Komödien, genießt jedoch vor allem für seine frivole und zynisch anti-romantische Liebeslyrik einen kleinen, aber verdienten Nachruhm. Mit seinem Tod ging eine Epoche dichtender Hofmänner zu Ende, die mit Wyatt und Surrey am Hofe von Henry VIII begonnen hatte.

Ausgaben: The Miscellaneous Works, 1702. – *The Poetical Works,* 1707. – *The Poetical and Dramatic Works,* ed. V. de Sola Pinto, 2 Bde, 1928. – Alle London.

Literatur: V. de Sola Pinto, *Sir Charles Sedley,* London 1927. – D. Farley-Hills, *The Benevolence of Laughter,* London 1974.

24 SONG (Text: de Sola Pinto, I, S. 6; Ü: M. Pfister). – 10 *We'll game...*: eine Kartenspielmetapher.

EARL OF ROCHESTER

Ditchley 1647 – Woodstock 1680

John Wilmot, Earl of Rochester, war der brillanteste der Höflinge Charles' II: Sohn eines königstreuen Cavalier und einer puritanisch frommen Mutter, klassisch gebildet und weitgereist, Kriegs- und Frauenheld, Rauf- und Trunkenbold, ob seiner scharfen Zunge gefürchtet und ob seiner scharfsinnigen Verse bewundert, hatte er im Laufe seines kurzen und intensiven Lebens mehrere Hofämter inne. Er stand im Mittelpunkt eines Kreises ebenso geistreicher wie ausschweifender Hofmänner und Literaten wie Charles Sedley, Thomas Sackville oder George Villiers, Duke of Buckingham. Sein materialistisches und skeptisches Welt- und Menschenbild hatte in Lukrez und Epikur sein klassisches und in Hobbes sein modernes Vorbild und machte ihn zum sinnenbewußten Libertin und zum zynischen Kritiker heuchlerischer Moral. Dieser Haltung entsprechend pflegte er als Dichter vor allem zwei Gattungen: die erotische Lyrik, die er zu neuen Gipfeln frivoler Freizügigkeit und obszöner Anzüglichkeit führte, und die Satire, für die er vor allem am bewunderten und von ihm übersetzten Horaz sein Maß nahm. Nach seiner Hochzeit mit der reichen und gescheiten Elizabeth Malet (1667) teilte er sein Leben zwischen dem Land und London, zwischen der Familie und den Maitressen, darunter die vielgerühmte Schauspielerin Elizabeth Barry, die er selbst auf die Bühne gebracht hatte. Erst in seinen letzten Lebensmonaten und schon vom Tod gezeichnet schwor er unter dem Einfluß des Predigers und Bischofs Gilbert Burnet seinem skeptischen Atheismus ab und bekehrte sich zur Kirche – das erbauliche Ende einer Wüstlingsvita, die lange Zeit von den intellektuellen und dichterischen Leistungen dieses «Mannes von Genie und großen Poeten» (Voltaire) ablenkte.

Ausgaben: Poems on Several Occasions, 1680. – *Poems*, 1691. – *Remains*, 1718. – *Poems*, ed. V. de Sola Pinto, 1953, ²1964. – Alle London. – *The Complete Poems*, ed. D. M. Vieth, New Haven 1968. – *The Poems*, ed. K. Walker, Oxford 1984. – *Complete Poems and Plays*, ed. P. Lyons, London 1993. – *The Complete Works*, ed. F. H. Ellis, London 1994.

Literatur: V. de Sola Pinto, *Rochester*, London 1935, 2. Aufl. unter dem Titel *Enthusiast in Wit*, Lincoln/Neb. 1962. – *Rochester: The Critical Heritage*, ed. D.

Farley-Hills, New York 1972. – D. H. Griffin, *Satires against Man*, Berkeley 1973. – Graham Greene, *Lord Rochester's Monkey*, New York 1974. – D. Farley-Hills, *Rochester's Poetry*, Totowa/N. J. 1978. – M. Thormählen, *Rochester: The Poems in Context*, Cambridge 1993. – Alan Roper, *Rochester and Court Poetry*, Los Angeles 1988. – *John Wilmot, Earl of Rochester: Critical Essays*, ed. D. M. Vieth, New York 1988. – *Reading Rochester*, ed. E. Burns, New York 1995.

26 To a Lady in a Letter (Text: Vieth 1968, S. 84f.; Ü: M. Pfister).

A Satyr against Reason and Mankind

Diese Satire, die Elemente aus Boileaus 8. Satire und Argumente Montaignes und Hobbes' aufnimmt, ist neben dem Gedicht «Upon Nothing» Rochesters kühnstes philosophisches Gedicht. Von einem Satyr, halb Mensch, halb Tier, gesprochen, wie die Schreibung des Titels es ja nahelegt, gewinnt die Frage, ob tierische menschlicher Existenz, und Instinkt der Vernunft vorzuziehen sei, eine besondere Schärfe. Der Argumentationsablauf ist dialogisch und dialektisch und läßt die Norm einer «wahren Vernunft» nur kurz aufleuchten (V. 94–111); er gipfelt in der desillusionierten Einsicht, daß sich der vollkommenste Mensch vom Durchschnittsmenschen mehr unterscheide als dieser vom Tier. Goethe in Dichtung und Wahrheit (III, 13) zeigt sich fasziniert von «jenem schrecklichen Texte» und zitiert V. 25–28.

28 Were I (V. 1–30, von 173; Text: Vieth, S. 94f.; Ü: M. Pfister) – 9 *sixth*: Der «sechste Sinn» ist hier nicht irgendeine intuitive Fähigkeit, sondern der Verstand selbst. – 29 *engine*: Der Mensch als Maschine ist ein Gemeinplatz der Medizin und Anthropologie der Frühen Neuzeit.

30 But Thoughts (V. 94–111; Text: Vieth, S. 97f.; Ü: M. Pfister) – 6 *right reason*: auch bei Hobbes ein zentrales, an die Natur gebundenes Konzept.

30 You see (V. 123–73; Text: Vieth, S. 98–100; Ü: M. Pfister) Nach Hobbes ist «ständige Furcht» das schlimmste Wesensmerkmal des Naturzustands; im Gegensatz zu Hobbes leitet Rochester daraus nicht Machtstreben, sondern Furcht als Urtrieb des Menschen im Krieg aller gegen alle ab.

34 Impromptu on Charles II (Text: Vieth, S. 134; Ü: M. Pfister).

Samuel Butler

Strensham 1612 – London 1680

Samuel Butler der Ältere (im Unterschied zu seinem ebenfalls satirisch aktiven viktorianischen Namensvetter) stammte aus einer bäuerlichen Familie in

Worcestershire. Als Sekretär mehrerer puritanischer Friedensrichter während des Bürgerkriegs und der Cromwell-Herrschaft hatte er ausgiebig Gelegenheit, Material für seine puritanerfeindliche Satire *Hudibras* (in drei Teilen: 1663, 1664, 1678; unvollendet) zu sammeln, deren sarkastischer Witz beim Hof und bei weiten Teilen der Bürgerschaft offene Ohren fand. In seiner Abrechnung mit pseudoreligiösem Fanatismus, Dunkelmännertum und Machtstreben atmet das Werk den Geist der Aufklärung; es blieb bis zur Romantik in ganz Europa berühmt. Unter Butlers Nachlaß, der erst 1759 – teilweise – veröffentlicht wurde, ragen zwei gleichfalls satirische Kompositionen hervor: die *Characters*, eine pointierte Typologie der zeitgenössischen Gesellschaft, und ein Angriff auf die experimentellen Absurditäten der neugegründeten Royal Society, *The Elephant in the Moon*. Butlers tiefverwurzelte Skepsis machte keineswegs vor den Sitten der Restoration halt. Nach einer kurzen Phase der Hofgunst scheint er in Armut gelebt zu haben. Über vierzig Jahre nach seinem Tod wurde ihm in Westminster Abbey ein Gedenkstein errichtet, auf dem zu lesen steht: «The Poet's fate is here in emblem shown: / He asked for bread, and he received a stone.»

Ausgaben: Hudibras, 1663–1678. – *Genuine Remains,* 1759. – *Hudibras,* ed. Z. Grey, 2 Bde, 1744 [reich annotiert]. – Alle London – *Complete Works,* ed. A. R. Waller / L. Lamar, 3 Bde, Cambridge 1905–1928. – *Hudibras,* ed. J. Wilders, Oxford, 1967. – *Characters,* ed. C. W. Daves, Cleveland 1970.

Übersetzungen: J. J. Bodmer, *Hudibras, ein satirisches Gedicht wider die Schwärmer,* Zürich 1765. – Dass., übers. J. H. Waser, Hamburg 1765. – D. W. Soltau, Riga 1787; [2]Königsberg 1797. – J. Eiselen, Freiburg 1845. – A. Schlösser, *Von Schwätzern, Schwärmern und Halunken: Charakterbilder und Aphorismen,* Leipzig 1984.

Literatur: E. A. Richards, *Hudibras and the Burlesque Tradition,* New York 1937, [2]1972. – I. Jack, *Augustan Satire,* Oxford 1950. – H. Castrop, *Die varronische Satire in England 1660–1690,* Heidelberg 1983.

HUDIBRAS

36 WHEN CIVIL DUDGEON (Part I, Canto 1, V. 1–36; 187–216; Text: Wilders, S. 1f.; 7f.; Ü: Soltau 1797, S. 3f.; S. 10f.) Butlers Burleske bildet den Gegenpol zu Drydens mock-heroischer Satire: mit den Mitteln der Epentravestie wie derben Vergleichen, vulgärer Diktion, klappriger Metrik und Knittelreimen stellt sie Bürgerkrieg und Puritanerregime als absurde Posse dar. In dem buckligen pseudogelehrten ‹Friedensrichter›, Wortverdreher, Fanatiker und Heuchler Hudibras zeichnet Butler den selbsternannten Streiter Gottes als ebenso törichten wie zynischen Ritter von der traurigen Gestalt. – Die Aktualisierbarkeit des Gedichts für spätere Epochen bezeugt Soltaus Bezug auf die Sansculotten in seiner Version von 1797: «seine [Butlers] Satire

paßt oft nicht minder auf die hosenlose Philosophie, die in unseren Tagen alles neu modeln will, als auf die theologischen Kappen, welche Butlers Zeitgenossen jedermann aufsetzen wollten.» – 1 *dudgeon*: Diesen kräftigen Ausdruck (‹Koller›) hat Butler später durch «fury» ersetzt. – 9 *gospel-trumpeter*: Aufruhr-schürende fanatische Prediger. – 10 *long-eared*: auf den kurzen Haarschnitt der ‹Rundköpfe› bezogen, die ihre Ohren zeigten/eselsohrig. – 21 *domestic ... errant*: Als Friedensrichter und fahrender Ritter kann Hudibras sowohl Rechtsmittel einsetzen als auch selbst dreinschlagen. – 30 *stout*: ‹stolz›, kampfesmutig. – 39 *Presbyterian ... blue*: Die schottischen Presbyterianer wählten, im Gegensatz zum royalistischen Rot, Blau zu ihrer Symbolfarbe. – 41 *errant*: Es waren ‹fahrende› (irrende) und ‹ausgefuchste› (arrant) Heilige. – 56 *antipathies*: Ihre heftige Abneigung gegen überkommene kirchliche Traditionen, die sie als Papismus verdächtigten, trug den Puritanern den Ruf verbohrter Intoleranz ein.

40 WHAT MAKES A KNAVE (Part III, Canto 1, V. 1263–88; Text: Wilders, S. 224f.; Ü: Soltau 1797, S. 336f.) Bei einer zu seiner Entlarvung inszenierten Maskerade wird Hudibras von vermeintlichen Kobolden gepeinigt und zu den angeführten Geständnissen gezwungen, die die kraß materielle Basis puritanischer Scheinfrömmigkeit enthüllen. – 5 *tender conscience:* Mit Berufung auf ihr ‹empfindliches› Gewissen rechtfertigen die Puritaner alle Formen des Widerstands, vom zivilen Ungehorsam bis zum Aufruhr. – 14 *Good Old Cause:* die Glaubensfreiheit, ein ‹Schlachtruf› der Presbyterianer. – 24 *A dean*: strikte Ablehnung von Kirchenhierarchie und Zeremoniell.

ANONYM

42 THE VICAR OF BRAY (erstmals 1734 gedruckt; Text: Smith, *Oxford Book of 18th Century Verse*, S. 190ff.; Ü: v. Koppenfels) Satire auf die Wendigkeit gewisser anglikanischer Geistlicher, die sich den politischen Umschwüngen der unruhigen Zeiten opportunistisch anzupassen verstanden. Für diese Haltung wurde schon im 17. Jahrhundert der Pfarrer von Bray (in Berkshire) sprichwörtlich. – 1882 übersetzte Friedrich Engels das Gedicht mit Blick auf die deutschen Verhältnisse der Bismarck-Ära: «Gestern Freihandel, heute Schutzzoll; gestern Gewerbefreiheit, heute Zwangsinnungen; gestern Kulturkampf, heute mit fliegenden Fahnen nach Kanossa ...» Auftakt und Refrain lauten so: «Zu König Karls Zeit, da noch war / Loyalität zu finden, / Dient' ich der Hochkirch' ganz und gar, / Und so erwarb ich Pfründen. / Der König ist von Gott gesetzt – / So lehrt' ich meine Schafe – / Und wer ihm trotzt, ihn gar verletzt, / Den trifft die Höllenstrafe. / Denn dieses gilt und hat Bestand, / Bis an mein End' soll's wahr sein: / Daß, wer auch König sei im Land, / In Bray will *ich* Vikar sein.» (Marx / Engels, Über Kunst und Literatur, Frankfurt 1968, II, S. 221ff.). – 1 *King Charles*: Charles II. – 13 *Royal James*: James II, der seinem Bruder 1685 auf den Thron folgte und in

der Glorious Revolution 1688 wegen seiner katholischen und absolutistischen Neigungen vertrieben wurde. – 15 *Penal Law*: Gesetze von 1673 und 1678, die den Kirchenbesuch außerhalb der Staatskirche mit Sanktionen belegten. – 16 *Declaration*: Darin gewährte James II 1688 Freiheit der Glaubensausübung. – 21 *William*: Wilhelm von Oranien wurde nach der Vertreibung von James II als William III englischer König und verstand sich als Verteidiger des Protestantismus. – 29 *Anne:* zweite Tochter von James II, die von 1702 bis 1714 herrschte und einen politisch konservativen, hochkirchlichen Kurs steuerte. – 33 *Occasional conformists*: 1711 wurde ein Gesetz erlassen, das die gelegentliche Kommunion von Nonkonformisten in der Staatskirche, die dem Zweck der Ämterwahrung diente, unterband. – 37 *George*: George I, der als erster Hannoveraner-König den Thron 1714 bestieg und ein langes Dissenter-freundliches Whig-Regiment einleitete. – 42 *Faith's Defender*: Titel des englischen Königs. – 44 *Pretender*: Sohn von James II, der nach dem Tod seines Vaters 1701 Thronansprüche erhob.

MATTHEW PRIOR

London 1664 – Wimpole 1721

Matthew Prior ist der Inbegriff des *poeta minor*, wenn auch einer der größten unter ihnen. Das Dichten war ihm, wie den «Cavalier Poets», ein mit Passion und Talent betriebener Zeitvertreib und als solcher doch Teil seiner öffentlichen Rolle: die meisten seiner Gedichte geben sich gelassen untertreibend als Gelegenheitslyrik. Aus bürgerlichem Milieu stammend, gelang ihm durch die Protektion des dichtenden Hofmanns Charles Sackville, Earl of Dorset, der Aufstieg in bedeutende diplomatische Ämter in den Niederlanden und in Frankreich; der Frieden von Utrecht (1713), den er für die Tory-Regierung des Earl of Oxford aushandelte, trug für die Zeitgenossen seinen Namen, «Matt's Peace». Sein dichterisches Werk, das er nach schmählicher Amtsentlassung und einjähriger Inhaftierung durch die Whigs mit Unterstützung von Swift, Pope und Dorset 1718 in einem prächtigen Folio-Band sammelte, erlaubte ihm für seine letzten Jahre ein zurückgezogenes und literarisch wie gärtnerisch produktives Leben auf seinem neu erworbenen Landsitz Down Hall. Es umfaßt neben Gelegenheitsgedichten, Liebeslyrik und Oden auch zwei philosophische Großgedichte, das seriöse *Salomon on the Vanity of the World* (3 Bde, 1718) und *Alma: or, the Progress of the Mind*, einen im Gefängnis geschriebenen burlesk-scholastischen Dialog. William Cowper rühmte seine Fähigkeit, «Verse die Sprache der Prosa sprechen zu lassen», und in der Tat verraten die kolloquiale Lässigkeit – nicht Nachlässigkeit –

und der urbane Witz seiner Verse den großen Prosaschriftsteller: Seine späten und zu Lebzeiten unveröffentlichten *Dialogues of the Dead* (darunter der brillanteste zwischen Locke und Montaigne) stellen Gipfelwerke des Genres dar.

Ausgaben: Poems on Several Occasions, 1718. – *Miscellaneous Works,* 1740. – Beide London. – *The Writings,* ed. A. R. Waller, 2 Bde, Cambridge 1905/1907. – *The Literary Works,* ed. H. B. Wright / M. K. Spears, 2 Bde, Oxford 1959, ²1971.

Literatur: C. K. Eves, *Prior, Poet and Diplomatist,* New York 1939. – F. M. Rippy, *Prior,* Boston 1986.

46 The Secretary (Text: Wright / Spears 1959, I, S. 158; Ü: M. Pfister) Dieses posthum veröffentlichte Selbstportrait des englischen Botschaftssekretärs in Den Haag (1690–97) ist in munter daktylischen Versen geschrieben und reduziert die epische Würde des Hexameters burlesk auf vier Hebungen. – 13 *Phia . . . Pysistratos*: Peisistratos hatte die schöne Phia den Athenern als Göttin Minerva vorgeführt, die vom Himmel herabgestiegen sei, um seine Herrscherwürde zu weihen.

46 An Ode (Text: Wright / Spears, I, S. 259; Ü: G. von der Vring, Englisch Horn, S. 79).

48 To Phillis (Text: Wright / Spears, I, 702 f.; Ü: M. Pfister) Vgl. die drastischere Version dieses Motivs in Sedleys «Song» an seine Phillis (S. 25).

50 For his own Epitaph (V. 1–4, 9–24, von 32; Text: Wright / Spears, I, S. 409 f.; Ü: M. Pfister) Anlaß des Gedichts ist wohl die Fertigstellung seiner Büste durch Charles Antoine Coysevox 1714 für die Grabstätte im «Poets' Corner» der Westminster Abbey.

Daniel Defoe

London 1660 – London 1731

Defoe, Schöpfer des *Robinson Crusoe* (1719) und der *Moll Flanders* (1722), war weit mehr als der Romancier, zu dem er erst spät in seiner literarischen Karriere wurde und als der er heute vor allem noch erinnert wird. Dem puritanischen Arbeitsethos entsprechend, das er in seinen Werken verkündete, verkörperte er einen neuen Typ von Berufsschriftsteller, der eine erweiterte Öffentlichkeit mit Zeitschriften, Pamphleten, Satiren, Reiseberichten, Anstandsbüchern, historiographischen Schriften, ökonomischen Traktaten und eben auch Romanen bediente und sich in den Dienst der politischen Interessen des «Dissent» stellte. Weit mehr als 500 Titel lassen den ‹Vater› des englischen Journalismus und Romans als literarische Ein-Mann-Fabrik erscheinen, immens produktiv, erfinderisch und vielseitig. Ein Lyriker war der aufs Praktische ausgerichtete *homo œconomicus* allerdings nicht, wohl aber gelegentlich ein Dichter satirischer Verse. Zwei dieser Verssatiren erregten schon zu seinen Lebzeiten Aufsehen: *The True-Born Englishman* (1701), der mit seinen kräftigen und oft auch groben «heroic couplets» seinen literarischen Durchbruch bedeutete, und *A Hymn to the Pillory* (1703), mit der er, ob seines mißverstandenen satirischen Pamphlets *The Shortest Way with Dissenters* ins Gefängnis geworfen und an den Pranger gestellt, das Publikum für sich gewann. Im *True-Born Englishman* ergriff der Whig-Journalist öffentlich Partei für die neue bürgerlich-parlamentarische Monarchie nach der Glorreichen Revolution: Wo sich deren Kritiker über die Unterwanderung Englands durch Ausländer im Gefolge Wilhelms von Oranien entrüstet hatten, demonstrierte Defoe in satirisch entwaffnender Weise, daß die Vorstellung eines «true-born Englishman» (vgl. Shakespeare, *Richard II*, I, 3, 309) eine chauvinistische Fiktion ist; gleichzeitig führte er dabei als Sprecher des aufsteigenden Bürgertums das Prinzip des Geburtsadels ad absurdum, dem er das Ideal persönlichen Verdiensts gegenüberstellte. – Seine unermüdlichen Aktivitäten brachten dem Metzgerssohn, Bankrotteur, Regierungsspion und wendigen Vielschreiber nur ein bescheidenes Auskommen ein; von den großen Zeitgenossen Pope und Swift, die ihn hartnäckig ignorierten, trennten ihn Abgründe des gesellschaftlichen Stands, des politischen Standorts, der Bildung und des Stils. Erst die Literaturkritik des 20. Jahrhunderts hat dem Meister des «plain style» einen Rang eingeräumt, der dem Swifts als Satiriker und Mythenschöpfer gleich ist.

Ausgaben: The True-born Englishman. A Satire, London 1701. – *The True-born Englishman*, ed. A. C. Guthkelch, in *Essays and Studies*, 4, 1913, S. 101–50. – *Novels and Selected Writings*, Shakespeare Head Edition, 14 Bde, Oxford 1927–28. – *Letters*, ed. G. H. Healey, Oxford 1955. – *The Selected Writings*, ed. J. T. Boulton, Cambridge 1975.

Literatur: J. R. Moore, *D. Defoe. Citizen of the Modern World*, Chicago 1958. – M. E. Novak, *Defoe and the Nature of Man*, Oxford 1963. – M. Shinagel, *D. Defoe and Middle-Class Gentility*, Cambridge/Mass. 1968. – J. Sutherland, *D. Defoe*, London 1950 (u.ö.). – P. Earle, *The World of Defoe*, London 1976. – J. Richetti, *D. Defoe*, Boston 1987. – P. N. Furbank / W. R. Owens, *The Canonization of Defoe*, New Haven 1988. – P. R. Backscheider, *D. Defoe: His Life*, Baltimore 1989.

THE TRUE-BORN ENGLISHMAN

52 WHEREVER GOD (V. 56–81, von 1216; Text: Boulton 1975, S. 56; Ü: M. Pfister). – 2 *chapel*: ‹Chapel› ist im Gegensatz zur ‹church›, dem ‹House of Prayer› der Anglikaner, der religiöse Versammlungsort von Non-Konformisten. – 7 *uniformity of service*: Einheitlichkeit des Kults. – 9 *nonconforming*: als Non-Konformisten und Dissenter galten Protestanten, die in Theologie oder Ritus von der anglikanischen Kirche abwichen. – 13 *standing army*: Ein stehendes Heer stärkte die Zentralgewalt des Königs (und wurde daher vom Whig-Anhänger Defoe abgelehnt, soweit es nicht unmittelbar dem Parlament unterstand).

54 THE ROMANS (V. 175–194; 368–377; Text: Boulton, S. 59 u. 64; Ü: M. Pfister). – 5 *Hengist*: zusammen mit Horsa der Heerführer der Jüten, die 449 in England landeten; Stammvater der kentischen Könige. – 7 *Picts*: keltischer Volksstamm in Schottland. – 18 *shibboleth*: Erkennungszeichen.

ALEXANDER POPE

London 1688 – Twickenham 1744

Der Sohn eines katholischen Londoner Kaufmanns, der der repräsentative englische Dichter der ersten Jahrhunderthälfte wurde, mußte sein reiches Werk zwei widrigen Umständen abringen: dem Ausschluß der Katholiken von Bildungseinrichtungen, öffentlichen Ämtern und aristokratischem Patronat, und einer zeitlebens kränklichen Konstitution. Auf die frühreifen *Pastorals* des erst 16jährigen folgten drei Werke, in denen Pope seinen eigenen Stil fand und die Zeitgenossen nachhaltig beeindruckte: ein geschliffenes poetologisches Lehrgedicht in der Nachfolge von Horaz und Boileau *An Essay on Criticism* (1711), das ihm den Whig-Literatenkreis um Addison erschloß; die Erstfassung seiner meisterhaft eleganten und witzigen Epenparodie *The Rape of the Lock* (1712); und ein patriotisches Landschaftsgedicht in der Tradition Denhams, *Windsor Forest* (1713), das als Preis des Friedens von Utrecht Pope die Gunst der Tories und die Freundschaft Swifts gewann. Mit Swift, Gay und Dr. Arbuthnot zusammen wurde er Mitglied des «Scriblerus Club», der als Saatbeet konservativer Pedanten-, Literaten- und Politikersatire fungierte. Von 1715 bis 1720 übertrug er Homers *Ilias* in den Stil seiner Zeit, eine der großen Übersetzungsleistungen der englischen Literatur (die *Odyssee* folgte 1725/26). Der Erfolg des Unternehmens machte ihn finanziell unabhängig und erlaubte ihm den Erwerb einer Villa in Twickenham, wo er sich als begeisterter Landschaftsgärtner betätigte und seine Freunde im Stil des Horaz bewirtete. – Als Meister der spitzen Feder wurde Pope häufig angefeindet, doch er wußte sich zu wehren. Den Kritiker L. Theobald, der Popes Shakespeare-Ausgabe von 1725 – in der Sache zu Recht, im Ton polemisch – kritisiert hatte, krönte er, an Drydens *Mac Flecknoe* anschließend und das Vorbild vertiefend, 1728 in seiner *Dunciad* zum König des Ungeistes; zugleich schloß er eine Unmenge seiner Quälgeister in die große Abrechnung ein, die er 1742 mit einem neuen ‹Helden› versah, um ein Buch erweiterte und deren apokalyptische Töne (Barbarisierung Englands im Zeichen des Gossenjournalismus) er verstärkte. In den 30er Jahren verfaßte er unter dem philosophischen Einfluß seines Freundes Bolingbroke ein großes und höchst erfolgreiches Lehrgedicht *Essay on Man* (1733 f.), eine Summe aufklärerischer Moralphilosophie, umrahmt von vier einzeln veröffentlichten satirischen Episteln zu konkreten Bereichen des gesellschaftlichen Lebens. Pope verstand sich als moralischer Wegweiser seines Landes in einer Zeit des Verfalls; wie Swift sah er in der Satire das Korrektiv für eine gesellschaftliche Fehlentwicklung. Seine *Imitations of Horace* (1733–1738) schrieben in geistreicher Transposition Horazsche Satirestrukturen für die eigene Zeit um und verschärften sie erheblich; auch auf die klassische ‹Apologie des Satirikers› griff er wiederholt zurück, am eindringlichsten in der «Epistle to Doctor Arbuthnot» (1734). Pope vereinigte klassische Nachahmung mit großer Originalität, Kunsthaftigkeit mit leidenschaftlichem Engagement, persönliche Angriffslust mit hohem ethischem Anspruch. Seine kompositorische Sorgfalt zeigt sich in seiner Kunst der Revision und Weiterentwicklung des einmal Geschriebenen. Weit über England hinaus galt er als wichtigster Dichter des Jahrhunderts, bis die romantische Revolte (nur Byron war abweichender Meinung) seinen Vorrang aufkündigte. Die schon in den 40er Jahren einsetzende Übertragung einiger Hauptwerke ins Deutsche – Brockes' *Versuch vom Menschen* (1740), der *Lockenraub* der Gottschedin (1744), Bodmers *Duncias* (1747) – richtet sich vorwiegend auf die Inhalte und läßt Popes stilistische Meisterschaft vermissen.

Ausgaben: An Essay on Criticism 1711. – *The Rape of the Lock*, 1712, erw. 1714, 1717. – *Windsor Forest*, 1713. – *The Iliad of Homer*, 1715–1720. – *The Odyssey of Homer*, 1725 f. – *The Dunciad*, 1728, erw. 1729, 1742, 1743. – *An Essay on Man*, 1733 f.- *Imitations of Horace*, 1733–1738. – *An Epistle to Dr. Arbuthnot*, 1734. – *The Works*, ed. W. Warburton, 9 Bde, 1751. – Alle London. – *The Twickenham Edition of the Poems*, ed. J. Butt, et al., 10 Bde, London 1939–1969. – *The Dunciad*, ed. V. Rumbold, London 1999. – *The Correspondence*, ed. G. Sherburn, 5 Bde, Oxford 1956. – *The Poems*, ed. J. Butt, London 1963. – *The Prose Works 1711–1720*, ed. N. Ault, London 1936. – *The Prose Works 1725–1744*, ed. R. Cowler, Oxford 1986.

Übersetzungen: B. H. Brockes, *Versuch vom Menschen*, Heidelberg 1740 (weitere Übers.: H.Ch. Kretsch, Altenburg 1749; E. Schmidt, Leipzig 1756; J. J.

Harder, Halle 1772; J. Mumssen, Heidelberg 1783; G. G. Hohlfeldt, Dresden 1822; E. Breidert, Hamburg 1993). – L. A. V. Gottsched, *Herrn A. Popes Lockenraub: Ein scherzhaftes Heldengedicht*, Leipzig 1744, erw. ^{2}1772 (weitere Übers.: S. M. Duttenhofer, Stuttgart 1841; A. Deetz, Leipzig 1874; R. A. Schröder, Leipzig 1908, ^{2}1968 [mit den Illustrationen von A. Beardsley]). – G. E. Müller, *Versuch über die Kritik*, Dresden 1745 (weitere Übers.: J. J. Eschenburg, Wien 1800; D. Braubach, Bremen 1807; J. H. M. Dambeck, Prag 1807). – J. J. Bodmer, *Duncias*, Zürich 1747. – J. J. Dusch, *Sämtliche Werke*, 5 Bde, Altona 1758–1764 [in Prosa]; 13 Bde, Straßburg 1778–1785. – A. Böttger / Th. Oelckers, *Poetische Werke*, 4 Bde, Leipzig 1842.

Literatur: G. Tillotson, *On the Poetry of Pope*, Oxford 1938, ^{2}1950. – A. L. Williams, *Pope's Dunciad*, London 1955. – R. A. Brower, *A Pope: The Poetry of Allusion*, Oxford 1959. – T. R. Edwards, *This Dark Estate: A Reading of Pope*, Berkeley 1963. – M. Mack, ed., *Essential Articles for the Study of A. Pope*, London 1964, ^{2}1968. – P. Dixon, *The World of Pope's Satires*, London 1968. – U. Broich, *Studien zum komischen Epos*, Tübingen 1968. – H. Erskine-Hill, *Pope: The Dunciad*, London 1972. – P. Rogers, *An Introduction to Pope*, London 1975. – H. D. Weinbrot, *A. Pope and the Traditions of Formal Verse Satire*, Princeton 1982. – A. D. Nuttall, *Pope's ‹Essay on Man›*, London 1984. – M. Mack, *A. Pope: A Life*, London 1985. – V. Rumbold, *Women's Place in Pope's World*, Cambridge 1989. – H. Erskine-Hill, *A. Pope: World and Word*, Oxford 1998.

56 Ode on Solitude (Text: Butt 1963, S. 265; Ü: Friedländer, Blütenlese, S. 35f.) Pope erklärte, er habe diese freie Fassung von Horaz, Epode 2, «etwa im Alter von 12 Jahren verfaßt». Zum topischen Preis des ‹einfachen Lebens› vgl. Wyatt, Bd 1, S. 86/88; Surrey, Bd 1, S. 94.

An Essay on Criticism

Das Horazsche Lehrgedicht des 21jährigen Pope verleiht den kritischen Gemeinplätzen der Zeit poetischen Hochglanz, den die alten Übertragungen erheblich trüben. Der Ausschnitt ist dem 2. Teil, über die Fehler der Kritiker, entnommen.

56 Thus Critics (V. 285–300, von 744; Text: Butt 1963, S. 152f.; Ü: Dambeck, S. 31ff.). – 2 *Curious ... nice*: wunderlich und überkünstlich; es geht um den ‹schlechten Geschmack›, der Gefallen an barock überladenem Stil findet. – 5 *conceit*: weithergeholte Metaphorik.

58 Nay, fly (V. 624–642; Text: Butt 1963, S. 163f.; Ü: Dambeck, S. 70ff.) Thema ist hier der Kontrast der schlechten Kritiker – als Masse – mit dem idealen Kritiker, dessen wägender Gerechtigkeitssinn sich in der Versstruktur ausgedrückt findet.

THE RAPE OF THE LOCK

60 AND NOW, UNVEILED (Canto I, V. 121–48, von 148; Ausgabe: 1717; Text: Butt 1963, S. 222f.; Ü: R. A. Schröder, 1968, S. 16) Dem liebenswürdigsten «mock-heroic poem» und vollendeten Rokoko-Epos liegt eine wahre Begebenheit zugrunde: ein stürmischer Verehrer hatte eine Locke vom Haupt Arabella Fermors, der «Belinda» des Gedichts, geraubt; dadurch war Mißstimmung zwischen zwei bedeutenden katholischen Familien entstanden. Pope unternahm es auf Anregung eines Gönners, sie über den Witz seiner epenparodistischen Analogie des Geschehens mit Homers Raub der Helena lachend wieder zusammenzuführen. Die ‹Toilettenszene› bezieht das kosmetische Ritual auf die Rüstung des epischen Helden und mischt – wie der ganze Text – Huldigung weiblicher Schönheit mit Ironisierung weiblicher Kokette-rie. – 5 *heavenly image*: Belindas eigenes Spiegelbild, das sie narzißtisch anbetet. – 7 *inferior priestess*: die Zofe. – 23 *a purer blush*: durch Rouge auf den Wangen. – 24 *keener lightnings*: Sie verwendet Belladonna, um die Pupillen weit und glänzend zu machen. – 25 *sylphs*: Luftgeister der Koketterie, Teil der ‹Göttermaschinerie› des komischen Epos. – 28 *Betty*: generischer Name für die Zofe.

62 NOT WITH MORE GLORIES (Canto II, V. 1–28, von 142; Text: Butt 1963, S. 223; Ü: R. A. Schröder, S. 19) Belindas morgendliche Ausfahrt im Kreis ihrer Bewunderer zu Schiff nach Hampton Court, dem Schauplatz des Lokkenraubs, erinnert an die Schiffahrt epischer Helden wie Odysseus und Aeneas. – 25–26 *springes . . . lines*: traditioneller Vergleich von Frauenhaar mit dem Garn des Voglers und der Angelschnur des Fischers.

64 SWIFT ON HIS SOOTY PINIONS (Canto IV, V. 17–24; 39–54, von 176; Text: Butt 1963, S. 232ff.; Ü: R. A. Schröder, S. 38ff.) Aus der Unterweltepisode des Mock-Epos: Nachdem der Raub der Locke die heitere Atmosphäre der Koketterie verfinstert hat, steigt der Gnom Umbriel – die Gnomen als Erdgeister verkörpern den hypochondrischen Aspekt der Weiblichkeit – hinab ins unterirdische Reich der Göttin Spleen, eine groteske Hölle weiblicher Launenhaftigkeit. – 2 *vapour*: Nebeldunst / Spleen. – 13–16: *fiends . . . angels*: Die Liste der Halluzinationen bezieht sich auf populäre melodramatische Bühneneffekte der Zeit. – 18 *bodies changed . . .*: Illusionszustände weiblicher Melancholie. – 21 *Homer's tripod*: In Ilias 18, 373ff. baut der Götterschmied Hephaistos bewegliche Dreifüße. – 24 *maids turned bottles*: Die sexuelle Komponente dieser Einbildungen ist unübersehbar.

ESSAY ON MAN

66 ALL ARE BUT PARTS (Epistle I, V. 267–94, von 294; Text: Butt 1963, S. 514f.; Ü: J. J. Harder, S. 17f.) Die Schlußpassage des 1. Teils definiert zusammenfassend den Status des Menschen im Kosmos und fordert seine demütige Annahme des göttlichen Weltenplans.

66 KNOW THEN THYSELF (Epistle II, V. 1–17, von 294; Text: Butt 1963,

S. 516; Ü: J. J. Harder, S. 21) Die Folgerung aus dem Vorhergehenden ist der paradoxe Status des Menschen zwischen Erhabenheit und Erbärmlichkeit. – 6 *Stoic's pride*: die überhebliche Annahme der Stoiker, die menschlichen Leidenschaften seien kontrollierbar.

68 Isaacus Newtonus (Text: Butt 1963, S. 808; Ü: v. Koppenfels) Der große Naturwissenschaftler starb 1727. Popes Epitaph war für sein Grabmal in Westminster Abbey gedacht.

68 The Universal Prayer (Text: Butt 1963, S. 247f.; Ü: v. Koppenfels) Dieses überkonfessionelle Vaterunser hat Pope schon 1715 geschrieben und später zu einem Pendant des «Essay on Man» umkomponiert. – 24 *thousand worlds*: die Zeit spekulierte über mögliche Bewohner der Sternenwelten.

Epistle to Dr. Arbuthnot

John Arbuthnot (1667–1735), ehemaliger Leibarzt der Königin Anne und Autor satirischer Schriften wie der «History of John Bull», 1712, war als Freund, Hausarzt und Satirikerkollege der ideale Adressat für eine Apologie Popes in Form einer Horazschen Epistel; sie wurde zwischen 1731 und 1734 geschrieben.

72 Shut, shut the door (V. 1–22, von 419; Text: Butt 1963, S. 297f.; Ü: v. Koppenfels). – 1 *John*: Popes Diener, John Serle. – 3 *dog-star*: Sirius, Stern der ‹Hundstage› und damit sommerlicher Unzurechnungsfähigkeit; zugleich war August im alten Rom die Zeit der Poesie-Rezitationen. – 4 *Bedlam*: das Londoner Irrenhaus. – 8 *my grot*: eine unterirdische Passage, die Popes – durch die Landstraße getrenntes – Haus und Gartengrundstück verband und von ihm im Stil einer Rokokogrotte ausgestaltet wurde. – 13 *the Mint*: ein Asyl in Southwark für Schuldner, die von ihren Gläubigern mit Gefängnis bedroht wurden; der schlechte Dichter erscheint hier als armer Hungerleider. – 20 *darkened walls*: Tobende Irre wurden zur Beruhigung in Dunkelzellen gesperrt. – 21 *Twit'nam*: Twickenham, Ort von Popes Villa am Ufer der Themse, unweit von Hampton Court.

74 There are, who to my person (V. 115–34; Text: Butt 1963, S. 601f.; Ü: v. Koppenfels). – 3 *Ammon's . . . son*: Alexander der Große. – 4 *Ovid's nose*: Ovid hieß mit Beinamen Naso, ‹Großnase›.

74 Let sporus tremble (V. 305–33; Text: Butt 1963, S. 607f.; Ü: v. Koppenfels). – 1 *Sporus*: ein Knabe, den Nero kastrieren ließ, in Frauengewänder kleidete und öffentlich ‹heiratete›; hier auf den (aus Popes Sicht) verweichlichten Höfling und Vertrauten der Königin Caroline, Lord Hervey, bezogen, der mit Lady Montagu zusammen Pope öffentlich angegriffen hatte. – 2 *ass's milk:* galt als Stärkungsmittel für schwächliche Konstitutionen. – 15 *Eve*: die Königin, mit Bezug auf die satanischen Einflüsterungen Evas in «Paradise Lost». – 22 *amphibious*: hier für die sexuelle Ambiguität Herveys.

76 The Dunciad (Book IV, V. 627–56, von 656; Ausgabe: 1643; Text: Butt 1963, S. 799f.; Ü: v. Koppenfels) Apokalyptischer Ausklang von Popes

großer mock-heroischer Literatensatire: Die Göttin Dulness (Stumpfsinn, Ungeist) ergreift die Macht im Lande, schwärzt das Licht der Vernunft aus und verwandelt den Kosmos der Zivilisation zurück in Chaos. – 4 *Night ... Chaos*: Dulness ist die Tochter von Nacht und Chaos. – 9 *Medea's strain*: In Senecas «Medea» gehorchen die Sterne dem Fluch der Zauberin Medea. – 11 *Argus ... Hermes*: Der hundertäugige Argus wurde durch den Stab des Götterboten eingeschläfert und bezwungen. – 16 *casuistry*: Relativierung von Normen durch ihre Anpassung an Einzelfälle. – 18 *second cause*: die Natur, im Gegensatz zu Gott als Erstem Grund. – 28 *uncreating word*: Verkehrung des Schöpfungswortes zum Antilogos, der Lichtwerdung zur weltweiten Umnachtung.

78 EPITAPH (Text: Butt 1963, S. 827; Ü: v. Koppenfels) 1738 veröffentlichter Eigenepitaph. – 4 *Horace ... Vergil*: Beide werden hier als Hofdichter des Augustus betrachtet, die sich mit Popes stolzer Unabhängigkeit von aller Hofgunst nicht messen können.

JOHN GAY

Barnstaple 1685 – London 1732

Mit seinen Freunden Swift und Pope zusammen ist Gay der dritte Meister der satirisch-burlesken Schreibweise des klassizistischen «Augustan Age». Nach dem Schulbesuch in Devonshire und einer abgebrochenen Lehre bei einem Tuchhändler begann der mit einem liebenswürdigen und sanguinischen Temperament Begabte seine literarische Karriere in London – auf dem Weg ironischer Gattungsmischung. Mit den tragikomischen Farcen *The Mohocks*, 1712, und *The What D'Ye Call It*, 1715, leistete er Vorarbeit für seinen größten Theatererfolg, *The Beggar's Opera*, von 1728, eine literar- und musikparodistische ‹Balladenoper› mit in den Dramendialog eingefügten Liedern nach überlieferten Melodien. Die Anregung zu dieser als ‹Newgate-Pastorale› angelegten, die italienische Oper parodierenden Diebs- und Hehlerkomödie kam von Swift; die ‹großen Männer› der Zeitgeschichte, unter ihnen der Premierminister Walpole, finden sich hier als Straßenräuber, Hehler und korrupte Staatsbeamte portraitiert. Brecht hat mit Kurt Weill zusammen daraus 1928 die *Dreigroschenoper* gemacht. Der enorme Theatererfolg, der einem Bonmot der Zeit zufolge den durch Spekulationen verarmten Gay «rich» und seinen Theatermanager Rich «gay» machte, rief die schwächere Fortsetzung *Polly* (1729) ins Leben, und diese wiederum ein strenges Theater-Zensurgesetz der Regierung Walpole. Zu Gays dramatischem Werk gehören auch die mit Pope und Arbuthnot verfaßte Satire *Three Hours After*

Marriage, 1717, und die Libretti für Händels Opern *Achilles* und *Acis and Galatea*. – Gays poetische Anfänge, *The Fan*, 1713, ein mock-heroisches Gedicht in der Manier von Popes ‹Lockenraub›, und *The Shepherd's Week*, 1714, eine witzige Anti-Pastorale, führten zu den brillanten Genrebildern des Londoner Alltags in dem parodistischen ‹Lehrgedicht› *Trivia* von 1716. 1727 erschien die erste Serie seiner *Fables*, die zur beliebtesten Fabelsammlung englischer Sprache wurden. Der auf den allzu frühen Tod Gays verfaßte Epitaph aus der Feder Popes beginnt mit den Worten: «Of manners gentle, of affections mild; / In wit, a man – simplicity, a child ...»

Ausgaben: The Fan, 1713. – *The Shepherd's Week* 1714. – *Trivia, Or the Art of Walking the Streets of London,* 1716. – *Poems on Several Occasions*, 1728. – *Fables*, 1727–1738. – *The Beggar's Opera*, 1728. – *Polly* 1729. – Alle London. – *Poetry and Prose*, ed. V. A. Dearing, 2 Bde, Oxford 1974. – *Dramatic Works*, ed. J. Fuller, 2 Bde, Oxford 1983.

Übersetzungen: E. E. Buschmann, *Die Straßenräuber*, Bremen 1770. – H. M. Enzensberger, *Die Bettler-Oper*, Frankfurt 1960. – Dass., A. und H. Seiffert, Leipzig 1962. – Freie Bearbeitung: B. Brecht, *Die Dreigroschenoper*, Wien 1929.

Literatur: S. M. Armens, *J. Gay, Social Critic*, New York 1954. – A. Forsgren, *J. Gay, Poet ‹of a Lower Order›*, 2 Bde, Stockholm 1964–1971. – P. M. Spacks, *J. Gay*, New York 1975. – P. E. Lewis, *J. Gay: The Beggar's Opera*, London 1976. – H. Bloom, ed., *Modern Critical Interpretations: The Beggar's Opera*, New York 1988. – D. Nokes, *J. Gay: A Profession of Friendship*, Oxford 1995.

TRIVIA

80 WHERE THE MOB GATHERS (Book III «Of Walking the Streets by Night», V. 51–76, von 416; Text: Dearing, I, S. 161 f.; Ü: F. Polakovics in «London», ed. N. Kohl, Frankfurt 1979, S. 91 f., bearb.).
80 O! MY THY VIRTUE (Book III, V. 259–84; Text: Dearing I, S. 167f.; Ü: F. Polakovics, S. 92f.). – 2–4 *Drury's ... courts ... Strand*: Areal in der Umgebung des Drury Lane Theatre, das von Kokotten frequentiert wurde. Die ‹öffentlichen Nymphen› werden als Attraktion Londons in vielen Reiseberichten erwähnt. Der deutsche Reisende J. W. Archenholz (1785) preist ihre Schönheit und schätzt ihre Zahl auf «über 50000, ohne die Mätressen».

82 SONGS FROM THE BEGGAR'S OPERA (Air 1, 3, 6, 11, 20, 23, 57; Text: Dramatic Works, II, S. 4, 7, 12, 16, 25, 29, 59f.; Ü: H. M. Enzensberger, S. 8, 13, 19f., 25, 36, 41, 81).
86 MY OWN EPITAPH (Text: Dearing I, S. 253; Ü: v. Koppenfels) Inschrift auf Gays Grabstein in Westminster Abbey.

JONATHAN SWIFT

Dublin 1667 – Dublin 1745

Swift, der große Satiriker, hatte in seinem Leben wenig zu lachen: Der Sohn englischer Eltern wuchs als Halbwaise und von seiner Mutter verlassen in Irland auf, wo er am Dubliner Trinity College sein Studium mit sehr mäßigem Erfolg abschloß; seine Laufbahn als anglikanischer Kleriker endete in der Sackgasse des Dekanats an der St.-Patrick-Kathedrale in Dublin (von 1713 bis zu seinem Lebensende); seine literarische Karriere brachte ihm zwar Ruhm, aber ebensoviel Schmähung wie Bewunderung und kaum finanziellen Erfolg ein; seine Frauenbeziehungen – «Stella», «Vanessa» – waren von einer tiefen Zwiespältigkeit dem Weiblichen gegenüber gekennzeichnet, und seine letzten Lebensjahre überschattete die Menièresche Krankheit, die ihn seinen Zeitgenossen ab 1736 als geistig umnachtet erscheinen ließ. Er, der sich Juvenals *saeva indignatio* aufs literarische Panier – und auf den Grabstein – geschrieben hat, kann damit als der klassische Fall für die Nähe des «empörten Grimms» der Satire zu seelischer Deformation gelten. Seine grimmigen Demaskierungen menschlichen Dünkels als Ausdruck pathologischer Gestörtheit abtun zu wollen, heißt jedoch, den Phantasiereichtum und die Originalität seines Rollenspiels als «Narr unter Schurken» zu übersehen und sich allzu billig der anhaltenden Provokationskraft seines Werkes zu entziehen. – Sein umfang- und facettenreiches Werk läßt sich in vier Phasen gliedern: Die erste Phase sah ihn als Sekretär des Gelehrten Sir William Temple, dessen Partei er in den glänzenden Prosasatiren *A Tale of a Tub* und *A Battle of the Books* ergriff (1704): letztere eine Verteidigung antiker Kultur gegenüber den Anwürfen moderner Überhebung, erstere eine allegorisch eingekleidete Rechtfertigung der anglikanischen Kirche als *via media* zwischen Katholizismus und Calvinismus, und beide ebenso witzige wie bissige Angriffe auf die «zahlreichen und verheerenden Verfallserscheinungen in Religion und Gelehrsamkeit». In seiner zweiten Phase trat Swift in Kontakt mit führenden Literaten der Whigs, darunter Addison und Steele (zu deren Wochenschrift *The Tatler* er 1709/10 London-Gedichte in einem neuen satirisch-realistischen Stil beitrug), und erregte mit seinem bis zur Mißverständlichkeit ironischen *Argument against Abolishing Christianity* (1708) Aufsehen. Sein politisches Engagement für die anglikanische Kirche und sein Abscheu gegen den religiösen Enthusiasmus der «Dissenter» führte 1710 zur dritten Phase, zum Bruch mit den Whigs und zur Identifikation mit der neuen Tory-Regierung unter Harley und Bolingbroke, deren *Examiner* er herausgab, und zu seiner Aufnahme in den satirisch produktiven «Scriblerus Club» um die Tories Pope, Arbuthnot und Gay. Mit *The Conduct of the Allies* (1711) setzte er Marlboroughs Kriegstreiberei im Spanischen Erbfolgekrieg satirisch zu und stützte damit die Friedensbemühungen der neuen Regierung; im anregend geistreichen Klima der Scriblerianer entstanden erste Pläne und Entwürfe für das Werk, das ihn zum europäischen Autor machen sollte, *Gulliver's Travels*. Auch der Szenenwechsel zur vierten und letzten Phase war politisch motiviert: Mit dem Tod Queen Annes und der Rückkehr der von Walpole geführten Whigs an die Macht (1714) sah er für sich in England keine Spielräume mehr und zog sich daher nach Irland zurück. Hier vollendete er *Gulliver's Travels* (1726), das in satirischem Spiel mit den Konventionen des Reiseberichts, der Utopie und des Märchens gründlich das aufgeklärt-optimistische Bild des Menschen als *animal rationale* demontierte; und hier wurde er mit den *Drapier's Letters* (1724) und mit dem *Modest Proposal* (1729), dem bestürzendsten seiner Pamphlete, zum satirisch geharnischten Anwalt der irischen Interessen gegenüber englischer Fremdherrschaft und Ausbeutung. In seinen letzten Schaffensjahren zog er in Gedichten wie den «Verses on the Death of Dr Swift» (1731) oder «On Poetry: A Rhapsody» (1733) die Bilanz seines Lebens und seiner satirisch-poetischen Intentionen. Sein Begräbnis fand unter großer Anteilnahme der Bevölkerung statt, der er Zweidrittel seines Vermögens für karitative Zwecke vermachte, ein Drittel davon zur Einrichtung des «St. Patrick's Hospital for Imbeciles».

Ausgaben: Miscellanies in Prose and Verse, London 1711. – *The Works*, 4 Bde, Dublin 1735. – *The Works*, ed. J. Hawkesworth, 6 Bde, London 1754–55. – *The Poems*, ed. H. Williams, 3 Bde, Oxford 1937, ^{2}1958. – *Collected Poems*, ed. J. Horrell, 2 Bde, London 1958. – *Poetical Works*, ed. H. Davis, London 1967. – *The Complete Poems*, ed. P. Rogers, Harmondsworth 1983.

Übersetzungen der Gedichte: Respektlose Schriften, übers. von G. Graustein / O. Wilck, ed. A. Schlösser, Leipzig 1979. – *Ausgewählte Werke*, übers. von G. Graustein / O. Wilck, ed. A. Schlösser, 3 Bde, Frankfurt 1982.

Literatur: L. A. Landa, *Swift and the Church of Ireland*, Oxford 1954. – R. Quintana, *Swift. An Introduction*, London 1955, ^{2}1962. – K. Williams, *J. Swift and the Age of Compromise*, Lawrence/Kans. 1958. – E. W. Rosenheim, Jr., *Swift and the Satirist's Art*, Chicago 1963. – I. Ehrenpreis, *Swift: The Man, his Works and the Age*, 3 Bde, London 1962–1983. – D. Donoghue, *J. Swift. A Critical Introduction*, Cambridge 1969. – *J. Swift: The Critical Heritage*, ed. K. Williams, London 1970. – K. Schuhmann / J. Möller, *J. Swift*, Darmstadt 1981. – L. K. Barnett, *Swift's Poetical Worlds*, Newark 1981. – A. Löffler, *‹The Rebel Muse›. Studien zu Swifts kritischer Dichtung*, Tübingen 1982. – D. M. Vieth, ed., *Essential Articles for the Study of J. Swift's Poetry*, Hamden/Conn. 1984. – E. Pollak, *The Poetics of Sexual Myth: Gender and Ideology in the Verse of Swift and Pope*, Chicago 1985. – D. Nokes, *J. Swift, a Hypocrite Reversed*, Oxford 1989.

88 A DESCRIPTION OF THE MORNING (Text: Rogers, S. 107f.; Ü: K. Bartenschlager) Richard Steele stellte das Gedicht im Tatler vom 30. 4. 1709 als neue Form der Stadt-Ekloge vor, in der der Dichter «never forms fields, or nymphs, or groves, where they are not; but makes the incidents just as they really appear». – 1 *coach*: burleske Reduktion von Apollos Sonnenwagen. – 13 *Duns*: Gerichtsvollzieher. – 14 *Brickdust*: das von der Arbeit gegerbte Gesicht, im Gegensatz zur vornehmen Blässe der feinen Gesellschaft. – 15f. *The turnkey ...*: Gefangene konnten sich durch Geldzuwendungen an die Wärter Vergünstigungen erkaufen und wurden zur Beschaffung der nötigen Mittel vorübergehend freigelassen. – 18 *schoolboys*: vgl. Shakespeares As You Like It, II, 7, 145ff.

88 A SATIRICAL ELEGY (Text: Rogers, S. 242; Ü: K. Bartenschlager) Das Gedicht erschien erstmals posthum 1764 im Gentleman's Magazine. Marlborough starb 1722, und der Tod des großen Generals der Whig-Regierung löste eine Flut hymnischer Nekrologe und Elegien aus. Swifts satirische Inversion dieser Huldigungen war die Antwort dessen, der schon seit mehr als zehn Jahren – u. a. in The Conduct of the Allies (1711) und The Fable of Midas (1711/12) – gegen ihn polemisch ins Feld gezogen war. – 6 *last loud trump*: vgl. 1. Kor. 15:52. – 17 *his funeral*: am 9. 8. 1722 mit großem Pomp vollzogen.

ON POETRY: A RHAPSODY

90 HOBBES CLEARLY PROVES (V. 335–72, von 548; Text: Rogers, S. 530f.; Ü: M. Pfister) Swifts große Satire auf den Niedergang der Dichtung in den Händen der käuflichen, parteipolitisch willfährigen und ebenso eitlen wie talentlosen «hacks» (‹Schreiberlinge›) von Grub Street wurde sogleich nach ihrem Erscheinen 1733 von der Zensur verfolgt. Das Panorama literarischer Eitelkeit, das hier in mikroskopischer Vision die Schreiberlinge auf Insekten reduziert, hat ein direktes Vorbild in einem Essay Addisons (Tatler vom 26. 9. 1710) und in der Satire Popes. – 1 *Hobbes*: vgl. Leviathan, I, 13. – 19ff. *So, naturalists observe ...*: die Erfindung des Mikroskops in der zweiten Hälfte des 17. Jahrhunderts trägt hier ihre poetisch-satirischen Früchte. – 27 *dunces*: Pope hatte ihnen gerade seine Dunciad (1728) gewidmet.

92 IN BULK (V. 399–408; Text: Rogers, S. 532; Ü: M. Pfister) Vgl. Popes Peri Bathous, or the Art of Sinking in Poetry (1727).

94 A BEAUTIFUL YOUNG NYMPH (Text: Rogers, S. 453–55; Ü: M. Pfister) Erstmals in der Dubliner Werkausgabe von 1735 veröffentlicht; gehört zu den sog. «exkrementalen» oder «skatologischen» Gedichten Swifts, die zusammen mit dem vierten Buch von Gulliver's Travels psychoanalytische und -pathologische Deutungen des Autors genährt haben. – 1 *Drury Lane*: Zentrum des Theaterlebens und der Prostitution. – 3 *Covent Garden*: Vergnügungsviertel. – 17 *plumpers*: Wattekügelchen zum Füllen der durch Ausschweifung verursachten hohlen Wangen. – 41 *Bridewell*: Besserungsanstalt

für obdachlose Frauen und Prostituierte. – 41 *compter*: Stadtgefängnis (wie *counter* ausgesprochen). – 45 *Jamaica*: Ort der Deportation für Kriminelle. – 47 *Fleet Ditch*: die cloaca maxima Londons. – 63 *issue-peas*: Kügelchen, die man in einen chirurgischen Einschnitt steckte, um den Eiterabfluß zu erleichtern.

98 Stella's Birthday (Text: Rogers, S. 223f.; Ü: M. Pfister) Das zweite der Geburtstagsgedichte, die Swift für seine intime Freundin Esther Johnson («Stella») zwischen 1719 und ihrem Tod 1728 schrieb. 1721 verfaßt, feiert es deren vierzigsten Geburtstag – die sechsunddreißig Jahre des 18. Verses sind eine schmeichelhafte Untertreibung.

100 Verses on the Death of Dr Swift, D. S. P. D. (V. 299–318; 345–54; 459–88, von 488; Text: Rogers, S. 493–498; Ü: G. Graustein / O. Wilck 1979, S. 296f.) Swift läßt in diesem erstmals 1739 veröffentlichten Nachruf auf sich selbst Freunde und Feinde die Nachricht seines Todes kommentieren. Dies führt – gemäß der als Motto zitierten ernüchternden Maxime La Rochefoucaulds, daß wir selbst im Unglück unserer besten Freunde etwas finden, was uns nicht mißfällt – zu einer Reihe satirischer Portraits, und auch das facettenreiche Selbstportrait ist bei aller Panegyrik nicht frei von satirischen Zügen. – Titel *D. S. P.D.*: Dean of St Patrick's, Dublin. – 2 *Rose*: Literatentaverne in Drury Lane. – 21 *David's lesson*: vgl. Psalm 146:3. – 55ff. *He gave the little wealth* . . .: Die von ihm gestiftete Irrenanstalt wurde zwölf Jahre nach seinem Tode eröffnet.

104 Swift's Epitaph (Text: Grabinschrift in der St.-Patrick-Kathedrale Dublin; Ü: v. Koppenfels).

104 English Version (Text: W. B. Yeats, The Collected Poems, London [2]1950, S. 277; Ü: v. Koppenfels).

Bernard Mandeville

Dordrecht / Holland 1670 – London 1733

Der holländische Arzt Bernard (de) Mandeville, der nur nach England gekommen war, um die Sprache zu lernen, wurde hier zu einem der bedeutendsten englischen Autoren, deren Muttersprache nicht Englisch ist, und zu einem ganz Europa provozierenden Satiriker. Als Arzt sah er das Gemeinwesen ebensosehr wie den individuellen Körper als Objekt seiner Diagnose und Therapie; demzufolge studierte er nicht nur die *Hypochondriac and Hysteric Passions* (1711), sondern kämpfte für die Emanzipation der Frau (*The Virgin Unmasked*, 1709), für religiöse Toleranz (*Free Thoughts on Religion, the Church and National Happiness*, 1720) und für staatlich betriebene Bordelle (*A Modest*

Defence of Public Stews, 1724). Der polemische und hochfahrenden Idealen gegenüber skeptische Grundgestus seiner Schriften fand in der Satire seine wirksamste Form: Seine *Fable of the Bees*, an der er ein Vierteljahrhundert arbeitete, wurde «zu einem der philosophischen Skandalbücher des 18. Jahrhunderts» (B. Fabian), bewundert von Defoe, Johnson und Hume, und geschmäht von Pope, Fielding und Berkeley.

Ausgaben: The Fable of the Bees, or Private Vices, Public Benefits, London 1714, erweitert 1723 u. 1729. – *The Fable of the Bees*, ed. F. B. Kaye, 2 Bde, Oxford 1924. – Dass., ed. D. Garman, London 1934. – Dass., ed. Ph. Harth, Harmondsworth 1970. – *Collected Works*, ed. B. Fabian / I. Primer, 8 Bde, Hildesheim 1981ff.

Übersetzungen: S. Ascher, *Fabel von den Bienen*, o. O. 1761; Berlin 1817; Leipzig 1818. – O. Bobertag, *Die Bienenfabel*, München 1914; ²Berlin 1957; Frankfurt/M. 1968; ⁴1980. – H. Findeisen / Ch. Schuenke [für die Verspassagen], *Die Bienenfabel*, ed. G. Walch, München 1988.

Literatur: R. J. Cook, *B. Mandeville*, New York 1974. – *Mandeville Studies*, ed. I. Primer, Den Haag 1975. – H. Monro, *The Ambivalence of B. Mandeville*, Oxford 1975. – T. A. Horner, *The Social Thought of B. Mandeville*, London 1978. – M. M. Goldsmith, *Private Vices, Public Benefits*, Cambridge 1985. – *Of Private Vices and Publick Benefits: Beiträge zur englischen Literatur des frühen 18. Jahrhunderts*, ed. J. N. Schmidt, Frankfurt/M. 1979.

THE FABLE OF THE BEES

Das Prosawerk mit Einlagen in Knittelversen entwickelte sich aus dem gereimten Pamphlet The Grumbling Hive, or Knaves Turned Honest (1705); es bricht mit Shaftesburys optimistischer Sicht menschlicher Natur: nicht selbstlose Benevolenz und Tugend zeichnen den Menschen aus und führen zu gesellschaftlicher Blüte, sondern Eigennutz und Luxusstreben. Die Fabel fungiert als provozierend anti-idealistisches volkswirtschaftliches Modell, das noch Adam Smith und Karl Marx zu denken gab.

106 A SPACIOUS HIVE (V. 1–12, von 409; Text: Garman, S. 29; Ü: Ch. Schuenke, S. 13).

106 THUS EVERY PART (V. 155–88; Text: Garman, S. 33f.; Ü: Ch. Schuenke, S. 17f.).

108 THE MORAL (Text: Garman, S. 41; Ü: Ch. Schuenke, S. 25f.). – 6 *Eutopia*: spezifiziert den ‹Nicht-Ort› der U-topie zum ‹guten Ort› der Eutopie. – 24f. *Golden Age* . . .: In der Variante eines «harten Primitivismus», wie etwa in Platons Timaios, entwirft der antike Mythos des Goldenen Zeitalters das Ideal eines Daseins in bedürfnisloser Ehrlichkeit; es zurückzuwünschen, hieße auch, sich wieder mit Eicheln als Nahrung zufriedenzugeben.

ANNE FINCH, COUNTESS OF WINCHILSEA

Sydmonton 1661 – ? 1720

Die Tochter einer alteingesessenen Hampshire-Familie, Dame an den Höfen von James II und Queen Anne, und Gattin des späteren Earl of Winchilsea, begann schon als junge Frau Gedichte zu schreiben, doch erst der Sturz der Stuart-Dynastie 1688, der sie und ihr Gatte eng verbunden waren, und der sich daraus ergebende Rückzug auf das Land machte sie zur Dichterin. 1713, an den Hof zurückgekehrt und durch die Wertschätzung Swifts, Popes und Priors ermutigt, veröffentlichte sie ihre *Miscellany Poems on Several Occasions*, darunter ihre gewichtigsten Langgedichte, *The Petition for an Absolute Retreat* and *The Spleen*. Ihre Oden, Versepisteln, Pastoralen und Balladen gerieten im Laufe des 18. Jahrhunderts in Vergessenheit, und auch Wordsworths nachdrückliche Hinweise auf ihren Rang als Naturdichterin blieben folgenlos. Erst im Zuge einer feministischen Spurensuche nach den «Schwestern Shakespeares» (V. Woolf) wurde der scharfsichtigen Melancholikerin neue und verdiente Anerkennung zuteil.

Ausgaben: Miscellany Poems on Several Occasions, London 1713. – *The Poems*, ed. M. Reynolds, Chicago 1903; [2]New York 1974. – *Poems Selected and with an Introduction*, ed. J. M. Murray, London 1928. – *Selected Poems*, ed. K. M. Rogers, New York 1979. - *Selected Poems*, ed. D. Thomson, Manchester 1987.

Literatur: V. Woolf, *A Room of One's Own*, London 1929, Kap. 4. – J. M. Ellis D'Alessandro, *When in the Shade: Imaginal Equivalents in Anne, the Countess of Winchilsea's Poetry*, Udine 1989. – B. McGovern, *Anne Finch and Her Poetry: A Critical Biography*, Athens/Ga. 1992.

110 THE INTRODUCTION (V. 51–64, von 64; Text: Reynolds, S. 6; Ü: M. Pfister) Das programmatische Gedicht, um 1689 geschrieben, blieb aus Gründen, die es selbst benennt, zu Lebzeiten der Autorin unveröffentlicht.
110 A NOCTURNAL REVERIE (V. 1–10; 21–50, von 50; Text: Reynolds, S. 268–70; Ü: M. Pfister) Wordsworth in seinem «Essay, Supplementary to the Preface» (1815) hebt dieses Gedicht als das einzige zwischen Miltons Paradise Lost and Thomsons Seasons hervor, das neue Naturbilder schöpfe und einen festen Blick auf seinen Gegenstand verrate. – 1 *In such a night*: vgl. The Merchant of Venice, V, 1. – 4 *Philomel*: die Nachtigall. – 19 *Salisbury*: Anne Tufton, Countess of Salisbury.

LADY MARY WORTLEY MONTAGU

London 1689 – London 1762

Die erste große Schriftstellerin Englands bewegte sich selbstsicher auf dem Londoner und internationalen literarischen Parkett, uneingeschüchtert von einer (beiderseits hämisch geführten) Auseinandersetzung mit Pope. Nach ihrer Entfremdung vom Gatten, dem sie 1716–1718 auf dessen diplomatischer Mission nach Konstantinopel gefolgt war, bestimmte sie ihr Leben in London, Frankreich und Italien in kühner Freiheit. Bekannt wurde sie vor allem durch ihre Briefe, darunter die *Turkish Embassy Letters* (posthum 1763 veröffentlicht). Als Aristokratin mied sie die vulgäre Öffentlichkeit des Drucks, und so blieben die meisten ihrer Essays, Gedichte und die Bearbeitung von Marivauxs *Jeu de l'amour et du hasard* unveröffentlicht bzw. erschienen anonym oder in Raubdrucken.

Ausgaben: Town Eclogues, 1716. – *Court Poems by a Lady of Quality*, 1716. – *Poetical Works*, ed. I. Reed, 1768. – Alle London. – *The Complete Letters*, ed. R. Halsband, 3 Bde., Oxford 1965–67. – *Essays and Poems*, ed. R. Halsband/I. Grundy, Oxford 1977.

Literatur: R. Halsband, *The Life of Lady Mary W. Montagu*, Oxford 1956. – Cynthia Lowenthal, *Lady Mary W. Montagu and the Eighteenth-Century Familiar Letter*, Athens/Ga. 1994.

114 EPISTLE FROM MRS. Y. – (V. 1–68, von 80; Text: Halsband / Grundy, S. 230ff.; Ü: M. Pfister) 1724 geschrieben und erstmals 1972 in der Review of English Studies, New Series 23, veröffentlicht. Das Gedicht in der Tradition der heroischen Versepistel nimmt den aktuellen Skandal um den notorischen Libertin William Yonge, der sich durch die Scheidung von seiner Frau Mary den Großteil ihres Vermögens aneignete, zum Anlaß, die scheinheilige Doppelmoral der Gesellschaft anzuklagen. – 6 *your patron's wise example*: Sir Robert Walpole, William Yonges Freund und Förderer. – 58 *the man you fear*: Walpole.

OLIVER GOLDSMITH

Pallasmore 1728 (?) – London 1774

Der Sohn eines irischen Geistlichen studierte Theologie und Medizin; nach kontinentalen Wanderjahren versuchte er sich in London – zuerst als Arzt, dann (erfolgreicher) als Journalist – zu etablieren. In zwei unterhaltsam-belehrenden Wochenschriften, *The Bee*, 1759, und *The Citizen of the World*, 1762, entfaltete er sein Talent als vielseitiger Essayist. Sein Freund Dr. Johnson rettete ihn vor dem Schuldgefängnis, indem er das Manuskript des Romans *The Vicar of Wakefield* (1766) für £60 bei einem Verleger unterbrachte. Die Pfarrhausidylle mit melodramatischem Einschlag wurde ein europäischer Bucherfolg, der den Kreis um Herder und den jungen Goethe in Straßburg tief beeindrucken sollte, dem Autor aber nicht aus seinen chronischen Geldschwierigkeiten heraushalf. Auch in anderen Gattungen hat Goldsmith Herausragendes geleistet: mit seiner – Marivaux nachempfundenen – glänzenden Komödie *She Stoops to Conquer*, 1773, und dem elegischen Gedicht *The Deserted Village*, 1770, das die Verdrängung der alten Dorfkultur Englands durch den merkantilen Geist der Zeit zum Thema hat. Goldsmith mußte einen Großteil seiner schöpferischen Energien an umfangreiche, aus Geldnot unternommene Kompilationen verschwenden. In der englischen Literaturgeschichte verkörpert er den Typus des liebenswerten, lebensunpraktischen Künstlers als Pechvogel.

Ausgaben: An Enquiry into the Present State of Polite Learning, 1759. – *The Citizen of the World* [= *Chinese Letters*], 1762. – *The Vicar of Wakefield*, 1766. – *The Deserted Village*, 1770. – *She Stoops to Conquer*, 1773. – Alle London. – *Collected Works*, ed. A. Friedman, 5 Bde, Oxford 1966. – *The Vicar of Wakefield*, ed. A. Friedman, London 1974. – *Poems and Plays*, ed. T. Davis, London 1975.

Übersetzungen: J. K. Wetzel, *Der Weltbürger* Leipzig 1781. – Dass., H. T. Heinrich, München 1986. – J. J. Ch. Bode, *Der Dorfprediger von Wakefield*, Leipzig 1767. – Dass., O. Knapp, Berlin 1913, etc. – J. G. Schlosser, *Das verödete Dorf*, Darmstadt 1772. – Dass. J. G. Seume, in *Gedichte*, Leipzig 1843.

Literatur: W. Irving, *O. Goldsmith: A Biography*, 1850, Nachdr. New York 1973. – C. M. Kirk, *O. Goldsmith*, New York 1967. – R. Quintana, *O. Goldsmith*, London 1969. – A. L. Sells, *O. Goldsmith: His Life and Works*, London 1974. – H. Bloom, ed., *Modern Critical Views: O. Goldsmith*, New York 1987.

118 AN ELEGY (Aus Kap. 17 des «Vicar of Wakefield»: Text: Collected Works, IV, S. 378f.; Ü: J. G. Herder, Sämmtliche Werke, ed. B. Suphan, Berlin 1877–1913, Bd 25, S. 568f.).

120 THE DESERTED VILLAGE (V. 1–14; 35–74; 395–406, von 430; Text: Collected Works, IV, S. 287–90; 302f.; Ü: Seume, Werke, ed. J. Drews, Frankfurt/M. 1993, S. 529ff.; 540f.). – 1 *Auburn*: erfundener Ort, Inbegriff der idealen alten Dorfgemeinschaft, mit Erinnerungen an die ländliche irische Kindheit des Autors. – 44 *dispossess*: Die Einzäunung (enclosure) von Gemeindewiesen und Pflugland zum Zweck profitabler Viehzucht im großen Stil oder zur Bildung großer Privatparks drängte viele Kleinbauern und -pächter in die Städte ab oder zwang sie zur Auswanderung in die Kolonien.

SAMUEL JOHNSON

Lichfield 1709 – London 1784

Dr. Johnson, dessen monumentaler Statur als größtem «Man of Letters» des 18. Jahrhunderts James Boswell in seinem *Life of Samuel Johnson, LL. D.* (1791) ein ebenso monumentales Denkmal setzen sollte, konnte sich, behindert durch seine Herkunft aus einer verarmten Bürgerfamilie und seine zeitlebens labile und von Depressionen gefährdete Gesundheit, zunächst nur mühsam im Londoner Literaturleben durchsetzen. Nach abgebrochenem Studium in Oxford versuchte er sich als Publizist und Schriftsteller in den verschiedensten Genres und Medien, bis ihm um die Jahrhundertmitte mit der Wochenschrift *The Rambler* (1750–52), seinem *Dictionary of the English Language* (1755) und dem philosophischen Roman *Rasselas, Prince of Abyssinia* (1759) der Durchbruch zu literarischem Ruhm und ökonomischer Abgesichertheit gelang. Zu dieser Zeit war er schon das bewunderte und ob seiner Exzentrizität und seiner schlagfertigen Konversation bestaunte Zentrum eines Kreises von Künstlern und Schriftstellern, dem auch Reynolds, Burke, Goldsmith und Garrick angehörten. Als eingefleischter Londoner reiste er nur selten – am spektakulärsten mit Boswell nach Schottland (*A Journey to the Western Islands of Scotland*, 1775). Seine achtbändige Shakespeare-Ausgabe (1765) und die *Lives of the English Poets* (1781), in denen er 52 biographisch-kritische Essays zu einer bahnbrechenden Literaturgeschichte bündelte, bekräftigten seinen Ruhm als Englands führender Kritiker. Aufklärer wie Kritiker eines aufklärerischen Optimismus, leidenschaftlicher Tory und enger Freund bekannter Whigs, tiefgläubiger und doch melancholisch geister- und todesfürchtiger Christ, verkörperte er die Widersprüche seines Zeitalters in imposanter Weise. – Unter seinen lateinischen und englischen Gedichten, die oft schon als «imitations» klassischer Vorlagen den «poeta doctus» verraten, ragen vor allem *London* (1738) und *The Vanity of Human Wishes* (1749) hervor; im Gegensatz zu *Rasselas*, das schon früh und immer wieder deutsche Übersetzer fand, sind bislang nur wenige seiner Gedichte ins Deutsche übertragen worden.

Ausgaben: London: A Poem, 1738. – *A Collection of Poems, by Several Hands*, 1748–58. – *The Vanity of Human Wishes*, 1749. – *Two Satires*, 1759. – *Poetical Works*, 1785. – *The Works*, ed. J. Hawkins, 11 Bde, 1787. – Alle London. – *The Poems*, ed. D. N. Smith / E. L. McAdam, Oxford 1941. – *Poems*, ed. E. L. McAdam / G. Milne, The Yale Edition, Bd 6, New Haven 1964. – *The Complete English Poems*, ed. J. D. Fleeman, Harmondsworth 1971.

Übersetzungen: Der Schwärmer oder Herumstreifer, 4 Bde, Stralsund/Leipzig 1754–55. – E. G. Küster, *Der Prinz von Abyssinien*, Celle 1762. – *Dass.*, J. F. Schiller, Mainz 1786; G. Smout, Hamburg 1827; G. N. Bärmann, Hamburg/ Leipzig 1840; S. Gätschenberger, Würzburg 1874; J. Uhlmann, Frankfurt/M. 1964.

Literatur: W. J. Bate, *The Achievement of S. Johnson*, Oxford 1955. – T. S. Eliot, «Johnson as Critic and Poet», *On Poetry and Poets*, London 1957. – L. Damrosch, *S. Johnson and the Tragic Sense*, Princeton 1972. – W. J. Bate, *S. Johnson*, London 1978. – J. L. Clifford / D. J. Greene, *S. Johnson: A Survey and Bibliography of Critical Studies*, Minneapolis 1970, rev. J. A. Vance 1987.

124 LONDON (V. 224–53, von 263; Text: The Yale Edition, VI, S. 59ff.; Ü: L. Th. Kosegarten, Denkwürdigkeiten, Bd 2, S. 459ff.) Diese «imitation» der dritten Satire Juvenals brachte Johnson das hohe Lob Popes ein, des Spezialisten für Horaz-Imitationen. Aus Juvenals Rom der Kaiserzeit wird hier das London unter George II und dem Whig-Premier Robert Walpole, das aus patriotischer Tory-Perspektive satirisch beleuchtet wird, und dem «Thales» (wohl Johnsons Freund Richard Savage) angewidert und entsetzt den Rücken kehrt. – 19 *Tyburn*: Schauplatz öffentlicher Hinrichtungen. – 22 *Ways and Means*: Finanzausschuß des Parlaments. – 24 *convoy for the k-g ...*: George II aus dem Hause Hannover besuchte, angeblich seiner Mätressen wegen, häufig seine deutsche Heimat. – 29 *special juries*: berüchtigt für ihr drakonisches Vorgehen gegen Kritiker der Regierung.
126 THE VANITY OF HUMAN WISHES (V. 1–20; 343–368, von 368; Text: The Yale Edition, VI, S. 91f.; 107ff.; Ü: M. Pfister) Zielt weniger als «London», Johnsons andere Juvenal-Imitation, auf aktuelle Zeitkritik ab, sondern übersetzt Juvenals ‹saeva indignatio› in die gemessene und gefaßte Sprache eines christlichen Stoizismus. Johnson läßt die Eitelkeit menschlichen Strebens in den verschiedenen Lebensbereichen – Politik, Kriegswesen, Gelehrsamkeit,

Erotik – Revue passieren; die beiden Auszüge rahmen das satirische Panorama.

JAMES THOMSON

Ednam 1700 – Richmond 1748

Als James Thomson 1725 nach London kam, um sein literarisches Glück zu suchen, brachte er, auf dem Lande aufgewachsen, 406 Blankverse eines Winter-Gedichts mit, das in der Genauigkeit seiner Naturbeschreibung Arbuthnot und Pope ebenso wie Gray beeindruckte. Nach Einzelveröffentlichungen von *Winter* (1726), *Summer* (1727) und *Spring* (1728) erschien dann 1730 die Erstausgabe des gesamten Zyklus *The Seasons*, den Thomson in den folgenden sechzehn Jahren durch immer neue Revisionen und Erweiterungen zu einer poetischen Summe aller zeitgenössischen Ideen über Naturgeschichte, das Verhältnis von Natur und Gesellschaft und über Natur als Inspirationsquelle des Dichters sowie als religiösen Raum der Erfahrung des Schöpfergottes ausgestaltete. Etwa 50 Neuauflagen im 18. Jahrhundert, frühe Übersetzungen in die wichtigsten europäischen Literatursprachen, Haydns *Jahreszeiten* (1801) und Turners Thomson-Illustrationen belegen den außerordentlichen Erfolg dieser moralisierenden und doch genau hinblickenden poetischen Topographie und Klimatologie. Weniger erfolgreich war Thomson als Theaterdichter: Seine Tragödien wurden schon von Zeitgenossen parodiert, und vom Maskenspiel *Alfred* (1740) hat nur ein Lied überlebt – «Rule, Britannia». Auch seinem whiggistisch-patriotischen Ehrgeiz, die Geschichte der Freiheit im England der Hannoveraner gipfeln zu lassen (*Liberty*, 1735/36), und seinem *Castle of Indolence* (1748), einer Allegorie in Spensers Stil und Strophenmaß, in der Thomson sich selbst porträtiert («A bard here dwelt, more fat than bard beseems»; II, 68), blieb der überwältigende Erfolg der *Seasons* versagt.

Ausgaben: Winter, Dublin 1726. – *Summer*, 1727. – *Spring*, 1728. – *The Seasons*, 1730, rev. 1746. – *The Complete Poetical Works*, ed. J. L. Robertson, 1908; repr. *Poetical Works*, 1951 u.ö. – Alle London. – *The Seasons and The Castle of Indolence*, ed. J. Sambrook, Oxford 1972.

Übersetzungen: B. H. Brockes, *Die Jahres-Zeiten* [zweisprachig], Hamburg 1745. – *Dass.*, J. F. van Palthen, Rostock 1758; L. A. Schubart, Berlin 1789; D. W. Soltau, Braunschweig 1803; G. van Swieten, Salzburg 1812.

Literatur: A. D. McKillop, *The Background of Thomson's ‹Seasons›*, Minneapolis 1942. – D. Grant, *J. Thomson, Poet of the Seasons*, London 1961. – R. Cohen, *The Unfolding of ‹The Seasons›*, London 1964. – H. H. Campbell, *J. Thomson*, Boston 1979. – M. J. W. Scott, *J. Thomson*, Athens/Ga. 1988.

130 THE SEASONS: SUMMER (V. 343–91, von 1206; Text: Summer, 1727; S. 172–76; Ü: B. H. Brockes, Die Jahres-Zeiten, S. 173–77) Die Wendung von der Naturbeschreibung zur moralischen Emblematik ist charakteristisch für Thomsons poetisches Verfahren, das sich in beiden Bereichen vor allem immer wieder den Spannungen zwischen Maßlosigkeit und Harmonie widmet und den scheinbaren Exzeß in einer höheren Ordnung auffängt.

EDWARD YOUNG

Upham 1683 – Welwyn 1765

Der promovierte Jurist zog sich 1730, nach eher kläglichem Erfolg als Tragödiendichter, von Pope als Satiriker überflügelt, und in seinen politischen Karrierehoffnungen enttäuscht, von London auf die Pfarrherrenstelle in Welwyn zurück, wo er bis zu seinem Lebensende wirkte. Aus dieser Lebensphase stammen die beiden Werke, die ihn national und international berühmt machen sollten: *The Complaint, or Night Thoughts on Life, Death and Immortality* (1742–46) und die *Conjectures on Original Composition* (1759). Sein ca 10000 Blankverse und neun «Nächte» langes ‹magnum opus›, die *Night Thoughts*, trafen in ihrem düster reflektierenden Ton und in ihrer Verbindung von christlicher Glaubensgewißheit und melancholischer Einsicht in die Eitelkeit menschlichen Glücksstrebens einen empfindlichen Nerv der Aufklärung und können als Antwort auf Popes optimistischen *Essay on Man* gelesen werden. Seinen empfindsamen Lesern in England und Deutschland, darunter auch Klopstock, wurde er zusammen mit Parnell und Gray zu einer Kultfigur der ‹graveyard poetry›. In Deutschland wurde die Wirkung der *Night Thoughts* nur noch von der seiner Programmschrift über *Original Composition* übertroffen, in der die Genie-Ästhetik des Sturm und Drang ihre eigene Programmatik eines radikalen Traditionsbruchs und individueller, von allen Regeln befreiter Kreativität vorgebildet sah. Insofern kann Young, neben Shakespeare, «als einer der Wegbereiter der deutschen Nationalliteratur» (B. Fabian) angesehen werden.

Ausgaben: The Complaint, or Night Thoughts on Life, Death, and Immortality, 9 Tle., London 1742–46. – *The Complete Works*, ed. J. Nichols, 2 Bde, London

1854; repr. Hildesheim 1968. – *Night Thoughts*, ed. S. Cornford, Cambridge 1989.

Übersetzungen: C. B. Kayser, *Die Nacht*, Göttingen 1752. – Anon. [C. B. Kayser], *Klagen oder Nachtgedanken über Leben, Tod und Unsterblichkeit*, 2 Tle., Göttingen 1760–61. – J. A. Ebert, *Die Klage oder Nachtgedanken*, Braunschweig 1760–69. – J. G. Herder, *Sämmtliche Werke*, ed. B. Suphan, 33 Bde, Berlin 1877–1913, Bd 27. – C. E. von Bentzel Sternau, *Nachtgedanken*, Frankfurt/M. 1825. – *Dass.*, E. von Hohenhausen, Kassel 1844. – H. E. Teubern, *Gedanken über die Originalwerke*, 1760; ed. G. Sauder, 1977.

Literatur: J. L. Kind, *E. Young in Germany*, New York 1906; repr. New York 1966. – C. V. Wicker, *E. Young and the Fear of Death. A Study in Romantic Melancholy*, Albuquerque 1952. – L. M. Price, *Die Aufnahme englischer Literatur in Deutschland 1500–1960*, Bern 1961, Kap. 9. – I. S. J. Bliss, *E. Young*, New York 1969. – H. Forster, *E. Young. The Poet of the ‹Night Thoughts› 1683–1765*, Alburgh 1986.

134 NIGHT THOUGHTS: NIGHT I (V. 68–90, von 460; Text: Nichols, Bd 1, S. 4–5; Ü: J. G. Herder, Sämmtliche Werke, ed. B. Suphan, Berlin 1881, Bd 27, S. 395) Young verleiht hier dem Topos von der Mittelstellung des Menschen in einer ‹chain of being› die dramatische Dringlichkeit eines Hamlet-Monologs; vgl. oben, S. 66/68, die entsprechende Stelle aus Popes Essay on Man. Der dramatische Sprechduktus ist binnenfiktional durch die Anrede an Lorenzo, einen jungen Libertin, motiviert.

WILLIAM COLLINS

Chichester 1721 – Chichester 1759

Collins veröffentlichte schon als Oxforder Student seinen ersten Gedichtband, die noch modisch orientalisierenden *Persian Eclogues* (1742); mit dreißig versank der von Selbstzweifeln gequälte Dichter in melancholische Depression und verstummte. In der knappen Dekade dazwischen entstand ein zwar schmales und zum Teil fragmentarisches, aber poetisch originelles und zukunftsweisendes Werk. Vor allem seine Oden stellen ein wichtiges Bindeglied zwischen den klassizistischen Traditionen eines Dryden und Milton und der romantischen Odendichtung dar. In empfindsamer Einfühlung werden hier die apostrophierten Personifikationen zu lebendig beseelten Wesen, die des Dichters eigene Melancholie («To Evening»), seine politischen Ideale

(«To Liberty») und seine poetischen Aspirationen («Ode on the Poetical Character») spiegeln. In solcher Reflexion auf die eigene kreative Imagination als Grundlage eines Dichtens, das sich auch aus der Erfahrung wilder Natur und der Begegnung mit den Mythen und Traditionen des Volkes speist («Ode on the Popular Superstitions of the Highlands»), setzte sich Collins – wie der oft mit ihm zusammen gelesene Gray – vom «augusteischen» Klassizismus eines Pope ab und konnte so romantischen Dichtern zum geistesverwandten Vorläufer werden.

Ausgaben: Odes on Several Descriptive and Allegorical Subjects, 1746. – *The Poetical Works*, ed. J. Langhorne, 1765. – Alle London. – *The Poems of Gray and Collins*, ed. C. Stone / A. L. Poole, 1917. – *Thomas Gray and William Collins: Poetical Works*, ed. R. Lonsdale, 1977. – *The Works*, ed. R. Wendorf / C. Ryskamp, 1979. – Alle Oxford.

Literatur: H. W. Garrod, *W. Collins*, Oxford 1928. – O. F. Sigworth, *W. Collins*, New York 1965. – P. S. Sherwin, *Precious Bane: Collins and the Miltonic Legacy*, Austin 1977. – R. Wendorf, *W. Collins and Eighteenth-Century English Poetry*, Minneapolis 1981.

136 ODE TO EVENING (Text: Wendorf / Ryskamp, S. 44f.; Ü: M. Pfister) Aus den *Odes on Several Descriptive and Allegorical Subjects*; hier die revidierte Fassung in Dodsleys Miscellany (1748). In der ungereimten Strophenform greift Collins auf Miltons Übersetzung der Pyrrha-Ode des Horaz (I, v) zurück; seine poetische Diktion speist sich aus den Stiltraditionen der antiken und englischen Dichtungsgeschichte, hier vor allem Miltons «Il Penseroso». – 1 *If ought of oaten stop*: Die archaisierende Form von «if aught» («if anything») erinnert an Spenser; «oaten stop» (das Griffloch der Schäferflöte) spielt auf Miltons Comus, 345 («Or sound of pastoral reed with oaten stops») an; der Rückbezug auf Spenser und Milton wird in Collins' «Ode on the Poetical Character» programmatisch entfaltet. – 2 *Eve*: sowohl «Eva» als auch «Abend». – 21 *folding star*: der Abendstern, bei dessen Aufscheinen die Schäfer ihre Herde («fold») von der Weide führen. – 29 *Votaress*: Nonne, die ihr Gelübde ablegt.

THOMAS GRAY

London 1716 – Cambridge 1771

Der Autor eines ebenso schmalen wie perfekt durchgeformten Gesamtwerks und eines der wohl bekanntesten und meistgeliebten aller englischen Gedichte, der «Elegy Written in a Country Churchyard», lebte das zurückgezogene Leben eines unverheirateten Privatgelehrten in Cambridge. Von seiner Grand Tour mit Horace Walpole (1739–41) und Ausflügen in den Lake District, nach Schottland oder zur Mutter und Tante in Buckinghamshire abgesehen, gab er sich ganz seinem eigenen Dichten in Latein und Englisch hin; damit verbunden waren Studien der klassischen und modernen Literaturen, der walisischen und altnordischen Dichtung und der Geschichte. Die entscheidenden Ereignisse seines ereignisarmen Lebens waren der Tod eines Freundes, Richard West, 1742 und die Entfremdung von einem zweiten, Horace Walpole. Seine Briefe, die zu den schönsten des englischen 18. Jahrhunderts gehören, zeigen ihn als ebenso gelehrt wie empfindsam und humorvoll. – In seinen frühen Gedichten objektiviert sich sein melancholisches Temperament zu klassischer Abgeklärtheit und Resignation; das Menander-Motto, das er der «Ode on a Distant Prospect of Eton College» (1742) vorausstellt, ist dafür bezeichnend: «Ich bin ein Mensch – Grund genug, um unglücklich zu sein.» Seine späten Gedichte, darunter die großen pindarischen Oden «The Progress of Poesy» (1754) und «The Bard» (1757), entfalten die andere Seite seines melancholischen Temperaments, den Zug ins Visionäre. Als Figur des Übergangs markiert er in seinen anspielungsreichen Gedichten die Ablösung von einem klassizistischen Kunstkanon und die Hinwendung zu einer melancholisch-empfindsamen, nordeuropäischen Inspirationen offenen und die Subjektivität des Genies hervorkehrenden Kunstkonzeption, die «vorromantisch» zu nennen wir uns angewöhnt haben.

Ausgaben: Ode on a Distant Prospect of Eton College, London 1747. – *An Elegy Wrote in a Country Churchyard*, London 1751. – *Odes*, Strawberry Hill 1757. – *Poems*, London 1768. – *The Poems*, ed. W. Mason, London 1775. – *The Works in Prose and Verse*, ed. E. Gosse, 4 Bde, London 1884. – *Correspondence*, ed. P. Toynbee / L. Whibley, 3 Bde, Oxford 1935. – *The Complete Poems. English, Latin, and Greek*, ed. H. W. Starr / J. R. Hendrickson, Oxford 1966. – *The Poems of Thomas Gray, William Collins, Oliver Goldsmith*, ed. R. Lonsdale, London 1969. – *Complete English Poems*, ed. J. Reeves, London 1973. – *Thomas Gray and William Collins: Poetical Works*, ed. R. Lonsdale, Oxford 1977.

Übersetzungen: C. W. Müller, *Gedichte*, Leipzig 1776. – J. Böhm, *Der Barde*, Ingolstadt 1877.

Literatur: R. Martin, *Essai sur Th. Gray*, Paris 1934. – R. W. Ketton-Cremer, *Th. Gray: A Biography*, Cambridge 1955. – *Twentieth Century Interpretations of Gray's «Elegy»*, ed. H. W. Starr, Englewood Cliffs/NJ 1968. – A. L. Lytton-Sells, *Th. Gray: His Life and Works*, London 1980. – *Th. Gray's «Elegy Written in a Country Churchyard»*, ed. H. Bloom, New York 1987. – M. Golden, *Th. Gray*, Boston 1988.

140 Elegy Written in a Country Churchyard (Text: Starr / Hendrickson, S. 37–43; Ü: J. G. Seume, Werke, ed. J. Drews, Frankfurt 1993, Bd 2, S. 547–51) Die Elegie wurde sofort nach ihrem Erscheinen als Quarto-Pamphlet 1751 national und international berühmt; auf dem Kontinent wurde sie oft als Ausdruck revolutionärer Gleichheitsideen (miß)verstanden. Dr. Johnson rühmte ihre «sentiments to which every bosom returns an echo» – eine Qualität, die der Anspielungsreichtum des Gedichts ebenso bestätigt wie dessen fortdauernde Wirkung als Zitatenspender, die andere Gedichte der «Graveyard School» – Blairs *The Grave* (1743) und Youngs *Night Thoughts* (1742–45) – nicht teilen. – 26 *glebe*: Boden, Scholle. – 39 *fretted vault*: mit Maßwerk verziertes Gewölbe. – 40 *pealing anthem*: eine der zahlreichen Anspielungen auf Milton (vgl. «Il Penseroso», V. 161–3). – 41 *storied*: mit Bildgeschichten verziert. – 43 *provoke*: hervorrufen. – 57 *village-Hampden*: John Hampden (1594–1643), Verteidiger der Rechte des Volkes gegen die autokratische Politik Charles' I. – 93 *For thee*: – Die Anrede bezieht sich wohl auf den zum melancholischen Außenseiter des Dorfes stilisierten Epitaphienschreiber, dessen Grabspruch das Gedicht beschließt; doch viele Leser – darunter Seume – sehen in dem Angeredeten den Sprecher des Gedichtes selbst. – 119 *Science*: Gelehrsamkeit.

148 Ode on the Death of a Favourite Cat (Text: Starr / Hendrickson, S. 5f.; Ü: M. Pfister) Erstveröffentlicht in Dodsleys Collection, 1748; ein Gelegenheitsgedicht, das den Tod von Horace Walpoles Lieblingskatze mock-heroisch und mock-moralisierend bedenkt. – 1–6: Parodie auf den Beginn von Drydens Alexander's Feast. – 15 *Genii*: Schutzgeister. – 16 *Tyrian*: das phönizische Tyros lieferte das edelste Purpur. – 34 *Dolphin*: im Mythos Retter des Dichters und Sängers Arion.

Christopher Smart

Shipbourne 1722 – London 1771

Ein Dichter von Rang und tragischem Lebenslauf, dem erst in unserem Jahrhundert Anerkennung und angemessene Ausgaben zuteil wurden. Gebürtig aus Kent, Schulbesuch in Durham, Studium in Cambridge; mit 23 Jahren Fellow des Pembroke College. Verläßt 1749 Cambridge, um am literarischen Leben Londons teilzunehmen; eine erste Gedichtsammlung erscheint 1752; es folgen Satiren, später geistliche Hymnen, eine Psalmenparaphrase, Übersetzungen des Phaedrus und Horaz. Zwischen 1757 und 1763 Perioden einer Geistesstörung, die sich als religiöser Wahn äußert; verbringt einen großen Teil dieser Zeit in einer privaten Heilanstalt, wo seine originellsten Werke entstehen: *A Song to David* (1763) und *Jubilate Agno* (1759–63, erst 1939 gedruckt). Nach seiner Entlassung weitere poetische Produktion, zunehmende Armut, und schließlich, nach einjährigem Freiheitsentzug, Tod im Schuldgefängnis King's Bench.

Ausgaben: Poems on Several Occasions, 1752. – *The Hilliad,* 1753. – *Hymn to the Supreme Being, On Recovery from a Dangerous Fit of Illness,* 1756. – *A Song to David,* 1763. – *Poems,* 1763. – *The Fables of Phaedrus,* 1765. – *The Psalms of David,* 1765. – *The Works of Horace,* 1767. – *Hymns for the Amusement of Children,* 1771. – *The Poems of the Late Ch. Smart,* ed. Ch. Hunter, 1791. – *Rejoice in the Lamb* [*Jubilate Agno*], ed. W. F. Stead, 1939. – *The Collected Poems,* ed. N. Callan, 2 Bde, 1949. – Alle London. – *The Poetical Works,* ed. K. Williamson / M. Walsh, 6 Bde, Oxford 1980–1996.

Literatur: G. Grigson, *Ch. Smart,* London 1961. – S. B. Blaydes, *Ch. Smart: A Poet of His Time,* Den Haag 1966. – M. Dearnley, *The Poetry of Ch. Smart,* London 1968.

152 JUBILATE AGNO (Fragment B, 49–51; 68f.; 695–99; 701; 713–19; 721–28; 731f.; 760–68, von 768; Text: *Poetical Works,* I, S. 20, 23, 87–90; Ü: F. Kemp) «Mein Magnificat» nannte Smart seine lange, enthusiastische, vielfach obskure, mit raren alttestamentlichen Namen gespickte Litanei zum ‹Preis des Lamms›, die der rationalistischen Zeitphilosophie die Inspiration des Glaubens entgegensetzt. – 2 *the thirteenth of August:* [1759] Datum eines nicht näher ermittelbaren Erleuchtungserlebnisses in der privaten Heilanstalt, in der das Gedicht entstand.

THOMAS CHATTERTON

Bristol 1752 – London 1770

Wordsworth und die Romantiker sahen ihn als «marvellous boy» und machten ihn zur Kultfigur: Chatterton, der in ärmlichen Verhältnissen im Bannkreis der Kathedrale von Bristol und der Faszination des Mittelalters aufwuchs, früh poetische Imagination und Ausdruckskraft zeigte, mit Hilfe von Wörterbüchern archaisierende Dichtung schrieb und sie als Werk eines Dichters aus dem 16. Jahrhundert namens Thomas Rowley ausgab, kam noch nicht 18jährig in London durch Selbstmord zu Tode. Er wurde in England zum romantischen Symbol des von der Gesellschaft verstoßenen jungen Originalgenies.

Ausgaben: Poems Supposed to have been Written... by Th. Rowley, ed. T. Tyrwhitt, 1777, Nachdr. 1969. - *Works*, ed. R. Southey / J. Cottle, 3 Bde, 1803. – *Poetical Works*, ed. W. W. Skeat, 2 Bde, 1871. – Alle London. – *Complete Works*, ed. D. S. Taylor / B. B. Hoover, 2 Bde, Oxford 1971. – *Selected Works*, ed. G. Lindop, Oxford 1972.

Übersetzung: H. Püttmann, *Dichtungen*, Barmen 1840.

Literatur: E. H. W. Meyerstein, *A Life of Chatterton*, London 1930. – P. Staubert, *Chatterton und seine Rowley-Dichtung*, Bonn 1935. – L. Kelly, *The Marvellous Boy: The Life and Myth of Th. Chatterton*, London 1971. – M. Warren, *A Descriptive and Annotated Bibliography of Th. Chatterton*, New York 1977. – D. S. Taylor, *Th. Chatterton's Art*, Princeton 1978.

156 THE MINSTREL'S SONG (Text: Complete Works, I, 210ff.; Ü: L.Th. Kosegarten, Denkwürdigkeiten, Bd.I, S. 95ff.) Balladenhafte Frauenklage aus der Tragödie «Aella»; Schreibung modernisiert. – 8 *crine*: Haar. – 9 *rode*: Gesichtsfarbe. – 28f. *dent... gre*: ‹Mit eigener Hand will ich die Wildrosen so biegen, daß sie seinen heiligen Leichnam überwachsen›; die Übersetzung macht daraus einen Akt deutscher Grabpflege.
158 LAST VERSES (Text: Complete Works, II, S. 735; Ü: v. Koppenfels).

WILLIAM COWPER

Berkhampstead 1731 – East Dereham 1800

Die Lebensspanne von William Cowper [ku:per] liegt ein Jahrhundert nach der Drydens am Ausklang des Klassizismus und an der Schwelle zur Romantik – eine Zeit des Übergangs, die seine Dichtung exemplarisch verkörpert. Der Pfarrerssohn aus Hertfordshire besuchte die Westminster School; seine juristische Laufbahn wurde 1763 durch den Ausbruch einer Geisteskrankheit beendet, deren depressive Symptome, verbunden mit Heilsängsten, ihn in späteren Jahren periodisch heimsuchten. Sein zurückgezogenes Leben an ländlichen Orten wie Olney und Weston hatte ebenso wie sein Dichten, in dem sich affektive Religiosität mit liebevoller Naturbeobachtung verbindet, für ihn selbst therapeutische Bedeutung. Die Anregungen zum Schreiben kamen meist von außen. Unter dem Einfluß des evangelikalen Predigers John Newton verfaßte Cowper die *Olney Hyms* (1779), die als Erbauungsdichtungen und Kirchenlieder beliebt wurden. Mrs. Unwin, mit der ihn eine tiefe Seelenfreundschaft verband, inspirierte den Band *Poems* von 1782 mit seinen meist längeren, milde satirischen Gedichten. Lady Austen schließlich war die Muse seines originellsten Gedichts, das als *The Task* 1785 erschien; sie hatte dem ‹Gelegenheitsdichter› das Sofa seines Zimmers als poetisches Thema gestellt, und er benutzte das Möbel als Ausgangspunkt eines humoristisch-melancholisch-deskriptiv-reflexiven Blankversgedichts in 6 Büchern über das Thema des einfachen Lebens als Weg zum seelischen Frieden. Die Subjektivierung des epischen Mediums, von Coleridge als ‹göttlicher Plauderton› («divine chit-chat») bezeichnet, war wegweisend für die Romantik; auch Cowpers reizvolle Briefe enthalten solche substantiellen Plaudereien. Seine Übertragungen von Homer und Horaz entfernen sich spürbar vom klassizistischen Übersetzungsstil. – Cowpers letzte Jahre waren durch den Tod der Mrs. Unwin und durch physische und seelische Leiden überschattet; das düstere Gedicht «The Castaway» hält diese Stimmungslage fest.

Ausgaben: Poems, 1782. – *The Task*, 1785. – *Works*, ed. T. S. Grimshawe / R. Southey, 15 Bde, 1835–1837; 1855. – Alle London. – *The Poems*, ed. J. D. Baird / Ch. Ryskamp, 3 Bde, Oxford 1980–1995. – *Letters and Prose Writings*, ed. J. King / Ch. Ryskamp, 5 Bde, Oxford 1979–1986.

Übersetzung: W. Schlüter, *Die Aufgabe*, Berlin 1998.

Literatur: M. J. Quinlan, *W. Cowper: A Critical Life*, Minneapolis 1953, ²1970. – Ch. Ryskamp, *W. Cowper of the Inner Temple*, Cambridge 1959. – L. C. Hartley, *W. Cowper: The Continuing Revaluation*, Chapel Hill 1960. – P. M. Spacks, *The Poetry of Vision: Five 18th Century Poets*, Cambridge/Mass. 1967. – W. N. Free, *W. Cowper*, New York 1970. – V. Newey, *Cowper's Poetry*, Totowa 1982. – M. Priestman, *Cowper's Task*, Cambridge 1983.

160 ALONE (Text: Baird / Ryskamp, I, S. 403 f.; Ü: v. Koppenfels) In diesem 1782 erschienenen Gedicht macht Cowper die Verlassenheitsgefühle des englischen Matrosen Selkirk, dessen Robinsonade schon Defoe inspiriert hatte, zum Sinnbild existentieller Einsamkeit.

THE TASK

162 THE WINTER EVENING (Book IV, V. 267–72; 286–332, von 801; Text: Baird / Ryskamp, II, S. 193 ff.; Ü: v. Koppenfels) Nachdem Cowper die

Freuden des Gartens besungen hat, wendet sich die 2. Hälfte seines «Task» der winterlichen Jahreszeit zu, in der Reihenfolge Abend – Morgen – Mittag. Die Träumerei am abendlichen Kamin führt das Winterthema des reflexiven Melancholiegenusses ein. – 16 *stranger's approach*: Eine auf dem Kaminrost bebende Rußschicht wurde ‹Fremder› genannt und sollte unerwarteten Besuch ankünden; vgl. das Echo dieser Stelle bei Coleridge, S. 256.
166 THE STRICKEN DEER (Book III, V. 108–33, von 848; Text: Baird/Ryskamp, II, S. 165f.; Ü: v. Koppenfels). – 5 *by one*: Christus. – 8 *soliciting*: eigentlich ‹bedrängend›.

168 LIGHT SHINING (Text: Baird/Ryskamp, I, S. 174f.; Ü: v. d. Vring, Englisch Horn, S. 82; V. 13–16: v. Koppenfels) Aus den «Olney Hymns».

OSSIAN (JAMES MACPHERSON)

Ruthven 1736 – Kingussie 1796

Der schottische Bauernsohn und ‹Erfinder› des gälischen Barden Ossian war ein gebildeter und literarisch versierter Fälscher (oder Neuschöpfer) keltischer Heldengesänge aus grauer Vorzeit. Die Grenze von Übersetzer-, Herausgeber- und Autorschaft verschwimmt schon bei den *Fragments of Ancient Poetry Collected in the Highlands*, die er 1760 ‹edierte›; bei den Ossianschen Epen *Fingal*, 1762, und *Temora*, 1763, die europäische Bewunderung erregten, verlagert sich der Schwerpunkt mehr und mehr von der freien Quellenauswertung zur Erfindung. Die elegische Tönung dieses Abgesangs auf ein Heldenzeitalter, die düster-großartige Beschwörung elementarer nordischer Landschaft und die Mythisierung der zentralen Dichterfigur in klangvoll rhythmisierter Prosa übten auf die Zeitgenossen eine gewaltige Faszination aus, am stärksten wohl auf den Sturm und Drang und die Romantik in Deutschland. – Als kritische Stimmen – etwa die nüchterne eines Dr. Johnson – von Macpherson die Offenlegung seiner gälischen Quellen forderten, stellte er diese im Eigenfabrikat her, ein Umstand, der erst nach seinem Tod durch ein eigens dazu eingesetztes Komitee ermittelt wurde. Macpherson war Parlamentsmitglied und liegt in Westminster Abbey begraben.

Ausgaben: Fragments of Ancient Poetry, Edinburgh 1760. – *Fingal*, 1762. – *Temora*, 1763. – *The Works of Ossian*, 2 Bde, 1765. – Alle London. – Dass., ed. J. H. Merck / J. W. Goethe, Darmstadt 1773–1775. – *The Poems of Ossian*, ed. W. Sharp, Edinburgh 1896. – *J. Macphersons Ossian*, ed. O. L. Jiriczek, 3 Bde, Heidelberg 1940. – *The Poems of Ossian*, ed. J. Macqueen, Edinburgh 1971.

Übersetzungen: M. Denis, *Die Gedichte Ossians*, 3 Bde, Wien 1768f. – Dass., E. v. Harold, 3 Bde, Düsseldorf 1775; J. W. Petersen, Tübingen 1782; F. L. Graf zu Stolberg, 3 Bde, Heidelberg 1808; L. Schubart, 2 Bde, Wien 1808; F. W. Jung, 3 Bde, Frankfurt 1808; F. Spunda, 2 Bde, Leipzig 1924.

Literatur: R. Tombo, *Ossian in Germany*, New York 1901. – A. Gillies, *Herder und Ossian*, Berlin 1933. – J. Buysveen, *Epic Tradition and Innovation in J. Macpherson's Fingal*, Uppsala 1982. – F. J. Stafford, *The Sublime Savage*, Edinburgh 1988.

170 DAUGHTER OF COLLA (Dar-thula, Schluß; Text: Sharp, S. 355; Umstellung der Prosa in freie Verse: v. Koppenfels; Ü: J. G. Herder, Stimmen der Völker, II, ii, Nr. 14) Dar-thula, Tochter der Colla aus dem Geschlecht Truthils, hat sich über dem Leichnam ihres Geliebten selbst getötet, nachdem dieser samt seinen Brüdern von dem Usurpator Cairbar erschlagen wurde. – 1 *Colla*: Mutter Dar-thulas; von Herder als Ortsname mißverstanden. – 3 *Selâma*: Burg Dar-thulas in Ulster. – 6 *Erin*: Irland.

170 SONG OF SELMA (Auftakt; Text Sharp, S. 409–12; Ü: J. W. Goethe, in Die Leiden des jungen Werthers, 1774; Sämtliche Werke, Bd 8, ed. W. Wiethölter, Frankfurt 1994, S. 230–36). Der greise Barde Ossian ruft sich bei Einbruch der Nacht die glorreiche Tafelrunde von einst in Fingals Burg Selma und die dort gesungenen Lieder in Erinnerung; damals sang die Sängerin Minona die Totenklage Colmas um Bruder und Geliebten, die einander erschlagen hatten.

GEORGE CRABBE

Aldeburgh 1755 – Trowbridge 1832

George Crabbe ist eine Figur des Übergangs: Waren seine frühen Gedichte noch ganz dem Vorbild Popes verpflichtet, so brach er in *The Village* (1783), das Samuel Johnson durch kritischen Rat und Lob förderte, mit allen «augusteischen» Traditionen der Pastorale und zeichnete statt dessen ein grimmig realistisches Bild ländlichen Elends, wie er es als Dorfbader, Botaniker und Landpfarrer aus eigener Anschauung kannte. In seinen späteren Werken wandte er sich der erzählenden Dichtung zu und wurde ob seiner Charakterportraits in *The Parish Register* (1807) und *The Borough* (1810), die persönliche Schicksale bis in die Abgründe des Pathologischen hinein ausloteten, von den Romantikern als einer der ihren erkannt: Southey and Wordsworth schätzten den literarischen Außenseiter, Jane Austen wurde er zum Lieblingsdichter, und Byron pries ihn als «Nature's sternest painter yet the best». In Deutschland ist sein Werk noch zu entdecken.

Ausgaben: The Village, 1783. – *The Parish Register*, 1807. – *The Borough*, 1810. – *Works*, 1823. – *The Poetical Works*, 8 Bde, 1834. – Alle London – *Works*, ed. A. W. Ward, 3 Bde, Cambridge 1905–7. – *The Complete Poetical Works*, ed. N. Dalrymple-Champneys / A. Pollard, Oxford 1988.

Literatur: H. Bär, *G. Crabbe als Epiker*, Leipzig 1929. – L. Haddakin, *The Poetry of Crabbe*, London 1955. – R. L. Chamberlain, *G. Crabbe*, New York 1965. – N. Blackburn, *The Restless Ocean: The Story of G. Crabbe, the Aldeburgh Poet*, Lavenham 1972. – A. Pollard, ed., *Crabbe: The Critical Heritage*, London 1972. – P. New, *G. Crabbe's Poetry*, London 1976. – T. Bareham, *G. Crabbe*, New York 1977.

176 THE VILLAGE (Buch V. 39–88, von 553; Text: Dalrymple-Champneys / Pollard, I, S. 158 f.; Ü: M. Pfister) In dieser programmatischen Passage setzt sich Crabbe von aller pastoralen Idyllik ab, der selbst Oliver Goldsmith noch in The Deserted Village (S. 120 ff.) huldigte.

178 THE POOR OF THE BOROUGH: PETER GRIMES (The Borough, Letter XXII, V. 217–375, von 375; Text: Dalrymple-Champneys / Pollard, I, S. 570–74; Ü: Ch. Schuenke) Die auf Tatsachen beruhende Geschichte des Peter Grimes inspirierte Benjamin Britten und seinen Librettisten Montague Slater zur gleichnamigen Oper (1945).

ROBERT BURNS

Alloway 1759 – Dumfries 1796

Der arme Häuslerssohn, Landarbeiter und literarische Autodidakt aus Ayrshire verliebte sich mit fünfzehn Jahren zum ersten Mal und schrieb bei dieser Gelegenheit sein erstes Gedicht im schottischen Lowland-Dialekt; er blieb zeitlebens in beiden Bereichen tätig und erfolgreich. Als er 1786 in Kilmarnock seine *Poems Chiefly in the Scottish Dialect* veröffentlichte, um sich auf der Flucht vor seinen materiellen und erotischen Verpflichtungen das Fahrgeld zur Auswanderung nach Jamaica zu verdienen, wurde er über Nacht berühmt. Das Zeitalter sah in ihm einen seiner Lieblingsmythen verkörpert, den des zivilisationsfern aufgewachsenen Originalgenies; Burns, alles andere als ein naiver Dichter, profitierte von diesem Glauben, der ihn eine Zeitlang zu einem Hätschelkind der Edinburgher Gesellschaft machte. Neben einer natürlichen

Nähe zur Volksliederüberlieferung – auch der derberen – seiner Heimat, die ihn zum größten schottischen Liederdichter macht, steht der subversive Geist und die metrische Raffinesse seiner antifeudalen und antipuritanischen Satiren; seine Sympathien für die Französische Revolution kosteten ihn beinahe den kleinen Posten bei der Finanzverwaltung, mit dem er sich über Wasser hielt, nachdem die primitivistische Begeisterung über sein Erscheinen abgeklungen und sein letztes landwirtschaftliches Unternehmen gescheitert war. Er war nicht nur ein unvergleichlicher Mehrer, sondern auch ein eifriger Sammler des heimischen Liedgutes. Sein letztes großes Gedicht ist die humoristisch-fantastische Verserzählung «Tam O'Shanter», in der ein bezechter Häusler auf einen Hexensabbat gerät. Der Geburtstag des mit 37 Jahren verstorbenen konvivialischen Dichters wird bis heute von den Schotten in aller Welt am 25. Januar im gleichen Geist als «Burns Night» gefeiert. – Die zahlreichen deutschen Übersetzungen des 19. Jahrhunderts gelten fast ausschließlich dem Liederdichter; auch Dialektübertragungen wurden mehrfach unternommen.

Ausgaben: Poems Chiefly in the Scottish Dialect, Kilmarnock 1786 (erw. Edinburgh 1787, 1794). – Beiträge zu *The Scots Musical Museum*, Edinburgh 1787–1803. – *The Merry Muses of Caledonia,* Edinburgh 1799; 1800. – *The Poems and Songs*, ed. J. Kinsley, 3 Bde, Oxford 1968. – *The Letters*, ed. J. De Lancey Ferguson, 2 Bde, Oxford 1931, ^{2}1985.

Übersetzungen: Ph. Kaufmann, *Gedichte*, Stuttgart 1839. – Dass., W. Gerhard, Leipzig 1840. – H. J. Heintze, *Lieder und Balladen*, Braunschweig 1840. – G. Pertz, *Lieder*, Leipzig 1859. – A. v. Winterfeld, *Lieder und Balladen*, Berlin 1860. – Dass., K. Bartsch, Hildburghausen 1865; L. G. Silbergleit, Leipzig 1869; A. Laun, Berlin 1869. – A. Kissner, *Burns-Album*, Leipzig 1877. – O. Baisch, *R. Burns' Werke*, Stuttgart 1883. – G. Legerlotz, *Gedichte in Auswahl*, Leipzig 1889. – Dass. E. Ruete, Bremen 1890. – H. T. Heinrich, *Gedichte und Lieder*, Berlin 1974. – R. Camerer et al., *Liebe und Freiheit: Lieder und Gedichte*, Heidelberg 1988.

Literatur: D. Daiches, *R. Burns*, London 1952, ^{3}1981. – Th. Crawford, *R. Burns: A Study of the Poems and Songs,* Edinburgh 1960. – J. W. Egerer, *A Bibliography of R. Burns,* Edinburgh 1964. – H. Douglas, *R. Burns: A Life*, London 1976. – H. J. Kupper, *R. Burns im deutschen Sprachraum*, Bern 1979. – M. E. Brown, *Burns and Tradition*, London 1984. – C. McGuirk, *R. Burns and the Sentimental Era*, Athens/Ga. 1985. – R. H. Fowler, *R. Burns*, London 1988. – A. Bold, *A Burns Companion*, London 1991.

188 COMIN' THRO' THE RYE (Text: Kinsley, II, S. 843 f.; Ü: H. T. Heinrich, in Camerer, Liebe und Freiheit, S. 257) Bearbeitung eines älteren Volksliedes. – (Hier und im folgenden werden schottische Begriffe durch ihre englischen Entsprechungen erklärt.) – 3 *draigl't*: draggled; *a'*: all. – 5 *weet*: wet. – 9 *Gin*: if. – 14 *glen*: valley. – 16 *warld:* world; *ken*: know. – 20 *ain*: own.

188 Green Grow the Rashes (Text: Kinsley, I, S. 59f.; Ü: K. Bartsch, bearb., in Camerer, Liebe und Freiheit, S. 83/85). – 1 *han*: hand. – 4 *An 'twere na*: if it were not. – 9 *warly*: worldly. – 13 *gie* give; *canny*: quiet; *e'en*: evening. – 16 *gae tapsalteerie*: go topsy-turvy. – 19 *The wisest Man*: Salomon.

190 A Fragment (Text: Kinsley, I, S. 294; Ü: R. Selle, in Camerer, Liebe und Freiheit, S. 85) Eine anzügliche Variante des vorhergehenden Liedes, zu der Burns die Freude über eine Zwillingsgeburt seiner Frau Jane Armour inspirierte. – 7 *hae*: have; *wimble bores*: small gimlet holes. – 9 *yestreen*: yesterday evening; *ane*: one. – 11 *Ae han' she pat: one hand she put.* – 12 *tither:* the other; *pentle:* penis. – 13 *dought na*: dared not; *fleyed*: frightened. – 14 *duntie*: thump. – 16 *fairly fun'*: found easily. – 17 *Multa desunt*: ‹Hier fehlt noch vieles›.

192 Lines Written in the Church (Text: Kinsley, I, S. 461; Ü: R. Camerer, Liebe und Freiheit, S. 215) Lamington ist ein Ort an der Straße von Dumfries nach Edinburgh; Burns, der während eines Sturmes in der dortigen Kirche Zuflucht suchte, soll das Epigramm auf einem Kirchenfenster hinterlassen haben. – 4 *Ye 'se a' be het or . . .* : you shall all be hot before . . .

192 Holy Willie's Prayer (Text: Kinsley, I, S. 74–78; Ü: H. T. Heinrich, in Camerer, Liebe und Freiheit, S. 89–95) Motto: Pope, «Rape of the Lock», IV, V. 64. – Konkreter Anlaß dieser Satire auf puritanische Heuchelei und Selbstgerechtigkeit war eine Vorladung von Burns' Freund und Gönner Gavin Hamilton im August 1784 wegen Gottlosigkeit vor das Presbyterium von Mauchline, die der Kirchenälteste William Fisher betrieben hatte; ein halbes Jahr später stellte die übergeordnete Kirchenversammlung in Ayr das Verfahren ein. Burns schickte seinem Gedicht die folgende (gekürzte) Anmerkung voraus. «Der Heilige Willie, ein ältlicher Junggeselle, war Kirchenältester in der Gemeinde Mauchline, und mit Fug und Recht berühmt für jene polemische Geschwätzigkeit, die in trinkfester Orthodoxie endet, und für jene vergeistigte Schlüpfrigkeit, die sich zu saufseliger Devotheit läutert . . . Auf seine Prozeß-Niederlage hin hörte die Muse zufällig mit, wie er das folgende Gebet sprach» (Ü: R. Camerer). Der fromme Willie hält sich nach der kalvinistischen Prädestinationslehre für einen der wenigen Auserwählten Gottes, ein Status, der auch durch noch so viele Sünden nicht zu beeinträchtigen ist. – 17 *Sax*: six; die Schöpfung wurde damals noch allgemein 4000 v. Ch. datiert. – 21 *gooms*: gums. – 31 *fashed*: plagued. – 37 *kens*: knowest. – 43 *maun*: must. – 44 *trow*: believe. – 45 *fou*: drunk. – 48 *wad . . . steer*: would touch. – 49 *fleshy thorn*: Vgl. 2. Korinther 12:7ff. – 52 *sae*: so. – 62 *cartes*: cards. – 65: *ain*: own. – 66 *awa*: away. – 68 *sic*: such; *splore*: row. – 72 *Kail*: green kale (Grünkohl). – 77 *dinna*: don't. – 79 *Aiken*: Gavin Hamiltons beredter Anwalt und Freund von Burns. – 83 *hinging*: hanging; *gaed*: went. – 93 *gear*: wealth. – 94 *nane*: none.

198 For a' that (Text: Kinsley, II, S. 762f.; Ü: F. Freiligrath, in Camerer, Liebe und Freiheit, S. 243) Burns schrieb dieses revolutionäre Lied zu einer traditionellen Weise Anfang 1795, um seinen Freunden zu demonstrieren,

«daß Liebe und Wein nicht die einzigen Lieder-Themen sind». Freiligraths Version von 1843, das unter dem Eindruck verschärfter Zensur und Repression verfaßte erste politische Gedicht seines Autors, wurde mehrfach selbst vom Zensor verfolgt. Am 6. Juni 1848 veröffentlichte er in der Neuen Rheinischen Zeitung von Marx und Engels eine aktualisierte Fassung, die mit den Worten beginnt: «Das war 'ne heiße Märzenzeit, / Trotz Regen, Schnee und alledem! Nun aber, da es Blüten schneit, / Nun ist es kalt, trotz alledem!...» Der Refrain «Trotz alledem!» wurde zu einem Kampfruf des Vormärz und der späteren deutschen Linken. – 1 *Is there*...: ungrammatischer oder elliptischer Satz. – 2 *hings*: hangs. – 8 *gowd*: gold. – 9 *hamely*: homely. – 10 *hoddin grey*: coarse grey cloth. – 11 *gie*: give. – 17 *birkie*: fellow. – 20 *coof*: fool. – 27 *aboon*: above. – 28 *mauna fa'*: must not claim. – 36 *bear the gree*: win the prize.

WILLIAM BLAKE

London 1757 – London 1827

William Blake ist – wie Dante Gabriel Rossetti und William Morris, doch begnadeter als sie – eine der großen Doppelbegabungen der englischen Literatur: intellektueller Autodidakt und gelernter Kupferstecher, gestaltete er seine Gedichtbände als poetische und bildnerische Gesamtkunstwerke, in denen sich Bild, Ornament und Text wechselseitig erhellen. Mit Ausnahme der frühen *Poetical Sketches* sind so alle seine Publikationen «Künstlerbücher», in geringer Auflage in Reliefätzung gedruckt und individuell koloriert, und von den Zeitgenossen kaum wahrgenommen worden. Revolutionär wie sein künstlerisches Medium sind auch seine poetischen Visionen. Als der radikalste der englischen Romantiker identifizierte er sich mit allen Ausgebeuteten und Unterdrückten – den Negersklaven ebenso wie den zur Arbeit gezwungenen Kindern, den Frauen ebenso wie dem physisch und geistig entmündigten Proletariat; im amerikanischen Unabhängigkeitskrieg und in der Französischen Revolution sah er den Vorschein einer umfassenden Befreiung von Kolonialismus und Klassenherrschaft, Patriarchat und religiöser Dogmatik. In den sog. «Prophetischen Büchern» – vom *Book of Urizen* bis hin zu *Jerusalem* – schuf er dazu in künstlerischer Selbstermächtigung seine eigene, aus christlichen, platonischen und esoterischen Traditionen gespeiste poetisch-religiöse Mythologie, in die er seine Anklagen und utopischen Entwürfe kleidete. Für ihn gilt, was er Los, sein mythisches Selbstbild, in *Jerusalem* (10, 12) sagen läßt: «I must Create a System, or be enslav'd by another Man's.» In solcher Idiosynkrasie der dichterischen Schau vermochte er sich sowohl dem materialistischen Rationalismus der Aufklärung als auch den Zwängen christlicher Orthodoxie zu entziehen. Kehrseite dieser Mythopoetik ist jedoch, daß sie den Zugang zu seinen Werken erschwert; dies gilt freilich für die prophetischen Großgedichte mehr als für die unmittelbarer zugänglichen *Songs of Innocence and Experience* und für die kurzen lyrischen Gedichte der *Note-Books*. «Konjunktur» haben sie daher zumeist in Zeiten, in denen auch die Esoterik Konjunktur hat – etwa im Symbolismus der Präraffaeliten und des Fin de Siècle (als Yeats sich ihnen leidenschaftlich widmete), oder derzeit im Zeichen des New Age. – Wir drucken die Texte in ihrer ursprünglichen Schreibung, da sich auch in den Abweichungen von Orthographie und Interpunktion Blakes Revolte gegen «Vor-Schriften» ausdrückt.

Ausgaben: Poetical Sketches, 1783. – *Songs of Innocence*, 1789. – *The Book of Thel*, 1789. – *The Marriage of Heaven and Hell*, 1790–93. – *America, A Prophecy*, 1793. – *Visions of the Daughters of Albion*, 1793. – *Songs of Innocence and Experience*, 1794. – *The Book of Urizen*, 1794. – *Europe, A Prophecy*, 1794. – *The Book of Ahania*, 1795. – *The Book of Los*, 1795. – *The Four Zoas*, 1797–1804. – *Milton*, ca. 1804 [gestochen um 1809]. – *Jerusalem: The Emanation of the Giant Albion*, 1804–20. – *The Everlasting Gospel*, um 1818. – *The Works*, ed. E. J. Ellis / W. B. Yeats, 3 Bde, 1893. – *Collected Works*, ed. G. Keynes, 3 Bde, 1957. – Alle London. – *Complete Writings*, ed. G. Keynes, Oxford 1966. – *The Poetry and Prose*, ed. D. V. Erdman, New York 1970. – *The Poems*, ed. W. H. Stevenson / D. V. Erdman, London 1971. – *The Illuminated Blake*, ed. D. V. Erdman, Oxford 1975. – *Blake's Poetry and Designs*, ed. M. L. Johnson / J. E. Grant, New York 1979.

Übersetzungen: N. H. Julius [5 Gedichte in seiner Übersetzung von H. C. Robinsons Aufsatz, 1811; s. u.]. – A. Knoblauch, *Ausgewählte Dichtungen*, 2 Bde, Berlin 1907. – W. Wilhelm, *Werke*, ed. G. Klotz, Berlin 1958. – A. v. Bernus / W. Schmiele, *Gedichte*, Heidelberg 1958. – G. von der Vring, *Gedichte*, Wiesbaden 1958. – K. Wolf-Gumpold, *Unschuld und Erfahrung*, Wien 1966. – L. Schacherl, *Die Vermählung von Himmel und Hölle*, München 1975. – S. Luetjohann, *Die Hochzeit von Himmel und Hölle. Eine Auswahl aus den prophetisch-revolutionären Schriften*, Bad Münstereifel 1987. – H.-U. Möhring, *Milton. Ein Gedicht*, Wien-Lana 1995. – T. Eichhorn, *Zwischen Feuer und Feuer. Poetische Werke*, München 1996.

Literatur: H. Crabb Robinson, «William Blake: Künstler, Dichter und religiöser Schwärmer», *Vaterländisches Museum*, 1811; repr. in G. E. Bentley, Jr., ed., *Blake Records*, Oxford 1969, 432–446. – M. Wilson, *The Life of W. Blake*, London 1927, ²1948. – N. Frye, *Fearful Symmetry: A Study of W. Blake*, Princeton 1947. – D. V. Erdman, *Blake: Prophet Against Empire*, Princeton 1954. – R. Gleckner, *The Piper and the Bard*, Detroit 1959. – G. M. Harper, *The Neoplatonism of W. Blake*, Chapel Hill 1961. – H. Bloom, *Blake's Apocalypse*, Ithaca 1963. – H. Adams, *Blake: The Shorter Poems*, Seattle 1963. –

E. D. Hirsch, *Innocence and Experience*, New Haven 1964. – J. Bronowski, *W. Blake and the Age of Revolution*, New York 1965. – S. F. Damon, *A Blake Dictionary*, Providence 1965. – K. Raine, *Blake and Tradition*, 2 Bde, Princeton 1968. – *W. Blake*, ed. W. Hofmann, München 1975 [Ausstellungskatalog]. – M. K. Nurmi, *W. Blake*, London 1975. – M. D. Paley, *W. Blake*, Oxford 1978. – R. N. Essick, *W. Blake, Printmaker*, Princeton 1980. – E. P. Thompson, *Witness Against the Beast: W. Blake and the Moral Law*, Cambridge 1993. – P. Ackroyd, *Blake*, London 1995.

SONGS OF INNOCENCE

Gedichtzyklus über den Stand der Unschuld, zum Teil aus der Perspektive und in der Sprache des Kindes. Hier, wie auch bei Wordsworth, wird Kindheit als Reich der Daseinsfülle romantisch gefeiert, jedoch auch zur verfremdenden Perspektive auf Ausbeutung und Unterdrückung ausgestaltet.

202 INTRODUCTION (Text: Keynes 1966, S. 111; Ü: H.-U. Möhring).

202 THE LAMB (Text: Keynes 1966, S. 115; Ü: T. Eichhorn, S. 43). – 13 *callèd by thy name*: vgl. Jesaja 48:7 und Johannes 1:29.

204 INFANT JOY (Text: Keynes 1966, S. 118; Ü: W. Wilhelm, S. 118).

SONGS OF EXPERIENCE

Zusammen mit den neu gruppierten Songs of Innocence 1794 als poetisches Diptychon, «Shewing the Two Contrary States of the Soul» (Titelblatt), veröffentlicht. Über pointierte thematische Bezüge zwischen den beiden Zyklen – vgl. etwa «The Lamb» vs. «The Tyger» und die titelgleichen Gedichte «The Chimney Sweeper» oder «Nurse's Song» – brechen die Gedichte des späteren Zyklus die früheren, einfacheren Antworten wieder auf und drängen hin auf ein Bewußtsein für die komplexe Interdependenz von Gut und Böse, Schöpfung und Zerstörung, Energie und Disziplin.

206 INTRODUCTION (Text: Keynes 1966, S. 210; Ü: G. von der Vring, Angelsächsische Lyrik, S. 113) Die Syntax läßt es hier offen, ob der Barde oder das «Holy Word» die gefallene Seele und die gefallene Erde aufruft, den natürlichen Zyklus von Licht und Dunkel anzuhalten. – 4/5 *The Holy Word*: Vgl. 1. Mose 3:8: «Und sie [Adam und Eva] hörten die Stimme des Herrn, der im Garten ging ...» Der Barde als Dichter-Prophet, dessen Imagination nicht an die Gegenwart gebunden ist, hört die göttliche Stimme im Garten Eden. – 6 *the lapsed soul*: die gefallene, sündige Seele. – 18 f. *starry floor*: In Blakes Symbolsystem stehen der gestirnte Himmel («starry floor») für strenge rationale Ordnung und das Meer für Chaos.

206 THE SICK ROSE (Text: Keynes 1966, S. 213; Ü: H. Feist, Ewiges England, S. 349).

208 THE GARDEN OF LOVE (Text: Keynes 1966, S. 208; Ü: W. Wilhelm, S. 159). – 6 *«Thou shalt not»*: vgl. 2. Mose 20.

208 THE TYGER (Text: Keynes 1966, S. 208 f.; Ü: W. Wilhelm, S. 151) Symbolisiert «The Lamb» in den Songs of Innocence Gottes Liebe, so der

Tiger hier seinen Zorn – aber auch das Kreative und Zerstörerische menschlicher Leidenschaft. – 12 *what dread feet*: Dieser elliptisch verrätselte Satz wird im ersten Entwurf fortgeführt mit «Could fetch it from the furnace deep».
210 London (Text: Keynes 1966, S. 216; Ü: M. Pfister/v. Koppenfels). – 1/2 *chartered*: Die verbrieften (Eigentums-)Rechte bedeuten gleichzeitig die Entrechtung des Großteils des Volkes. – 7 *ban*: zugleich öffentliches Verbot und Aufschrei der Wut. – 8 *mind-forged manacles*: die Gesetze und ideologischen Systeme. – 9 *the chimney-sweeper's cry*: Seit elisabethanischer Zeit und bis weit ins 19. Jahrhundert hinein mußten Kinder die Kamine von innen fegen; Blake hat diesem besonders skandalösen Beispiel von Ausbeutung sowohl in den Liedern der Unschuld als auch in denen der Erfahrung ein Gedicht gewidmet. – 11 *the hapless soldier's sigh*: Durch den verlorenen Krieg gegen die nordamerikanischen Kolonien und den Krieg gegen das revolutionäre Frankreich war das Heer der Kriegsinvaliden in den Straßen Londons angeschwollen. – 16 *hearse*: sowohl ‹Bahre› als auch ‹Leichenwagen›, zu denen hier das Brautbett und die Hochzeitskutsche werden.
212 A Poison Tree (Text: Keynes 1966, S. 218; Ü: A. v. Bernus, Das Irdische Paradies, I, S. 24).

Poems and Fragments from the Note-Book

Die Gedichte stammen vor allem aus Blakes Notizbuch aus den frühen neunziger Jahren, auch «Rossetti-Manuskript» genannt, da es sich zeitweilig im Besitz des präraffaelitischen Dichters und Malers befand.
212 Never Pain (Text: Keynes 1966, S. 161; Ü: H.-U. Möhring).
214 To Nobodaddy (Text: Keynes 1966, S. 171; Ü: H.-U. Möhring) Kontraktion von «Nobody's Daddy» als respektlos blasphemische Bezeichnung für den herrischen Vatergott; er ähnelt Urizen in Blakes Privatmythologie, dem «Father of Jealousy».
214 When Klopstock (Text: Keynes 1966, S. 186f.; Ü: N. Elias, Los der Menschen: Gedichte, Nachdichtungen, Frankfurt/M. 1987, S. 69) Klopstock, der «deutsche Milton», hat wiederholt die englische Dichtung als grob und kunstlos angegriffen; dies und die theologische Orthodoxie Klopstocks provoziert hier Blake zu skatologischer Ausfälligkeit.
216 Mock on (Text: Keynes 1966, S. 418; Ü: T. Eichhorn, S. 159) In Voltaire und Rousseau greift Blake hier wie auch in den Four Zoas und in Jerusalem den rationalistischen Deismus an. Demokrit und Newton verkörpern ihm ein materialistisch-mechanistisches Weltbild.

216 Proverbs of Hell (Auswahl aus der in The Marriage of Heaven and Hell eingebetteten Sammlung von Aphorismen; Text: Keynes 1966, S. 150–2; Ü: M. Pfister) Die Gattung des Aphorismus als Form des paradoxalen und subversiven Denkens erreicht hier einen ihrer Gipfel und spitzt Blakes antinomische Philosophie und Theologie zu äußerster Schärfe zu.

218 AUGURIES OF INNOCENCE (V. 1–10; 19–32; 53–62; 85–96; 113–16; 125–32, von 132; Text: Keynes 1966, S. 431–34; Ü: W. Wilhelm, S. 238–47) Aus dem sog. «Pickering Manuscript», um 1803 oder später; eine scheinbar ungeordnete Reihe gereimter Aphorismen.
220 VISIONS OF THE DAUGHTERS OF ALBION (V. 156–218 von 218, Text: Keynes 1966, S. 189–95; Ü: W. Wilhelm, S. 301–29) Ein frühes Dokument von «sexual politics»: Die Versklavung der «Töchter Albions» ist sowohl dem politischen als auch dem sexuellen Patriarchat zu verdanken; das Gedicht klagt damit gleichzeitig Sklaverei, Kinderarbeit und die Entmündigung der Frauen an. Oothoon, die «soft soul of America» und Verkörperung des Ideals der freien Liebe, wird von Bromion (Vernunft und Gesetz) gefangengehalten und vergewaltigt, und von Theotormon (selbstsüchtiges Verlangen), den sie begehrt, deswegen zurückgewiesen. In der hier abgedruckten Schlußpassage beklagt Oothoon ihre ausweglose Situation. – 1 *Infancy*: Blake kontrastiert hier die natürlich unschuldige Sinnlichkeit des Kindes mit der gesellschaftlich konditionierten heuchlerischen Keuschheit der erwachsenen Jungfrau, die Theotormons Ideal weiblicher Tugend verkörpert. – 32 *Father of Jealousy*: Urizen, der gesetzgebende und eifersüchtig strafende Vatergott in Blakes Privatmythologie. – 43 *adamant*: ein legendärer Stein, der als unzerbrechlich galt.
226 AND DID THOSE FEET (aus dem «Preface» zu Milton; Text: Keynes 1966, S. 480f.; Ü: W. Vordtriede, in Castrum Peregrini, 9, 1952, S. 57) Blake identifizierte sich mit Milton in seinem Kampf gegen die Patriarchen und in seinem Selbstverständnis als inspirierter Sänger. – 8 *dark Satanic Mills*: nicht nur die Maschinerien der industriellen Revolution, sondern auch und allgemeiner – in Anspielung auf Miltons Samson Agonistes, 41 – die Tretmühlen, in denen satanische Vernunft den Menschen versklavt.

WILLIAM WORDSWORTH

Cockermouth 1770 – Grasmere 1850

Der einflußreichste Dichter der älteren Romantikergeneration wuchs als Sohn eines Rechtsanwalts im Lake District in enger Verbundenheit mit der Natur auf; sein großes autobiographisches Gedicht *The Prelude* (1805/1850) deutet diese frühe Naturerfahrung als Grundlage romantischer Dichterwerdung. Während des (als wenig befriedigend empfundenen) Studiums in Cambridge unternahm er eine erste Reise nach Frankreich und in die Schweiz; bei einem längeren Frankreichaufenthalt 1791/92 begeisterte er sich für die Französische Revolution und begann eine Liebesbeziehung zu einer jungen Französin aus Blois, Annette Vallon, aus der eine Tochter hervorging. Wirtschaftliche Notwendigkeiten führten zur Rückkehr nach England, wo Wordsworth sich der radikalen Philosophie W. Godwins zuwandte. Es folgte eine Periode der Orientierungslosigkeit und Depression angesichts des Revolutionsterrors und des Konflikts zwischen Frankreich und England. Die Wende kam 1795 mit einer Erbschaft von £900, die es ihm ermöglichte, mit seiner seelenverwandten Schwester Dorothy in ländlicher Zurückgezogenheit eine neue geistige Mitte und neue poetische Ausdrucksmöglichkeiten zu finden. In die gleiche Zeit fällt die Freundschaft mit S. T. Coleridge; die örtliche Nähe beider Dichter in Somerset führte zu einem lebhaften geistigen Austausch, dessen Frucht eine gemeinsame Gedichtsammlung neuen Stils war, die *Lyrical Ballads* von 1798. Mit ihrer programmatischen Abwendung von der gängigen poetischen Diktion, ihrer Hinwendung zu Themen des «low and rustic life» und ihrer Fusion des Lyrischen und Balladesken erregte sie das Befremden der Kritiker. Daraufhin fügte Wordsworth der Neuauflage von 1800 ein – gedanklich von Coleridge mitbestrittenes – manifestartiges Vorwort hinzu, das die Prinzipien der neuen Dichtung als affektives Sprechen von Mensch zu Mensch im Sinne eines «spontaneous overflow of powerful feeling» erklärt. Nach einer gemeinsamen Deutschlandreise mit Coleridge, die bei ihm keine deutschen Horizonte öffnete, kehrte Wordsworth in die Landschaft seiner Kindheit zurück, heiratete 1802 seine Jugendfreundin Mary Hutchinson und bezog das Dove Cottage in Grasmere im Lake District. Hier entstanden bis 1806 eine Reihe seiner wichtigsten Werke, vor allem das ‹autobiographische Epos› in Blankvers *The Prelude*, das als Auftakt eines von Coleridge angeregten, nur in geringen Teilen verwirklichten großen natur- und moralphilosophischen Werkes dienen sollte, und das der Dichter mehrfach überarbeitete. Die zweibändige Werkausgabe von 1807 markiert den Abschluß seiner großen, etwa 10 Jahre dauernden Schaffensperiode. Danach lebte Wordsworth in zunehmend besseren materiellen Verhältnissen und wachsendem Ansehen, mit immer stärker konservativer Einstellung und allmählich versiegender innerer Produktivität. Zum Zeitpunkt seines Todes war der einstige Rebell längst zum ‹viktorianischen Weisen› geworden. – Eine deutsche Rezeption dieses essentiell ‹englischen› Romantikers hat bis heute nur in Ansätzen stattgefunden.

Ausgaben: Lyrical Ballads, 1798, ^{2}1800, ^{3}1805. – *Poems*, 2 Bde, 1807. – *The Excursion*, 1814. – *The Prelude, or Growth of a Poet's Mind*, 1850. – Alle London. – *The Prelude (1805)*, ed. E. de Selincourt, Oxford 1928, rev. 1959. – *Poetical Works*, ed. E. de Selincourt / H. Darbishire, 5 Bde, Oxford 1940–1949. – *The Prelude: A Parallel Text*, ed. J. C. Maxwell, Harmondsworth 1971. – *Lyrical Ballads*, ed. M. Mason, London 1998. – *The Letters of William and Dorothy Wordsworth*, ed. E. de Selincourt et al., 7 Bde, Oxford 1967–1988. – *The Prose Works*, ed. W. J. B. Owen / J. W. Smyser, 3 Bde, Oxford 1974.

Übersetzungen: M. Gothein, *W. Wordsworth*, Halle 1893. – L. Goldscheider, *Gedichte,* Stuttgart 1924. – W. Breitwieser, *Gedichte,* Heidelberg 1959. – S. Schmitz et al., in ders., *Lyrik der englischen Romantik*, München 1967, S. 23–50. – H. Fischer, *Präludium* [Text von 1850], Stuttgart 1974. – U. Grüning, et al., in H. Höhne, ed., *Ein Ding von Schönheit*, Leipzig 1983, S. 156–211.

Literatur: H. Darbishire, *The Poet Wordsworth*, Oxford 1950. – J. Jones, *The Egotistical Sublime*, London 1954. – J. F. Danby, *The Simple Wordsworth*, London 1960, ²1968. – H. Bloom, *The Visionary Company*, London 1962. – G. H. Hartman, *Wordsworth's Poetry 1787–1814*, New Haven 1964, ²1971. – D. Perkins, *Wordsworth and the Poetry of Sincerity*, Cambridge/Mass. 1964. – H. M. Abrams, *Natural Supernaturalism*, New York 1971. – M. H. Friedman, *The Making of a Tory Humanist*, New York 1979. – F. B. Pinion, *A Wordsworth Companion*, London 1984. – M. Levinson, *Wordsworth's Great Period Poems*, Cambridge 1986. – A. Gardiner, *The Poetry of W. Wordsworth,* Harmondsworth 1990.

228 MY HEART LEAPS UP (Text: Poetical Works, I, S. 226; Ü: v. Koppenfels, frei nach W. Breitwieser, S. 15).

228 I WANDERED LONELY (Text: Poetical Works, II, S. 216; Ü: Breitwieser, S. 32) Dorothy Wordsworths Tagebuch hält die Anregung dieses berühmten Gedichtes fest, den unverhofften Anblick einer Fülle von Narzissen am Ufer von Ullswater: «Nie sah ich so schöne Narzissen. Sie wuchsen unter den moosigen Steinen und rings um sie herum; manche betteten müde ihre Köpfchen auf die Steine; und der Rest schwankte und taumelte und tanzte, und schien wahrhaftig mit dem Wind zu lachen, der über den See auf sie zublies; sie sahen so fröhlich aus, immerzu aufblitzend, immer sich wandelnd ...»

230 LINES COMPOSED A FEW MILES ABOVE TINTERN ABBEY (Text: Poetical Works, II, S. 259–64; Ü: v. Koppenfels) Der Dichter hatte das Wye-Tal und die malerischen Ruinen von Tintern Abbey in Monmouthshire (Wales) im Alter von 23 Jahren auf einer Wanderung zum ersten Mal besucht. Das Wiedersehen mit der geliebten Landschaft, nun in Begleitung der Schwester, wird zur Prüfung und Vergewisserung der eigenen Empfindungsfähigkeit, der Basis seines Dichtertums. Das Gedicht, das Wordsworth erstmals als Meister des autobiographischen Blankverses zeigt, erschien in den «Lyrical Ballads». – 66–85 *Though changed ... dizzy raptures*: Beschreibung der drei Stadien des Heranwachsens vom instinktiven Naturgenuß des Knaben über die schwindelerregenden Ekstasen des Jugendlichen hin zur philosophischen Betrachtung des gereiften Mannes; der Sprecher will die Entwicklung von spontaner zu reflektierter Naturbegeisterung als spirituellen Fortschritt deuten. – 113 *genial spirits*: ein Begriffskomplex, der physische Lebensgeister, Daseinsfreude und den Glauben an das eigene Genie einschließt. – 115 *dearest friend*: die Schwester Dorothy.

238 A slumber (Text: Poetical Works, II, S. 216; Ü: v. Koppenfels) Dies und das folgende Gedicht gehört zur Gruppe der 1799 entstandenen sogenannten «Lucy Poems» über das Leben und den frühen Tod eines Mädchens aus Cumberland, dessen Identität bis heute ungeklärt ist.
238 She dwelt (Text: Poetical Works, II, S. 30; Ü: U. Grüning, in H. Höhne, Ein Ding von Schönheit, S. 181).
240 Composed upon Westminster Bridge (Text: Poetical Works, III, S. 38; Ü: v. Koppenfels) Wordsworth überquerte die Westminster Bridge am frühen Morgen des 31. Juli (!) 1802 in Begleitung seiner Schwester auf dem Weg nach Calais; Dorothys Tagebuch notiert dazu: «Es war ein herrlicher Morgen. Die Stadt, St. Paul's, und die Menge kleiner Schiffe boten einen sehr schönen Anblick... Über den Häusern hing noch keine Rauchwolke, und sie breiteten sich unbegrenzt aus; doch so hell schien die Sonne, mit so starkem Leuchten, das das Ganze etwas von der Unberührtheit eines großen Naturschauspiels an sich hatte.» – 14 *mighty heart*: das schlafende London als Herz Englands und lebendiger Organismus.
240 It is a beauteous evening (Text: Poetical Works, III, S. 17; Ü: v. Koppenfels). – 9 *Dear child:* Caroline, die Tochter des Dichters aus der Verbindung mit Annette Vallon; den August 1802 verbrachte er mit Annette, Caroline und Dorothy in Calais – ein letzter Abschied vor seiner Heirat mit Mary Hutchinson. – 12 *Abraham's bosom*: nach Lukas 16:22 Ruheort der abgeschiedenen Seelen auf dem Weg zum Paradies.
242 The world is too much with us (Text: Poetical Works, III, S. 18f.; Ü: v. Koppenfels; V. 13f. nach Breitwieser, S. 29). – 13 *Proteus*: vielgestaltige Meeresgottheit. – 14 *Triton*: mythologische Figur aus dem Gefolge Poseidons, meist auf einem Muschelhorn blasend dargestellt.
242 Steamboats (Text: Poetical Works, IV, S. 47; Ü: v. Koppenfels) In diesem 1833 entstandenen Sonett gibt der Dichter dem industriellen Fortschritt seinen Segen und begrüßt die Ankunft des Eisenbahnzeitalters in seinem geliebten Lake District.

The Prelude

Das große autobiographische ‹Epos› wurde erst nach dem Tod des Dichters 1850 in einer stark revidierten Version gedruckt. Das Gedicht feiert und vergöttlicht die Schöpfergabe der Imagination, deren Entfaltung durch die Naturnähe der Kindheit, späteres Verkümmern aufgrund gesellschaftlicher Irrwege, und Restitution in der erneuten Öffnung für die Natur seine eigentliche Handlung ausmachen. Die Auszüge enthalten den ‹epischen Auftakt› (Proöm) und ein frühes Beispiel jener Schlüsselerlebnisse transzendenter Naturerfahrung, die der Dichter «spots of time» nannte.
244 Oh there is blessing (Fassung von 1805; Book I, V. 1–54, von 671; Text: de Selincourt 1959, S. 2ff.; Ü: H. Fischer). – 1 *breeze*: der Wind als göttlicher Anhauch der Inspiration. – 6f. *house of bondage*: London, für den Naturdichter Wordsworth ein unkongenialer Aufenthaltsort, erscheint hier

nach 2. Mose 20:2 als ‹Haus der Knechtschaft›. – 15 *The earth is all before me*: einer der vielen Milton-Bezüge des Gedichts; am Ende von Paradise Lost blicken die aus Eden Vertriebenen voraus und sehen die ganze Welt vor sich liegen; vgl. Bd 1, S. 450.

246 ONE EVENING (Fassung von 1805; Book I, V. 372–427, von 671; Text: de Selincourt 1959, S. 22–26; Ü: H. Fischer). – 1 *her*: die Natur. – 26–41 *I fixed . . . Strode after me*: Der Ruderer, mit dem Rücken zum Bug, fixiert eine Felsspitze am Ufer, um gradlinig auf den See hinauszurudern; während er sich der Seemitte nähert, wächst dahinter ein größerer Berg empor und scheint sein Boot zu verfolgen.

250 THE SIMPLON PASS (Prelude, Fassung von 1805, Book VI, V. 553–72, von 705; 1845 als eigenes Gedicht veröffentlicht; Text: de Selincourt 1959, S. 210; Ü: v. Koppenfels) «Spot of time» während der Alpenwanderung, die der Dichter im Sommer 1790 mit seinem Cambridger Freund Robert Jones unternahm: Zerrissenheit und Tumult der Natur als apokalyptische Offenbarung des Einen.

SAMUEL TAYLOR COLERIDGE

Ottery St. Mary 1772 – Highgate 1834

Der Sohn eines Geistlichen aus Devonshire, als Dichter und Denker der englischen Romantik gleich bedeutend, Verfasser eines fragmentreichen, originellen und vielgestaltigen Werkes, wurde durch zwei Kindheitserfahrungen traumatisiert: Der frühe Tod des Vaters zerschnitt die familiären Bande und setzte den empfindlichen Jungen dem spartanischen Erziehungssystem der Londoner Armenschule Christ's Hospital aus; und eine rheumatische Erkrankung führte zur Abhängigkeit von schmerzstillenden Opiaten. Coleridge brach sein Cambridger Studium ab, ging wegen Schulden kurzfristig zu den Dragonern, begeisterte sich für die Französische Revolution und schmiedete mit dem befreundeten Dichter R. Southey Pläne für eine amerikanische Kommune. Die Freundschaft mit Wordsworth und das Stipendium eines Gönners leiteten eine poetisch höchst fruchtbare Periode ein, in der einige der berühmtesten Werke der englischen Romantik entstanden: Die Ballade «The Ancient Mariner», Coleridges Hauptbeitrag zu den *Lyrical Ballads* von 1798, der (angebliche) Opiumtraum «Kubla Khan» und die unvollendete alptraumhafte Verserzählung «Christabel». Bei der poetischen Arbeitsteilung mit Wordsworth wählte der Dichter für sich vor allem den Bereich des Übernatürlichen, das metrische Experiment und die poetologische Reflexion; dazu entwickelte er ein Genre des reflektierenden, gesprächsnahen

Blankversgedichts («conversation poem»), dessen schönstes Beispiel «Frost at Midnight» ist. Um die gleiche Zeit (vgl. die Ode «France») wandte er sich enttäuscht von den französischen Hoffnungen ab und der Natur zu. – 1798/99 unternahm er mit Wordsworth und dessen Schwester eine Deutschlandreise, hörte Vorlesungen in Göttingen und entwickelte Interesse für deutsche Philosophie. 1799/1800 erschien seine Übertragung von Schillers *Piccolomini* und *Wallensteins Tod.* Die Übersiedlung nach Cumberland im Lake District, in die Nähe seiner Dichterfreunde, brachte nicht die erhoffte innere Stabilisierung. Er litt unter den Zwängen des journalistischen Broterwerbs, seiner vom Opium beeinflußten Indolenz, der Entfremdung von Wordsworth, seiner Ehe, und der unerfüllten Liebe zu Sara Hutchinson, der Schwester von Wordsworths späterer Frau. Seine Ode «Dejection» von 1802 beklagt beredt den Verlust des schöpferischen Prinzips der ‹Freude›. In dieser Krisenzeit begann Coleridge seine ungewöhnlichen, an Reflexionen und Entwürfen reichen *Notebooks,* die heute als eines seiner Hauptwerke gelten. – 1804 reiste er zur Wiederherstellung seiner Gesundheit nach Malta und Italien, um 1806 zerrütteter denn je zurückzukehren. Danach gründete er eine kurzlebige Zeitschrift, *The Friend* (1809/10), und hielt sich mit Vortragsreihen, vor allem den bedeutenden Vorlesungen zu Shakespeares dramatischer Kunst, über Wasser. Der Umzug nach Highgate brachte eine Wendung zu erneuter Produktivität: 1816 erschienen bisher unveröffentlichte Gedichte, ein Jahr später die kuriose und originelle geistige Autobiographie *Biographia Literaria,* nicht zuletzt ein kostbares Stück romantischer Dichtungskritik. In seinen letzten Jahren widmete sich Coleridge vorwiegend philosophischen und religiösen Fragen (*Aids to Reflection,* 1825), während sein Ruhm als Monument der romantischen Bewegung wuchs. Er starb mit 62 Jahren in seinem Haus in Highgate an Herzschwäche.

Ausgaben: Lyrical Ballads (mit Wordsworth), 1798. – *Christabel, Kubla Khan, The Pains of Sleep*, 1816. – *Biographia Literaria*, 2 Bde, 1817. – *Essays on His Own Times*, 3 Bde, 1850. – Alle London. – *Complete Poetical Works*, ed. E. H. Coleridge, 2 Bde, Oxford 1912, [3]1962; einbändige Ausg. 1967. – *Collected Letters*, ed. E. L. Griggs, 6 Bde, Oxford, 1956–1971. – *The Notebooks*, ed. K. Coburn, London 1957ff.; bisher 8 Bde. – *Biographia Literaria*, ed. G. Watson, London 1965. – *Collected Works*, ed. K. Coburn, London 1969ff.; bisher 22 Bde.

Übersetzungen: F. Freiligrath, *Der alte Matrose*, Gera 1898. – W. Breitwieser, *Der alte Seemann und Kubla Khan*, Heidelberg 1959. – H. Politzer, *Der alte Seefahrer*, Frankfurt 1963. – S. Schmitz et al., in ders., *Lyrik der englischen Romantik*, München 1967, S. 53–80. – E. Mertner, ed., *Gedichte*, Stuttgart 1973. – G. Kunert et al., in H. Höhne, ed., *Ein Ding von Schönheit*, Leipzig 1983, S. 214–293.

Literatur: J. L. Lowes, *The Road to Xanadu*, Cambridge/Mass. 1927, ²1930. – I. A. Richards, *Coleridge on Imagination*, 1934. – H. House, *Coleridge*, 1953, ²1969. – P. M. Adair, *The Waking Dream: A Study of Coleridge's Poetry*, 1967. – W. J. Bate, *Coleridge*, 1968. – Alle London. – G. N. G. Orsini, *Coleridge and German Idealism*, Carbondale 1969. – S. Pricket, *Coleridge and Wordsworth*, Cambridge 1970. – J. Cornwell, *Coleridge: Poet and Revolutionary, 1772–1804*, London 1973. – K. Coburn, ed., *Coleridge*, Englewood Cliffs 1973. – R. and J. Haven, *An Annotated Bibliography of Criticism and Scholarship*, Boston 1976. – K. Coburn, *In Pursuit of Coleridge*, London 1976. – P. Hamilton, *Coleridge's Poetics*, Oxford 1983. – J. S. Hill, *Coleridge Companion*, London 1983. – H. Bloom, ed., *S. T. Coleridge*, New York 1986. – P. Magnuson, *Coleridge and Wordsworth*, Princeton 1988.

252 KUBLA KHAN (Text: E. H. Coleridge 1967, S. 295–98; Ü: W. Breitwieser, S. 133f., bearb.) Als der Dichter das vermutlich 1797 verfaßte Werk auf Drängen Lord Byrons 1816 veröffentlichte, nannte er es im Untertitel «Traumvision» und «Fragment» und glaubte es als «psychologische Kuriosität» entschuldigen zu müssen. In seinem Vorspann schreibt er zur Entstehungsgeschichte: «Im Sommer des Jahres 1797 befand sich der Autor in schlechtem Gesundheitszustand und lebte in einem einsamen Farmhaus zwischen Porlock und Linton an der Grenze von Somerset und Devonshire in Exmoor. Für eine leichte Unpäßlichkeit war ihm ein schmerzstillendes Mittel verordnet worden, dessen Wirkung ihn in dem Moment auf seinem Stuhl einschlafen ließ, als er folgenden Satz, oder in etwa folgende Worte, in ‹Purchas's Pilgrimage› las: ‹Hier befahl der Khan Kubla einen Palast zu errichten, und dazu einen stattlichen Garten anzulegen. Und also wurden zehn Meilen fruchtbaren Bodens mit einem Wall umfriedet.› Der Autor lag etwa drei Stunden lang in einem tiefen Schlaf, zumindest was die äußeren Sinne angeht; während dieser Zeit hat er nach seiner lebhaftesten Überzeugung nicht weniger als zwei- bis dreihundert Verse komponiert – wenn man als Komposition einen Vorgang bezeichnen will, bei dem alle Bilder dinglich vor ihm erschienen und gleichzeitig, ohne empfundene und bewußte Anstrengung, die entsprechenden Ausdrücke hervorriefen. Beim Erwachen glaubte er sich genau an alles zu erinnern; er nahm Feder, Tinte und Papier und schrieb ohne zu zögern die Zeilen nieder, die hier bewahrt sind. In diesem Augenblick wurde er leider durch einen Besucher aus Porlock gestört, der Geschäftliches zu besprechen hatte und ihn über eine Stunde aufhielt; in sein Zimmer zurückgekehrt, fand er zu seiner nicht geringen Bestürzung und Verärgerung, daß er zwar noch eine vage und verschwommene Vorstellung vom Inhalt des Ganzen hatte, daß aber mit Ausnahme von einigen acht oder zehn verstreuten Zeilen und Bildern alles übrige verflogen war wie die Bilder auf der Oberfläche eines Stromes, in den man einen Stein geworfen hat...» Dem angeblichen Fragmentcharakter steht die relative Geschlossenheit der Komposition gegenüber, deren drei Teile (Pleasure Dome – Lied der Abyssinian

Maid – inspirierter Dichter) in einem vom Leser zu erschließenden Symbolzusammenhang stehen. – 1 *Xanadu*: Purchas' «Xamdu» bezeichnet das chinesische Scham-tu; Coleridges Variante wiederholt die Vokale von Kubla Khan in umgekehrter Reihenfolge. – *Kubla Khan*: Enkel des Dschingis Khan und Begründer der mongolischen Dynastie in China. – 3 *Alph*: Kreuzung des griechischen ersten Buchstaben Alpha mit dem mythischen Alpheios-Fluß, der in die Jonische See mündet und nach dem Glauben der Antike in der sizilianischen Arethusaquelle erneut entspringt. – 41 *Mount Abora*: Erinnerung an den «Mount Amara» in Abyssinien, den Paradise Lost, IV, 280ff., als möglichen Ort des Irdischen Paradieses nennt. – 51 *Weave a circle*: rituelle Beschwörung, um den weissagenden Dichter vor dem Bereich des Profanen zu schützen.

254 Frost at Midnight (Text: E. H. Coleridge, 1967, S. 240ff.; Ü: v. Koppenfels) Schauplatz dieser 1798 entstandenen winterlichen Meditation ist Coleridges Cottage in Somerset. – 7 *infant*: der Sohn des Dichters, Hartley, damals 17 Monate alt. – 26 *stranger*: ein vom Luftzug bewegtes Rußhäutchen auf dem Kaminrost, das die baldige Ankunft eines Besuchers ankündigen sollte; hier ein markantes Echo von Cowpers «Winter Evening» (vgl. oben, S. 164). – 28 *my . . . birthplace:* sehnsüchtige Erinnerung an das Heimatdorf in Devonshire aus der bedrückenden Atmosphäre von Christ's Hospital in London. – 43 *clothed alike*: als Coleridge und seine Schwester Anne noch Kleinkinderkleidung trugen, die auch für Jungen aus einem Rock bestand.

258 Fears in Solitude (V. 108–23, von 132; Text: E. H. Coleridge 1967, S. 267; Ü: v. Koppenfels) 1798 in Somerset verfaßtes Blankversgedicht, das angesichts der Furcht vor einer französischen Invasion politische und patriotische Gewissenserforschung betreibt.

260 To the Author (Text: E. H. Coleridge 1967, S. 72f.; Ü: Graf v. Schack, in Schmitz, Lyrik der englischen Romantik, S. 53f.) «In einer Winternacht, als ich das Haus eines Schulfreundes verließ, mit dem ich zur Nacht gespeist hatte, nahm ich zufällig die ‹Räuber› mit, ein Drama, dessen Namen ich nie zuvor gehört hatte: Winternacht – gewaltiger Wind – und die ‹Räuber› zum erstenmal – Schillers Leser werden begreifen, was ich fühlte. Schiller führt keine überirdischen Wesen ein, aber seine Menschen bewegen und erschüttern mehr als die Gespensterheere Shakespeares.» Das Gedicht wurde 1796 veröffentlicht. – 1 *I would have wished*: Schacks Version vertauscht die Personalpronomina in diesem Spiel poetischer Identifikation.

260 Know'st thou the Land (Text: E. H. Coleridge 1967, S. 311; 'Ü': Das Goethesche Original) «Mignons Lied» aus dem Wilhelm Meister wurde vermutlich während der Deutschlandreise 1799 übersetzt und 1834 gedruckt.

262 Hymn before Sun-Rise (Text: E. H. Coleridge 1967, S. 376–80; Ü: Graf v. Schack, in Schmitz, Lyrik der englischen Romantik, S. 77–80) Coleridges «Hymne in der Manier der Psalmen» ist eine Erweiterung und Umdichtung von Friederike Bruns weit kürzerer, Klopstock gewidmeter «Hymne auf Chamonix». Der Dichter schreibt im Vorspann des 1802 veröf-

fentlichten Gedichts über die Landschaft von Chamonix unter dem Mont Blanc: «Wer wollte, wer könnte ein Atheist sein in diesem Tal der Wunder?» – 4 *Arve and Arveiron*: am Fuß des Mont Blanc entspringende Flüsse. – 24 *Awake, my soul*: Formel der geistlichen Morgenhymne. – 70 *hoar*: nicht ‹hehr›, sondern ‹eisgrau›.

268 TO NATURE (Text: E. H. Coleridge 1967, S. 429; Ü: v. Koppenfels) Bekenntnis romantischer Naturreligion, um 1820 (?) entstanden.

268 PHANTOM OR FACT (Text: E. H. Coleridge 1962, S. 184f.; Ü: H. v. Hofmannsthal, Sämtliche Werke, ed. R. Hirsch et al., Frankfurt 1984ff., I, S. 103) Ein spätes Gedicht (um 1830?, gedr. 1834) aus der – oft disharmonischen – Traumwelt Coleridges. Hofmannsthals Version verzichtet auf das abschließende chiastische Wortspiel.

270 THE PAINS OF SLEEP (Text: E. H. Coleridge 1967, S. 389ff.; Ü: v. Koppenfels) Die Erstfassung des Gedichts ist in einem Brief an Southey vom 11. 9. 1803 enthalten, in dem Coleridge schreibt: «Meine Stimmung ist schrecklich, allein aufgrund der grauenhaften Nächte – ich habe wahrhaftig Angst vor dem Schlafen. Es ist kein schattenhaftes, sondern substantielles, klaftertiefes Elend, das mich jeden Morgen an meinem Bette weinend sitzen läßt – dabei habe ich alle Opiate abgesetzt, außer von Zeit zu Zeit ein wenig Äther ...» Vermutlich waren Coleridges Alpträume Symptome des Opiumentzugs.

274 WORK WITHOUT HOPE (Text: E. H. Coleridge 1967, S. 447; Ü: v. Koppenfels) Der Untertitel lautet: «Zeilen, geschrieben am 21. Februar 1825.» – 7 *amaranths*: mythische, ewigblühende Paradiesblumen nach Paradise Lost, III, 352ff.

274 EPITAPH (Text: E. H. Coleridge 1967, S. 491f.; Ü: v. Koppenfels) Von diesem ein Jahr vor seinem Tode verfaßten Eigenepitaph Coleridges gibt es sechs unterschiedliche Manuskriptversionen; hier Text des Erstdrucks von 1834. – 7 *for*: anstatt.

PERCY BYSSHE SHELLEY

Horsham 1792 – Golf von La Spezia 1822

Keiner der englischen Romantiker hat ein vielseitigeres Lebenswerk geschaffen als Shelley: Es umfaßt Übersetzungen Platons ebenso wie Dantes und Goethes, politische und philosophische Streitschriften (*The Necessity of Atheism*, 1811; *A Philosophical View of Reform*, 1820) und die *Defence of Poetry* (1821), Dramen (*The Cenci*, 1819; *Prometheus Unbound*, 1820; *Hellas*, 1822); Epen (*Alastor*, 1816; *The Revolt of Islam*, 1818), Lehrgedichte (*Queen Mab*, 1813), Allegorien (*The Masque of Anarchy*, 1819), Satiren, Sonette, Oden, Lieder und

Gedichte, die, wie *Epipsychidion* (1821), jede traditionelle Gattungsform sprengen. Entstanden ist all dies in wenig mehr als einer Dekade und unter Umständen, die Shelleys Leben zum Inbegriff der romantischen Künstlervita machen: Der Sohn aus konservativem Adelsgeschlecht wird wegen seiner atheistischen Streitschrift von Oxford relegiert und heiratet die Gastwirtstochter Harriett Westbrook (1811); gerät unter den Einfluß des radikalen Denkers William Godwin, verbindet sich mit dessen Tochter Mary Wollstonecraft Godwin (1814), lebt mit ihr und ihrer Halbschwester Jane ‹Claire› Clairmont in einem *ménage à trois* auf dem Kontinent und heiratet Mary nach dem Selbstmord der ersten Frau (1816); emigriert 1818, skandalumwittert und verschuldet, endgültig nach Italien, wo er sich nach Stationen in Lucca, Venedig, Este, Livorno und Florenz schließlich 1820 mit seiner «Großfamilie» in Pisa niederläßt. Trotz der Erschütterungen durch den Tod zweier seiner Kinder, angegriffener Gesundheit und weiterer erotischer Verstrickungen schreibt er in seinen italienischen Jahren, vor allem im *annus mirabilis* 1819/20, seine bedeutendsten Dichtungen, darunter *Prometheus Unbound*, die «Ode to the West Wind» und die Satire auf den politisch reaktionär gewordenen Wordsworth, *Peter Bell The Third*. Durch den Tod in den Fluten der Bucht von La Spezia bleibt sein letztes großes Gedicht, der von Dante und Petrarca inspirierte *Triumph of Life*, unvollendet zurück. Im Rückblick erscheint sein Werk bis zum Zerreißen gespannt zwischen Extremen: zwischen aufklärerischem Materialismus und platonischem Idealismus, radikal-politischer Agitation und reinster Poesie, autobiographischer Konfession und kosmischer Vision. Entsprechend ist er in der Wirkungsgeschichte – bis hinein in die jüngste Vergangenheit des geteilten Deutschlands – immer wieder in gegensätzlichen Mythen auseinanderdividiert worden: in den skandalösen Immoralisten der Viktorianer und den kühnen Freidenker der Liberalen, den ätherischen Schönheitsboten, den «beautiful and ineffectual angel» (M. Arnold) der Ästheten und den engagierten Radikalen der Sozialisten. Erst in neuerer Zeit ist es gelungen, diese Stereotypen aufzulösen, und er steht nun in seiner Gespanntheit zwischen ekstatischer Wortmusik und scharfer Intellektualität, prophetischer Schau und skeptischem Zweifel, Intensität der Emotion und allseitig gebildetem Kunstverstand auf einer Ebene mit den anderen großen Romantikern der zweiten Generation, dem von ihm bewunderten Keats und dem ihm durch Freundschaft eng verbundenen Byron.

Ausgaben: Queen Mab, 1813. – *Alastor*, 1816. – *The Revolt of Islam*, 1818. – *Prometheus Unbound*, 1820. – *Epipsychidion*, 1821. – Alle London. – *Adonais. An Elegy on the Death of John Keats*, Pisa 1821. – *The Complete Works*, ed. R. Ingpen / W. E. Peck, 10 Bde, London 1926–30. – *Shelley: Selected Poetry, Prose and Letters*, ed. A. S. B. Glover, London 1951. – *The Letters*, ed. F. L. Jones, Oxford 1964. – *The Complete Poetical Works*, ed. N. Rogers, 2 Bde, Oxford 1972–75. – *Shelley's Poetry and Prose: Authoritative Texts. Criticism*, ed. D. H. Reimann / S. B. Powers, New York 1977. – *The Poems*, ed. G. Matthews / K. Everest, 3 Bde, London 1989–2000.

Übersetzungen: J. Seybt, *Poetische Werke*, Leipzig 1844. – F. Prössel, *Einige Dichtungen*, Braunschweig 1845. – A. Strodtmann, *Ausgewählte Dichtungen*, 2 Bde, Leipzig 1866. – H. Richter, *Percy Bysshe Shelley*, Weimar 1898. – R. Ackermann, *Percy Bysshe Shelley*, Dortmund 1906. – A. Wolfenstein, *Dichtungen*, Berlin 1922. – U. Clemen, *Shelley / Keats. Oden und Hymnen*, München 1949. – A. v. Bernus, *Percy Bysshe Shelley*, Heidelberg 1958. – K. H. Berger / R. Erb / R. Kirsch u. a., *Ausgewählte Werke: Dichtung und Prosa*, ed. H. Höhne, Leipzig 1985, Frankfurt/M. 1990. – A. v. Wickenburg, *Der entfesselte Prometheus*, Wien 1876. – C. Weiser, *Feenkönigin*, Leipzig 1878. – R. Ackermann, *Alastor*, Marktbreit 1884. – E. Barthel, *Adonais*, Berlin 1910. – A. Wolfenstein, *Adonais*, Berlin 1922. – R. R., *Kampf. Gedichte*, Frankfurt/M. 1924. – R. Harbaum, *Die Maske der Anarchie. Sieben Gedichte*, Göttingen 1985.

Literatur: N. I. White, *Shelley*, 2 Bde, New York 1940. – C. Baker, *Shelley's Major Poetry*, Princeton 1948. – R. H. Fogle, *The Imagery of Keats and Shelley*, Chapel Hill 1949. – J. A. Notopoulos, *The Platonism of Shelley*, Durham/NC 1949. – K. N. Cameron, *The Young Shelley*, New York 1950. – H. Bloom, *Shelley's Mythmaking*, New Haven 1959. – D. G. King-Hele, *Shelley: His Thought and Work*, London 1960. – D. H. Reiman, *P. B. Shelley*, New York 1969, ^{2}1990. – E. R. Wasserman, *Shelley: A Critical Reading*, Baltimore 1971. – K. N. Cameron, *Shelley: The Golden Years*, Cambridge/Mass. 1974. – T. Webb, *The Violet in the Crucible: Shelley and Translation*, Oxford 1976. – N. Brown, *Sexuality and Feminism in Shelley*, Cambridge/Mass. 1979. – P. M. S. Dawson, *The Unacknowledged Legislator: Shelley and Politics*, Oxford 1980. – M. O'Neill, *P. B. Shelley: A Literary Life*, London 1989. – C. Bode, *‹And what were thou . . .?› Essay über Shelley und das Erhabene*, Essen 1992. – T. Morton, *Shelley and the Revolution in Taste*, Cambridge 1994. – B. Shelley, *Shelley and Scripture*, Oxford 1994. – S. Haines, *Shelley's Poetry*, London 1997.

276 QUEEN MAB (Ausgabe: Queen Mab. A Philosophical Poem, 1813, VII, V. 13–48, von insgesamt 2305; Text: Reiman / Powers, S. 51 f.; Ü: A. Strodtmann, I, S. 63 f.) Dieses erste große Gedicht Shelleys, das bald zur Bibel der radikalreformerischen Chartisten-Bewegung wurde, versteckt seinen philosophischen Sprengstoff hinter dem arglosen, auf Shakespeares Feenkönigin (Romeo and Juliet, I, iv) anspielenden Titel. Queen Mab geleitet den Geist der schlafenden Ianthe im Zauberflug um den Erdkreis und führt dem Mädchen dabei vor Augen, daß die Geschichte der Menschheit nichts als Tyrannei, Ausbeutung und Obskurantismus war. Die radikale Kritik an den bestehenden Verhältnissen öffnet sich immer wieder dem Ausblick in eine Zukunft republikanischer Freiheit, des brüderlichen Teilens und der freien Liebe, des Vegetariertums und des Atheismus. Unser Auszug bringt in Blankverse, was Shelley schon 1811 im Prosapamphlet The Necessity of Atheism dargelegt und was ihm die Relegierung von der Universität Oxford

eingebracht hatte. – 1 *There is no God*: Eine Anmerkung Shelleys spezifiziert hier: «This negation must be understood solely to affect a creative deity. The hypothesis of a pervading Spirit co-eternal with the universe remains unshaken ...». – 19 *Foh*: legendärer erster König von China.

278 Can man (Ausgabe: The Revolt of Islam, 1818, Canto II, Strophe 43, von 539; Text: Glover, S. 182; Ü: F. Engels, in Ausgewählte Werke 1990, S. 36f.) Das epische Gedicht trug zunächst den Titel: Laon and Cythna: or The Revolution of the Golden City. A Vision of the Nineteenth Century. Seine zwölf Cantos handeln – in Spenser-Stanzen und versetzt in den Orient – von der Französischen Revolution. In der ausgewählten Passage spricht Cythna, ihrem Bruder Laon in inzestuöser Liebe zugetan; die Übersetzung Friedrich Engels' dokumentiert das frühe Interesse deutscher Sozialisten an Shelleys Botschaft umfassender Freiheit.

278 Ozymandias (Text: Reiman / Powers, S. 103; Ü: K. Bartenschlager) Erstveröffentlichung in Leigh Hunts Examiner (11. 1. 1818). Osymandias ist Ramses II, Moses' Gegenspieler. Die Beschreibung des Monuments ist durch Richard Pocockes Description of the East and Some Other Countries (1743) inspiriert; die Inschrift geht auf den griechischen Historiker Diodorus Siculus zurück.

280 Ode to the West Wind (Text: Reiman / Powers, S. 221ff.; Ü: Ch. Schuenke) Geschrieben Okt. 1819 in Florenz; erstveröffentlicht mit Prometheus Unbound (1820). Die Strophenform (terza rima) verweist auf Dante, einen anderen Dichter im Exil. – 14 *Destroyer and Preserver*: spielt auf die Hindu-Gottheiten Schiwa (Weltzerstörer) und Wischnu (Welterhalter) an. – 18 *Angels*: wörtlich ‹Boten›. – 23 *Dirge*: Totenlied (von ‹Dirige, Domine ...› aus Psalm 5:8). – 32 *Baiæ's bay*: bei Neapel gelegenes, glanzvolles Seebad des kaiserlichen Rom. – 69 *The trumpet of a prophecy*: Der Dichter wird hier, wie am Ende der Defence of Poetry (1821), als Künder einer revolutionären Zukunft definiert.

284 Song to the Men of England (Text: Glover, S. 666f.; Ü: R. Erb, in Ausgewählte Werke 1990, S. 113ff.) Nach dem Ende der Napoleonischen Kriege geschrieben und 1839 posthum veröffentlicht, wurde das Gedicht zum Hymnus der britischen Labour-Bewegung.

286 Stanzas written in Dejection (Text: Reiman / Powers, S. 127f.; Ü: W. Schmiele, S. 119–23) 1824 posthum veröffentlicht; reflektiert eine Reihe von Schicksalsschlägen – den Selbstmord Harriets, der ersten Frau, den Tod Claras, der Tochter mit Mary – und eine Krise des Vertrauens in seine dichterische Kraft. – 22 *The sage*: wohl Marc Aurel, dessen «Selbstbetrachtungen» Shelley bewunderte. – 26 *Smiling they live ...*: wohl auf Byron und seinen Kreis in Venedig bezogen.

290 The Indian Girl's Song (Text: Reiman / Powers 1977, S. 369f.; Ü: S. George, in Die Fibel: Auswahl erster Verse. Gesamt-Ausgabe der Werke, I, S. 62) Erstveröffentlicht 1823 unter dem Titel «Song, Written for an Indian Air». – 11 *champak*: Magnolienart.

292 TO JANE (Text: Reiman / Powers, S. 451; Ü: G. Gentsch, in Ausgewählte Werke 1990, S. 203) Während des letzten Lebensmonats in Lerici geschrieben; wie auch das folgende, Teil einer Reihe von Gedichten für Jane Williams, die Geliebte und Frau seines Freundes.
292 WHEN THE LAMP (Text: Glover, S. 743 f.; Ü: R. Borchardt, in Gedichte II, Übertragungen II, Stuttgart 1985, S. 230f.).

ADONAIS

Eine der großen Elegien der englischen Literatur und eines der großen Dokumente romantischen Künstlerselbstverständnisses: In John Keats, am 23. Februar 1821 in Rom gestorben, beklagt und feiert Shelley das Los des romantischen Dichters als eines verfolgten Außenseiters und Visionärs. Keats erscheint als Adonis, von Venus geliebt und von einem wilden Eber – der zeitgenössischen Kritik – zerrissen. Die pastoralen Rituale und Konventionen der Elegien des Theokrit, Bion, Moschus und Milton (vgl. «Lycidas», Bd 1 dieser Anthologie, S. 428 ff.) werden hier noch einmal mit großer Überzeugungskraft durchgespielt – bis hin zur elegischen Peripetie von Trauer zu Trost, von Klage zur Verherrlichung in der platonisch gedachten Entrückung des Dichters als Himmelsgestirn. – In der ersten der hier ausgewählten Passagen portraitiert sich Shelley selbst; die zweite, «The One remains...», vollendet den Aufschwung in platonische Höhen. Wolfensteins sehr freie Übersetzung sucht eine weitere Verdichtung des Originals.
294 MIDST OTHERS (Str. 31–34; von 55; Text: Reiman / Powers, S. 339 f.; Ü: A. Wolfenstein, in Adonais, S. 29f.). – 6 *Actæon-like*: Aktaion wird für seine Schau der nackten Diana im Bade durch die Verwandlung in einen Hirsch bestraft, den seine eigenen Hunde dann zerreißen. – 10 *pardlike*: einem Leoparden, einer Pardelkatze gleich. – 13 *superincumbent hour*: die ‹auf ihn herabstürzende› Todesstunde Adonis'-Keats'. – 22 *shaft*: der Thyrsos-Stab des Dionysos. – 28 *Partial*: mitfühlend. – 32 *Urania*: Venus-Urania, die zentrale mythologische Figur des Gedichts; ihr Gestirn, gleichzeitig Abend- und Morgenstern, ist Symbol der Wiedergeburt. – 35 *branded and ensanguined*: gebrandmarkt und blutüberströmt; die Überblendung von Kain und Christus charakterisiert den Künstler als von Schuld Herumgetriebenen und als Sündenbock und Erlöserfigur.
298 THE ONE REMAINS (Str. 52–55; Text: Reiman / Powers, S. 405 f.; Ü: A. Wolfenstein, in Adonais, S. 30f.). – 64 *breath...song*: «the breath of Autumn's being» in der «Ode to the West Wind».

JOHN KEATS

London 1795 – Rom 1821

Keats teilt mit den beiden anderen großen Dichtern der zweiten englischen Romantikergeneration Shelley und Byron die intensive dichterische Entwicklung und das Schicksal des frühen Todes. Er, dessen große Oden, zusammen mit der berühmten Ballade «La Belle Dame Sans Merci» und der vielbewunderten Verserzählung «The Eve of St. Agnes» innerhalb eines einzigen Jahres (1818/19) entstanden, verkörpert beispielhaft den romantischen Mythos früher Vollendung im Schatten des Todes. Als Sohn eines Stallmeisters in London geboren, nach dem Tod der Eltern den Geschwistern, aber auch der Schule als geistigem Lebensraum eng verbunden, wandte er sich nach einer Apothekerlehre und einer (abgebrochenen) ärztlichen Ausbildung unter dem Einfluß Leigh Hunts und später Shelleys ganz der Dichtung zu. Sein erstes bedeutendes Gedicht, *Endymion* (gedr. 1818), benutzt in charakteristischer Weise die klassische Mythologie als Ausdruck romantischer Liebes- und Vollkommenheitssehnsucht. Das bilderreiche, diffuse, nach Keats' eigenen Worten ‹unreife› Werk, das einige seiner schönsten Verse enthält, wurde von der Kritik ebenso verrissen wie ein Jahr zuvor seine erste Gedichtsammlung; dabei schadete dem Autor seine Verbindung mit dem als radikal verschrienen Hunt bei den konservativen Kritikern, die Keats der «Cockney School of Poetry» zuschlugen. Die Erkrankung und der Tod seines Bruders Tom und die unerfüllte Liebe zu Fanny Brawne, der er 1818 begegnete, waren wesentliche Begleitumstände seines folgenden *annus mirabilis*: In diesem Jahr gelang es dem Dichter, den allzu literarischen, konturenschwachen und schwelgerischen Stil seiner Anfänge zu einer bewegend elegischen Vision der Schönheit zu konzentrieren. Die ‹Reinheit› dieser Poesie, aus der gesellschaftskritische Bezüge weitgehend ausgeblendet blieben, beeinflußte nachhaltig das lyrische Stilgefühl des Viktorianismus und des Fin de Siècle. Der Gedichtband von 1820, der die reiche Ernte einbringt, enthält neben den eingangs genannten Werken *Lamia*, eine moralisch und ästhetisch vieldeutige Vampirerzählung in Versen, und das bedeutende mythologische Fragment *Hyperion*, dessen Umarbeitung zur Traumdichtung *The Fall of Hyperion* erst posthum veröffentlicht wurde. – Bei der Pflege seines todkranken Bruders war Keats' eigene Tuberkulose zum Ausbruch gekommen. Um sich zu kurieren, reiste er auf Einladung Shelleys nach Rom, wo er im Winter 1821 in einem Haus an der Spanischen Treppe starb. Sein Grab an der Cestius-Pyramide trägt das selbstgewählte Epitaph: «Here lies one whose name was writ in water.» Shelleys große Elegie *Adonais* ist seine Totenklage. Seine poetologisch bedeutsamen Briefe bewahren das Bild einer höchst anziehenden Persönlichkeit. – Den vielfältigen Bemühungen, diese von ihrer Klanglichkeit her besonders unübersetzbare Lyrik einzudeutschen, werden hier einige weitere hinzugefügt.

Ausgaben: Poems, 1817. – *Endymion*, 1818. – *Lamia, Isabella, The Eve of St. Agnes, and Other Poems*, 1820. – *The Poetical Works*, 1840. – Alle London. – *The Poetical Works*, ed. H. W. Garrod, Oxford 1939, ²1956. – The Letters, ed. H. E. Rollins, 2 Bde, Cambridge 1958. – *The Poems*, ed. M. Allott, London 1970. – *The Complete Poems*, ed. J. Barnard, Harmondsworth 1973.

Übersetzungen: M. Gothein, *Leben und Werke*, 2 Bde, Halle 1897. – G. Etzel, *Gedichte*, Leipzig 1910. – E. Jaime, *Sonette und Oden*, Köln 1946. – U. Clemen, *Shelley / Keats: Oden und Hymnen*, München 1949. – H. W. Häusermann, *Gedichte und Briefe*, Zürich 1950. – A. v. Bernus, *Gedichte*, Heidelberg 1958. – H. Piontek, *Gedichte*, Wiesbaden 1960; ²Stuttgart 1968; ³München 1984. – S. Schmitz et al., in ders., *Lyrik der englischen Romantik*, München 1967, S. 175–89. – G. Kunert et al., in H. Höhne, *Ein Ding von Schönheit*, Leipzig 1983, S. 426–79. – M. Bonné/Ch. Schuenke, *Ausgewählte Werke*, Stuttgart 1995 [Reclam]. – H. W. Häusermann, *Gedichte*, München 1995.

Literatur: G. H. Ford, *Keats and the Victorians*, New Haven 1944, ²1962. – E. R. Wasserman, *The Finer Tone: Keats' Major Poems*, 1953, ²1967. – E. C. Pettet, *On the Poetry of Keats*, Cambridge 1957, ²1970. – W. J. Bate, *John Keats*, Cambridge/Mass. 1963. – A. Ward, *J. Keats: The Making of a Poet*, New York 1963. – I. Jack, *Keats and the Mirror of Art*, Oxford 1967. – J. Stillinger, ed., *20th Century Interpretations of Keats's Odes*, Englewood Cliffs 1968. – R. Gittings, *John Keats*, London 1968. – M. Dickstein, *Keats and His Poetry*, Chicago 1971. – Ch. Ricks, *Keats and Embarrassment*, Oxford 1974. – H. Viebrock, *J. Keats*, Darmstadt 1977. – H. Vendler, *The Odes of J. Keats*, Oxford 1983. – J. W. Rhodes, *Keats's Major Odes: An Annotated Bibliography*, Westport 1984. – J. Barnard, *J. Keats*, Cambridge 1987. – M. Levinson, *Keats's Life of Allegory*, Oxford 1988. – S. Cooter, *J. Keats: A Life*, London 1995. – Ch. Bode, *J. Keats: Play On*, Heidelberg 1996.

300 ENDYMION (Book I, V. 1–33, von 992; Text: Garrod 1956, S. 55; Ü: S. Schmitz, bearb., in ders., Lyrik der englischen Romantik, S. 175) Im Proöm zu seinem romantischen ‹Epos› definiert Keats die Essenz irdischer Schönheitserfahrung als transzendentes Element in einer gefallenen Welt.

302 ON FIRST LOOKING (Text: Garrod 1956, S. 38; Ü: v. Koppenfels) Sein Freund Ch. C. Clarke machte Keats im Oktober 1816 mit der elisabethanischen Homer-Übertragung von G. Chapman bekannt. Die beiden lasen eine ganze Nacht lang darin, und Keats ging am frühen Morgen nach Hause; noch mit der Zehn-Uhr-Post schickte er Clarke das berühmte Sonett, das dieses Schlüsselerlebnis festhält. – 6 *demesne:* Domäne. – 11 *stout Cortez*: Es war nicht der ‹stolze Cortez›, sondern Balboa, der erstmals von der Höhe des Darien-Bergrückens in Panama den Pazifik erblickte – ein für die poetische Wirkung unerhebliches Detail.

302 TO ONE (Text: Garrod 1956, S. 37; Ü: M. Bonné, S. 91 f.) Nach Keats'

Worten «auf den Feldern geschrieben. Juni 1816»; beginnt als Variation zu Miltons «As one who long in populous city pent», Paradise Lost, IX, V. 445. – 7 *debonair*: anmutig (Spenserscher Archaismus). – 10 *Philomel*: die Nachtigall.

304 LA BELLE DAME (Text: Garrod 1956, S. 350f.; Ü: S. Schmitz, bearb., ders., in Lyrik der englischen Romantik, S. 184f.) Erste Fassung; die revidierte Version von 1820 stellt nach übereinstimmender Kritikermeinung keine Verbesserung dar. – Der Titel ist einem Gedicht von Alain Chartier von 1424 entnommen, das Keats im Anhang seiner Chaucer-Ausgabe fand. – 17 *zone*: Gürtel.

306 ODE ON A GRECIAN URN (Text: Garrod 1956, S. 209f.; Ü: W. Breitwieser) Das hier geschilderte Marmorrelief vereint Motive verschiedener griechischer Urnen und Vasen zu einem neuen Ensemble. Die Ode gehört vor allem wegen ihres vieldeutigen Schlusses zu den meistdiskutierten Gedichten der englischen Literatur; ihre Antithese von Kunst und Leben enthält beunruhigende Aspekte. – 7 *Tempe ... Arcady:* das griechische Tempetal und Arkadien als Inbegriff der pastoralen Ideallandschaft. – 41 *brede*: ornamentales Geflecht.

310 ODE TO A NIGHTINGALE (Text: Garrod 1956, S. 207ff.; Ü: v. Koppenfels, frei nach A. v. Bernus, S. 91ff.; Str. 7 nach H. Feist, Ewiges England, S. 463) Charles Brown, bei dem Keats damals in Hampstead wohnte, schreibt zur Entstehung dieser Ode: «Im Frühjahr 1819 hatte eine Nachtigall ihr Nest in der Nähe meines Hauses gebaut. Keats empfand eine stille und ständige Freude an ihrem Gesang; und eines Morgens nahm er seinen Stuhl vom Frühstückstisch weg und stellte ihn auf ein Rasenstück unter einem Pflaumenbaum, wo er zwei oder drei Stunden lang sitzen blieb. Als er wieder ins Haus kam, sah ich ein paar Blätter in seiner Hand...» – die Nachtigallen-Ode. – 4 *Lethe*: mythischer Strom des Vergessens im Hades. – 13 *Flora*: römische Göttin der Blüte und des Frühlings. – 14 *Provençal song*: Die Provence war im Hochmittelalter die Wiege der volkssprachlichen (Liebes-)Dichtung Europas. – 16 *Hippocrene*: die Musenquelle am Berg Helikon; Keats überträgt in seiner Sehnsucht nach dem Süden ihre Inspirationskraft auf den Rotwein. – 26 *youth grows pale ... and dies*: Ein Bruder des Dichters war im Winter zuvor an Schwindsucht gestorben. – 32 *Bacchus*: Der Wagen des Weingottes wurde von Leoparden gezogen. – 51 *Darkling*: im Dunkeln. – 66 *Ruth*: vgl. Buch Ruth, 2:1–3.

314 ODE ON MELANCHOLY (Text: Garrod 1956, S. 219f.; Ü: v. Koppenfels, frei nach W. Breitwieser) Einzelne Bilder und Formeln dieser Ode sind Burtons Anatomy of Melancholy (Ausg. letzter Hand 1651) entnommen, einem Lieblingsbuch von Keats. – 1 *Lethe*: Strom des Vergessens im Hades. – 4 *Proserpine*: Unterweltsgöttin. – 6 *beetle*: der Klopfkäfer, auch Totenuhr genannt. – *death-moth*: der Totenkopfschwärmer, ein Schmetterling mit totenkopfähnlicher Zeichnung am Rücken, Liebhaber von Nachtschattengewächsen. – 7 *Psyche*: Die Seele wurde seit der Antike häufig als Schmetterling

dargestellt. – 21 *She*: auf die Geliebte oder auf die Melancholie bezogen? – 30 *trophies*: Anspielung auf den antiken Brauch, zum Dank für verliehene Siege Trophäen in den Tempeln der Götter aufzuhängen.

316 TO AUTUMN (Text: Garrod 1956, S. 218f.; Ü: W. Breitwieser). – 15 *winnowing*: Schüttelbewegung, die Spreu vom Weizen trennt (Worfeln). – 17 *hook*: Sichel. – 32 *croft*: umzäuntes Stück Land.

318 WHEN I HAVE FEARS (Text: Garrod 1956, S. 366; Ü: S. Schmitz, in ders., Lyrik der englischen Romantik, S. 188f.) Dieses 1818 entstandene Gedicht markiert die Wende Keats' von der italienischen zur englischen Sonettform. – 3 *charactery*: Buchstabenfolge.

320 ON DEATH (Text: Garrod 1956, S. 426; Ü: v. Koppenfels) Frühes Gedicht zum Thema des Todes (1814), dessen Autorschaft nicht voll gesichert ist.

320 THIS LIVING HAND (Text: Garrod 1956, S. 438; Ü: v. Koppenfels) Wahrscheinlich Ende 1819 entstanden; galt früher als an Fanny Brawne gerichtet, während es heute meist als Bruchstück eines nie fertiggestellten (dramatischen?) Textes betrachtet wird.

320 BRIGHT STAR (Text: Garrod 1956, S. 372; Ü: v. Koppenfels, frei nach A. v. Bernus, S. 83) Dieses Sonett, das Keats auf seiner Italienreise am 29. 9. 1820 in die Shakespeareausgabe seines Freundes Severn eintrug, wurde lange als sein letztes Gedicht angesehen, bis eine frühere, 1819 datierte MS-Version auftauchte. – 14 *And so live ever*: In der früheren Version lautet die Schlußzeile: «half passionless, and so swoon on to death».

LORD BYRON

London 1788 – Missolonghi / Griechenland 1824

Kein englischer Dichter (außer Shakespeare, natürlich) wurde so oft übersetzt wie Byron; bei keinem der großen englischen Dichter setzte aber eine ernsthafte wissenschaftliche Auseinandersetzung mit seinem Werk so spät ein wie bei ihm. Dies verweist auf Byrons Status als Mythos eher denn als Autor, als ein gelebtes Gesamtkunstwerk, in dem das dichterische Werk ganz in der exemplarischen romantischen Künstlervita aufgeht und diese spiegelt. Über die Gedichte selbst urteilten Zeitgenossen wie spätere Kritiker lange eher abschätzig und warfen ihnen sentimentales Posieren, zynischen Immoralismus, frivolen Witz und glatte Oberflächlichkeit vor. Selbst sein größtes Werk, *Don Juan*, wurde nur von wenigen – von Shelley in England, von Goethe in Deutschland – in seiner revolutionären Originalität und Zeitrelevanz erkannt. Was bestimmend blieb, war das Faszinosum seines politisch wie erotisch transgressiven Lebens, mit dem das Werk ineinsgesetzt wurde: André Maurois stellte das schon im Titel seiner vielgelesenen Biographie *Don Juan oder das Leben Lord Byrons* (1930) noch einmal programmatisch heraus. Und in der Tat ist das Leben des veritablen Lord nicht nur fesselnd wie ein Roman – als solcher stellt es sich ja in den hinreißend lebendigen Briefen und Tagebüchern dar; es ist auch von epochaler Bedeutung für das Bild des romantischen Künstlers als Rebell gegen den eigenen Stand und jegliche Form gesellschaftlicher Repression, als von Schuld und Sehnsucht Umgetriebener, und leidenschaftlich auf der Wahrheit seines eigenen Gefühls beharrender Außenseiter. Sein erotisches Freibeutertum, das sich über Inzestschranken ebenso hinwegsetzte wie über das heterosexuelle Teilungsschema; seine Fluchten, die ihn in einer ausgedehnten Grand Tour bis in den Orient führten (1810–11) und ihn schließlich auf Dauer ein skandalumwittertes Exil in der Schweiz (1816) und in Italien (1817–23) suchen ließen; sein Kampf gegen die Reaktion in England, für die italienische Unabhängigkeitsbewegung (1820ff.) und für den griechischen Aufstand gegen die türkische Fremdherrschaft, der ihn in den Sümpfen von Missolonghi 1824 das Leben kostete: dies alles umreißt den romantischen Dichtermythos schlechthin. Wie Shelley, mit dem sich seine Lebensbahn am Genfer See und in Italien eng verband, schrieb er seine bedeutendsten Werke in Italien. Mit seiner Satire *English Bards and Scotch Reviewer* (1809), einer schneidenden Reaktion auf den Verriß seiner *Hours of Idleness* (1807), erregte er als Dichter Aufsehen; und mit den ersten beiden Cantos von *Childe Harold's Pilgrimage* (1812), in denen er die poetische Summe seiner Grand Tour und seines Weltschmerzes zog, gelang ihm als erstem der englischen Romantiker der internationale Durchbruch. Erst in Genf, Venedig, Ravenna und Pisa jedoch entstanden seine bedeutendsten Werke: die Tragödien *Manfred* (1817) und *Cain* (1821), die satirische *Vision of Judgement* (1822) und vor allem sein «eigenster Gesang» (Goethe), das unvollendete Versepos *Don Juan* (1819–24). Die Größe seines Werks wie seines Lebens liegt gerade in ihren Widersprüchen – nicht der geringste der, daß diese Symbolfigur der romantischen Bewegung zeitlebens die Romantik verachtete und hinter sie auf die urbane Eleganz und Rationalität Popes zurückgriff.

Ausgaben: Hours of Idleness, 1807. – *English Bards and Scotch Reviewers*, 1809. – *Childe Harold's Pilgrimage*, 1812–18. – *The Giaour. A Fragment of a Turkish Tale*, 1813. – *Hebrew Melodies*, 1815. – *The Prisoner of Chillon and Other Poems*, 1816. – *Manfred. A Dramatic Poem*, 1817. – *Beppo. A Venetian Story*, 1818. – *Don Juan*, 1819–24. – *Mazeppa*, 1819. – *The Vision of Judgement*, 1822. – *The Works*, ed. T. Moore, 17 Bde, 1832–3. – *The Works*, ed. E. H. Coleridge / R. E. Prothero, 13 Bde, 1898–1904. – *The Poetical Works*, Oxford Standard Authors, 1904, ²1945. – *A Self-Portrait: Letters and Diaries*, ed. P. Quennell, 2 Bde, 1950. – Alle London. – *Don Juan: A Variorum Edition*, ed. T. G. Steffan / W. W. Pratt, 4 Bde, Austin/Texas 1957, ²1971. – *Hebrew Melodies*, ed. T. L.

Ashton, London 1972. – *Letters and Journals*, ed. L. A. Marchand, 12 Bde, London 1973–82. – *Don Juan*, ed. T. G. u. E. Steffan / W. W. Pratt, Harmondsworth 1973, ²1977. – *The Complete Poetical Works*, ed. J. J. McGann, 7 Bde, Oxford 1980–93.

Übersetzungen: F. L. v. Tschirsky, *Der Korsar*, Berlin 1816. – Dass., E. v. Hohenhausen, Altona 1820. – Dass., K. v. Pichler, Wien 1820. – C. Trummer, *Manfred*, Dresden 1817. – Dass., A. Wagner, Leipzig 1819. – F. Theremin, *Hebräische Gesänge*, Berlin 1820. – P. v. Haugwitz, *Der Gefangene von Chillon*, Breslau 1821. – J. Körner / W. Reinhold / H. Döring / A. Schumann / Ch. K. Meissner, *Werke*, 31 Bde, Zwickau 1821–28. – Dass., G. N. Bärmann / O. L. B. Wolff / K. L. Kannegiesser / A. Hungari / P. v. Haugwitz / P. A. G. v. Meyer / J. V. Adrian, 12 Bde, Frankfurt 1830–37. – Dass., G. Pfizer, 4 Bde, Stuttgart 1836–39. – Dass., E. Ortlepp / F. Kottenkamp / H. Kurtz / B. v. Guseck / B. Bardili / Prof. Duttenhofer, 10 Bde, Stuttgart 1839; 12 Bde, 1856. – Dass., A. Böttger, 12 Bde, Leipzig 1841–45. – Dass., A. Strodtmann, 4 Bde, Leipzig 1856–72. – Dass., O. Gildemeister, 6 Bde, Berlin 1864–88. – Dass., A. Neidhart, 8 Bde, Berlin 1865. – Dass., A. Seubert, 3 Bde, Leipzig 1874. – Dass., A. Schröter, 6 Bde, Stuttgart 1885–90. – Dass., E. Kölbing, 2 Bde, Weimar 1896. – Dass., W. Grüzmacher / W. Schäffer / A. Strodtmann u. a., ed. F. Brie, 4 Bde, Leipzig 1912. – Dass., O. Gildemeister u. a. [bearb. S. Schmitz], 3 Bde, München 1977–78, ²1996. – F. Burschell, *Briefe und Tagebücher*, Frankfurt 1960. – Dass., C. Gigon, Stuttgart 1963. – A. Uthe-Spenker, *Lord Byron. Ein Selbstbildnis aus Briefen, Tagebüchern und Gedichten*, ed. C. Hentschel, München 1979. – T. Jacobson, *Briefe und Tagebücher*, ed. L. A. Marchand, Frankfurt 1985.

Literatur: L. A. Marchand, *Byron: A Biography*, 3 Bde, London 1957. – G. M. Ridenour, *The Style of Don Juan*, New Haven 1960. – A. Rutherford, *Byron*, Edinburgh 1961. – L. A. Marchand, *Byron's Poetry*, New York 1965. – J. J. McGann, *Fiery Dust: Byron's Poetic Development*, Chicago 1968. – M. G. Cooke, *The Blind Man Traces the Circle: On the Patterns and Philosophy of Byron's Poetry*, Princeton 1969. – B. Blackstone, *Byron*, London 1975. – C. E. Robinson, *Shelley and Byron*, Baltimore 1976. – H. Müller, *Lord Byron in Selbstzeugnissen und Bilddokumenten*, Reinbek 1981. – P. W. Martin, *Byron*, Cambridge 1982. – G. Hoffmeister, *Byron und der europäische Byronismus*, Darmstadt 1983. – L. Crompton, *Byron and Greek Love*, London 1985. – *Byron*, ed. J. J. McGann, Oxford 1986. – A. Barton, *Byron: ‹Don Juan›*, Cambridge 1992.

322 CHILDE HAROLD'S PILGRIMAGE (Canto I, xiii, 1–10; Text: McGann, II, S. 13–16; Ü: H. Heine, in Sämtliche Schriften, ed. K. Briegleb, München 1968, I, S. 393–96) Dieses ganz Europa umspannende Reise-Epos machte Byron und seinen ‹byronischen› Helden, einen von Schuld und Sehnsucht

umgetriebenen Außenseiter und an Weltschmerz leidenden Melancholiker, in ganz Europa berühmt. Wie Byron nach der Veröffentlichung der ersten beiden Cantos 1812 gesagt haben soll: «I awoke one morning and found myself famous.» Sosehr Byron auch in den frühen Cantos auf der Nicht-Identität von Autor und Held bestand, wurde doch die reizbare Sensibilität des Pilgers, zwischen kritischer Desillusion und ekstatischer Sehnsucht nach Einheit mit der Natur, zwischen elegischer Klage und hymnischem Freiheitspathos oszillierend, mit der des Dichters gleichgesetzt. Im vierten Canto, einem bitteren Schwanengesang auf die Grand Tour durch Italien, verzichtet Byron selbst schließlich auf die fiktionale Distanzierung und spricht in romantischer Unmittelbarkeit in eigener Person. Das Gedicht ist in Spenser-Stanzen verfaßt; unsere Textpassage ist als Liedeinlage – Harolds Abschieds- und Aufbruchslied – metrisch davon abgesetzt. Heines Übersetzung des Lieds (1820) ist kongenial und zeugt davon, daß Byron für ihn, wie er zu dessen Tod schrieb, «der einzige Mensch» war, «mit dem ich mich verwandt fühlte».

326 She Walks in Beauty (Text: McGann, III, S. 288f.; Ü: H.-D. Gelfert) Aus den Hebrew Melodies, Gedichten auf traditionelle jüdische Melodien; ein Portrait Anne Wilmots, der Frau eines Cousins, über die er in einem weniger schmeichelhaften Tagebucheintrag bemerkte, sie sei «a swan, and might frequent a purer stream» (22. 1. 1813).

328 Sonnet on Chillon (Text: McGann, IV, S. 3; Ü: G. Kranz, in Englische Sonette, Stuttgart 1970, S. 109) Dem längeren Gedicht The Prisoner of Chillon (1816) vorangestellt. Die Geschichte des republikanischen Patrioten François Bonivard [sic], vom Herzog von Savoyen 1530 bis 1536 in der Burg von Chillon am Genfer See gefangengehalten, wird Byron zum Modellfall des mutigen und erfolgreichen Widerstands gegen die Tyrannen.

328 So, we'll go (Text: McGann, IV, S. 109f.; Ü: M. Pfister) Aus einem Brief aus Venedig an Thomas Moore (28. 2. 1817) über das Ende der Karnevalssaison. – 1–4 *So we'll. . .as bright*: ein Echo der schottischen Ballade «The Jolly Beggar».

330 Darkness (Ausgabe: The Prisoner of Chillon and Other Poems, 1816; Text: McGann, IV, S. 40–3; Ü: F. Lemmermayer, in Schücking, Englische Gedichte aus sieben Jahrhunderten, S. 171–75) Byron behandelt hier ein Thema, das die Spätaufklärung ebenso faszinierte wie die Romantik: die säkulare Apokalypse als Kältetod der Welt und die Untergangsvision des letzten Menschen. Aus Byrons Umkreis schrieben darüber auch Thomas Campbell und Thomas Hood Gedichte und Mary Shelley einen Roman (The Last Man, 1826); Byrons Version greift biblisch-apokalyptische, klassische (Lukrez' De rerum natura, VI, 1138–286) und aufklärerische Anregungen (Buffon, Fontenelle, Burnet) auf.

334 Manfred (II, ii, 164–205; Text: McGann, IV, S. 76f.; Ü: J. W. v. Goethe, in Poetische Werke, Bd 1: Gedichte, Stuttgart: Cotta, o. J., S. 606f.) Goethe las Byrons Tragödie des von einer geheimnisvollen Schuld umgetriebenen romantischen Helden par excellence zu Recht als inspiriert vom eige-

nen Faust. «Dieser seltsame geistreiche Dichter hat meinen Faust in sich aufgenommen und für seine Hypochondrie die seltsamste Nahrung daraus gesogen.» (Weimarer Ausgabe, Abt. 4, Bd 28, S. 277f.). Noch im Erscheinungsjahr des Originals, 1817, übersetzte er vier Fragmente daraus; in Faust. Zweiter Teil (Akt III, «Schattiger Hain») setzte er Byron im Bild des Euphorion ein Denkmal. Byron selbst hatte Goethes Faust 1816 durch Vermittlung ‹Monk› Lewis', des Verfassers von Schauerromanen, kennengelernt, und Goethes Faust erscheint bei ihm im düsteren Prisma der gothic novel gebrochen; der Name des Helden schon ist Horace Walpoles The Castle of Otranto (1765), dem Prototyp der Gattung, entlehnt. – Die erste Szene der Tragödie hat auch Heine zu einer Übersetzung gelockt (Sämtliche Werke, ed. K. Briegleb, München 1968, I, S. 379–87).

DON JUAN

336 DEDICATION (Strophen 1–8, von 17; Text: McGann, V, S. 3–5; Ü: O. Gildemeister, 1977, II, S. 7f.) In Byrons unvollendetem satirisch-burleskem Epos berichtet ein ironisch mit seiner Rolle spielender Erzähler Don Juans Abenteuer, die ihn von Spanien bis in den Orient und nach Rußland führen. Der Held ist nicht mehr die byronische Kains-Figur der frühen Epen und Tragödien, sondern ein empfindsamer, aber seine Empfindsamkeit immer wieder witzig und sarkastisch durchkreuzender Kommentator der Welt als Jahrmarkt der Heuchelei. Der satirische Ton, in dem in der Nachfolge eines Boiardo oder Ariost die heroischen Konnotationen der ottava-rima-Strophe ständig in lässigem Parlando und geistreich-verblüffender Reimkunst unterlaufen werden, beherrscht schon die «Dedication»; hier rechnet Byron – wie auch in seiner brillanten Literatursatire, The Vision of Judgement (1822) – sarkastisch mit der Apostasie seiner romantischen Zeitgenossen in reaktionäre Angepaßtheit ab. – 1 *Bob Southey*: der Dichter Robert Southey, der sich 1813 zum «poet laureate» der Tories krönen ließ. – 6 *Lakers*: die «Lake Poets» Wordsworth, Southey und Coleridge. – 8 *four and twenty blackbirds in a pie*: zitiert den Kinderreim «Sing a Song of Sixpence»; *pie* erhält als Wortspiel auf Namen des unsäglichen Dichters Henry James Pye, Southeys Vorläufer als poet laureate, eine pointierte Zusatzbedeutung. – 12 *Regent*: der Prince Regent und spätere George IV. – 16 *Explanation*: Coleridges Biographia Literaria (1817). – 35 *Keswick*: im Lake District. – 46 *Excise*: Wordsworths Sinekure als «distributor of stamps» für Westmoreland.

340 CANTO I (Strophen 1–5, von 222; Text: McGann, V, S. 9f.; Ü: J. W. v. Goethe, in Poetische Werke, Bd 1: Gedichte, Stuttgart o. J., S. 605f.) Goethe feierte schon im Erscheinungsjahr der ersten beiden Cantos Don Juan als ein «gränzenlos-geniales Werk, menschenfeindlich bis zur herbsten Grausamkeit, menschenfreundlich in die Tiefen süßester Neigung sich versenkend» (Weimarer Ausgabe, Abt. 1, Bd 41.1, S. 247f.) und übersetzte sogleich die ersten fünf Strophen, eine Kritik des Heldischen und der Heldenverehrung. – 1 *I want a hero*: parodiert die Epeneingänge Ariosts und Tassos und ihre

Einführung der Helden. – 9–10 *Vernon . . . Howe*: gefeierte Heerführer des 18. Jahrhunderts. – 12 *Wellesley*: Wellington, der Sieger von Waterloo; vgl. auch Childe Harold's Pilgrimage, III, 21 ff. – 13 *Banquo*: vgl. Macbeth, IV, i. – 17–18, 21: *Barnave . . . Moreau*: politische und militärische Führer der Französischen Revolution. – 25 *Nelson*: der Seeheld von Trafalgar, nun von Wellington überschattet. – 32 *Duncan . . . Jervis*: zeitgenössische englische Admiräle. – 33 *brave men . . . before Agamemnon*: vgl. Horaz, Ode IV, ix, 25: «Vixere fortes ante Agamemnona».

342 CANTO XIV (Strophen 9–14, von 102; Text: McGann, V, S. 561 ff.; Ü: O. Gildemeister, 1977, II, S. 435 f.) Eine Schaffensbilanz, wenig mehr als ein Jahr vor seinem Tod geschrieben. – 17 *‹why then publish?›*: vgl. Pope, Epistle to Dr Arbuthnot, V. 135.

346 STANZAS WRITTEN ON THE ROAD (Text: McGann, VI, S. 13 f.; Ü: H. Leuthold, in Gesammelte Dichtungen, II, Frauenfeld 1914, S. 121) Aus Byrons «Detached Thoughts»-Tagebuch von 1821; posthum veröffentlicht.

348 ON THIS DAY (Text: McGann, VII, S. 79 ff.; Ü: A. Wolfenstein, in Die Stimmen der Völker, S. 219 f.) In Missolonghi drei Monate vor seinem Tod geschrieben. – 5 *yellow leaf*: vgl. Shakespeares Sonett 73 und Macbeth, V, iii, 21 f. – 23 *The Spartan, borne upon his shield*: der gefallene spartanische Krieger wurde auf seinem Schild vom Kampfplatz getragen. – 26 f. *through whom . . . parent lake*: Byron stammte mütterlicherseits von den alten schottischen Königen ab. – 29–32: Byron hatte sich erneut und zweifach verliebt – in seinen griechischen Pagen Loukas und in das türkische Mädchen Hataje.

ROBERT SOUTHEY

Bristol 1774 – Keswick 1843

Der spätere Tory-Journalist der *Quarterly Review* (ab 1809) und «poet laureate» (ab 1813) begann als Radikaler: Von der Westminster School wegen aufsässiger Pamphlete gegen die Prügelstrafe verwiesen, identifizierte er sich in Oxford in seinen frühen Gedichten mit den republikanischen Idealen der Französischen Revolution und plante zusammen mit Coleridge, mit dem ihn seit 1794 eine folgenreiche Freundschaft verband, eine utopische, «pantisokratische» Kommune in Amerika. In seiner politischen Kehrtwendung ähnelt er den anderen beiden «älteren» Romantikern, Wordsworth und Coleridge, und als der Angreifbarste unter ihnen sah er sich in besonderer Weise der Polemik der nächsten Romantikergeneration ausgesetzt. In der Literaturgeschichtsschreibung hat er eher als satirische Zielscheibe Byrons, Hazlitts und Peacocks als in seinen eigenen Werken überlebt: Seiner panegyrischen Elegie auf George III, *A Vision of Judgement* (1821), z. B. erinnert man sich nur noch als Anlaß für Byrons brillante Parodie, *The Vison of Judgement* (1822). Seine besten Gedichte entstanden in den Jahren des Übergangs, zwischen den beiden, für seinen Richtungswechsel ausschlaggebenden Portugal-Reisen (1795/6, 1800/1); danach entwickelte er sich, schon aus ökonomischen Gründen, zum ausgesprochenen Vielschreiber, der in den verschiedenen Gattungen Erfolg suchte und zum Teil auch fand: als politischer Journalist, als Biograph Nelsons und Wesleys, als Historiker der Kirche oder Brasiliens, als Herausgeber von Cowper, Chatterton und von Anthologien englischer Lyrik, als Übersetzer und als Dichter von Oden und orientalischen Verserzählungen düsteren Prunks, darunter *Thalaba the Destroyer* (1801) und *The Curse of Kehama* (1810).

Ausgaben: Poems, Bristol 1797. – *Poems*, 1799. – *Thalaba the Destroyer*, 1801. – *The Poetical Works*, 10 Bde, 1837–1838. – *The Poetical Works*, 1850. – Alle London. – *Poetical Works*, ed. H. T. Tuckerman, 10 Bde, Boston 1860. – *Poems*, ed. M. H. FitzGerald, Oxford 1909. – *A Choice of R. Southey's Verse*, ed. G. Grigson, London 1970.

Literatur: E. Dowden, *Southey*, London 1879. – G. Carnall, *R. Southey and his Age*, Oxford 1960. – K. Curry, *Southey*, London 1975. – M. Storey, *R. Southey. A Life*, Oxford/New York 1997.

352 THE BATTLE OF BLENHEIM (Text: Grigson, S. 37ff.; Ü: A. Schmidt, Aus julianischen Tagen, Frankfurt/M. 1979, S. 48f.) Eine späte (1798) pazifistische Antwort auf Addisons *Campaign* (1705), die panegyrische Feier von Marlboroughs Sieg bei Blenheim (Blindheim) 1704; die Balladenform und die transparente Ironie des Refrains ließen es über seine Erstveröffentlichung in der Morning Post hinaus zu einem der beliebtesten Gedichte Southeys werden. Sein Sarkasmus steht dem Swifts in der «Satirical Elegy on the Death of a Late Famous General» (S. 88) kaum nach.

356 THALABA (Text: The Poetical Works 1850, S. 213; Ü: F. Freiligrath, Werke, ed. J. Schwering, Bd 5, Berlin o. J., S. 233) Lyrischer Auftakt zur romantisch-exotischen Verserzählung Thalaba the Destroyer (1801), in der ein junger Moslem das Unterwasserreich eines bösen Zauberers zerstört und sich dabei selbst aufopfert.

SIR WALTER SCOTT

Edinburgh 1771 – Abbotsford 1832

Scott, der mit seinen «Waverley-Novels» (1814ff.) der europäischen Literatur das Muster des historischen Romans vorgab, war am Anfang seiner Karriere auch ein von seinen Zeitgenossen geschätzter Dichter von Balladen, Liedern und Versromanzen und ließ sich dabei sowohl von schottischen als auch italienischen, französischen und deutschen Vorbildern (Bürger, Goethe) eines romantischen Mittelalterkults und romantischer Volkstümlichkeit anregen. Seine dreibändige Sammlung schottischer Volksdichtung *Minstrelsy of the Scottish Border* (1802–3) legte die Grundlagen für seine Versromanzen – *The Lay of the Last Minstrel* (1805), *The Lady of the Lake* (1810) u. a. – ebenso wie für seine archaisierende, gefühlsbetonte und doch streng geformte Lyrik, die er auch als Romancier noch in häufigen Liedeinlagen zu seinen Romanzen und Romanen weiter pflegte. Scotts über ein Jahrhundert anhaltender Dichterruhm ist heute stark verblaßt.

Ausgaben: Poetical Works, ed. J. G. Lockhart, 12 Bde, Edinburgh 1833–34. – *Poetical Works*, ed. J. Dennis, 5 Bde, London 1892. – *Poetical Works*, ed. A. Lang, London 1895. – *The Poetical Works*, Albion Edition, London o. J. – *The Letters*, ed. H. J. C. Grierson, 12 Bde, London 1932–37.

Literatur: H. J. C. Grierson, *Sir W. Scott, Bart*, London 1938. – E. Johnson, *Sir Walter Scott: The Great Unknown*, 2 Bde, New York 1970. – *Sir W. Scott: The Long-Forgotten Melody*, ed. A. Bold, London 1983. – A. N. Wilson, *The Laird of Abbotsford: A View of Sir W. Scott*, Oxford 1989.

358 THE MAID OF ISLA (Text: The Poetical Works, Albion Edition, S. 521; Ü: F. Freiligrath, Werke, ed. J. Schwering, Bd 5, Berlin o. J., S. 40) 1818 für G. Thomsons Select Collection of Original Scottish Airs geschrieben.

JOHN CLARE

Helpston 1793 – Northborough 1864

Clare, mehr noch als Burns, war der Naturdichter im doppelten Wortsinn, d. h. *peasant poet* und visionärer Lyriker der Natur in einem, den sich eine romantisch-primitivistische Ästhetik erträumte. Wie dieser war er ein Landarbeiter und Autodidakt, der sich seine eigene Sprache aus Dialekt, mündlicher Tradition und poetischen Vorbildern (Milton, James Thomson, Wordsworth) erst schaffen mußte; im Gegensatz zu ihm blieb er jedoch, von einer kurzen Popularitätswoge nach der Veröffentlichung der *Poems Descriptive of Rural Life* (1820) abgesehen, ein von den *literati* kaum beachteter Außenseiter. Seine folgenden drei Gedichtbände, die sich zunehmend kritisch auf die Konventionen der Pastorale beziehen, blieben ohne Echo. Diese und weitere Enttäuschungen trübten seinen Geist, so daß er ab 1837 den Rest seines Lebens fast gänzlich in einer Nervenheilanstalt verbringen mußte. Er schrieb jedoch auch in diesen Jahren weiter Gedichte, darunter seine schönsten, in denen sich, wie sonst nur noch bei Wordsworth, konkrete Naturbeobachtung zu visionärer Schau steigert. Sein bis zum Idiosynkratischen individueller Sprachduktus, «a language that is ever green» («Pastoral Poesie»), den die frühen Ausgaben geglättet und regularisiert hatten, wurde erst in jüngster Zeit wieder freigelegt; er gilt nun, auch in seiner Selbstentfremdung angesichts einer ihm fortschreitend fremder werdenden Realität, vielen Modernen – darunter C. Day-Lewis, G. Grigson und T. Paulin – als einer ihrer Wegbereiter.

Ausgaben: Poems Descriptive of Rural Life and Scenery, 1820. – *The Village Minstrel and Other Poems*, 2 Bde, 1821. – *The Shepherd's Calendar; with Village Stories, and Other Poems*, 1827. – *The Rural Muse, Poems*, 1835. – Alle London. – *John Clare*, The Oxford Authors, ed. E. Robinson/D. Powell, 1984. – *The Later Poems*, ed. E.Robinson / D. Powell, 2 Bde, 1984. – *The Letters*, ed. M. Storey, 1985. – *The Early Poems*, ed. E. Robinson / D. Powell, 2 Bde, 1989. – Alle Oxford.

Literatur: M. Storey, *The Poetry of J. Clare*, London 1974. – E. Storey, *A Right to Song. The Life of J. Clare*, London 1982. – T. Bronlow, *J. Clare and the Picturesque Landscape*, Oxford 1983. – G. Deacon, *J. Clare and the Folk Tradition*, London 1983. – *J. Clare in Context*, ed. H. Haughton / A. Phillips / G. Summerfield, Cambridge 1994. – J. Lucas, *J. Clare*, Plymouth 1994.

360 CLOCK A CLAY (Text: The Later Poems, I, S. 611f.; Ü: G. von der Vring, bearb., Englisch Horn, Köln 1953, S. 101) Dieses und die folgenden Gedichte sind in der Nervenheilanstalt entstanden; der Titel ist eine dialektale Bezeichnung für den Marienkäfer. – 1 *In the cowslip's peeps I lie*: vgl. Ariels Lied in Shakespeares Tempest, Bd 1, S. 194 dieser Anthologie («In a cowslip's bell I lie»). – 1 *peeps*: in Standardenglisch ‹pips›, «Blüten».

360 I AM (Text: The Later Poems, I, S. 396; Ü: M. Pfister).

362 I FEEL I AM (Text: The Later Poems, I, S. 397f.; Ü: M. Pfister).

362 THERE IS A CHARM (Text: The Later Poems, I, S. 596; Ü: M. Pfister).

364 I HID MY LOVE (Text: The Later Poems, II, S. 891; Ü: M. Pfister).

THOMAS DE QUINCEY

Manchester 1785 – Edinburgh 1859

Der hochbegabte und sensitive Sohn eines wohlhabenden Tuchhändlers lief mit 16 Jahren aus der Manchester Grammar School davon und führte monatelang zunächst ein Wanderleben in Wales, danach eine Vagabundenexistenz in London, eine Periode traumatischer und zugleich imaginativ bereichernder Erfahrung. Nach der Aussöhnung mit der Familie Studium in Oxford und Annäherung an Coleridge, Lamb und Wordsworth (dessen Dove Cottage in Grasmere nach dem Auszug der Wordsworths 20 Jahre lang sein Domizil wurde); seit 1804 Opiumgenuß, um die physischen Folgen der Londoner Entbehrungen erträglich zu halten. Die Jugenderlebnisse und die damit verknüpften himmlischen und höllischen Opiumerfahrungen sind das Thema seiner *Confessions of an English Opium Eater*, die 1821 im *London Magazine* erschienen. Zahlreiche journalistische Arbeiten von ungleicher Qualität; Vorliebe für deutsche Philosophie und Literatur, Übersetzungen aus dem Deutschen; verfaßt 1832 eine in Deutschland angesiedelte «Gothic Novel» *Klosterheim*. Die phantastische Verzerrung biographischer Erlebnisse in Opiumträumen liefert das Muster für eine neuartige Form bildhaft assoziativer, stark rhythmisierter ‹lyrischer› Prosa, wie sie die originellen Essays «Suspiria de Profundis» (1845) und «The English Mail Coach» (1849) aufweisen. Durch sein introspektives Interesse an der eigenen labilen Persönlichkeit ist De Quincey eine faszinierende Figur der englischen Romantik. Baudelaire hat die *Confessions* ins Französische übertragen und für seine Ästhetik der ‹Künstlichen Paradiese› vereinnahmt.

Ausgaben: Confessions of an English Opium Eater, in *London Magazine* 1821/22. – Dass., London 1822; stark erweitert 1856. – *Klosterheim*, 1832. – *Selections Grave and Gay*, 14 Bde, 1856. – *Collected Writings*, ed. D. Masson, 14 Bde, 1889/90. – Alle Edinburgh. – *Confessions ... and Other Writings*, ed. G. Lindop, Oxford 1985.

Übersetzungen: L. Ottmann, *Bekenntnisse eines Opiumessers*, Stuttgart 1886. – W. Schmiele, *Bekenntnisse eines englischen Opiumessers*, Stuttgart 1962. – Dass., P. Meier, München 1985. – A. Peuker, *Der Mord als eine schöne Kunst betrachtet*, Minden 1913. – Dass., W. Schmiele, Stuttgart 1962. – Dass., N. Kohl, Frankfurt 1976.

Literatur: V. A. De Luca, *Th. De Quincey: The Prose of Vision,* Toronto 1980. – G. Lindop: *Th. De Quincey: The Life of the Opium Eater*, New York 1981. – J. C. Whale, *Th. De Quincey's Reluctant Autobiography*, London 1984.

366 DREAM FUGUE (Text: Lindop, S. 227; 228f.; 231f.; Ü: v. Koppenfels) Aus dem 2. Teil des Essays «The English Mail Coach, or The Glory of Motion» von 1849, der wiederum aus den zwei Abschnitten «The Vision of Sudden Death» und «Dream Fugue» besteht. Die ‹Fuge› mit der ‹Satzbezeichnung› «Tumultuosissimamente» stellt die surreale Traumverwandlung eines zuvor berichteten Postkutschenunfalls dar, bei dem ein junges Paar zu Tode kommt; mit diesem tragischen Motiv kontrastiert und verbindet sich ein freudiges vom Anfang des Essays: «Es waren die Postkutschen, die, als gössen sie apokalyptische Schalen aus, die herzbewegende Nachricht von Trafalgar, Salamanca, Vittoria und Waterloo über das Land verbreiteten» (ed. Lindop, S. 184) – also die Botschaft der englischen Siege über Napoleon. – 4 *a girl*: Metamorphose von Todesangst und Untergang der jungen Frau aus der «Vision des jähen Todes». – 29 *Campo Santo*: (it.) Kirchhof. – 33 *necropolis*: Totenstadt.

THOMAS LOVELL BEDDOES

Clifton 1803 – Basel 1849

Ein Dichter, der zu Unrecht nur im Kleingedruckten der Literaturgeschichten vorkommt: Der einzige bedeutende englische Dichter zwischen Shelley, Byron und Keats einerseits und Tennyson und Browning, die ihn beide bewunderten, andererseits. In seinem faszinierten Rückblick auf die Rachetragödie der Shakespearezeit ist er der «Last Elizabethan» (Lytton Strachey, 1907), in seiner makabren Todesobsession ein später Romantiker, und in der Kühnheit seiner Bilder und Rhythmen und dem Fragmentarismus seines Schaffens noch als Vorläufer der Moderne zu würdigen. Pound setzte ihm in seinem 80. Canto ein Denkmal als «Prinz aller Leichenbestatter» und bedauerte, daß «Mr Eliot / Nicht mehr Zeit an Herrn Beddoes wandte». Zudem war er ein Wanderer zwischen England und dem deutschsprachigen Raum, der in Göttingen und Würzburg Medizin studierte und auch deutsche Gedichte und politische Pamphlete schrieb, der als Radikaler und Homosexueller nach Zürich fliehen mußte und schließlich in Basel Selbstmord beging. Dem *poète maudit* aus angesehener Familie – sein Vater war Arzt und politischer Schriftsteller, eine seiner Tanten die Romanautorin Maria Edgeworth – gelang es nach seinen beiden Bänden aus Oxforder Zeit, *The Improvisatore* (1821) und *The Bride's Tragedy* (1822), nicht mehr, ein Werk abzuschließen. Sein Hauptwerk, *Death's Jest-Book, or the Fool's Tragedy*, in seinen Göttinger Jahren begonnen (1825–29), wuchs ins Gigantische und Labyrinthische und endete als Fragment. Was davon blieb, sind vor allem die großen Monologe und lyrischen Einlagen, die den Dramatiker in theatralisch unwirtlicher Zeit als großen Lyriker von Eros und Thanatos, als Meister der romantischen Ironie und des Grotesken und als scharfen Diagnostiker und Anatomen ausweisen. Er ist nicht nur in Deutschland erst zu entdecken.

Ausgaben: Death's Jest-Book, ed. T. F. Kelsall, 1850. – *Poems Posthumous and Collected*, ed. T. F. Kelsall, 1851. – *The Poetical Works*, ed. E. Gosse, 1890. – Alle London. – *The Works*, ed. H. W. Donner, Oxford 1935. – *Plays and Poems*, ed. H. W. Donner, London 1950. – *Selected Poems*, ed. J. Higgens, Manchester 1976.

Literatur: L. Strachey, «The Last Elizabethan», *Books and Characters*, London 1922. – H. W. Donner, *Th. L. Beddoes. The Making of a Poet*, London 1935. – N. Frye, «Yorick: The Romantic Macabre», *A Study of English Romanticism*, New York 1968. – F. Burwick, «Beddoes, Bayern und die Burschenschaften», *Comparative Literature*, 21 (1969). – Ch. Ricks, *The Force of Poetry*, Oxford 1984. – J. R. Thompson, *Th. L. Beddoes*, Boston 1985.

370 DREAM-PEDLARY (Text: Donner 1935, S. 110f.; Ü: M. Pfister) Zwischen 1829 und 1844 für Death's Jest-Book geschrieben.
372 THE PHANTOM-WOOER (Text: Donner 1935, S. 158f.; Ü: M. Pfister) In Beddoes' letzten Lebensjahren entstanden.
374 THE SONG THAT WOLFRAM HEARD IN HELL (Text: Donner 1935, S. 94; Ü: P. Wühr) Zwischen 1825 und 1829 für Death's Jest-Book geschrieben.
376 DREAM OF DYING (Text: Donner 1935, S. 248; Ü: U. Berns) Um 1824/25 entstanden.
376 RESURRECTION SONG (Text: Donner 1935, S. 90; Ü: U. Berns) Zwischen 1825 und 1829 für Death's Jest-Book geschrieben.

ALFRED LORD TENNYSON

Somersby 1809 – Aldworth 1892

Der repräsentative Dichter der viktorianischen Epoche stammte als Pfarrerssohn und eines von zwölf Kindern aus einem geistig anregenden, aber auch mit Geisteskrankheit und Neurosen belasteten Milieu. Beim Studium in Cambridge schloß der poetisch frühreife Tennyson Freundschaft mit dem brillanten Arthur Hallam, dessen Tod 1833 eine schwere Lebens- und Glaubenskrise auslöste; die Zeugnisse dieser dichterisch fruchtbaren Schockerfahrung reichen von dem dramatischen Monolog «Ulysses» (1833) bis zu dem großen Zyklus *In Memoriam*, der ein Lieblingsbuch der Königin Victoria und ihres Zeitalters wurde und dem Dichter nach dem Tod Wordsworths den Titel eines *poet laureate* eintrug. Tennyson war ein Meister der poetischen Form und des exquisiten Klangs. Der Widerspruch zwischen Kunst und Leben, zwischen gesellschaftlichem Außenseitertum, geprägt von romantischem Weltschmerz, und der Rolle des patriotischen Wortführers für eine materialistisch-fortschrittsgläubige Gesellschaft, zieht sich durch sein umfängliches und vielgestaltiges Werk. In Gedichten wie «Mariana» (1830), «The Lady of Shalott» (1832) oder «The Lotos Eaters» (1832) findet er für Seelenzustände mythischer Weltabgewandtheit eine betörend sinnliche Wortmusik. Seine längeren, bei den Zeitgenossen höchst erfolgreichen Verserzählungen wie *The Princess, Maud,* der Versroman *Enoch Arden* und der Artus-Zyklus *Idylls of the King* sind nicht frei von Rührseligkeit und Pathos; doch die Bezüge zur eigenen Zeit- und Lebensrealität – das Frauenbild in *The Princess*, das morbide Seelendrama in *Maud*, das apokalyptische Krisenbewußtsein der *Idylls* – verleihen diesen Texten erhebliche Spannung. Solche Komplexität läßt das einst populärste Gedicht Tennysons, «The Charge of the Light Brigade» vermissen, das den Todesritt eines Soldatentrupps im Krimkrieg mit perfekter Balladenkunst als Heldenopfer feiert: «Their's not to reason why, / Their's but to do and die.» Tennyson wurde 1884 in den erblichen Adelsstand erhoben; er liegt in Westminster Abbey begraben. Vor allem seine kürzeren *lyrics* galten den Präraphaeliten und Dichtern des Fin de Siècle als Modell ‹reiner› Poesie, den Modernisten als weltflüchtig und substanzarm. – Die zahlreichen Eindeutschungen Tennysons im Zeitalter der Goldschnittlyrik blieben – nicht ganz zu Unrecht – vergessen.

Ausgaben: Poems, 2 Bde, 1842. – *The Princess*, 1847. – *In Memoriam A. H. H.*, 1850. – *Maud: A Monodrama*, 1855. – *Idylls of the King*, 1859–1885. – *Enoch Arden*, 1864. – *The Works*, ed. H. Tennyson, 9 Bde, 1907f. – *The Poems*, ed. Ch. Ricks, 3 Bde, 1969, [2]1987. – *Poems and Plays*, ed. T. H. Warren, 1971. – Alle London. – *In Memoriam*, ed. S. Shatto / M. Shaw, Oxford 1982.

Übersetzungen: A. Strodtmann, *Ausgewählte Dichtungen*, Hildburghausen 1867 (Dass. H. A. Feldmann, Hamburg 1870). – Anon., *In Memoriam*, Braunschweig 1854 (Dass., R. Waldmüller, Hamburg 1870; A. v. Bohlen, Berlin 1874; J. Feis, Straßburg 1899). – A. Strodtmann, *Enoch Arden*, in *Ausgewählte Dichtungen*, Hildburghausen 1867 (Dass. R. Schellwien, Quedlinburg 1867; K. Hessel, Leipzig, c. 1872; R. Waldmüller, Hamburg 1884; A. Schroeter, Leipzig 1895, [2]1924). – W. Scholz, *Königsidyllen*, Berlin 1867 (Dass., H. A. Feldmann, Leipzig 1871; C. Weiser, Leipzig c. 1885; E. Ibrahim, Straßburg 1912). – F. Freiligrath, *Locksley Hall*, Hamburg 1888 (darin auch: J. Feis, *Locksley Hall nach 60 Jahren*; dass., K. B. Esmarch, Gotha 1888). – F. W. Weber, *Maud*, Paderborn 1891. – W. Mendheim, *Enoch Arden und andere Dichtungen*, Leipzig 1925.

Literatur: A. C. Bradley, *A Commentary on Tennyson's «In Memoriam»*, London 1901. – J. H. Buckley: *Tennyson: The Growth of a Poet*, Cambridge/Mass. 1960. – J. Richardson, *The Preeminent Victorian*, London 1962. – Ch. Enzensberger, *Viktorianische Lyrik: Tennyson und Swinburne in der Geschichte der Entfremdung*, München 1969. – Ch. Ricks, *Tennyson*, London 1972, ²1989. – J. R. Kincaid, *Tennyson's Major Poems*, New Haven 1975. – E. A. Francis, ed., *Tennyson*, Englewood Cliffs 1980. – R. B. Martin, *Tennyson: The Unquiet Heart*, Oxford 1980. – K. H. Beetz, *Tennyson: A Bibliography*, 1827–1982, London 1984. – F. B. Pinion, *A Tennyson Companion*, London 1984. – H. F. Tucker, *Tennyson and the Doom of Romanticism*, Cambridge/Mass. 1988.

378 ULYSSES (Text: Ricks 1987, I, S. 615–20; Ü: F. Freiligrath, Werke, Leipzig 1912, II, 441ff.) Dramatischer Monolog, in dem der Dichter 1833 nach dem Tod Hallams durch die Maske des Odysseus sein eigenes Bedürfnis «vorwärts zu schreiten und den Lebenskampf aufzunehmen» ausdrückt. Homers Odysseus verschmilzt hier mit dem Danteschen (aus Inferno 26), der nach der Rückkehr von Troja mit seinen Gefährten zu einer neuen Entdeckungsfahrt in die unbekannten atlantischen Regionen aufbricht, und den Gott als Sünder der Hybris scheitern läßt; aus diesem Akt der Überhebung wird bei Tennyson eine heroische Herausforderung des Todes. – 5 *sleep, and feed*: Anklang an Hamlet IV, 4, 33ff. – 10 *Hyades*: Sternhaufen im Sternbild Stier, dessen Erscheinen Regen ankünden sollte. – 60f. *the baths*: Nach griechischer Vorstellung versanken die Sterne im Äußeren Ozean, der die Erdscheibe umfloß. – 63 *Happy Isles*: die Inseln der Seligen, die nach griechischer Mythologie als Paradies der Heroen fern im westlichen Meer lagen.

IN MEMORIAM

Arthur Hallam, dessen Tod im Alter von 22 Jahren Tennysons elegischer Zyklus betrauert und zu bewältigen versucht, war der engste Freund und Ratgeber des Dichters, und zugleich der Verlobte seiner Schwester. Hallams Tod stürzte ihn in tiefe Zweifel am Sinn des Lebens und am christlichen Weltbild, die durch seine naturwissenschaftlichen Studien noch verstärkt wurden. Die 133 in vierzeiligen Strophen geschriebenen Gedichte entstanden über einen Zeitraum von 17 Jahren und wurden nachträglich zu einer Progression von der Verzweiflung zur Hoffnung angeordnet.

382 NR. 7 (Text: Ricks 1987, II, S. 325f.; Ü: v. Koppenfels). – 1 *Dark House:* Wohnhaus Hallams in der Londoner Wimpole Street.

382 NR. 28 (Text: Ricks 1987, II, S. 345f.; Ü: Gerstberger / v. Koppenfels). – 1 *birth of Christ*: die erste Weihnacht nach Hallams Tod, 1833; Schauplatz ist Tennysons Familienwohnsitz in Lincolnshire. – 9 *changes*: verschiedene Tonfolgen, in denen die Glocken beim britischen «bell ringing» geläutet werden.

384 NR. 50 (Text: Ricks 1987, II, S. 366f.; Ü: Gerstberger / v. Koppenfels).

384 NR. 56 (Text: Ricks 1987, II, S. 372f.; Ü: Gerstberger / v. Koppenfels) Die geologischen Studien der Viktorianer (Ch. Lyell, Principles of Geology, 1830ff.) führten zu vor-Darwinschen Einsichten in das Werden und Vergehen der Arten und zu Zweifeln am biblischen Schöpfungsbericht. – 2 *scarped:* als Steilhang geformt, der die Gesteinsschichtung bloßlegt. – 3 *She*: die Natur. – 12 *fanes*: Tempel. – 23 *tare*: archaisch für ‹tore›. – 28 *Behind the veil*: Anspielung auf die wörtliche Bedeutung von Apokalypse = Entschleierung.
386 NR. 106 (Text: Ricks 1987, II, S. 427f.; Ü: Gerstberger / v. Koppenfels). – 32 *the Christ... to be*: Tennyson äußerte die Überzeugung, «daß sich die Formen des Christentums wandeln würden, aber der christliche Geist werde wachsen».
388 NR. 108 (Text: Ricks 1987, II, S. 429f.; Ü: Gerstberger / v. Koppenfels). – 16 *with thee*: gemeint ist sein Freund A. Hallam.
390 NR. 123 (Text: Ricks 1987, II, S. 442f.; Ü: K. Rüdiger, Lyra des Orpheus, S. 675f.).

392 THE KRAKEN (Text: Ricks 1987, I, S. 269f.; Ü: v. Koppenfels) Frühes apokalyptisches Gedicht (1830) über ein mythisches Untier der Tiefsee. – 13 *the latter fire*: Das Feuer, das nach Offenbarung 16:8f. am Jüngsten Tag die Welt verzehren wird.
392 THE EAGLE (Text, Ricks 1987, I, S. 537; Ü: v. Koppenfels) Ein ‹Bruchstück›, das zu den vollendeten Texten Tennysons gehört.
392 NOW SLEEPS (Text: Ricks, 1987, II, S. 284f.; Ü: v. Koppenfels) Lyrische Einlage aus «The Princess», VII, V. 161–76. – Mit Danae, die ihr Vater in einen Turm eingeschlossen hatte, um ihre Jungfräulichkeit zu bewahren, vereinigte sich Zeus in Form eines ‹Goldregens›, den das Gedicht mit dem Funkeln der Sterne assoziiert.
394 TEARS, IDLE TEARS (Text: Ricks 1987, S. 232f.; Ü: v. Koppenfels) Zu diesem in «The Princess» (IV, V. 21–40) integrierten Gedicht wurde Tennyson von der Herbstlandschaft um Tintern Abbey inspiriert, mit Erinnerung an Wordsworths elegische Vergangenheitsmeditation (vgl. oben, S. 230ff.) und an seinen verstorbenen Freund A. Hallam.
396 THERE HAS FALLEN (Text: Ricks 1987, II, S. 565; Ü: v. Koppenfels) Aus «Maud», Part I, Nr. XXII, xf.
396 BREAK, BREAK, BREAK (Text: Ricks 1967, II, S. 24; Ü: v. Koppenfels) Dieses 1842 gedruckte Gedicht generalisiert den Verlust des Freundes zu romantischem Weltschmerzgefühl.
398 FLOWER IN THE CRANNIED WALL (Text: Ricks 1967, II, S. 693; Ü: v. Koppenfels) 1869 gedruckt.
398 CROSSING THE BAR (Text: Ricks 1967, III, S. 253f.; Ü: v. Koppenfels) Drei Jahre vor Tennysons Tod geschrieben und vom Autor zum Schlußstück all seiner Werkausgaben bestimmt. – 3 *moaning of the bar*: klagendes Wellengeräusch vor der Sandbank (Barre) einer Hafenmündung.

EDWARD FITZGERALD

Woodbridge 1809 – Merton 1883

Der Privatgelehrte und Freund von Carlyle, Thackeray und Tennyson, der als *country gentleman* in Suffolk seine Klassiker las (und gelegentlich übersetzte), seinen Garten kultivierte und eine reizvolle Briefkunst pflegte, lebt in der englischen Literatur als Verfasser eines einzigen Gedichtbändchens von etwa 400 Zeilen. Sein 1859 anonym veröffentlichtes *Rubáiyát of Omar Khayyám* (‹Die *rubais* oder Vierzeiler Omars des Zeltmachers›, eines persischen Dichters aus dem 11./12. Jahrhundert) sprach in seiner aphoristischen Mischung von Witz und Melancholie das Lebensgefühl der Epoche an und brachte es nach anfänglicher Mißachtung zu Hunderten von Auflagen. Fitzgerald hat seine freie Nachdichtung und Systematisierung von Khayyáms *rubais*, oder Gedankensplittern zum rechten Lebensgenuß angesichts der Unstabilität aller irdischen Dinge, bis zur 4. Auflage von 1879 mehrfach überarbeitet.

Ausgaben: Six Dramas of Calderon Translated, 1853. – *The Rubáiyát of Omar Khayyám*, 1859, rev. ^{2}1868, ^{3}1872, ^{4}1879. – *Letters and Literary Remains*, ed. W. A. Wright, 7 Bde, 1902f. – *Poetical and Prose Writings*, ed. G. Bentham, 7 Bde, 1902, ^{2}1967. – *Selected Works*, ed. J. Richardson, 1962. – Alle London.

Übersetzungen: A. Altschul, *Omar Chajjam nach E. Fitzgerald*, Dresden 1910. – C. H. Rempis, *Die Vierzeiler Omar Chajjams*, Dessau 1940. – H. W. Nordmeyer, *Rubaijat von Omar Chajjam*, Bern 1969.

Literatur: I. B. H. Jewett, *E. Fitzgerald*, Boston 1977.

400 THE RUBAYIAT OF OMAR KHAYYAM (Str. 58; 61–69; 71f.; 74; Ausgabe: 1879; Text: Richardson, S. 257; 259; 261; 263; Ü: v. Koppenfels). – 6 *a Snare*: Der Koran verbietet den Weingenuß. – 33 *a moving row*: Die folgenden eindringlichen Metaphern islamischer Schicksalsergebenheit werden zu Chiffren der viktorianischen Sinnkrise umgeschrieben.

WALTER SAVAGE LANDOR

Warwick 1775 – Florenz 1864

Ein Autor, der sowohl in seinen Lebensdaten als auch in seiner Werkentwicklung die romantische und die viktorianische Literatur überspannt: sein frühes Blankvers-Epos *Gebir* (1798) ist romantischem Titanentum verpflichtet, seine *Imaginary Conversations* (1824–1829 und 1853), Meisterwerke englischer Prosakunst, reflektieren in historischer Brechung die Spannungen und Widersprüche der neuen Zeit. Den Sohn einer angesehenen *gentry*-Familie führte sein klassisch-humanistischer Bildungsweg über Rugby und Oxford nach Italien, wo er sich von 1815 bis 1835 und von 1857 bis zu seinem Tod seinen Studien und Schriften widmete. Neben den *Imaginary Conversations* liegt seine größte, noch fortwirkende Leistung im kurzen lyrischen Gedicht, das im Geist der griechischen und lateinischen Lyrik formstreng und elegant elegische Stimmungen durchspielt.

Ausgaben: The Works and Life, 7 Bde, 1876. – *The Complete Works*, 16 Bde, ed. T. E. Welby / S. Wheeler, 1927–1936. – *Poems*, ed. G. Grigson, 1964. – Alle London.

Literatur: J. Forster, *W. S. Landor. A Biography*, 2 Bde, London 1869. – R. H. Super, *W. S. Landor. A Biography*, New York 1954. – M. Elwin, *Landor*, London 1958. – R. Borchardt, «W. S. Landor», in ders., *Gesammelte Werke. Prosa*, Stuttgart 1960, S. 353–64. – P. Vitoux, *L'œuvre de W. S. Landor*, Paris 1964. – R. Pinsky, *Landor's Poetry*, Chicago 1968. – E. Dilworth, *W. S. Landor*, New York 1971.

404 LATELY OUR POETS (Text: Welby / Wheeler, Bd. 15, S. 238; Ü: M. Pfister).

404 ROSE AYLMER (Text: Welby / Wheeler, Bd. 15, S. 339; Ü: M. Pfister) Die Tochter des vierten Baron Aylmer, eine Bekannte Landors seit 1794, starb überraschend in Kalkutta. Das Gedicht, wohl Landors bekanntestes, erschien 1806.

404 STAND CLOSE (Text: Welby / Wheeler, Bd. 16., S. 72; Ü: M. Pfister).

404 PAST RUINED ILION (V. 1–8, von 12; Text: Welby / Wheeler, Bd. 15, S. 376; Ü: G. v. d. Vring).

406 MALVOLIO (Text: Welby / Wheeler, Bd. 16, S. 75; Ü: R. Borchardt, Die fremde Muse, S. 44) Malvolio ist der puritanische Haushofmeister Olivias in Shakespeares Twelfth Night; das Gedicht erschien 1837.

406 DYING SPEECH OF AN OLD PHILOSOPHER (Text: Welby / Wheeler, Bd. 15, S. 226; Ü: H. Hennecke, Gedichte von Shakespeare bis Ezra Pound, S. 119) An Landors Geburtstag, dem 30. Januar 1849, geschrieben.

Arthur Hugh Clough

Liverpool 1819 – Florenz 1861

Wie Matthew Arnold, sein enger Freund seit Oxforder Studienzeit, der ihm in «Thyrsis» (1866) ein elegisches Denkmal setzen sollte, ist Clough in seinen Glaubenszweifeln und seinem zwiespältigen Verhältnis zu den Modernisierungsschüben des 19. Jahrhunderts ein repräsentativer Viktorianer. Seine öffentlich kundgegebenen Zweifel an der anglikanischen Orthodoxie kosteten ihn die Universitätskarriere als klassischer Philologe. Seine Dichtung war, von wenigen publizierten Gedichten abgesehen (darunter die witzigen und geistreichen Versromane *The Bothie of Tober-na-Vuolich*, 1848, und *Amours de Voyage*, 1858), nur wenigen Freunden auf beiden Seiten des Atlantiks bekannt. Die «stormy note / Of men contention-tossed, of men who groan», die Arnold («Thyrsis», 223 f.) in den zwischen Humor und bitterer Ironie, Lyrismus und Zweifel zerrissenen Versen des Freundes entdeckte, wird in der Gegenwart zunehmend als Signum einer viktorianischen Vor-Moderne gewürdigt.

Ausgaben: Poems, 1862. – *Letters and Remains*, 1865. – *The Poems and Prose Remains*, 1869. – Alle London. – *The Poems*, ed. H. F. Lowry / A. L. P. Norrington / F. L. Mulhauser, Oxford 1951.

Literatur: W. Houghton, *The Poetry of A. H. Clough*, New Haven 1963. – M. Timko, *Innocent Victorian: The Satiric Poetry of A. H. Clough*, Athens / Ohio 1966. – W. V. Harris, *A. H. Clough*, New York 1970. – E. B. Greenberger, *A. H. Clough: The Growth of a Poet's Mind*, Cambridge/Mass. 1970. – R. K. Biswas, *A. H. Clough: Towards a Reconsideration*, Oxford 1971.

408 The Latest Decalogue (Text: Lowry / Norrington / Mulhauser, S. 60 f.; Ü: M. Pfister) Diese Kontrafaktur der Zehn Gebote entstand 1847.

408 Dipsychus (aus Dipsychus, Szene 5, 154–85; Text: Lowry / Norrington / Mulhauser, S. 252 f.; Ü: H. Klein) Der faustische Dipsychus hat, wie sein Name schon sagt, zwei Seelen in seiner Brust, und diese innere Gespaltenheit wird im Dialog mit einem sehr weltlichen «Spirit» auf dem Markusplatz von Venedig dramatisch in Szene gesetzt.

MATTHEW ARNOLD

Laleham-on-Thames 1822 – Liverpool 1888

Matthew Arnold, Sohn des prominenten liberalen Pädagogen Thomas Arnold von Rugby, war im Gegensatz zu den großen romantischen Dichtern kein «hauptberuflicher» Poet: Sein vergleichsweise schmales dichterisches Werk entstand im wesentlichen innerhalb einer Dekade, von den späten vierziger zu den späten fünfziger Jahren. Auch innerhalb dieses Zeitraums war er schon als Privatsekretär Lansdownes, dann, seit 1851, im aufreibenden Beruf eines Schulinspektors und, seit 1857, im zusätzlichen Amt des ersten Oxforder «Professor for Poetry» tätig. Es waren jedoch weniger diese äußeren Belastungen, die aus dem Dichter des *Strayed Reveller* (1849) und des *Empedocles on Etna* (1852) einen Literatur-, Kultur- und Sozialkritiker und einen Bildungstheoretiker und Religionsphilosophen machten, dessen Schriften – darunter die *Essays in Criticism* (1865, 1888) und *Culture and Anarchy* (1869) – noch bis in unsere Gegenwart weiterwirken. Die Wende vom Dichter zum Kritiker und Theoretiker zeichnete sich schon im «Preface» zu seinen gesammelten *Poems* von 1853 ab: Unter den Bedingungen der Moderne, die er als Schwund von «disinterested objectivity», als Zunahme von Zweifeln und Mutlosigkeit und als zerrissenen «dialogue of the mind with itself» definiert, könne der Dichter – oder zumindest doch er selbst – seine Aufgabe, «to inspirit and rejoice the reader», nicht mehr erfüllen. Doch gerade die unter solchen Selbstzweifeln geschriebene Lyrik erwies sich als besonders einschneidende Analyse moderner Subjektivität: Arnold mag zwar nicht mehr der reine lyrische Ton der Romantiker gelingen und auch nicht die umfassende Wirklichkeitsschau des bewunderten Sophokles, «who saw life steadily, and saw it whole» («To a Friend», 1848); doch er brachte wie keiner seiner Zeitgenossen die *maladie du siècle* in seinen melancholischen, bildungsschweren und an antiken und deutschen Klassikern geschulten Versen auf den poetischen Begriff. Die Reichweite seiner Analyse geht weit über die englisch-viktorianischen Verhältnisse hinaus – um so bedauerlicher, daß dieser emphatische Europäer bislang keinen deutschen Übersetzer gefunden hat.

Ausgaben: The Strayed Reveller, 1849. – *Empedocles on Etna*, 1852. – *Poems*, 1853. – *New Poems*, 1867. – *Poems*, 2 Bde, 1869, 1877, 1881. – *Poems*, 3 Bde, 1885. – *The Letters*, ed. G. W. E. Russell, 3 Bde, 1895. – *The Works*, ed. T. B. Smart, 15 Bde, 1903–4. – *Poetical Works*, ed. C. B. Tinker / H. F. Lowry, 1950. – *The Poems*, ed. K. Allott, 1965. – Alle London. – *Matthew Arnold*, ed. M. Allott / R. H. Super, Oxford 1986.

Literatur: C. B. Tinker / H. F. Lowry, *The Poetry of M. Arnold: A Commentary*. London 1940. – L. Trilling, *M. Arnold*, New York 1949. – D. J. James,

M. Arnold and the Decline of English Romanticism, Oxford 1961. – D. D. Culler, *Imaginative Reason: The Poetry of M. Arnold*, New Haven 1966. – G. R. Strange, *M. Arnold: The Poet as Humanist*, Princeton 1967. – P. Honan, *M. Arnold: A Life*, New York 1981. – W. E. Buckler, *On the Poetry of M. Arnold*, New York 1982. – R. apRoberts, *Arnold and God*, Berkeley 1983. – D. G. Riede, *M. Arnold and the Betrayal of Language*, Charlottesville 1988. – C. Machann, *M. Arnold: A Literary Life*, London 1998.

412 MEMORIAL VERSES (Ausgabe: Empedocles on Etna, and Other Poems, 1852; V. 15–33, von 74; Text: The Poems, ed. K. Allott, S. 225–29; Ü: M. Pfister) Dieses Gelegenheitsgedicht wurde zum Begräbnis William Wordsworths in Grasmere am 27. April 1850 geschrieben; es entfaltet sich in kulminierender Reihung als dreifacher Nachruf auf Byron (1824 gestorben), Goethe (1832 gestorben) und Wordsworth. Arnold beklagt das Los des modernen Dichters in «wintry clime» und «iron time» (42f.) und sieht für Europa allenfalls die Hoffnung auf Wiederkehr des «sage mind» eines Goethe und der «force» eines Byron, nicht jedoch der «healing power» von Wordsworths Dichtung. – 3 *Physician* ...: Goethe hatte in den Gesprächen mit Eckermann (2. April 1829) die romantische Kunst der Gegenwart als «schwach, kränklich und krank» – im Gegensatz zur «gesunden» Klassik – diagnostiziert. – 15 *And he was happy* ...: Anspielung auf Vergils Georgica, II, 490ff. («felix qui potuit rerum cognoscere causas ...»; «Glücklich, wem es gelang, die Ursachen der Dinge zu ergründen, und jegliche Angst und das unabweisliche Schicksal sich unter die Füße zu werfen, ebenso wie das gierige Toben Acherons»).

412 REQUIESCAT (Ausgabe: Poems, 1853; Text: The Poems, ed. K. Allott, S. 346f.; Ü: K. Tetzeli von Rosador) Versuche, die Verstorbene im biographischen Umfeld Arnolds zu identifizieren, haben sich als müßig erwiesen. Arnolds Relegierung des Gedichts unter die «Early Poems» (in der Ausgabe der Poems von 1877) zeigt wohl, daß er es geringer einschätzte als viele seiner Leser.

414 TO MARGUERITE – CONTINUED (Ausgabe: Empedocles on Etna, and Other Poems, 1852; Text: The Poems, ed. K. Allott, S. 123–25; Ü: U. Blumenbach) ‹Marguerite› ist eine der meistumrätselten Frauenfiguren der viktorianischen Literatur; auf sie beziehen sich sechs Gedichte Arnolds, die einen zentralen Teil der Gedichtsequenz «Switzerland» (in den Ausgaben seit 1853) ausmachen. In diesen Gedichten erscheint sie als französisches Mädchen, dem Arnold 1848 und 1849 in Thun in der Schweiz begegnete, wohin ihn seine Liebe zur freien Natur und seine Bewunderung für Senancours Briefroman Oberman (1804) geführt hatten. Obermans Leiden an der Leere seines isolierten Ichs findet sich in den verzweifelten Liebesgedichten an ‹Marguerite› reflektiert. (Neuere biographische Forschungen gehen davon aus, daß diese Gedichte an eine Mary Calude aus Ambleside adressiert waren, die Arnold in Fox How kennenlernte, dem Urlaubssitz seiner Familie.) Die Erstveröffent-

lichung trug den Titel «To Marguerite, in Returning a Volume of the Letters of Ortis», der auf Foscolos Ultime Lettere di Jacopo Ortis (1802) verwies, einen von Goethes Werther inspirierten Briefroman unglücklicher Liebe und tragischer Weltentfremdung. – 1 *Yes!*: Der emphatische Auftakt bezieht sich zurück auf die Schlußverse des vorausgehenden Gedichts im Zyklus, «Isolation, To Marguerite», die das Bewußtsein der Einsamkeit als Grundbefindlichkeit der Moderne definieren.

416 DOVER BEACH (Ausgabe: New Poems, 1867; Text: The Poems, ed. K. Allott, S. 239–43; Ü: H.-D. Gelfert) Dieses berühmteste Gedicht Arnolds, das in seiner intimen, in eine konkrete Situation eingebetteten Du-Anrede an die Geliebte an Coleridges «conversational poems» – etwa «Frost at Midnight» (S. 254ff.) – erinnert, bringt die viktorianischen Ängste über Glaubenszerfall und Sinnleere wie kaum ein anderes poetisch auf den Punkt. – 18 *Listen!*: vgl. Wordsworth, «It is a beauteous evening», S. 240ff. – 15 *Sophocles*: Arnold schätzte ihn mehr als alle anderen griechischen Dramatiker; vgl. Antigone, Chorlied, 583ff.

418 THE LAST WORD (Ausgabe: New Poems, 1867; Text: The Poems, ed. K. Allott, S. 541f.; Ü: K. Tetzeli von Rosador) Der stoisch-kämpferische Gestus dieses Gedichts ist in gleicher Weise von Senancours Devise «Périssons en résistant» (Oberman, Brief 90) und von Heinrich Heines Gedicht «Enfant Perdu» (aus dem «Lazarus»-Zyklus des Romanzero) inspiriert.

EMILY BRONTË

Thornton 1818 – Haworth 1848

Emily Jane Brontë und ihre Geschwister brachen die engen Lebenskreise im düsteren Pfarrhaus von Haworth in Yorkshire durch literarische Phantasien und poetische Imagination auf. So erfanden sie ein romantisches Reich Angria und die Insel Gondal, die sie gemeinsam in ihren Geschichten und Gedichten immer neu bereisten. Eine erste Publikation waren die unter männlich klingendem Pseudonym herausgegebenen *Poems by Currer, Ellis, and Acton Bell* (1846), zu der sich Charlotte vor allem durch die besondere Qualität der Gedichte Emilys ermutigt sah: «these were not common effusions, not at all like the poetry women generally write.» Während sich von diesem Band nur zwei Exemplare verkauften, erregten ihre im folgenden Jahr publizierten Romane – Annes («Actons») *Agnes Grey*, Charlottes («Currers») *Jane Eyre* und Emilys («Ellis'») *Wuthering Heights* – große Aufmerksamkeit. Auch heute steht ihr poetisches Werk noch im Schatten der Romane, doch erfahren gerade Emilys Gedichte seit dem Vorliegen zuverlässiger Ausgaben und im Zug feministischer Neulektüren der englischen Literaturgeschichte eine zunehmende Würdigung als Ausdruck weiblich-romantischer Sehnsucht nach einer Freiheit jenseits der einengenden Alltagswirklichkeit, und als Dokumente kühnen Ringens um eine Neukonstitution weiblicher Subjektivität jenseits von Geschlechts- und Standesschranken. Oft vom Tod her gedacht und religiös inspiriert, schöpfen sie ihre poetische Kraft auch aus dem Sprachduktus und den schlichten Strophenformen des Kirchenlieds.

Ausgaben: Poems by Currer, Ellis, and Acton Bell, 1846. – *Wuthering Heights and Agnes Grey. By Ellis and Acton Bell, with ... a Selection from their Literary Remains*, 1850. – *The Complete Poems*, ed. C. Shorter, 1910. – Alle London. – *The Complete Poems*, ed. C. W. Hatfield, Oxford 1941, ^{2}1961. – *The Poems*, ed. D. Roper / E. Chitham, Oxford 1995.

Übersetzungen: E. Ort, *Gedichte/Poems*, 2 Bde, Frankfurt/M. 1987. – W. Held, *Ums Haus der Sturm*, Frankfurt/M. 1998.

Literatur: M. Spark / D. Stanford, *E. Brontë: Her Life and Work*, London 1953. – W. Gérin, *E. Brontë: A Biography*, Oxford 1971. – *The Art of E. Brontë*, ed. A. Smith, New York 1977. – M. Homans, *Women Writers and Poetic Identity*, Princeton 1980. – E. Chitham, *A Life of E. Brontë*, London 1987. – S. Davies, *E. Brontë*, Hemel Hempstead 1988. – S. Dörr, *‹Earth rising to heaven and heaven descending›: Die Werke E. Brontës im Kontext der englischen Romantik*, Frankfurt/M. 1995.

420 I'M HAPPIEST (Text: Hatfield 1961, S. 63; Ü: M. Pfister) 1838 geschrieben, erstmals veröffentlicht in Shorter 1910.

420 RICHES I HOLD (Text: Hatfield 1961, S. 163; Ü: R. Flatter, in: Die Fähre, S. 176) 1841 geschrieben; die Druckfassung von 1846 hat den Titel «The Old Stoic». – 11 *a chainless soul*: vgl. Epiktet, Fragmente, vii.

420 NO COWARD SOUL (Text: Hatfield 1961, S. 243 f.; Ü: M. Pfister) 1846 geschrieben, 1850 erstmals gedruckt, mit dem Hinweis Charlottes: «The following are the last lines my sister Emily ever wrote.» Gedanken und Stimme sind hier besonders nah denen Catherines in Wuthering Heights. – 1 *No coward soul*: zitiert ein Gedicht Hester Chapones, «No more repine, my coward Soul!», das Elizabeth Carter ihrer Übersetzung von All the Works of Epictetus (1758) voranstellte. – 17 ff. *With wide-embracing love ...*: vgl. Shelley, Adonais, 375–78.

ELIZABETH BARRETT BROWNING

Coxhoe Hall, Durham 1806 – Florenz 1861

Elizabeth Barrett war bereits als bedeutende Dichterin anerkannt, als 1845 der sechs Jahre jüngere und noch relativ unbekannte Robert Browning mit ihr in Korrespondenz trat und sie mit ihm als Gatten 1846 vor ihrem tyrannischen Vater nach Italien floh. Hier engagierte sich die kranke Dichterin leidenschaftlich für den Kampf um die Freiheit und Einheit Italiens, und hier starb sie nach fünfzehn glücklichen Ehejahren, die gleichzeitig ihre fruchtbarsten Schaffensjahre waren. In diesen Jahren entstanden die *Sonnets from the Portuguese* (1850), die *Casa Guidi Windows* (1851), die den Blick auf den italienischen Freiheitskampf eröffneten, die «novel in verse» *Aurora Leigh* (1857) und die posthum erschienenen *Last Poems* (1862). Galt um die Jahrhundertwende noch – wie es auch die Zahl deutscher Übersetzungen belegt – die Aufmerksamkeit von Ästheten und Symbolisten vor allem den privaten und kunstvoll geformten *Sonnets from the Portuguese*, so richtet sie sich seit Virginia Woolfs Essay (1931) und verstärkt noch im Zeichen feministischer Literaturgeschichte auf *Aurora Leigh* als einen weiblichen Bildungsroman, die Antwort auf Wordsworths *Prelude* und das erste englische Jugendbildnis einer Künstlerin.

Ausgaben: Poems, 2 Bde, 1844. – *Poems*, 2 Bde, 1850. – *Aurora Leigh*, 1857. – *The Poetical Works*, ed. F. G. Kenyon, 1897. – *The Letters*, ed. F. G. Kenyon, 2 Bde, 1897. – Alle London. – *The Complete Works*, ed. C. Porter / H. A. Clarke, 6 Bde, New York 1900. – *The Poetical Works*, Oxford 1904 u.ö. – *Aurora Leigh and Other Poems*, intr. by C. Kaplan, London 1978. – *Selected Poems*, ed. H. Hicks, Manchester 1983. – *The Brownings' Correspondence*, ed. P. Kelley/R. Hudson, 11 Bde, Winfield/Kan. 1984ff. – *Selected Poems*, ed. M. Forster, London 1988. – *Aurora Leigh*, ed. M. Reynolds, Athens/Ohio 1992. – *‹Aurora Leigh›: Authoritative Text, Backgrounds and Criticism*, ed. M. Reynolds, New York 1996.

Übersetzungen: M. Gothein, *Sonette nach dem Portugiesischen*, Leipzig 1903. – A. v. Zedlitz u. Neukirch, *Aurora Leigh*, Dresden 1907. – R. M. Rilke, *Sonette aus dem Portugiesischen*, Leipzig 1908, ern. 1919. – H. Böhm, *Portugiesische Sonette*, München 1911. – H. Scheu-Riesz, *Die Sonette aus dem Portugiesischen und andere Sonette*, Berlin 1911. – H. W. v. Herwarth, *Sonette aus dem Portugiesischen*, München 1920.

Literatur: V. Woolf, «Aurora Leigh», in *The Common Reader. Second Series*, London 1932. – G. B. Taplin, *The Life of E. B. Browning*, New Haven 1957. – A. Hayter, *Mrs. Browning: A Poet's Work and its Setting*, London 1961. – V. L. Radley, *E. B. Browning*, New York 1972. – A. Leighton, *E. B. Browning*, Brighton 1986. – H. Cooper, *E. B. Browning: Woman and Artist*, Chapel Hill/

NC 1988. – M. Forster, *E. B. Browning: A Biography*, London 1988. – D. Mermin, *E. B. Browning: The Origins of a New Poetry*, Chicago 1989. – M. Stone, *E. B. Browning*, London 1995.

Sonnets from the Portuguese

In der fiktionalen Brechung einer angeblichen Übersetzung anonymer Liebesgedichte einer Portugiesin aus dem 16. Jahrhundert spiegelt der Zyklus von 44 formstrengen Sonetten die eigene Werbungsgeschichte der Dichterin im Jahr vor der Heirat.

424 Nr. 1 (Text: Porter / Clarke, III, S. 227; Ü: M. Gothein). – 1 *Theocritus*: vgl. Idyll XV.

424 Nr. 5 (Text: Porter / Clarke, III, S. 229; Ü: F. Kemp). – 2 *Electra*: vgl. Sophokles, Elektra, 1126–9.

426 Nr. 14 (Text: Porter / Clarke, III, S. 233 f.; Ü: H. Scheu-Riesz).

426 Nr. 22 (Text: Porter / Clarke, III, S. 237 f.; Ü: R. M. Rilke).

426 Nr. 43 (Text: Porter / Clarke, III, S. 248; Ü: R. M. Rilke).

428 Aurora Leigh (Book I, V. 385–446, Text: Porter / Clarke, IV, S. 14 f.; Ü: M. Pfister) In diesem Blankvers-Roman in neun Büchern wollte Elizabeth Barrett Browning ihre «highest convictions upon Life and Art» darstellen. Die Liebeshandlung stellt den philanthropischen Aktivitäten ihres Cousins Romney Leigh die Entwicklung der Titelheldin zur Dichterin gegenüber. Er lehnt sie zunächst ab, doch führt dann schließlich das wachsende Bewußtsein der beiden, daß erst die Verbindung von künstlerischer Berufung und sozialem Engagement wahre Menschlichkeit bedeutet, auf ihre liebende Vereinigung hin. In dieser Lösung ebenso wie im romanhaften Detailrealismus erwiesen sich Heldin wie Autorin als «wahre Tochter ihrer Zeit», des Viktorianismus (V. Woolf). – 1 *collects*: wiederkehrende Gebetsform im anglikanischen Ritus. – 2 *creeds . . .*: Glaubensbekenntnisse aus dem vierten Jahrhundert. – 3 *Articles . . . Tracts*: die neununddreißig Glaubensartikel, die seit 1571 die anglikanische Konfession definieren, und die Tracts for the Times des zeitgenössischen Oxford Movement, die durch die Verkehrung von «for» zu «against» hier als reaktionär kritisiert werden. – 4 *Buonaventura's «Prick of Love»*: Bonaventuras Lehre, daß das liebende Herz zu tieferer religiöser Einsicht fähig ist als der Verstand. – 16 f. *royal genealogies/Of Oviedo*: Oviedo, Begleiter des Columbus auf seiner ersten Amerikafahrt, verfaßte neben seiner Allgemeinen Geschichte beider Indien auch eine Genealogie der spanischen Adelsfamilien. – 21 *Lara*: spanische Kleinstadt am Arlanza. – 21 f. *census . . . at Klagenfurt*: ein weiteres Beispiel unnützen Wissens – zum angegebenen Zeitpunkt gab es Klagenfurt ja noch nicht. – 25 *impossible in Johnson's day*: Anspielung auf Johnsons bekanntes Bonmot, mit dem er auf den Hinweis reagierte, wie schwierig ein bestimmtes, von einer jungen Dame exekutiertes Musikstück zu spielen sei: «Would that it had been impossible.» – 29 *Tophet*: Hölle (vgl. Jesaja 30:33). – 33 *Cellarius*: Walzerart.

CHRISTINA ROSSETTI

London 1830 – London 1884

Die Tochter eines exilierten italienischen Dichters und Danteforschers, und Schwester des präraffaelitischen Malers und Dichters, verbrachte ihr Leben in einem kunst- und literaturnahen anglo-italienischen Milieu. Die äußerlich ereignisarme Existenz dieser großen Dichterin ruft einige Topoi viktorianischer Weiblichkeit auf: starke – in ihrem Fall: anglokatholische – Religiosität, prekäre Gesundheit, Verzichtethik, die sich in der Fürsorge anderer bewährt (Sozialarbeit in einem Heim für Gefallene Frauen, Pflege kranker Familienangehöriger, zuletzt des Bruders Dante Gabriel), und in der Abweisung zweier geliebter Männer aus religiösen Skrupeln. Entsagung ist das zentrale Thema ihrer oft trügerisch schlichten, dabei die Lockung des Irdischen und die Anziehung des Todes in sinnliche Bilder und hohen Klangreiz umsetzenden Lyrik. Schon das beunruhigende Titelgedicht ihres ersten Gedichtbands, *Goblin Market* (‹Markt der Kobolde›), erzählt in märchenhafter, mit Groteskelementen angereicherter Form eine sexuell konnotierte Fabel von der Überwindung des Bösen. Balladeske Liedhaftigkeit, elegisches Lebensgefühl und hohe Artistik verbinden sich in den Gedichten dieser Zeit. Rossettis stilisierte Schlichtheit findet nicht zuletzt Ausdruck in dem erfolgreichen Kindergedicht-Band *Sing-Song*. In den späteren Gedichten dominiert die religiöse Thematik – indirekt auch in der Sonettsequenz *Monna Innominata* (‹Namenlose Dame›, 1881), die die weiblich spiritualisierte über die männliche, sinnlich drängende Liebe erhebt. – Nachdem die Dichterin lange Zeit im Schatten ihres Bruders Dante Gabriel Rossetti stand, scheint sich neuerdings, im Zeichen der Frauenforschung, dieses Verhältnis umzukehren.

Ausgaben: Goblin Market and Other Poems, 1862. – *Sing-Song*, 1872. – *Annus Domini*, 1874. – *A Pageant and Other Poems*, 1881. – *Poetical Works*, ed. W. H. Rossetti, 1904. – Alle London. – *Complete Poems*, ed. R. W. Crump, 3 Bde, Baton Rouge 1979–1990.

Übersetzung: W. Breitwieser, *Ausgewählte Gedichte* (mit D. G. Rossetti, *Gedichte und Balladen)*, Heidelberg 1960.

Literatur: L. M. Packer, *Ch. Rossetti*, Berkeley 1963. – L. Hönninghausen, *Ch. Rossetti als viktorianische Dichterin*, Bonn 1969. – S. Weintraub, *Four Rossettis: A Victorian Biography*, New York 1975. – R. W. Crump, *Ch. Rossetti: A Reference Guide*, Boston 1976. – D. Rosenblum, Ch. Rossetti: *The Poetry of Endurance*, Carbondale 1986. – D. A. Kent, ed., *The Achievement of Ch. Rossetti*, Ithaca 1987. – A. H. Harrison, *Ch. Rossetti in Context*, Chapel

Hill 1988. – J. Marsh, *Ch. Rossetti: A Literary Biography*, London 1994. – K. J. Mayberry, *Ch. Rossetti and the Poetry of Discovery*, Baton Rouge 1989. – S. Smuldos, *Ch. Rossetti Revisited*, New York 1996.

432 A BIRTHDAY (Text: Crump, I, S. 36f. Ü: W. Breitwieser, S. 184) 1857 geschrieben, 1862 gedruckt.
432 IN AN ARTIST'S STUDIO (Text: Crump, III, S. 264; Ü: v. Koppenfels) Das Studio von Dante Gabriel Rossetti; das Gesicht auf allen Bildern ist das seiner Geliebten und späteren Frau, Elizabeth Siddal. – 1856 verfaßt, 1896 gedruckt.
434 SONG (Text: Crump, I, S. 58; Ü: W. Breitwieser, S. 175, bearb.) 1848 geschrieben, 1862 gedruckt.
434 AFTER DEATH (Text: Crump, I, S. 37f.; Ü: W. Breitwieser, S. 179, bearb.) 1849 verfaßt, 1862 gedruckt.
436 REMEMBER ME (Text: Crump, I, S. 37; Ü: v. Koppenfels; V. 9–14 nach H. Feist, Ewiges England, S. 511).
436 UP-HILL (Text: Crump, I, S. 65f.; Ü: H. Feist, Ewiges England, S. 509) 1858 geschrieben, 1862 gedruckt.
438 COBWEBS (Text: Crump, III, S. 240f.; Ü: v. Koppenfels) Der Titel dieses 1855 geschriebenen und erst 1896 veröffentlichten Gedichts hat die Zusatzbedeutung ‹Hirngespinste›.
438 PARADISE (Text: Crump, III, S. 42f.; Ü: F. Kemp, «Das Goldene Tor», Bd 4, 1949, S. 193).

DANTE GABRIEL ROSSETTI

London 1828 – Birchington 1882

Der Maler und Dichter, Sohn des nach England emigrierten italienischen Patrioten Gabriele Rossetti und seiner Frau Frances Polidori, die ihrerseits von einem italienischen Vater abstammte, ist (wie Blake) eine der künstlerischen Doppelbegabungen der englischen Literatur. Seine Abneigung gegen den akademischen Kunstbetrieb führte um 1850 zur Gründung der *Pre-Raphaelite Brotherhood*, die er gemeinsam mit mehreren Freunden, darunter Holman Hunt und Everett Millais, unternahm; gegenüber der klassischen Renaissancekunst in der Nachfolge Raffaels suchten sie nach unverbrauchter Schönheit und Spiritualität in der Kunst und Literatur des Spätmittelalters und der Frührenaissance, und wurden damit für den Ästhetizismus des Jahrhundertendes wegweisend. Rossettis Übertragung der Dichter des Dolce Stil Nuovo, *The Early Italian Poets*, ist für diese Tendenz ebenso charakteristisch wie sein Gedicht «The Blessed Damozel» von 1850, eine danteske Totenklage und Himmelsvision der entrückten Geliebten. Sinnenhaftigkeit und spirituelle Idealität bilden die Spannungspole seines Lebens und Schaffens. In seiner großen Sonettfolge *The House of Life* sind Eros und Thanatos unauflöslich ineinander verschlungen. Der Selbstmord seiner langjährigen Geliebten und kurzzeitigen Ehefrau Elizabeth Siddal 1860 stürzte ihn in Gewissensqualen. Er legte ihr das Manuskript seines ersten Gedichtbandes in den Sarg, um es neun Jahre später, in der Zeit seiner Liebe zur Frau seines Freundes William Morris, wieder auszugraben und 1870 zu veröffentlichen. Der giftige Angriff des Kritikers R. Buchanan auf die angebliche Unmoral seiner Dichtung traf ihn tief. Sein letztes Jahrzehnt war von physischen Leiden, versiegender Schöpferkraft, Alkohol und Drogen gezeichnet. – In Deutschland fand Rossetti bedeutende Übersetzer in Stefan George und Rudolf Borchardt.

Ausgaben: The Early Italian Poets, 1861. – *Poems*, 1870. – *Ballads and Sonnets*, 1881. – *Collected Works*, ed. W. M. Rossetti, 1890, ^{2}1897. – *Poems and Translations, 1850–1870*, 1926. – *Rossetti's Poems*, ed. O. Doughty, 1957. – Alle London. - *Letters*, ed. O. Doughty / J. R. Wahl, 4 Bde, Oxford 1965–1967.

Übersetzungen: S. George/A. v. Bernus, *Gedichte und Balladen*, Heidelberg 1960.

Literatur: O. Doughty, *A Victorian Romantic: D. G. Rossetti*, London 1949, ^{2}1960. – R. R. Howard, *The Dark Glass*, Athens/Ga. 1972. – S. Weintraub, *Four Rossettis: A Victorian Biography*, New York 1975. – F. S. Boos, *The Poetry of D. G. Rossetti*, Den Haag 1976. – B. J. Dobbs, *D. G. Rossetti: An Alien Victorian*, London 1977. – J. Rees, *The Poetry of D. G. Rossetti*, Cambridge 1981. – D. G. Riede, *D. G. Rossetti and the Limits of Victorian Vision*, Ithaca/N. Y. 1983.

442 SILENT NOON (Text: Dougthy, S. 216; Ü: H. Feist, Ewiges England, S. 507, bearb.) Nr. 19 des 1. Teils der Sonettfolge «The House of Life».

WILLOWWOOD

(Text: Doughty, S. 116ff.; Ü: S. George, Werke, IV, S. 13ff.) Der Titel der Dante-inspirierten Vision bezieht sich auf den Schauplatz dieser Folge von vier Sonetten des House of Life: die Weide ist traditionell mit Trauer um Liebesverlust assoziiert.

442 NR. 1: Elegisch-synästhetischer Liebeszauber; eine leise Dissonanz wird durch die unbetonten Reime des 4. und 10. Verses eingeführt.

444 NR. 2: 2f. *souls disused*...: 'wie Seelen singen, die in der Unfruchtbarkeit des Todes ungenützt, lang auf ihre Wiedergeburt warten müssen'.

444 NR. 3: 12 *she*: die Seele. – 14 *her*: auf die tote Geliebte bezogen.

446 NR. 4: 2 *wellaway*: Klagelitanei.

446 Barren Spring (Text: Doughty, S. 121; Ü: R. Borchardt, Die fremde Muse, S. 52).
448 The Hill Summit (Text: Doughty, S. 120; Ü: R. Borchardt, Die fremde Muse, S. 51).
448 «The Wine of Circe» (Text: Doughty, S. 139; Ü: S. George, Werke, IV, S. 18) Aus den «Sonnets for Pictures», auf das gleichnamige Bild von E. Burne-Jones. – 5 *Helios*: Sonnengott; *Hecate:* Göttin der Unterwelt und der Schwarzkunst. – 10 *cowering beasts*: die Gefährten des Odysseus, die von der Zauberin Circe, Tochter des Helios und der Hecate, des Tages und der Nacht, erst mit Wein berauscht und dann in Tiere verwandelt wurden; Odysseus wurde gewarnt und konnte den Zauber abwehren. Das Bild von Burne-Jones stilisiert Circe zur «femme fatale» der Spätromantik. – 8 *countersign*: Losungswort.

Coventry Patmore

Woodford 1823 – Lymington 1896

Bibliothekar am Britischen Museum; stand mit Tennyson, Ruskin und den Präraffaeliten in freundschaftlichem Verkehr. Zwischen 1854 und 1862 schrieb er das viktorianische Hohelied der häuslichen Liebe, *The Angel in the House*, das nach großer zeitgenössischer Popularität von der feministisch-inspirierten Kritik als Verengelung der Frau um den Preis ihre Entmündigung verworfen wurde. Es ist Patmores erster Frau gewidmet, die 1862 starb, und feiert in fiktionaler Form die gemeinsame fünfzehnjährige Ehe. Patmore heiratete noch zweimal und konvertierte 1864 zum Katholizismus. Daß er ein weit vielseitigerer und originellerer Dichter ist, als sein derzeitiges Negativetikett vermuten läßt, zeigt vor allem die Odensammlung *The Unknown Eros*, die eine ganz andere Art von Erotik besingt als die des ‹häuslichen Engels›.

Ausgaben: Poems, 1844. – *The Betrothal*, 1854. – *The Espousals*, 1856. – *Faithful for Ever*, 1860. – *The Victories of Love*, 1862 (Die vier Teile zusammen bilden *The Angel in the House*. – Dass., 1979). – *The Unknown Eros*, 1877. – *Amelia*, 1878. – *Poems*, 2 Bde, 1886; dass. 1906. – Alle London.

Literatur: E. Gosse, *C. Patmore*, London 1905. – V. Larbaud, «C. Patmore» (1912), in *Ce Vice impuni, la lecture,* Paris 1998, S. 61–99. – O. Burdett, *The Idea of C. Patmore*, Oxford 1921. – E. J. Oliver, *C. Patmore*, 1956. – J. C. Reid, *The Mind and Art of C. Patmore,* 1957. – P. M. Ball, *The Heart's Events,* 1976. – Alle London. – M. Weinig, *C. Patmore*, Boston 1981.

450 THE REVELATION (Text: Poems 1906, I, S. 47; Ü: v. Koppenfels) Aus: The Angel in the House, Book I, Canto, VIII, ii.
450 VESICA PISCIS (Text: Poems 1906, II, S. 52; Ü: F. Kemp) Aus The Unknown Eros, Book I, xxiv.- Der Titel bedeutet ‹Fischblase›. – 12 *Simon's coin*: Bezug auf den Fischzug des Petrus, Lukas 5:3–10, den das Gedicht in V. 4ff. zitiert; die Münze ist das ‹Gold› des Evangeliums.
452 ARBOR VITAE (Text: Poems 1906, II, S. 61; Ü: v. Koppenfels) Aus The Unknown Eros, Book II, iii. Der Titel bedeutet ‹Baum des Lebens›, eine Allegorie des Glaubens und der Kirche.
454 TIRED MEMORY (V. 1–15, von 92; Text: Poems 1906, II, S. 25; Ü: v. Koppenfels) Aus The Unknown Eros, Book I, xi.
454 MAGNA EST VERITAS (Text: Poems 1906, II, S. 28; Ü: v. Koppenfels, frei nach Feist, Ewiges England, S. 505) Aus The Unknown Eros, Book I, xii. Titel nach 1 Esdras 4:41: «Magna est veritas, et prevalet». – 9 *The truth ... prevail*: Übersetzung des Esdras-Zitats.

WILLIAM MORRIS

Walthamstow 1834 – Hammersmith 1896

Morris – Maler, Designer, Kunsthandwerker, Kunsttheoretiker, Architekt, Unternehmer, Kulturkritiker, Publizist, sozialistischer Agitator ... – war auch als Dichter ungewöhnlich produktiv. Sein künstlerisches Werk umspannt die ganze zweite Hälfte des neunzehnten Jahrhunderts und zeichnet seine Entwicklung vom Ästhetizismus der Präraffaeliten zum sozial und sozialistisch engagierten Kritiker der viktorianischen Gesellschaft nach. Gemeinsamer Nenner dieser Entwicklungsphasen ist jedoch sein Versuch, seiner Gegenwart in einem idealisierten Mittelalter das Gegenbild einer durch unentfremdete Arbeit gekennzeichneten organischen Wirtschaftsordnung und der Einheit von Kunst, Kultus und Leben vorzuhalten. Der Großteil seiner Gedichte, darunter heute kaum mehr gelesene Versepen, die in die Antike oder die keltische und nordische Sagenwelt zurückführen, dramatische Monologe und Balladen, stammt aus seiner ersten Schaffensperiode; in späteren Jahren, seit der Marx-Lektüre von 1883, wandte er sich stärker der politischen Publizistik und utopischen Schriften (*A Dream of John Ball*, 1886; *News from Nowhere*, 1890) zu.

Ausgaben: The Defence of Guenevere and Other Poems, 1858. – *The Life and Death of Jason*, 1867. – *The Earthly Paradise*, 3 Bde, 1868–70. – *Love Is Enough*, 1876. – *The Pilgrim of Hope*, 1886. – *Poems by the Way*, 1891. – *The Collected*

Works, ed. M. Morris, 24 Bde, 1910–15. – Alle London. – *Selected Writings and Designs*, ed. A. Briggs, Harmondsworth 1962. – *A Choice of W. Morris' Verse*, ed. G. Grigson, London 1969. – *Poems*, Woodbridge 1990.

Übersetzung: A. v. Bernus, *Gedichte*, Heidelberg 1955.

Literatur: J. W. Mackail, *The Life of W. Morris*, 2 Bde, 1899. – W. B. Yeats, *Ideas of Good and Evil*, 1914. – B. I. Evans, *W. Morris and His Poetry*, 1925. – E. P. Thompson, *W. Morris: Romantic to Revolutionary*, 1955. – P. Henderson, *W. Morris: His Life, Work and Friends*, 1967. – J. Lindsay, *W. Morris*, 1975. – P. Faulkner, *Against the Age: An Introduction to W. Morris*, 1980. – Alle London. – M. Pfister, «W. Morris, oder: Die Einheit von Kunst, Sozialismus und Ökologie», in W. Morris, *Rot und Grün*, ed. M. Pfister, Passau 1987. – J. M. S. Tompkins, *W. Morris: An Approach to His Poetry*, London 1988. – F. MacCarthy, *W. Morris. A Life for Our Time*, London 1994.

456 LOVE IS ENOUGH (Titelgedicht der Sammlung von 1876; Text: M. Morris, IX, S. 5; Ü: M. Pfister).
456 FORGET SIX COUNTIES (Eröffnungsverse des Prologs zu The Earthly Paradise; Text: M. Morris, III, S. 3; Ü: M. Pfister). – 1 *six counties*: die um London gelegenen Grafschaften (Home Counties).
458 A DEATH SONG (Text: M. Morris, IX, S. 124; Ü: M. Pfister) Während einer sozialistischen Demonstration am Sonntag nach dem Bloody Sunday des 13. Nov. 1887, an der auch Morris teilnahm, wurde sein Freund Alfred Linnell von der Polizei zu Tode geprügelt; Morris publizierte die Ballade, versehen mit einer Graphik Walter Cranes, als Flugschrift, um mit dem Erlös die Familie des Opfers zu unterstützen.

WILLIAM M. THACKERAY

Kalkutta 1811 – London 1863

Der große viktorianische Romancier (*Vanity Fair*, 1847; *Henry Esmond*, 1852) war auch ein Satiriker und Parodist von hohen Graden. Von 1842 bis 1852 trug er mit zahlreichen Beiträgen zum Erfolg des neugegründeten *Punch* bei.

Ausgabe: Collected Works, 20 Bde, London 1901–1904; daraus Bd IV, 1904: *Ballads and Verses*.

Literatur: J. Carey, *Thackeray, Prodigal Genius*, London 1977. – C. Peters, *Thackeray's Universe*, London 1987.

460 THE SORROWS OF WERTHER (Text: Ballads and Verses, S. 83; Ü: v. Koppenfels) Die inhaltlichen Bezüge auf Goethes «Werther» zeichnen sich durch eine gewisse dichterische Freiheit aus.

EDWARD LEAR

London 1812 – San Remo 1888

Der Reisende, Landschaftsmaler (zeitweise Zeichenlehrer der Königin Victoria) und Autor von Reisebüchern gilt mit seinem *Book of Nonsense* von 1846, das den absurden Limerick erfand, knapp vor seinem Zeitgenossen L. Carroll als Begründer der Nonsensdichtung Englands. Das Buch war als Kinderbuch konzipiert und den Enkeln seines Gönners, des Earl of Derby, gewidmet, doch seine Folgen waren weit über den Adressatenkreis hinaus umwerfend: ein Triumph der freien Phantasie und des anarchischen Gelächters über viktorianische Pädagogik und Nützlichkeitsmoral. Dabei sind hier, wie bei den nicht weniger abgründig komischen *Nonsense Songs*, Text und karikierende Zeichnung untrennbar miteinander verbunden. «Lear ist ein waschechter Dichter. Denn was ist Nonsens anderes als ein wenig verdrehte poetische Phantasie?» (A. Huxley)

Ausgaben: A Book of Nonsense, 1846. – *Nonsense Songs, Stories, and Botany*, 1870. – *The Complete Nonsense,* ed. H. Jackson, 1947. – *Teapots and Quails*, ed. A. Davidson / Ph. Hofer, 1953. – Alle London. – *A Book of Bosh*, ed. B. Alderson, Harmondsworth 1975.

Übersetzungen: H. C. Artmann, *Nonsens-Verse*, Frankfurt 1964, ²1980. – J. Dahl, *Limericks, Limericks* (Teilübers.), Frankfurt 1967. – H. M. Enzensberger, *Kompletter Nonsens*, Frankfurt 1977, ²1988. – Th. Stemmler, *Sämtliche Limericks*, Stuttgart 1988.

Literatur: E. Sewell, *The Field of Nonsense*, London 1952. – V. Noakes, *E. Lear: The Life of a Wanderer*, London 1968, ²1979. – D. Petzold, *Formen und Funktionen der englischen Nonsensdichtung im 19. Jahrhundert*, Nürnberg 1972. – T. Byrom, *Nonsense and Wonder*, New York 1977. – J. Lehmann, *E. Lear and His World*, London 1977. – I. R. Hark, *E. Lear*, Boston 1982. – A. Huxley, «E. Lear», in *Form in der Zeit*, München 1994, S. 84–87.

462 HOW PLEASANT (Text: Jackson, S. viif.; Ü: H. M. Enzensberger, 1977, S. 7f.). – 20 *runcible*: Epithet, das außer Hüten auch Löffel, Katzen, Gänse, Mauern und Raben charakterisiert; das unerschöpfliche Oxford English Dictionary verweigert auch zu diesem Rätselwort die Auskunft nicht.
464 THE OWL (Text: Jackson, S. 61ff.; Ü: H. M. Enzensberger, 1977, S. 28ff.).
466 EIGHT LIMERICKS (Text: Jackson, S. 23; 42; 35; 48; 195; 52; 58; 186; Ü: H. C. Artmann, S. 12, 22, 19, 24, 52, 26, 27, 45). – 13 *scratch it*: «knackst ihn» = Emendation des Hsg.; das Artmannsche Original hat «knackt ihn».
468 COLD ARE THE CRABS (Text: Teapots and Quails; Ü: v. Koppenfels) Erst 1993 veröffentlichtes philosophisches Sonett mit defizientem Schlußvers, das als Letztes Wort Learscher Lebensweisheit gelten darf.

LEWIS CARROLL

Daresbury 1832 – Guildford 1898

Charles Lutwidge Dodgson, der sich hinter dem Pseudonym Lewis Carroll verbirgt, war ein anglikanischer Geistlicher und, seit 1855, Dozent für Mathematik in Oxford. Während seine Beiträge zur Logik und Mathematik nur noch Fachhistoriker interessieren, leben die Bücher, mit denen der einsame, exzentrische und gehemmte Junggeselle um die Zuneigung kleiner Mädchen warb, in allen Sprachen der Welt fort. Er gehört, nicht nur in Deutschland, zu den am häufigsten übersetzten englischen Autoren und fordert zu immer neuen Übersetzungsversuchen heraus. Vor allem die beiden *Alice*-Bücher (1865 und 1871) und *The Hunting of the Snark* (1876) sind, ob nun Prosa oder Vers, Nonsense-Dichtung in Reinkultur und treiben ihren latent immer subversiven Un- und Widersinn auf eine so prekäre Spitze der Absurdität und Phantastik, daß sie den Verstand erwachsener Logiker, Linguisten oder Semiotiker ebenso anregen wie die Imagination von Kindern. In seiner Biographie erscheint Carroll in mancher Hinsicht als typischer Viktorianer: In der Inszenierung seiner Parodien, Sprachspiele, logischen Aporien und unlösbaren Rätsel, die nicht nur die Ordnungen der Logik und der Sprache untergraben, ist er einer der beunruhigendsten Kritiker seines Zeitalters und ein noch nicht hinreichend gewürdigter Anreger der modernistischen Avantgarden.

Ausgaben: Alice's Adventures in Wonderland, 1865. – *Through the Looking-Glass, and What Alice Found There*, 1871. – *The Hunting of the Snark. An Agony in Eight Fits*, 1876. – Alle London. – *The Complete Works*, intr. by A. Woollcott,

New York 1939; Nachdr.: *The Penguin Complete Lewis Carroll*, Harmondsworth 1982. – *The Works*, ed. R. L. Green, London 1965. – *The Annotated Alice*, ed. M. Gardner, Harmondsworth 1965. – *The Annotated Snark*, ed. M. Gardner, Harmondsworth 1974. – *The Letters*, ed. M. N. Cohen, 2 Bde, New York 1978. – *The Diaries*, ed. W. Wakeling, 2 Bde, London 1993–94.

Übersetzungen: A. Zimmermann, *Alicens Abenteuer im Wunderland*, Leipzig 1869. – H. Scheu-Riesz, *Alice im Wunderland*, Wien 1923. – W. Bloch, *Alice im Spiegelreich*, Berlin 1948. – W. G. Schreckenbach, *Alice im Wunderland*, Nürnberg 1949. – S. Gräfin Schönfeldt, *Alice im Wunderland*, München 1955. – K. Schrey, *Alice im Wunderland*, Opladen 1958. – A. Hüttenmoser, *Alice im Wunderland*, Zürich 1960. – C. Enzensberger, *Alice im Wunderland*, Frankfurt/M. 1963. – Ders., *Alice hinter den Spiegeln*, Frankfurt/M. 1963. – K. Reichert, *Briefe an kleine Mädchen*, Frankfurt/M. 1967. – M. Remané, *Alice im Wunderland*, Berlin 1967. – K. Reichert, *Die Jagd nach dem Schnark*, Frankfurt/M. 1968. – H. Raykowski, *Alice im Wunderland*, München 1978. – B. Teutsch, *Alice im Wunderland*, 5 Bde, München 1985. – N. v. Cube, *Alice im Wunderland*, München 1986. – M. Ende, *Die Jagd nach dem Schlarg*, Stuttgart 1988. – O. Sturm, *Die Jagd nach dem Schnatz*, Stuttgart 1996. – D. H. Stündel, *Das Gesamtwerk*, ed. J. Häuser, Frankfurt/M. 1998.

Literatur: S. Dodgson, *The Life and Letters*, London 1898. – R. L. Green, *L. Carroll*, London 1949. – A. Liede, *Dichtung als Spiel*, 2 Bde, Berlin 1963, I, S. 157–204. – W. Weaver, *Alice in Many Tongues*, Madison 1964. – R. D. Sutherland, *Language and L. Carroll*, Den Haag 1970. – D. Petzold, *Formen und Funktionen der englischen Nonsense-Dichtung im 19. Jahrhundert*, Nürnberg 1972. – K. Reichert, *L. Carroll: Studien zum literarischen Unsinn*, München 1974. – D. Hudson, *L. Carroll*, London 1976. – J. Pudney, *L. Carroll and His World*, London 1976. – R. Kelly, *L. Carroll*, Boston 1977. – *Aspects of Alice*, ed. R. Phillips, New York 1977. - *L. Carroll: A Celebration*, ed. E. Guiliano, New York 1982. – E. Kreutzer, *L. Carroll: ‹Alice in Wonderland›*, München 1984. – M. Bakewell, *L. Carroll: A Biography*, London 1996.

470 THE HUNTING OF THE SNARK («Fit the Third: The Baker's Tale»; Text: Woollcott 1982, S. 686f.; Ü: M. Ende, Die Jagd nach dem Schlarg, S. 35ff.) Das komische und balladeske Kleinepos handelt – als «Moby-Dick» im Westentaschenformat – von der Jagd nach einem Meeresungeheuer, dessen absurder Name die Schrecken von «snake» und «shark» in einem «Portmanteau-Wort» (s. u.) verbindet. Der Bäcker, einer der kühnen Jäger, war gerade am Ende der vorausgehenden «Fitte» (Strophe in nordischer Versepik) in Ohnmacht (d. h. einen fit) gefallen, als er hören mußte, daß der Snark ein noch schrecklicherer Boojum sein könnte. – 7 *Bellman*: Zuckerkuchenverkäufer, der für seine Ware mit Glockengeklingel warb.
474 JABBERWOCKY (Schluß des ersten Kapitels von Through the Looking-

Glass; Text: Woollcott 1982, S. 140ff.; Ü: C. Enzensberger, Alice hinter den Spiegeln, S. 27f.) Die Kommentierung dieser Nonsens-Ballade, die nicht nur Alice «*rather* hard to understand» findet, würde jeden Rahmen sprengen. Die erste Übersetzung ins Deutsche erschien in Macmillan's Magazine (Feb. 1872): Unter dem Pseudonym Thomas Chatterton stellte sie Robert Scott, der mit Dean Liddell, dem Vater von Alice, das bekannte Griechisch-Lexikon verfaßt hat, als die altdeutsche Originalballade vor, auf der Jabberwocky beruhe. Ein Haupttrick der ebenso witzig-fantastischen wie vertrackten Sprachspiele ist, wie Humpty Dumpty Alice im sechsten Kapitel erläutern wird, die Bildung von «Portmanteau-Wörtern», d. h. Wortschöpfungen, in denen wie in einem Koffer (‹Port-manteau›) zwei Wörter zusammengepackt werden, z. B. ‹slithy› aus ‹lithe› (wendig) und ‹slimy›. Die Dadaisten ebenso wie Joyce in Finnegans Wake hatten hier viel zu entdecken. – 1 *brillig*: Carroll in seinen eigenen Anmerkungen zur vorab veröffentlichten ersten Strophe in der Privatzeitschrift Misch-Masch (1855) leitet das Wort in verspielter Philologie vom Verb ‹bryl› oder ‹broil› her und erklärt seinen Sinn als «Zeit des Dinner-Kochens, d. h. später Nachmittag». – 2 *gimble*: nach OED eine Schreibvariante zu ‹gimbal› (Kardanring), nach Carrolls und Humpty Dumptys Erläuterung: «mit einem Handbohrer (‹gimlet›) Löcher bohren». – 3 *mimsy*: vgl. ‹mimsey› (prüde, mickrig). – 3 *borogoves*: nach Humpty Dumpty «ein magerer, schäbig aussehender Vogel, dem nach allen Seiten hin die Federn abstehen – einem lebendigen Mop ähnlich»; nach Carroll «eine ausgestorbene Papageienart ohne Flügel und mit nach oben gebogenem Schnabel; sie bauten ihr Nest unter Sonnenuhren und ernährten sich von Kalbfleisch». – 4 *mome*: Humpty Dumpty mutmaßt eine Kontraktion von ‹from home› (also «verloren»); Carroll deutet Zusammenhänge mit ‹solemome›, ‹solemn› an. – 4 *raths*: nach Humpty Dumpty eine grüne Schweinerasse, nach Carroll eine Art Landschildkröte, die von Schwalben und Austern lebt; ein altirisches Wort ‹rath› (Einfriedung) war im neunzehnten Jahrhundert noch geläufig. – 4 *outgrabe*: wohl von dt. «ausgraben»; Humpty Dumpty erläutert das Wort als Vergangenheitsform von ‹outgribe›, das er als «zwischen Bellen und Pfeifen, mit einer Art von Schneuzen in der Mitte» definiert. Carroll übersetzt die ganze erste Strophe, «dieses obskure aber tief bewegende Relikt alter Poesie», wie folgt: «Es war Abend und die glatten, rührigen Dachse kratzten und bohrten Löcher in den Hang; ganz unglücklich waren die Papageien, und die feierlich ernsten Schildkröten quietschten.» – 5 *Jabberwock*: Carroll leitet in einem Brief an eine Mädchenklasse den Namen des Untiers von altengl. ‹wocer› oder ‹wocor› (Frucht, Nachkommen) und ‹jabber› (erregtes Diskutieren, Geschnatter) ab und definiert es damit als «das Ergebnis langer und erregter Diskussionen». – 8 *frumious*: von ‹fuming› und ‹furious›. – 13 *uffish*: nach Carroll «a state of mind when the voice is gruffish, the manner roughish, and the temper huffish (‹übelnehmerisch›)». – 16 *burbled*: von ‹burst› und ‹bubble›. – 20 *galumphing*: von ‹gallop› und ‹triumphant›. – 24 *chortled*: von ‹chuckle› und ‹snort›.

Register der Gedichttitel und -anfänge

Übersetzerregister

Quellennachweis

Ein Großteil der Gedichte wurde für diese Ausgabe neu übersetzt; die Rechte an diesen Neuübersetzungen bleiben bei den Übersetzern. Der Verlag dankt den folgenden Inhabern von Übersetzungsrechten für die freundliche Erteilung der Abdruckgenehmigung:

William Blake (S. 202ff.)
Aufbau-Verlag: *Infant Joy*; *The Garden of Love*; *The Tyger; Auguries of Innocence* (Auszug); *Visions of the Daughters of Albion*: Übersetzungen von Walter Wilhelm in: W. Blake, Werke, Aufbau-Verlag Berlin, GmbH 1958
Paul Egon Rohde: *The sick Rose*: Übersetzung von Hans Feist in: H. Feist, Ewiges England. Dichtungen aus sieben Jahrhunderten von Chaucer bis Eliot, Zürich 1944
Verlag Hans Carl: *A Poison Tree*: Übersetzung von Alexander von Bernus in: A. von Bernus (Hrsg.), Das Irdische Paradies. Englische Lyrik des 19. Jahrhunderts, Nürnberg 1947
Suhrkamp Verlag: *When Klopstock England defied*: Übersetzung von Norbert Elias in: N. Elias, Los der Menschen: Gedichte, Nachdichtungen, Frankfurt a. M. 1987

Robert Burns (S. 188ff.)
Verlag Lambert Schneider: *Comin thro' the Rye*; *Green Grow the Rashes*; *A Fragment*; *Lines Written in the Kirk of Lamington*; *Holy Willie's Prayer*: Übersetzungen von H. T. Heinrich, K. Bartsch, R. Selle und R. Camerer in: R. Burns, Liebe und Freiheit, 1988: Verlag Lambert Schneider, Heidelberg

Lord Byron (S. 322ff.)
Artemis & Winkler Verlag: Auszüge aus *Dedication* und *Canto XIV* aus *Don Juan*: Übersetzungen von Otto Gildemeister in: Lord Byron, Sämtliche Werke, Bd. II, Artemis & Winkler Verlag, Düsseldorf / Zürich 1997, der Übersetzung: 1977
Philipp Reclam jun.: *Sonnet on Chillon*: Übersetzung von Gisbert Kranz in: G. Kranz (Hrsg.), Englische Sonette. Englisch / Deutsch, Stuttgart 1970
Schünemann Verlag: *Darkness*: Übersetzung von Fritz Lemmermayer in: Levin L. Schücking (Hrsg.), Englische Gedichte aus sieben Jahrhunderten, Bremen 1956

Lewis Carroll (S. 470ff.)
Insel Verlag: *Jabberwocky*: Übersetzung von Christian Enzensberger in: L. Carroll, Alice im Wunderland, Frankfurt a. M. 1963
K. Thienemanns Verlag: *The Hunting of the Snark: The Baker's Tale* (Auszug): Übersetzung von Michael Ende in: M. Ende, Die Jagd nach dem Schlarg, Stuttgart 1988

John Clare (S. 360)
Langewiesche-Brandt KG Verlag: *Clock a Clay*: Übersetzung von Georg von der Vring in: G. von der Vring, Englisch Horn, Köln 1953

Samuel Taylor Coleridge (S. 252ff.)
Verlag Lambert Schneider: *Kubla Khan*: Übersetzung von Wolfgang Breitwieser in: W. Breitwieser, Der alte Seemann und Kubla Khan, Heidelberg 1959
S. Fischer Verlag: *Phantom or Fact*: Übersetzung von Hugo von Hofmannsthal in: H. von Hofmannsthal, Sämtliche Werke, Bd. 1, hrsg. von R. Hirsch u. a., Frankfurt 1984

William Cowper (S. 168)
Langewiesche-Brandt KG Verlag: *Light Shining out of Darkness*: Übersetzung von Georg von der Vring in: G. von der Vring, Englisch Horn, Köln 1953

John Gay (S. 80ff.)
Insel Verlag: *Trivia* (Auszüge): Übersetzungen von Friedrich Polakovicz in: N. Kohl (Hrsg.), London, Frankfurt a. M. 1979 – *Through all the employments*; *If any wench*; *Virgins are like the fair flower*; *A fox may steal your hens*; *Let us take the road*; *Before the barn-door*; *The charge is prepared* aus *The Beggar's Opera*: Übersetzungen von Hans Magnus Enzensberger in: J. Gay, Die Betteloper, Frankfurt a. M. 1965

John Keats (S. 300ff.)
Artemis & Winkler Verlag: *Endymion* (Auszug); *La Belle Dame sans Merci*; *When I have fears*: Übersetzungen von Siegfried Schmitz in: S. Schmitz, Lyrik der englischen Romantik, Düsseldorf / Zürich 1967
Verlag Philipp Reclam Verlag jun.: *To one who has been long*: Übersetzung von M. Bonné in: J. Keats, Ausgewählte Werke, hrsg. von M. Bonné / Ch. Schuenke, Stuttgart 1995

Walter Savage Landor (S. 404ff.)
Klett-Cotta: *Malvolio*: Übersetzung von Rudolf Borchardt in: R. Borchardt, Gesammelte Werke. Gedichte II / Übertragungen II, hrsg. von M. L. Borchardt / U. Ott, Stuttgart 1956, ^{2}1994
Langewiesche-Brandt KG Verlag: *Past ruined Ilion*: Übersetzung von Georg von der Vring
Limes Verlag: *Rose Aylmer*; *Dying Speech of an Old Philosopher*: Übersetzungen von Hans Hennecke in: H. Hennecke, Gedichte von Shakespeare bis Ezra Pound, Wiesbaden 1955

Edward Lear (S. 462ff.)
Insel Verlag: *How pleasant to know*; *The Owl and the Pussy-Cat*: Übersetzun-

gen von Hans Magnus Enzensberger in: H. M. Enzensberger, Kompletter Nonsense, Frankfurt a. M. 1977, [2]1988 – *Eight Limericks*: Übersetzungen von H. C. Artmann in: H. C. Artmann, Nonsense-Verse, Frankfurt a. M. 1964, 1980

Bernard Mandeville (S. 106ff.)
Gustav Kiepenheuer Verlag: The Fable of the Bees (Auszüge): Übersetzungen von Christa Schuenke in: H. Findeisen / Ch. Schuenke, Die Bienenfabel, G. Kiepenheuer Verlag GmbH, Leipzig 1988

Alexander Pope (S. 56ff.)
Insel Verlag: *The Rape of the Lock* (Auszüge): Übersetzungen von Rudolf Alexander Schröder in: A. Pope, Der Lockenraub, übers. von R. A. Schröder, 1905

Matthew Prior (S. 46)
Langewiesche-Brandt KG Verlag: *An Ode*: Übersetzung von Georg von der Vring in: G. von der Vring, Englisch Horn, Köln 1953

Christina Rossetti (S. 432ff.)
Verlag Lambert Schneider: *A Birthday*; *Song*; *After Death*: Übersetzungen von Wolfgang Breitwieser in: D. G. Rossetti / Ch. Rossetti, Gedichte, Heidelberg 1960
Paul Egon Rohde: *Remember me*; *Up-Hill*: Übersetzungen von Hans Feist in: H. Feist, Ewiges England. Dichtungen aus sieben Jahrhunderten von Chaucer bis Eliot, Zürich 1944

Dante Gabriel Rossetti (S. 442ff.)
Paul Egon Rohde: *Silent Noon*: Übersetzung von Hans Feist in: H. Feist, Ewiges England. Dichtungen aus sieben Jahrhunderten von Chaucer bis Eliot, Zürich 1944
Klett-Cotta: *I sat with Love*; *And now Love sang*; *O ye, all ye*; *So sang he* aus *Willowwood*; *The Wine of Circe*: Übersetzungen von Stefan George in: Die Fibel. Auswahl erster Verse, in: St. George, Werke, hrsg. von R. Boehringer, Band 2, Stuttgart [4]1984 – *Barren Spring*; *The Hill Summit*: Übersetzungen von Rudolf Borchardt in: R. Borchardt, Gesammelte Werke. Gedichte II / Übertragungen II, hrsg. von M. L. Borchardt / U. Ott, Stuttgart 1956, [2]1994

Percy Bysshe Shelley (S. 276ff.)
Insel Verlag: *Can man be free*; *Song to the Men of England*; *To Jane*: Übersetzungen von Günter Gentsch und F. Engels in: H. Höhne (Hrsg.), P. B. Shelley, Ausgewählte Werke, Frankfurt a. M. 1990
Propyläen Verlag: *Stanzas written in Dejection*: Übersetzung von Walter Schmiele in: W. Schmiele (Hrsg.), Poesie der Welt, Berlin 1981

Klett-Cotta: *The Indian Girl's Song*: Übersetzung von Stefan George in: Die Fibel. Auswahl erster Verse, in: St. George, Werke, hrsg. von R. Boehringer, Band 2, Stuttgart ^{4}1984 – *When the lamp is shattered*: Übersetzung von Rudolf Borchardt in: R. Borchardt, Gesammelte Werke. Gedichte II / Übertragungen II, hrsg. von M. L. Borchardt / U. Ott, Stuttgart 1956, ^{2}1994

Robert Southey (S. 352ff.)
S. Fischer Verlag: *The Battle of Blenheim*: Übersetzung von Arno Schmidt in: A. Schmidt, Aus julianischen Tagen, Frankfurt a. M. 1979

Jonathan Swift (S. 100ff.)
Aufbau Verlag: *Verses on the Death of Dr Swift* (Auszug): Übersetzung von G. Graustein und O. Wilck in: J. Swift, Ausgewählte Werke in 3 Bänden, Aufbau-Verlag Berlin/Weimat 1967

Alfred Lord Tennyson (S. 390)
Verlag Lambert Schneider: *In Memoriam Nr. 123* (*There rolls the deep*): Übersetzung von Kurt Rüdiger in: K. Rüdiger, Lyra des Orpheus, Wien 1955

William Wordsworth (S. 238)
Aufbau-Verlag: *She dwelt among*: Übersetzung von Ute Grüning in: H. Höhne, Ein Ding von Schönheit, Reclam-Verlag Leipzig 1983

Leider konnten die Inhaber der Rechte nicht in allen Fällen ausfindig gemacht werden. Der Verlag bittet deshalb gegebenenfalls um Mitteilung, um berechtigte Ansprüche abzugelten.

Buchanzeigen